Rituale

Historische Einführungen

Herausgegeben von Frank Bösch, Angelika Epple, Barbara Potthast, Susanne Rau, Hedwig Röckelein, Gerd Schwerhoff und Beate Wagner-Hasel

Band 16

Die *Historischen Einführungen* wenden sich an Studierende aller Semester, an Examenskandidaten, Doktoranden und Dozenten. Jeder Band gibt einen Überblick über wichtige, innovative Arbeits- und Themenfelder der Geschichtswissenschaft und methodisch-theoretisch Zugänge, die in jüngerer Zeit in das Blickfeld der Forschung gerückt sind und die im Studium als Seminarthemen angeboten werden. Der Schwerpunkt liegt dabei auf sozial- und kulturgeschichtlichen Themen und Fragestellungen.

Barbara Stollberg-Rilinger ist Professorin für die Geschichte der Frühen Neuzeit an der Universität Münster und leitet seit September 2018 das Wissenschaftskolleg zu Berlin.

Barbara Stollberg-Rilinger

Rituale

2., aktualisierte Auflage

Campus Verlag
Frankfurt/New York

Unter *http://www.campus.de/spezial/historische-einfuehrungen* finden Sie zu diesem Band kostenlos nützliche Ergänzungen für Studium und Lehre sowie zahlreiche kommentierte Text- und Bildquellen, auf die im Buch das Symbol verweist.

ISBN 978-3-593-51027-9 Print
ISBN 978-3-593-44059-0 E-Book (PDF)
ISBN 978-3-593-44065-1 E-Book (EPUB)

2., aktualisierte Auflage 2019

Umschlaggestaltung: Guido Klütsch, Köln
Umschlagmotiv: »Papst Gregor V. und Kaiser Otto III.«, Illustration aus dem »Chronicon pontificum et imperatorum« des Martin von Troppau (Werkstatt des Diebold Lauber, um 1460) © Heidelberg, Universitätsbibliothek (Cod. Pal. germ. 137, fol. 88 v.)
Fotosatz: Fotosatz L. Huhn, Linsengericht
Gesetzt aus der Garamond Premier und der Sans
Druck und Bindung: Beltz Grafische Betriebe GmbH, Bad Langensalza
Printed in Germany

www.campus.de

Inhalt

1. Einleitung

1.1 Was ist ein Ritual?

Ritualmagie im Jahre 2009?

Rituale sind allgegenwärtig und wirkmächtig, auch heute noch. Nur ein Beispiel aus der jüngeren Vergangenheit, um das zu illustrieren: Am 20. Januar 2009 legte Barack Obama vor der Öffentlichkeit Washingtons und der ganzen Welt seinen Amtseid als 44. Präsident der Vereinigten Staaten ab, indem er seine rechte Hand auf die Bibel Abraham Lincolns legte und die Worte wiederholte, die der Oberste Richter John Roberts ihm vorsprach: »I, Barack Hussein Obama, do solemnly swear that I will execute the office of President of the United States faithfully and will to the best of my ability preserve, protect and defend the Constitution of the United States. So help me God.« Damit war der neue Präsident der Vereinigten Staaten kreiert – so sollte man meinen. Doch manche in den USA bezweifelten dies. Denn Richter Roberts hatte aus Versehen den exakten Wortlaut des Eides, so wie er in der Verfassung niedergelegt ist, verändert (das Adverb »faithfully« stand an der falschen Stelle) und Obama hatte es ihm genau so nachgesprochen. In der amerikanischen Öffentlichkeit brach eine Debatte darüber aus, ob Obama nun tatsächlich Präsident sei. Die Administration wollte vollkommen sicher gehen und ausschließen, dass irgendein Gegner des ersten farbigen US-Präsidenten den kleinen Ritualfehler zum Anlass nehmen könnte, die Gültigkeit des ganzen Aktes zu bestreiten. Daher ließ Richter Roberts Obama das Ritual am folgenden Tag korrekt wiederholen: Jetzt war Obama zweifelsfrei Präsident.

Es erscheint verblüffend und befremdend, dass in unserer Gegenwart ein solch scheinbar archaischer Glaube an die Notwendigkeit der korrekten äußerlichen Form eine so große Rolle spielen soll. Sicher ist die Episode ein Grenzfall, und Obama wäre vermutlich von den allermeisten US-Bürgern auch als Präsident anerkannt worden, wenn er den Eid nicht korrigiert hätte. Aber gerade Grenzfälle machen gemeinhin sichtbar, was im Normalfall verdeckt bleibt: dass die symbolische äußere Form eine wesentliche Rolle spielt. Deshalb ist die Geschichte ein Indiz dafür, welche Wirkmacht Ritualen auch heute noch zukommt. Und sie eignet sich ganz allgemein dazu, sich der Frage zu nähern, was Rituale sind, wie sie funktionieren und was sie leisten.

Definitionsprobleme

Zunächst muss man sich allerdings klar machen, was man überhaupt tut, wenn man einen so zentralen kulturwissenschaftlichen Begriff wie »Ritual« definiert. In der Alltagssprache wird das Wort diffus verwendet und nicht von verwandten Ausdrücken wie Zeremonie, Fest, Feier, Kult, Brauch, Etikette oder Routine unterschieden. Es wäre allerdings ganz falsch zu erwarten, dass ein solcher Begriff dann wenigstens in der Wissenschaftssprache allseits einheitlich und eindeutig verwendet würde. Das ist schon deshalb nicht anzunehmen, weil sich sehr viele wissenschaftliche Disziplinen mit rituellen Phänomenen befassen und dabei teilweise ganz unterschiedliche Dinge vor Augen haben – Religionswissenschaft, Kulturanthropologie, Soziologie, Literatur-, Theater-, Musik- und Kunstwissenschaft, Rechts- und Politikwissenschaft, Psychologie, Theologie und nicht zuletzt die Geschichtswissenschaft.

Definitionen wissenschaftlicher Begriffe dienen dazu, die Vielfalt der Phänomene zu ordnen, Unterscheidungen zu treffen, das Gegenstandsfeld einer Disziplin zu strukturieren und sich darüber untereinander präzise zu verständigen. Meist enthalten solche Begriffe schon den Kern einer Theorie über den Gegenstand, um den es geht. Mit anderen Worten: Definitionen sind wichtige methodisch-theoretische Instrumente, aber keine endgültigen Wahrheiten. Es ist notwendig, jeweils offenzulegen, wie man die Begriffe verwendet, damit man nicht aneinander vorbeiredet und darüber diskutieren kann, ob die eine Definition hilfreicher ist als die andere. Es ist aber weder möglich noch notwendig, ja nicht einmal wünschenswert, sich auf eine einzige, »richtige« und »endgültige« Definition zu einigen. Deshalb ist die Geschichte der Ritualforschung immer zugleich eine Geschichte unterschiedlicher Ritualdefinitionen (vgl. etwa Leach 1968; Belliger/Krieger 1998; Michaels 2003; Kreinath/Snoek/Stausberg 2006; Fugger 2011 u. v. a.).

Für Historiker kommt noch eine andere Schwierigkeit hinzu. Sie müssen unterscheiden zwischen den Begriffen, die sie selbst zum Zweck wissenschaftlicher Analyse verwenden, und den (womöglich gleichlautenden) Begriffen, die in den historischen Quellen verwendet werden. Wenn, wie etwa im Falle von »Ritus« oder »Zeremonie«, die heutigen Begriffe eine lange Geschichte haben, in der sich ältere und jüngere Bedeutungsschichten überlagern, ist es umso wichtiger, sich darüber Rechenschaft abzulegen, in welchem Sinne man selbst die Worte jeweils gebraucht.

»Ritual« – ein Definitionsvorschlag
Als *Ritual* im engeren Sinne wird hier eine menschliche Handlungsabfolge bezeichnet, die durch Standardisierung der äußeren Form, Wiederholung, Aufführungscharakter, Performativität und Symbolizität gekennzeichnet ist und eine elementare sozial strukturbildende Wirkung besitzt. Hingegen wird von *Ritualisierung* im weiteren Sinne schon dann gesprochen, wenn sich ein bestimmtes Verhalten in seiner äußeren Form regelmäßig wiederholt.

Standardisierung und Wiederholung

Erstens: Rituale sind geformt und wiederholen sich; das heißt, sie spielen sich immer wieder in bestimmten, gleichen oder ähnlichen Formen ab. Das ist der Kern dessen, was Rituale ausmacht: Sie folgen einer standardisierten äußeren Form und sind daher erwartbar und wiedererkennbar. Das heißt, es gibt bestimmte Regeln, wie ein Ritual formal »richtig« abläuft, welche Gesten, Worte und Umstände korrekt und welche Akteure für das rituelle Handeln kompetent sind. Wie die Normierung der Formen beschaffen ist, kann ganz unterschiedlich sein: Es kann sich um eine stillschweigende, implizite, allein im Handeln selbst erfahrbare Regelmäßigkeit handeln oder um eine schriftliche Normierung in Form eines festen Ritualskripts. Diese Standardisierung entlastet von der Wahl zwischen prinzipiell unendlich vielen möglichen Handlungsweisen und sorgt so für Erwartungssicherheit und dauerhafte Struktur.

Dies heißt allerdings keineswegs, dass Rituale vollkommen starr und unveränderlich wären. Die äußeren Formen bedürfen zwar grundsätzlich einer gewissen Konstanz, sonst wären sie nicht wiederholbar und wiedererkennbar, und man könnte nicht von einem Ritual sprechen. Die Formen sind aber zugleich für die Beteiligten in einem gewissen Maße verfügbar und veränderbar. Rituale können absichtsvoll gestaltet werden – auch wenn das oft nicht allen Teilnehmern bewusst ist oder sogar verschleiert wird. Dabei haben die verschiedenen Beteiligten unterschiedlich großen Handlungsspielraum und Verfügungsmacht (*agency*) über den Ablauf eines Rituals.

Aufführungscharakter

Zweitens sind Rituale als solche zeitlich, räumlich und sozial gekennzeichnet; das heißt, sie werden aus dem alltäglichen Handlungsfluss auf verschiedene Weise herausgehoben, symbolisch eingerahmt und zu bestimmten Anlässen demonstrativ aufgeführt. Es gibt ganz unterschiedliche akustische und visuelle Zeichen des Anfangs und Endes; der Ort wird symbolisch markiert; die Akteure sind durch Kleidung und andere Attribute hervorgehoben; es gibt spezifische feierliche Sprachformeln. Meist sind Rituale auch durch besondere materielle Pracht und ästhetische Qualität gegenüber dem Alltag gekennzeichnet. Damit wird eine besondere Handlungsebene etabliert. Das heißt: Rituale erfolgen nicht spontan; man kann sie nicht zufällig und unbewusst vollziehen; man folgt dabei vielmehr einem Anlass, einer bewussten Absicht (*intentio solemnis*) und einer Regie. In der Regel werden Rituale vor einer gewissen Öffentlichkeit oder zumindest vor bestimmten Zeugen aufgeführt. Öffentlichkeit ist dabei relativ zu verstehen; gemeint ist die Öffentlichkeit der jeweiligen Ritualgemeinschaft. Das schließt nicht aus, dass bestimmte Teile eines Rituals im Geheimen vollzogen werden. Die gleichzeitige körperliche Anwesenheit von Akteuren und Adressaten ist konstitutiv, wobei beide Rollen nicht scharf zu trennen sind: Die Akteure sind immer zugleich auch Adressaten und umgekehrt. Die Adressaten eines Rituals sind keineswegs allein Menschen, sondern können auch Götter, Ahnen, Heilige oder Dämonen sein. Rituale haben demonstrativen Charakter; sie werden als herausgehobene Akte wie auf einer Bühne (im wörtlichen oder übertragenen Sinne) in mehr oder weniger feierlicher Weise *inszeniert*.

Drittens sind Rituale *symbolisch* in dem Sinne, dass sie über sich selbst hinaus auf einen größeren sozialen Ordnungszusammenhang einer Gemeinschaft verweisen, den sie symbolisieren und zugleich bekräftigen – aber auch zuweilen demonstrativ in Frage stellen können. Rituale *sagen etwas aus*, sie haben einen kommunikativen Charakter; das unterscheidet sie von bloßen individuellen Routinen. Sie symbolisieren die Einheit der jeweiligen Gemeinschaft, ihre Grenzen, ihre inneren Ordnungsprinzipien und leitenden Werte in verdichteter, vorwiegend nonverbaler Form. Im Ritual stellt sich eine Gemeinschaft »nicht nur immer wieder die eigene Weltanschauung in einer geordneten symbolischen Großform vor, sondern sie gestaltet sich zugleich auch im Handeln als die aktiv gelebte Repräsentation ihres Weltbildes« (Soeffner 2010: 53). Dabei kann nicht nur dem ganzen Akt, sondern auch jedem einzelnen Element einer rituellen Handlungssequenz, jeder Gebärde, jedem Gegenstand, ja auch dem Ort und dem Zeitpunkt eine besondere Bedeutung zugemessen werden. Das wiederum setzt einen gemeinsamen, kollektiv geteilten symbolischen Code voraus. Erst aus diesem kollektiven Zusammenhang beziehen die Konventionen eines Rituals ihre Geltung. Das heißt allerdings nicht, dass dieser kollektive symbolische Code sehr präzise wäre und dass alle Beteiligten die Symbole stets gleich deuteten – im Gegenteil. Es macht gerade die besondere Leistungskraft von Ritualen aus, dass sie in vieler Hinsicht diffus, vage und vieldeutig sind. Ein *tatsächlicher* Konsens über die genaue Bedeutung des Aktes ist nicht erforderlich, solange die Beteiligten *glauben*, dass es einen solchen Konsens gibt, und dies einander gerade durch ihre Teilnahme an dem Ritual gegenseitig vermitteln. Das macht Rituale in hohem Maß anpassungsfähig und offen für Bedeutungswandel. Selbst wenn niemand mehr weiß, was ein altes Ritual einmal bedeutet hat – solange es immer noch vollzogen wird, hat es einen sozialen Sinn und kann mit neuen Bedeutungszuschreibungen aufgeladen werden.

Symbolizität

Viertens haben Rituale *performativen* Charakter, das heißt, sie *sagen* nicht nur etwas, sie *tun* etwas. Sie sind wirkmächtig in dem Sinne, dass sie das, was sie darstellen, zugleich herstellen. Die meisten Rituale bewirken eine Veränderung der sozialen Wirklichkeit und stiften eine Verpflichtung, nämlich dass die Beteiligten sich

Performativität

in der Zukunft an das halten, was sie im Ritual gemeinsam symbolisch dargestellt haben. Sie ziehen eine Grenze zwischen Vorher/Nachher, stiften eine Zäsur, gliedern die Zeit, wo sonst nur unmerkliche, fließende Übergänge wären: Sie trennen das alte Jahr vom neuen, Schuld von Unschuld, Recht von Unrecht, Kindheit von Erwachsensein, das Leben vom Tod; sie machen jemanden zum König, Priester, Doktor; sie verwandeln ein Brautpaar in ein Ehepaar, Feindschaft in Freundschaft, Krieg in Frieden und so fort. Wie jede Grenzziehung haben Rituale immer ein ambivalentes Gesicht: Sie trennen nicht nur, sie verbinden zugleich.

Die klassische Ritualtheorie geht davon aus, dass gemeinsam vollzogene Rituale in den Beteiligten die entsprechenden *Gefühle* erzeugen – zum Beispiel Gefühle der Zusammengehörigkeit, der Verpflichtung, der Würde oder auch der Scham. Rituale haben – so könnte man sagen – eine kollektive Ansteckungswirkung (Durkheim 1912/1981). Allerdings entzieht sich das der Nachprüfbarkeit: Niemand kann in andere hineinsehen. Doch selbst wenn Rituale die Gefühle, die inneren Einstellungen, die sie symbolisch darstellen, nicht wirklich bei allen Beteiligten erzeugen, so ist das im Einzelfall unter Umständen gar nicht entscheidend. Der springende Punkt bei Ritualen ist gerade, dass es auf den *äußeren Vollzug* ankommt, damit das Ritual seine Wirkmacht entfaltet. Wesentlich ist, was *äußerlich sichtbar gezeigt* und wechselseitig beobachtet wird. Denn darauf legen sich die Teilnehmer im Ritual wechselseitig fest, indem alle einander gegenseitig Augenzeugen ihrer Teilnahme sind. Ob man später gegen diese Verbindlichkeit (*commitment*) verstößt, ist eine andere Frage. Das Ritual selbst kann nicht erzwingen, dass die Beteiligten sich an die von ihm gestifteten Verbindlichkeiten halten. Aber es bewirkt, dass alle Beteiligten das erwarten und sich an dieser Erwartung in ihrem zukünftigen Handeln orientieren. Das macht den performativen Charakter des Rituals aus: Es bewirkt, was es darstellt. In einem Akt »sozialer Magie« (Bourdieu 1982/1990, 1980/1993) verändert es die soziale Wirklichkeit, indem es die Erwartungen der Beteiligten verändert. Anders formuliert: Ein Ritual ist ein »Modell« der sozialen Ordnung in einem doppelten Sinne: nicht nur ein *deskriptives* Modell *von* der Wirklichkeit, indem es sie abbildet, sondern auch ein *prä-*

skriptives Modell *für* die Wirklichkeit, indem es sie normativ beeinflusst (Leach 1968).

Sozial strukturbildende Wirkung

Auf diese Weise entfalten Rituale eine elementare sozial strukturbildende Wirkung. Sie ordnen den einzelnen Akt in ein kollektives, überindividuelles Strukturmuster ein. Denn sie weisen zeitlich über die Gegenwart in doppelter Weise hinaus: Sie erinnern an vergangenes und verpflichten zu zukünftigem Handeln. Rituale verbinden in sich Dauer und Wandel, sie bilden ein Scharnier zwischen Individuum und Gemeinschaft. Gerade indem sie zum Beispiel einen individuellen Statuswechsel bewirken, bekräftigen sie umgekehrt zugleich die Beständigkeit der Ordnung als Ganzer. Indem sie sich in hergebrachten, wiederholbaren Formen abspielen, stellen sie die Beteiligten in eine Ordnung hinein, die älter ist als sie selbst und sie zugleich überdauern wird. Dass sie ihre soziale Wirkung gerade durch den *äußerlichen Vollzug* erzielen, gerade darauf beruht ihre spezifische Leistungskraft: Denn innere Einstellungen schwanken bekanntlich, auf sie lassen sich keine dauerhaften Institutionen gründen; dazu bedarf es vielmehr gleichbleibender, äußerlich sichtbarer Formen.

Rituale überbrücken gerade die »neuralgischen Punkte« im Leben eines Einzelnen wie der Gesellschaft als Ganzer (Dücker 2007) und verleihen institutionellen Ordnungen Bestand. Und das gilt paradoxerweise auch dann, wenn Rituale, wie gesagt, gar nicht wirklich immer gleich bleiben, sondern es den Akteuren oft nur so vorkommt. Wesentlich ist, dass Rituale über sich selbst hinausweisen, den jeweiligen Augenblick symbolisch überschreiten und ihn in einen größeren sozialen – und meist auch sakralen – Zusammenhang stellen. Das gilt paradoxerweise auch und gerade dann, wenn Traditionen tatsächlich unterbrochen sind oder die Stabilität einer Ordnung gefährdet ist: Dann überbrücken Rituale solche Brüche und erzeugen eine symbolische Dauer, die ohne sie gar nicht besteht.

Kurzum: Ohne Rituale gibt es keine gesellschaftliche Ordnung, keine Institutionen, keine dauerhafte soziale Struktur. Rituale vermitteln die elementaren Werte, Wissensbestände und Ordnungskategorien einer Gesellschaft; sie reproduzieren und transformieren die soziale Wirklichkeit. Das macht sie zu einem hervorragenden Forschungsgegenstand für Historiker, die etwas über das Funktionieren vergangener Gesellschaften herausfinden wollen.

Verwandte Begriffe

Der hier verwendete Ritualbegriff ist enger als im allgemeinen Sprachgebrauch üblich. Auch jenseits von Ritualen im strengen Sinne, das heißt herausgehobenen feierlichen Handlungssequenzen, sind alle möglichen Formen der Ritualisierung im sozialen Alltag allgegenwärtig. Fast alles menschliche Handeln hat rituelle Aspekte, nämlich insofern es äußerlich standardisiert werden kann; alles Handeln ist der rituellen Formung zugänglich. Dies soll hier als »Ritualisierung« bezeichnet werden und ist ebenfalls Gegenstand dieses Buches – jedenfalls solange es sich um Kommunikationsvorgänge handelt und Gegenstand *historischer* Ritualforschung ist. Ritualisierungen können allerdings auch nicht-kommunikatives Handeln betreffen, also keinerlei symbolische Mitteilung enthalten, wie es etwa bei individuellen Routinen wie dem täglichen Zähneputzen bis hin zu neurotischen Zwangshandlungen der Fall ist. Solche Phänomene sind indes Gegenstände der Psychologie, nicht der historischen Ritualforschung.

Der hier vorgeschlagene Ritualbegriff umfasst als allgemeiner Oberbegriff eine Vielzahl von Phänomenen, die die Historiker teilweise unter anderen Bezeichnungen erforscht haben, wie Zeremonien, Feste, Feiern, Liturgie, Kulte, Bräuche etc. Besonders schwierig und oft wenig sinnvoll ist die Abgrenzung von Ritus beziehungsweise Ritual gegenüber Zeremonie beziehungsweise Zeremoniell; all diese Ausdrücke werden meist synonym verwendet. Die Unterscheidung zwischen *sakralen* Ritualen und *säkularen* Zeremonien lässt sich angesichts der historischen Phänomene nicht halten, bei denen religiöse, politische und soziale Aspekte meist überhaupt nicht voneinander zu trennen sind. Schon eher sinnvoll erscheint es, zwischen Ritualen als *transformativen* und Zeremonien als *konfirmativen* Akten zu unterscheiden: Das Ritual bewirkt einen Statuswandel, die Zeremonie nicht. Die Krönung ist danach ein Ritual, das Unter-der-Krone-Gehen des Königs eine bloße Zeremonie (so Turner 1969/1989: 95; vgl. Leyser 1993; Füssel 2009; Hölkeskamp 2013: Fn. 23). Doch auch dieser Unterschied lässt sich in der historischen Realität oft nicht wiederfinden; vielmehr ist ein und derselbe Akt meist sowohl transformativ als auch konfirmativ (Fugger 2011:

417). Im Begriff der Performativität fällt überdies beides zusammen. Die meisten Elemente, die hier als Kennzeichen von Ritualen beschrieben wurden, treffen auch auf Zeremonien zu. Hinzu kommt: Was wir heute als Ritual bezeichnen, wird in den Quellen des Mittelalters und der Frühen Neuzeit oft *caeremonia* genannt.

»Ritual« (engl. *ritual*, frz. *rituel*, ital. *rituale*) ist kein historischer Quellenbegriff, sondern ein modernes analytisches Konzept, das von der Religionswissenschaft um 1900 geprägt worden ist. Er ist abgeleitet von den lateinischen Wörtern *ritus* für einen einzelnen formalisierten sakralen Akt und *rituale* für das kodifizierte Regelwerk dieser Riten (zum Beispiel das *Rituale Romanum* der römisch-katholischen Liturgie). Analog dazu steht *caeremonia* für die konkrete einzelne Zeremonie und *caeremoniale*, »Zeremoniell«, für das Zeremonienbuch oder die allgemeine Vorschrift, wie die Zeremonien abzuhalten sind. Diese Unterscheidungen entsprechen der wichtigen sprachwissenschaftlichen Unterscheidung zwischen *parole* (für die tatsächlichen sprachlichen Äußerungen) und *langue* (für die Sprache als Regelsystem). Seit um 1900 der Begriff »Ritual« als Bezeichnung für einen spezifischen komplexen sozialen Handlungstyp geprägt worden ist, hat er sich als allgemeiner Oberbegriff eingebürgert und wird auch hier im Folgenden so verwendet, während »Ritus« sich eher auf das einzelne Element eines Ritualkomplexes bezieht.

Darin eingeschlossen sind Unterbegriffe wie Liturgie (das Regelwerk gottesdienstlicher Handlungen), Kult (sakrale Praxis), Sakrament (heilswirksame christliche Rituale), Fest (als Gegenbegriff zu Alltag) und Feier (als strenger strukturierte Form des Festes). Mit dem Theater, der Performance, dem lateinischen *spectaculum*, teilweise auch mit dem Spiel hat das Ritual den Inszenierungscharakter gemeinsam. Ein historischer Quellenbegriff, der dem hier verwendeten Begriff Ritual sehr nahe kommt, ist der Begriff der Solennität (*actus solemnis*). *Actus solemnes* waren in der römischen Antike ursprünglich feierliche Handlungen, die einmal im Jahr (*solus annus*) auf gleiche Weise in strenger Förmlichkeit und Verbindlichkeit zelebriert wurden. Im römischen Recht bedeutet *solemnis* die zur Rechtsverbindlichkeit nötige äußere Form eines Rechtsgeschäfts. Auch im mittelalterlichen und frühneuzeitlichen Sprachgebrauch brachte man mit »Solennität« die Verbindung von Formstrenge, Feierlichkeit und Wirkmächtigkeit zum Ausdruck, also wesentliche Züge dessen, was ein Ritual kennzeichnet. In vielen anderen Sprachen gibt es ähnliche Begriffe (vgl. Kreinath/Snoek/Stausberg 2006).

Ritual und Magie

Rituale werden meist in einen engen Zusammenhang mit Magie gebracht. Unter Magie versteht man gemeinhin den Vollzug geheimer symbolischer Sprachformeln, Gesten und Handlungen, die auf überempirische Weise eine bestimmte Wirkung in der physischen Welt herbeiführen oder Wissen von verborgenen Dingen in Vergangenheit, Gegenwart und Zukunft offenbaren sollen. Es gibt in fast allen Kulturen Fruchtbarkeits-, Heilungs-, Schutz-, Abwehr-, Liebes- und Schadensmagie. In der europäischen Vormoderne wurde schwarze Magie auf die Mitwirkung dämonischer Mächte bzw. auf einen Pakt mit dem Teufel zurückgeführt und als Hexerei bestraft. Die europäischen Anthropologen des 19. Jahrhunderts benutzten den Begriff der Magie, um die kultische Praxis der »primitiven Völker« zu kennzeichnen und sie von der Religion abzugrenzen. Danach kennzeichne es Magie, dass sie geheim und tendenziell illegitim ist und zu individuellen, privaten Zwecken eingesetzt wird, während die Religion öffentlichen und sozial gemeinschaftsstiftenden Charakter habe. Eine andere gängige Unterscheidung besagt, dass Magie darauf angelegt sei, die Götter durch Rituale zum Eingreifen in die physische Welt zu *zwingen*, während die Religion eine höhere Stufe der menschlichen Kulturentwicklung darstelle, bei der die Menschen die Götter durch Gebete um Gnade *bitten*. Dabei dient der Magiebegriff dazu, Aberglauben von Religion zu unterscheiden. Diese wertende Gegenüberstellung verschleiert den Umstand, dass die christliche Religionsgeschichte selbst von einer Vielzahl magischer Phänomene durchdrungen ist (zur Theorie Mauss 1950/1989; Hahn 1977; Kippenberg/Luchesi 1995; zur Geschichte der Magie in Europa Thorndike 1929–1958; Thomas 1971; Wilson 2000). In modernen Theorien der Performativität wird von der *sozialen* Magie der Rituale gesprochen (Bourdieu 1982/1990). Damit soll der Umstand betont werden, dass Rituale allein durch den korrekten Vollzug bestimmter Handlungen eine Zustandsveränderung bewirken – allerdings nicht in der physischen, sondern in der sozialen Welt. Zugleich wird damit angedeutet, dass den Beteiligten der soziale Charakter der rituellen Wirkmacht nicht bewusst ist, sodass die Wirkung performativer Rituale als quasi-natürlich erscheint (vgl. Kap. 1.2.1 und 3.2).

1.2 Was ist Ritualforschung?

1.2.1 Theoretische Konzepte

Wie der Begriff »Ritual« stammt auch die wissenschaftliche Ritualforschung aus der Zeit um 1900 und ist im Kontext des späten Kolonialismus ebenso wie der Krise der Moderne zu sehen, als man sich in Europa der Relativität aller Kultur bewusst wurde. Sie entstand Hand in Hand mit neuen kulturwissenschaftlichen Disziplinen wie der Religionswissenschaft, der Soziologie und der Kulturanthropologie (in England meist *Social Anthropology* genannt, in Deutschland Ethnologie oder Völkerkunde). Diese Disziplinen kennzeichnete dreierlei: Erstens, dass sie Religionen als *soziale* Phänomene thematisierten; zweitens, dass sie menschliches Verhalten als Kollektivphänomen zu erklären suchten, und drittens, dass sie das empirische Material ganz verschiedener Herkunft, Epochen und Weltregionen in einen großen systematischen Zusammenhang brachten, nämlich die Quellen der klassischen Antike, die Schriften der Bibel, die Beschreibungen fremder Völker und das Wissen über die »Folklore« in Europa selbst. All das wurde geordnet mit Hilfe evolutionistischer Kulturstufenmodelle, die von einer schrittweisen Entwicklung der Menschheit von »primitiven« zu immer komplexeren Zuständen ausgingen. In allen diesen Disziplinen spielte das Konzept des Rituals als elementares soziales Phänomen eine prägende Rolle.

Ritualforschung *avant la lettre* in der frühen Neuzeit

Die Vorläufer der modernen Ritualforschung sind allerdings älter. Mit Ritualen hat man sich, ohne schon über diesen Begriff zu verfügen, bereits lange vorher beschäftigt, und zwar in verschiedenen Zusammenhängen. Die europäische frühe Neuzeit war eine Zeit der Wissensexplosion. Zum einen sah man sich seit der Entdeckung und kolonialen Erschließung der Neuen Welt mit einem rasant anwachsenden Wissen über fremde Völker konfrontiert, das die Reisenden mit nach Hause brachten und das man zu sammeln, zu klassifizieren und mit dem Wissen über die europäischen »Altertümer« zu vergleichen suchte (etwa Meiners 1806/07). Zum anderen führten die Glaubensspaltung und die Herausbildung distinkter Konfessionsgemeinschaften zu einer geschärften Aufmerksamkeit für die unterschiedlichen religiösen Kultformen innerhalb des Christentums, aber auch darüber hinaus, was einzelne Gelehrte dazu veranlasste, großangelegte Sammlungen religiöser Riten zu publizieren (Marcellus 1516; Picart 1723–1727; Rippel 1722/^{2}1784; Kirchner 1724). Drittens hatte die zunehmende Zeremonialisierung des Alltags an den Herrscherhöfen und des Gesandtschaftsverkehrs zur Folge, dass man umfangreiche Sammlungen von Zeremonialbeschreibungen anlegte, in dickleibigen Kompendien veröffentlichte und durch »wissenschaftliche« Systematisierung zu durchdringen versuchte (Modius 1586; Loomie 1987; Godefroy 1649; Lünig 1719/20; Leti 1685; Rohr 1729/30; Nichols 1788–1823 und viele andere; vgl. Vec 1997). Dabei ging es darum, alle möglichen zeremoniellen Präzedenzfälle genau zu registrieren, um sich in Zukunft daran orientieren zu können, denn davon hing die Aufrechterhaltung von Status, Rang und Ehre einer jeden Standesperson ab. Schließlich erstreckte sich das Interesse der Gelehrten an rituellen Phänomenen im 18. Jahrhundert auch zunehmend auf die Sitten des »gemeinen Volkes« in Europa selbst: So begann man auch Zunftregeln, Festbräuche und »abergläubische« Praktiken aufzuzeichnen (Friese 1703; Friese 1708–1716; Nichols 1788–1823). Die Erfahrung der tiefgreifenden politischen, sozialen und wirtschaftlichen Umbrüche in der Sattelzeit um 1800 verstärkte das Bewusstsein der Differenz zwischen historischer Tradition und eigener Gegenwart und schärfte die Wahrnehmung der Verschiedenheit und des historischen Gewordenseins aller Kulturen.

Seit der Aufklärung herrschte ein evolutionäres Denken, das die Geschichte als Aufeinanderfolge von Kulturstufen verstand – von der Jäger- und Sammlerkultur über die Ackerbaukultur hin zur modernen Handels- und Industriekultur. In den fernen Kulturen glaubte man nun die frühen Epochen der eigenen Geschichte, die »Kindheit des Menschengeschlechts«, den unberührten »Naturzustand« der Menschheit schlechthin vor sich zu sehen. Seit der Aufklärung, das heißt dem ausgehenden 18. Jahrhundert, gab es auch – grob vereinfachend formuliert – zwei Arten, sich den »einfachen« und »wilden« Kulturen und ihren Sitten zuzuwenden: Entweder geschah das im Geist eines rationalistischen Fortschrittsoptimismus, der den Ausgang aus dem »rohen« Zustand der Barbarei und die fortschreitende Zivilisation als Errungenschaften verstand – eine Sicht, die durch den Siegeszug der Darwinschen Evolutionstheorie später noch gefördert wurde. Oder es geschah – seit Jean-Jacques Rousseau – im Geist einer romantischen Gegenwartskritik, die in der Lage der »edlen Wilden« das verlorene Paradies ursprünglicher Freiheit und Gleichheit erblickte. Diese unterschiedlichen Wertungen schlugen sich auch in der Einstellung gegenüber Ritualen nieder. Bis heute lassen sich diese zwei Pole – eine ritualkritische und eine ritualromantische Haltung – in der Beurteilung von Ritualen wiederfinden.

Der *ritual turn* der 1880er-Jahre

Die eigentliche Ritualforschung, die erstmals einen wissenschaftlichen Begriff des Rituals entwickelte und diesen ins Zentrum geistes- und sozialwissenschaftlicher Forschung stellte, begann etwa seit den 1880er-Jahren. Der Ritualbegriff bildete geradezu den Kern der neu entstehenden vergleichenden Religionswissenschaft, und diese wiederum hatte ihre Wurzeln in der Altorientalischen und Klassischen Philologie und der Wissenschaft des Alten Testaments. Gründungsfiguren der modernen Kulturanthropologie wie William Robertson Smith (1846–1894), James George Frazer (1854–1941), Arnold van Gennep (1873–1957) oder die sogenannten *Cambridge Ritualists* um Jane Ellen Harrison (1850–1928) hatten alle mit dem Studium alter Sprachen begonnen. Man hat geradezu von einer »ritualtheoretischen Wende« in den Geisteswissenschaften gesprochen (»*ritual turn*«, vgl. Stausberg 2004). Diese Wende hatte verschiedene Ursachen, vor allem der Beginn der anthropologischen Feldforschung, die Entzifferung der altorientalischen Schriften und die Rezeption der Darwinschen Evolutionstheorie.

Seit dem frühen 20. Jahrhundert reisten europäische Anthropologen in ferne Weltgegenden, um die dort lebenden »primitiven Völker«, ihre Sprache, ihre Sitten und vor allem ihre religiösen Kulte an Ort und Stelle selbst zu studieren; andere lasen die Berichte solcher Forschungsreisenden, verglichen sie und machten sich auf dieser Grundlage ein systematisches Bild von den »primitiven« Kulturen. Deren Wahrnehmung war von vornherein dadurch geprägt, dass man die Kulturen anderer Erdteile zu den alten Kulturen des antiken Mittelmeerraums als den Wurzeln der eigenen europäischen Geschichte in Beziehung setzte. Einen ungeheuer starken neuen Impuls für die Geisteswissenschaften bedeutete daher auch die Dechiffrierung altorientalischer Schriften wie des Altägyptischen oder des Assyrischen. Dadurch wurde eine riesige Menge an Textmaterial erstmals wieder lesbar, das eine Fülle an Aufschlüssen über rituelle Phänomene bereit hielt. Die Gelehrten begnügten sich nun nicht mehr damit, diese Schriften zu sammeln und zu edieren; sie wollten vielmehr auch die historische Wirklichkeit verstehen, die sich dahinter verbarg. Und vor allem: Sie lasen diese Texte nicht mehr als rein religiöse Zeugnisse, sondern vielmehr als Manifestationen sozialer Ordnung. Dabei kam ihnen die Evolutionstheorie von Charles Darwin zu Hilfe (*Über die Entwicklung der Arten*, 1859), die von Gelehrten wie Edward Burnett Tylor und Lewis Henry Morgan auf die Menschheitsentwicklung übertragen wurde. Sie ermöglichte es, das Wissen über ganz unterschiedliche Epochen und Weltregionen in ein allgemeines Stufenschema einzuordnen. Solche Schemata waren etwa »Wildheit – Barbarei – Zivilisation« oder »Animismus – Polytheismus – Monotheismus« oder »Magie – Religion – Wissenschaft«. Aus heutiger Sicht erscheinen diese Schemata eurozentrisch und einem kolonialistischen Überlegenheitsgefühl verhaftet. Sie machten es aber möglich, ganz unterschiedliche soziale und religiöse Phänomene unter einem generellen Konzept, nämlich dem des Rituals, zusammenzufassen und zu analysieren.

William Robertson Smith

William Robertson Smith war der erste, der die Religion des alttestamentlichen Volkes Israel als »primitive« Religion mit den Religionen »wilder« Völker auf eine Stufe stellte. Damit tat er den entscheidenden Schritt von der theologischen Bibelexegese zur Religionswissenschaft: Er behandelte alle Religionen gleichermaßen als soziale Phänomene, ihm ging es nicht mehr um die Frage nach ihrer Wahrheit und Heilswirksamkeit, sondern nach ihrer Funktion für die jeweilige soziale Ordnung. Seine Behandlung des Offenbarungstextes als ethnographische Quelle war damals revolutionär; Robertson Smith wurde von der schottischen Kirche als häretisch verurteilt und verlor seine Stelle als Professor für Alttestamentliche Exegese. Der springende Punkt für die Entwicklung der Ritualforschung war: Robertson Smith rückte die Mythologie, also das Glaubens*wissen* der antiken Religionen, in den Hintergrund. Die primäre und schlechthin zentrale Rolle kam für ihn vielmehr der kollektiven religiösen *Praxis* zu, dem Ritual: »Man kann wohl mit Sicherheit behaupten, dass beinahe in jedem Falle der Mythus aus dem Ritus hergeleitet ist und nicht der Ritus im Mythus wurzelt. [...] Der einzelne wählte nicht seine Religion oder bildete sie für sich selbst aus; sie war ihm als ein Bestandteil des allgemeinen Ganzen von Verpflichtungen und Ordnungen der Gemeinschaft überkommen. [...] Die Religion bestand überhaupt nicht für das Heil der Seelen, sondern im Interesse der Erhaltung und Wohlfahrt des Gemeinwesens [...].« (Robertson Smith 1899: 18–20)

Diese Aufwertung der Kultpraxis gegenüber dem Glaubenswissen war ungewöhnlich für die europäische Gelehrtenkultur, in der die Geringschätzung »bloßer Äußerlichkeiten« eine lange Tradition hatte, vor allem im Protestantismus: Religion war in erster Linie Glaube und Liebe, nicht Kult. Diese Abwertung der äußeren Formen reicht noch viel weiter zurück als nur bis zur Reformation; sie lässt sich bis zu den Anfängen des Christentums verfolgen. Die ganze abendländische Religionsgeschichte war geprägt von wiederkehrenden Kontroversen um das Verhältnis zwischen Außen und Innen, Ritus und Glaube, körperlichen Handlungen und geistlichen Wirkungen (siehe unten Kap. 3.6). Mit dieser langen ritualfeindlichen Tradition brachen Robertson Smith und seine Nachfolger, indem sie die rituelle Kultpraxis zum Kern der Religion und diese zum Kern der sozialen Ordnung schlechthin erhoben.

James George Frazer

Während der Altorientalist Robertson Smith in den Schriften des Alten Testaments nach den »primitiven« Formen der Religion suchte und auf die soziale Funktion von Ritualen stieß, suchte sie der Klassische Philologe James George Frazer in der Überlieferung der griechisch-römischen Antike. In seinem Werk *The Golden Bough* (1890–1907, dt. *Der goldene Zweig*), das in 25 Jahren auf zwölf Bände anschwoll, verglich er die Religion der Griechen und Römer mit dem ethnographischen Material über »primitive« Völker und ordnete sie in ein lineares Fortschrittsschema ein, das von der Magie über die Religion zur Wissenschaft führte. Für Frazer standen Rituale als archaische, abergläubische und wirkungslose Versuche der Naturbeherrschung auf einer niederen Stufe der Menschheitsentwicklung, geboren aus der Angst um das alltägliche Überleben und dazu bestimmt, von der modernen Wissenschaft überwunden zu werden. Frazer setzte damit die rationalistische Tradition der Aufklärung fort, die mit Ritualen als dem »Anderen« der Vernunft im Grunde wenig anfangen konnte. Dennoch stimulierte sein riesiges Werk die ethnographische Feldforschung und trug zur Popularität der Kulturanthropologie erheblich bei.

Émile Durkheim

Die wohl bedeutendste Gestalt für die Entwicklung der Ritualforschung war Émile Durkheim (1858–1917), zugleich einer der Gründerväter der modernen Soziologie. Ihm ging es darum, aus den »primitivsten und einfachsten« Religionen Rückschlüsse auf die religiöse Natur des Menschen und die gesellschaftliche Funktion von Religion schlechthin zu ziehen. Für Durkheim waren alle Religionen »auf ihre Art wahr«; aber die einfachsten boten für ihn den Vorteil, dass sie nicht schon durch gelehrte Überformung entstellt waren. In dem Totemkult der australischen Ureinwohner (oder dem, was die damaligen Ethnologen darüber schrieben) glaubte er die einfachste aller bekannten Religionen gefunden zu haben. Daraus entwickelte er in seiner letzten großen Studie *Die elementaren Formen des religiösen Lebens* (1912) die bis heute einflussreichste Ritualtheorie, die, vermittelt vor allem über die französische historiographische Schule der *Annales*, auch die historische Ritualforschung wesentlich geprägt hat.

Zentral war für Durkheim die Frage nach dem Zusammenhalt sozialer Gruppen, von den primären sozialen Einheiten bis hin zur modernen, komplexen, arbeitsteiligen und individualistischen Gesellschaft, das heißt die Frage, wie kollektive Verbindlichkeit entsteht. Seine Antwort lautete: durch Religion, genauer: durch Rituale. Religion definierte er als »eminent soziale Angelegenheit«, nämlich als »solidarisches System von Überzeugungen und Praktiken, die sich auf heilige, das heißt abgesonderte und verbotene Dinge« beziehen und alle, die dem anhängen, zu einer moralischen

Gemeinschaft verbinden. Durch den Ritus »erneuert die Gruppe periodisch das Gefühl, das sie von sich und von ihrer Einheit hat. Zur gleichen Zeit werden die Individuen in ihrer Natur als soziale Wesen bestätigt« (Durkheim 1981: 505). Der Gegensatz zwischen profan und heilig war für ihn die elementarste Unterscheidungskategorie, die das Wesen von Religion schlechthin bestimmt. Rituale schreiben vor, wie sich die Menschen dem Heiligen gegenüber zu verhalten haben. Durkheim unterscheidet »negative« asketische und »positive« Riten, nämlich Opfer-, Nachahmungs-, Gedenk- und Sühneriten, die er »selbst in den fortgeschrittensten Religionen« wiederfindet. Sie alle haben gemein, dass sie kollektive religiöse Gefühle erzeugen (»*effervescence*«, eine kollektive emotionale Aufwallung), in denen die Gruppe sich selbst erfährt und auf diese Weise ihre Identität periodisch erneuert. Diesen Ritualbegriff bezog Durkheim ausdrücklich auch über die Religion hinaus auf zivile Feste wie die der Französischen Revolution. Als überzeugtem Republikaner ging es ihm nicht zuletzt darum, die Verfassungskultur der französischen Dritten Republik durch eine nationale Zivilreligion, wie sie schon Rousseau vorgeschwebt hatte, zu festigen.

Arnold van Gennep

Nach Durkheim ist das Werk Arnold van Genneps (1873–1957) für das strukturelle Verständnis von Ritualen prägend geworden. Van Gennep, ein überaus produktiver gelehrter Außenseiter jenseits der Universitätsdisziplinen, sammelte die Sitten und Bräuche der ländlichen Bevölkerung Frankreichs und setzte sie zu dem ethnographischen Wissen über exotische Völker in Beziehung. Aus der Fülle des disparaten Materials destillierte er durch Vergleiche ein stets wiederkehrendes Schema heraus, das er in seinem überaus einflussreichen Buch *Les rites de passage* (1909, dt. *Übergangsriten*) beschrieb. Ausgangspunkt war die Beobachtung, dass das soziale Leben von Grenzüberschreitungen, »Passagen« aller Art – räumliche, zeitliche, soziale – gekennzeichnet ist. Übergangsriten markieren solche Grenzübertritte und kontrollieren sie: Geburt, Initiation, Hochzeit, Tod, aber auch der Übergang vom alten zum neuen Jahr. Sie trennen zwei Zustände und verbinden sie zugleich. Nach van Gennep gliedern sie sich stets mehr oder weniger deutlich in drei Phasen: erstens eine Trennungsphase, in der man sich aus der alten Umgebung, dem alten Zustand löst (»*séparation*«), zweitens eine Schwellen- und Umwandlungsphase, in der man sich in einem ambivalenten Schwebezustand zwischen altem und neuem Zustand befindet (»*marge*«), und drittens einer Wiedereingliederungsphase, in der man in die neue Umgebung integriert und damit die Ordnung insgesamt wiederhergestellt wird (»*agrégation*«). Auf diese Weise werden die Gefahren gebannt, die die Übergänge für die soziale Gemeinschaft wie für den Einzelnen bergen, und die Kontinuität der sozialen Ordnung wird über den individuellen Wechsel hinweg gewahrt.

Victor W. Turner

Dieses Schema, das van Gennep an zahlreichen Anschauungsfällen durchspielte, wurde in den 1960er- und 1970er-Jahren von anderen Kulturanthropologen, vor allem von Victor W. Turner (1920–1983) weiterentwickelt, der großen Einfluss auf die neu entstehende interdisziplinäre Ritualforschung hatte. Turner griff in seinem Werk *The Ritual Process: Structure and Antistructure* (1969, dt. *Das Ritual. Struktur und Anti-Struktur*, 1989) van Genneps Konzept der Schwellenphase auf und erweiterte es zum Konzept der Liminalität. Am Fall des von ihm selbst miterlebten Heilungsrituals der afrikanischen Ndembu beschrieb er die Liminalität als einen rituellen Zustand des »*betwixt and between*«, der Berührung mit dem Heiligen, der sozialen Nivellierung, aber auch der gesteigerten Selbstreflexion – kurz als einen Zustand der Anti-Struktur, der alle gesellschaftliche Struktur vorübergehend aufhebt. Die liminale Phase des Rituals ist ambivalent: Sie wird als bedrohlich empfunden, ist aber zugleich Quelle der Kreativität, Spontaneität und Humanität.

Turner fasste Liminalität nicht nur als eine bestimmte Phase in Übergangsritualen auf; er übertrug den Begriff auch auf Typen von Personen wie den Heiligen, Narren, Propheten, Künstler usw. und schließlich auch auf Gemeinschaftsformen in historischen Umbruchphasen, von der franziskanischen Frömmigkeitsbewegung bis zu den Hippies der 1970er-Jahre. Beeinflusst sowohl vom Marxismus als auch von der mittelalterlichen Mystik, ging es Turner vor allem um das beständige dialektische Wechselverhältnis zwischen Phasen der Auflösung und Grenzüberschreitung einerseits und Phasen der erneuten hierarchischen Verfestigung andererseits. Rituelle Liminalität diente ihm zum Verständnis sozialer und historischer Liminalität in einem ganz allgemeinen Sinne, die er auch als »*communitas*« bezeichnete. Sein Interesse an Ritualen war weniger akademisch distanziert als vielmehr identifikatorisch. Daher rührte auch seine scharfe Kritik an dem herrschenden Strukturfunktionalismus der Sozialanthropologie. Ihm ging es nicht darum, die soziale Funktion von Religion und von Ritualen zu erklären, sondern das religiöse und rituelle Erleben zu verstehen und nachzuvollziehen. Während die vorherrschenden Theorien die stabilisierende und ordnungsstiftende Seite von Ritualen betonten, interessierte sich Turner für ihre anarchischen, spontanen und kreativen, dynamischen und konflikthaften Seiten. Doch beides gehörte für ihn stets zusammen: Wesentlich für das Verständnis von Ritualen wie von gesellschaftlichen Prozessen insgesamt ist gerade die Wechselwirkung zwischen Ordnung *und* Konflikt, Struktur *und* Anti-Struktur.

Turner arbeitete mit Kollegen vieler anderer Disziplinen zusammen. Die Kooperation mit dem Theaterregisseur und Anthropologen Richard Schechner regte ihn dazu an, die gemeinsamen Züge von Ritual und Theater herauszuarbeiten. Schon während der Feldforschung bei den Ndembu hatte er den Begriff des »sozialen Dramas« geprägt und den typischen Verlauf sozialer Konflikte als dramatisches Geschehen in vier Akten in Analogie zum Theater beschrieben: Am Anfang steht der Bruch mit einer Norm; daraus resultiert eine soziale Krise oder ein Konflikt; es folgt der Versuch der Konfliktlösung durch ein Ritual; am Ende steht entweder die Wiedereingliederung des Abweichlers oder die Abspaltung von der Gemeinschaft. Dies als »soziales Drama« zu bezeichnen bedeutet: Ein Konflikt ist nie nur ein Geschehen zwischen den unmittelbar Beteiligten, sondern betrifft stets zugleich die ganze Gruppe und bezieht sie als Adressaten einer symbolischen Botschaft mit ein. Indem man soziale Konflikte als Schauspiele betrachtet, schärft man mithin das Bewusstsein für die symbolische, sinnstiftende, nicht-instrumentelle Seite des menschlichen Handelns.

Turners Neigung, alle möglichen Phänomene durch den metaphorischen Gebrauch von Begriffen wie *communitas*, Liminalität, Theater usw. miteinander in Verbindung zu bringen, verlieh seinem Denken einerseits etwas Unscharfes, Assoziatives und Beliebiges, machte es andererseits aber auch überaus anregend für andere Disziplinen, darunter die Geschichtswissenschaft, die sich besonders für den Zusammenhang von Ritualen, Rebellion und sozialer Dynamik interessiert (siehe unten Kap. 2.8).

Mary Douglas

An der geschärften Aufmerksamkeit für symbolisch-rituelle Formen in den 1960er- und 1970er-Jahren hatten außerwissenschaftliche Faktoren einen großen Anteil. Die Rolle der kulturellen Transformationsprozesse in Zusammenhang mit der 68er-Bewegung ist unübersehbar. Die Anthropologen nahmen aber in ganz unterschiedlicher Weise auf ihre Gegenwartserfahrungen Bezug. Auch die britische Sozialanthropologin Mary Douglas (1921–2007), katholisch wie Turner, ließ sich bei der Analyse ihrer empirischen Feldforschung in Afrika von ihren Gegenwartserfahrungen leiten, aber unter entgegengesetzten Vorzeichen. Während Victor Turner den anarchischen, kreativen und weltverändernden Effekt von Ritualen betonte und dabei offensichtlich die positiven Gemeinschaftserlebnisse des Jugendprotests vor Augen hatte, sah Mary Douglas die Dinge geradezu umgekehrt: Für sie waren Rituale vor allem sozial stabilisierende Phänomene und die 68er-Bewegung vor allem eine Revolte gegen jede Art von Formalismus. Gegen den Antiritualismus der 68er, aber auch gegen die Reform der katholischen Messliturgie im Zweiten Vatikanischen Konzil beharrte Douglas auf der Notwendigkeit ritueller Formen für die menschliche Erfahrung, soziale Ordnung und Gruppenidentität. In dem Buch *Natural Symbols. Expolarations in Cosmology* (1970, dt. *Ritual, Tabu und Körpersymbolik*) ging sie verschiedenen Erscheinungsformen von Ritualismus und Antiritualismus sowohl in einfachen wie in komplexen Gesellschaften nach und suchte sie mit bestimmten Typen von sozialer Symbolik und körperlichen Ausdrucksformen in Verbindung zu setzen. Es ging ihr darum nachzuweisen, dass auch Protest- und Erneuerungsbewegungen, die sich als vollkommen spontan, authentisch und formlos verstehen und ihr Verhalten allein als Ausdruck reinen inneren Erlebens begreifen, tatsächlich einem bestimmten symbolisch-rituellen sozialen Typus folgen. Es gibt nach Douglas schlechthin keine menschliche Erkenntnis, die unabhängig wäre von symbolischen Codes und rituellen Erfahrungen. Auch der Antiritualismus, der zu allen Zeiten vorkomme und keineswegs auf moderne, subjektorientierte, individualistische Gesellschaften beschränkt sei, führe nicht aus dieser »platonischen Höhle« hinaus. Sowohl Turner wie Douglas wurden also durch ihre Umbruchserfahrungen zu einer Hochschätzung des Rituellen veranlasst, aber beide hatten dabei geradezu entgegengesetzte Aspekte, Formen und Funktionen von Ritualen vor Augen.

Clifford Geertz

In den 1970er-Jahren ist dann eine »hermeneutische Wende« der Kulturanthropologie zu beobachten. Das heißt: Statt um das funktionalistische *Erklären* statischer sozialer Strukturen ging es nun vielmehr um das *Verstehen* dynamischer kommunikativer Prozesse. Zu dieser Wende hat neben Turner vor allem der amerikanische Anthropologe Clifford Geertz (1926–2006) wesentlich beigetragen. Geertz definierte Kultur in Anlehnung an Max Weber als »selbstgesponnenes Bedeutungsgeflecht« und Kulturwissenschaft mithin als »interpretierende« Wissenschaft, die nicht nach Gesetzmäßigkeiten, sondern nach Bedeutungen von Symbolsystemen sucht. Kulturen als Symbolsysteme kann man danach nur verstehen, indem man konkrete soziale Ereignisse untersucht, und nicht, indem man »abstrakte Entitäten zu einheitlichen Mustern zusammenfügt«. Dafür entwickelte er die Methode der »dichten Beschreibung« (»*thick description*«), die nie allein Beschreibung, sondern zugleich immer schon Interpretation ist: »Ethnographie betreiben gleicht dem Versuch, ein Manuskript zu lesen [...], das fremdartig, verblaßt, unvollständig, voll von Widersprüchen, fragwürdigen Verbesserungen und tendenziösen Kommentaren ist, aber nicht in konventionellen Lautzeichen, sondern in vergänglichen Beispielen geformten Verhaltens geschrieben ist« (Geertz 1987: 15).

Bevorzugte Ereignisse, die den Schlüssel zum Verständnis des »inneren Wesens« einer Kultur liefern, sind komplexe öffentliche Rituale. Am balinesischen Hahnenkampf, einer »Mischung aus emotionaler Explosion, Statuskrieg und philosophischem Schauspiel«, führte Geertz paradigmatisch vor, wie man durch die Beschreibung eines Rituals zu den Ordnungskategorien und handlungsleitenden Werten einer Gruppe vordringt. Rituale sind essentiell für religiöse Glaubensvorstellungen wie für Vorstellungen von einer »höheren Wirklichkeit« ganz allgemein, denn in ihnen sind »gelebte und vorgestellte Welt ein und dasselbe«. Das Ritual erzeugt aus sich heraus den Glauben an das, was es schöpferisch zur

Schau stellt, und umgibt es mit einer »Aura von Faktizität«. Die Vorstellungen von einer »allgemeinen Seinsordnung«, die im Ritual symbolisch dargestellt wird, heben sich nach Geertz allerdings vom pragmatischen Common-sense-Denken des Alltagslebens durchaus ab und sind gegen widerstreitende Alltagserfahrungen resistent.

Die Analogie zwischen kulturellen Bedeutungssystemen und Texten führte dazu, dass dieser Ansatz vor allem bei Literaturwissenschaftlern, aber auch bei Historikern auf fruchtbaren Boden fiel. Den Historikern war die hermeneutische Methode von dem Umgang mit historischen Quellen her vertraut, und sie teilten auch die Sympathie für den Einzelfall anstelle abstrakter Verallgemeinerungen. Manche Historiker vermissten bei Geertz' Theorie zwar den Bezug zu den materiellen Grundlagen einer Kultur (zu Unrecht, denn gerade beim Hahnenkampf geht es nicht zuletzt auch um Geld). Doch andere, wie etwa Robert Darnton oder Roger Chartier, übertrugen Geertz' Methode in eindrucksvoller Weise auf die Analyse historischer Quellen der europäischen Vormoderne. Geertz hat mit seiner »dichten Beschreibung« wesentlich zur Methode der Mikro-Historie beigetragen und zudem den Boom der Erforschung symbolischen Handelns in der Geschichtswissenschaft befeuert.

Pierre Bourdieu

Im Werk des französischen Soziologen und Kulturanthropologen Pierre Bourdieu (1930–2002) spielt der Ritualbegriff zwar nur eine Nebenrolle; dieser war und ist aber gleichwohl sehr einflussreich für die interdisziplinäre Ritualforschung (Bourdieu 1982/1990; 1980/1993). Bourdieu fragt nach der impliziten Logik sozialer Praxis und nach den Regeln und Strategien, die die Strukturen sozialer Ungleichheit auf Dauer stellen, verstärken oder transformieren, sie dabei aber zugleich als natürlich und unverfügbar erscheinen lassen. In diesem Zusammenhang befasst er sich mit »*rites d'institution*«, was mit »Einsetzungsriten« nur unvollkommen übersetzt ist. Im Französischen hat das Wort einen bezeichnenden Doppelsinn: Riten der Einsetzung des Einzelnen in ein Amt, einen Status usw. sind zugleich Riten, die die gesamte Institution immer aufs Neue stabilisieren.

Bourdieu geht von van Genneps und Turners Konzept der Übergangsriten aus und weist auf deren blinden Fleck hin. Indem diese

Rituale die Aufmerksamkeit auf den zeitlichen Übergang eines Einzelnen von einem Status in einen anderen lenkten, werde ein wesentlicher Effekt verdeckt, nämlich die Trennung derer, die sie durchlaufen können, von denen, die das nicht können. Beim Initiationsritual der Beschneidung, das er als Beispiel anführt, ist das die Trennung von Männern und Frauen. Das Ritual stiftet so eine dauerhafte Unterscheidung – ein Effekt, der umso wirkmächtiger ist, je mehr er sich der bewussten Wahrnehmung entzieht. Das Ritual *sanktioniert* einen gegebenen Unterschied – hier: den natürlichen Unterschied zwischen den Geschlechtern –, das heißt, es verwandelt ihn in eine sozial relevante *institutionelle* Unterscheidung, die von allen als selbstverständlich anerkannt wird. »Die *Investitur*, die feierliche Einsetzung (eines Ritters, Abgeordneten, Staatspräsidenten usw.) besteht darin, einen (existierenden oder noch nicht existierenden) Unterschied festzuschreiben und zu heiligen, ihn bekannt und anerkannt zu machen, ihm als sozialem Unterschied Existenz zu verleihen, *gekannt und anerkannt* vom instituierten Akteur selbst wie von anderen« (Bourdieu 1990: 86). Das Ritual stiftet klare Grenzen, wo sonst nur diffuse, fließende, kontinuierliche Übergänge wären. Diese Wirkmacht des Rituals nennt Bourdieu »soziale Magie«: Das Einsetzungsritual verwandelt sowohl das Verhalten des Eingesetzten als auch die Erwartungen seiner Umgebung an ihn, nämlich derjenige zu sein, als den ihn das Ritual darstellt und bezeichnet – vorausgesetzt, es vollzieht sich in einem institutionell anerkannten Rahmen. Der Begriff der sozialen Magie ist eine gezielte Übertragung aus dem Bereich des Religiösen auf den Bereich des Sozialen: Der Effekt ist ein rein innerweltlich-sozialer, aber er hat mit der Magie gemein, dass er durch einen äußerlichen Akt des Bezeichnens erzielt wird. Auf diesem Effekt beruhen institutionelle Ordnungen, die den Einzelnen als unverfügbar und objektiv erscheinen, obwohl sie von ihnen durch ihr kollektives Handeln immer wieder aufs Neue erzeugt werden.

Bourdieus Ritualtheorie macht verständlich, wie Institutionen, das heißt stabile soziale Ordnungen, funktionieren, nämlich durch ein Geflecht von kollektiven Instituierungsakten, die einander wechselseitig voraussetzen und stützen. Das Amt oder der Titel, den ein Einzelner durch ein Instituierungsritual erworben hat, autorisiert ihn wiederum dazu, in anderen Instituierungsritualen gegenüber anderen wirksam zu handeln. Jeder einzelne Einsetzungsakt reproduziert das institutionelle Geflecht als Ganzes und die sozialen Grenzziehungen, auf denen es beruht. Für die historische Ritualforschung, die sich mit Stabilität und Wandel institutioneller Ordnungen in der Geschichte befasst, war dieser Ansatz von größtem Einfluss.

Ritual studies seit den 1970er-Jahren

Victor Turner, Mary Douglas, Clifford Geertz, Pierre Bourdieu und andere trugen dazu bei, dass sich seit den 1970er-Jahren eine lebhafte interdisziplinäre Ritualforschung herausbildete. Die Kulturanthropologie wurde geradezu zu einer Leitwissenschaft, die in alle möglichen anderen Kultur- und Sozialwissenschaften ausstrahlte und eine wachsende disziplinübergreifende Verflechtung beförderte. Zugleich trat an die Stelle großer theoretischer Systeme eine Pluralität unterschiedlicher, eklektisch kombinierbarer Ansätze. Das hat zu einer regelrechten Hochkonjunktur der »*ritual studies*« in den Kulturwissenschaften geführt und hatte den Nebeneffekt, dass der Ritualbegriff immer weiter ausgedehnt und auf immer mehr Phänomene übertragen wurde, vom Einkaufsbummel bis zum Internet-Chat. Mit dem *Journal of Ritual Studies* (seit 1987) wurde eine eigene Zeitschrift gegründet; die Reihe ritualtheoretischer Monographien reißt nicht ab (Kertzer 1988; Staal 1989; Tambiah 1990; Humphrey/Laidlaw 1994; Rappaport 1999; Bell 1992 und 1997; Soeffner 2010; vgl. auch die Auszüge bei Belliger/Krieger 1998). Im letzten Jahrzehnt sind einige umfangreiche Sammelbände erschienen, die einen Eindruck von der Pluralität der Theorieansätze und Gegenstandsfelder vermitteln (Segal 1998; Rao 2000; Wulf/Zirfas 2003 und 2004; Kreinath/Snoek/Stausberg 2006; Michaels 2010; Seligman/Weller 2012). Welche Folgen hat das nun für die Geschichtswissenschaft?

1.2.2 Ritualforschung in der Geschichtswissenschaft

Es ist es noch nicht allzu lange her, dass die Geschichtswissenschaft Rituale als Thema für sich erschlossen hat. Ein historisches Phänomen als Ritual zu bezeichnen und in Begriffen der Ritualtheorie zu beschreiben, versteht sich keineswegs von selbst, sondern ist eine höchst voraussetzungsvolle und folgenträchtige Sache. Es macht einen erheblichen perspektivischen Unterschied, ob man etwa eine Krönung als Verfassungsakt oder als Ritual betrachtet, eine Fürstenhochzeit als Hoffest oder als Ritual, einen Volksaufruhr als politischen Konflikt oder als Ritual, und so fort. Zwar legten schon die Theorien von Klassikern wie Robertson Smith oder Durkheim es durchaus nahe, nicht nur religiöse, sondern auch politische und soziale Phänomene als Rituale zu verstehen, aber dieser Weg wurde von den Historikern lange Zeit nicht beschritten. Abgesehen von einigen klassischen historischen Studien aus der ersten Hälfte des 20. Jahrhunderts (von Marc Bloch, Ernst H. Kantorowicz und einigen anderen, vgl. Kap. 2.5) waren und blieben Rituale lange Zeit eine Domäne von Religionswissenschaft, Soziologie und Sozialanthropologie.

Traditionelle Politik- und Verfassungsgeschichte

Ein wesentlicher Grund dafür ist, dass die universitäre Geschichtswissenschaft traditionell eine nationalstaatliche Identifikationswissenschaft war, die die Bausteine zu den jeweiligen großen nationalen Meistererzählungen zusammentrug. Was zu der Genese der Nationalstaaten nicht passte, geriet selten in den Blick der historischen Zunft. Den Universitätshistorikern lag es ganz fern, in der Geschichte der eigenen Nation nach fremdartigen und archaischen Strukturelementen zu suchen. Die Geschichte der Sitten, Bräuche und sozialen Institutionen, der sogenannten »Privataltertümer« jenseits der Sphäre des Staates, wurde, wenn überhaupt, jenseits der etablierten historischen Zunft geschrieben; sie war Sache von Amateuren, Volkskundlern oder Heimatgeschichtsvereinen. Vor allem in Deutschland war die Kulturgeschichte seit dem »Lamprecht-Streit« der 1920er-Jahre für lange Zeit, weit über das Ende des Zweiten Weltkriegs hinaus, marginalisiert. Im Zentrum der Forschung standen Politik- und Verfassungsgeschichte, und dabei ging es um die historischen Wurzeln der Gegenwart.

In diesem Rahmen waren allerdings auch die zentralen Herrschaftsrituale Gegenstand der Historiographie, nämlich Kaiser- und Königsweihe oder -krönung, also solche Akte, die von verfassungsrechtlicher Relevanz schienen (siehe Kap. 2.5.1). Aber: Sie wurden nicht als Rituale bezeichnet. Was daran interessierte, war ihr »rechtskonstitutiver Kern«. So erschien etwa »die Krone« als materielles Substrat des zunehmend transpersonalen Staatsverständnisses der europäischen Monarchien. Was darüber hinausging, wurde gewöhnlich als zeremonielles Dekor angesehen, das von der Eitelkeit, Naivität und mangelnden Abstraktionsfähigkeit des »mittelalterlichen« oder »barocken« Menschen zeugte. Das führte zu bemerkenswert blinden Flecken in der Wahrnehmung der Quellen. So hat man beispielsweise der Goldenen Bulle von 1356, einem später so genannten »Grundgesetz« des Römisch-deutschen Reiches, das Wahl und Krönung des deutschen Königs betrifft, traditionell sehr viel Aufmerksamkeit gewidmet, aber schlicht darüber hinweggesehen, dass etwa ein Drittel dieses Textes sich mit symbolisch-rituellen Details befasst. Dafür interessierte man sich nicht, und deshalb fragte man sich auch nicht, welchen Sinn diese ausführlichen Bestimmungen eigentlich gehabt haben mochten. Man las den Text wie ein modernes Verfassungsgesetz, und was sich diesem Maßstab nicht fügte, das hielt man für irrelevant. Rituale galten als archaisch und passten nicht in die Großerzählung von der Entwicklung der abendländischen Staatlichkeit; sie waren das Primitive, Fremde, Irrationale, schlicht Andere. »Ritual« erschien als Gegenbegriff nicht nur zu Glauben, sondern auch zu Recht, Politik, Wissenschaft usw. In der seriösen Geschichtsschreibung hatte es daher – von Ausnahmen abgesehen – nicht viel zu suchen.

Französische *Annales* und englischsprachige *Cultural history*

Das änderte sich durch die Rezeption der großen kulturanthropologischen Theorien seit den 1970er-Jahren, die allerdings in den verschiedenen Ländern und epochalen Subdisziplinen der Geschichtswissenschaft in sehr unterschiedlichem Tempo erfolgte. In Frankreich hatte die historiographische Schule der *Annales* bereits seit den 1930er-Jahren einen tiefgreifenden Wandel weg von der klassischen Politikgeschichte eingeleitet, sodass die Rezeption neuer kulturanthropologischer Ansätze keinen Bruch bedeutete, sondern bereits auf fruchtbaren Boden fiel und an die Arbeiten der *Annales*-Schule nahtlos anknüpfen konnte (Georges Duby, Jacques Le Goff, Jean-Claude Schmitt, Mona Ozouf, Roger Chartier, Michel Vovelle u.v.a.). Eine ebenso prägende Rolle kam der »*cultural history*« in den englischsprachigen Ländern zu (Natalie Zemon Davis, Lynn Hunt, Peter Brown, Peter Burke, Robert Darnton, Janet Nelson,

Karl J. Leyser u.a.). In Deutschland ging die Erneuerung der Geschichtswissenschaft in den 1970er-Jahren hingegen vor allem von der Sozialgeschichte aus, die statt einer hermeneutischen eine abstrakt-analytische Methode verfolgte und sich nicht an der Kulturanthropologie, sondern an den empirischen Sozialwissenschaften orientierte. Den Sozialhistorikern ging es um strukturelle Modernisierungs- und Rationalisierungsprozesse; für Rituale interessierten sie sich genauso wenig wie die alte Politikgeschichte.

Die Dominanz der Sozialgeschichte seit den 1970er-Jahren hat in Deutschland die Rezeption des »*cultural turn*« verzögert. Doch die intensive Polemik der Wortführer der »Bielefelder Schule« konnte nicht verhindern, dass sich auch in der deutschen Geschichtswissenschaft eine »kulturalistische Wende« vollzog. Das geschah allerdings nicht auf dem Feld der Neuen und Neuesten Geschichte, sondern vielmehr in der Mittelalter- und Frühneuzeitforschung, die der quantifizierenden empirischen Sozialwissenschaft von jeher eher distanziert gegenübergestanden hatte. Ihre Vorreiterrolle in dieser Hinsicht ist unbestritten; sowohl die Zeithistoriker als auch – erstaunlicher Weise – die Historiker der klassischen Antike haben die Einflüsse der Kulturanthropologie und damit den Ritualbegriff als forschungsleitendes Konzept erst später aufgenommen. Das hat verschiedene Gründe.

Frühe Pionierstudien: Bloch, Kantorowicz, Elias

Zum einen kann man anführen, dass in der Mittelalter- und Frühneuzeitforschung der Boden besser bereitet war, weil es einige große klassische historische Referenzwerke gab, die sehr früh ähnliche Fragen gestellt hatten. Das war zum einen das große Schlüsselwerk aus der ersten Generation der *Annales,* Marc Blochs *Les rois thaumaturges* (1924, dt. *Die wundertätigen Könige*, München 1998) über die Geschichte des Heilungsrituals, das sowohl in der französischen als auch zeitweise in der englischen Monarchie mit der Thronbesteigung des Königs verbunden war (siehe unten Kap. 2.5.1). Zum anderen ist das überaus einflussreiche Buch des deutschen Emigranten Ernst H. Kantorowicz, *The King's Two Bodies* (1957), zu nennen (dt. *Die zwei Körper des Königs*, 1994), der in den spätmittelalterlichen Ritualen der französischen Herrscherbeisetzung eine Wurzel der Unterscheidung zwischen dem natürlich-sterblichen und dem mystisch-unsterblichen Körper des Königs aufgespürt hat (siehe unten Kap. 2.5.1). Für die Frühneuzeitforschung ist das Werk des Soziologen Norbert Elias über *Die höfische Gesellschaft* (1969/2002) von ähnlich prägendem Einfluss gewesen (siehe unten Kap. 2.1), worin dem Hofzeremoniell eine politische Schlüsselrolle für die Herausbildung des Absolutismus beigemessen wird.

Allen diesen epochemachenden Werken ist gemeinsam, dass sie von einem besonders fremdartigen und aus heutiger Sicht befremdlichen symbolisch-rituellen Phänomen ausgingen und es in das Zentrum ihrer Aufmerksamkeit stellten: der Glaube an die wundersame Heilkraft der Könige, die bis ins 18. Jahrhundert erhalten blieb; die Mitführung einer künstlichen Nachbildung des verstorbenen Königs bei dessen Beisetzung; die Konkurrenz der Höflinge Ludwigs XIV. um scheinbar belanglose zeremonielle Handreichungen. In allen Fällen empfanden die Verfasser diese rätselhaften Phänomene als hermeneutische Herausforderung: Gerade das besonders Fremdartige und vermeintlich Irrationale galt es zu verstehen; gerade hier vermuteten sie den Schlüssel zum Verständnis der gesamten Institution des Königtums. Solange es nicht gelang, die verborgene Logik dieser Phänomene aufzudecken, konnte man nicht beanspruchen, das Handeln und die Mentalität der betreffenden Gesellschaft verstanden zu haben. Gegenüber der traditionellen historischen Herangehensweise bedeutete das eine vollständige Umkehrung der Perspektive.

Mittelalter und frühe Neuzeit boten sich für eine solche verfremdende Sicht eher an als die Neueste Geschichte. In den ferneren Epochen gab es bei genauem Hinsehen mehr sperrige, erklärungsbedürftige Phänomene, die sich mit den Begriffen der Kulturanthropologie besser erklären ließen als mit den Begriffen des modernen Verfassungsrechts – je weiter man in die archaische, schriftarme Frühzeit zurückging, desto mehr. In Deutschland hatte schon Otto Brunner in den 1930er-Jahren deutlich gemacht, dass die hergebrachte Verfassungsgeschichte des Mittelalters mit anachronistischen Begriffen operierte (vgl. die Forschungsüberblicke von Rexroth 2003 und 2009; Pohl 2006). Daran knüpfte insbesondere Gerd Althoff an, der in einigen grundlegenden Aufsätzen seit den 1980er-Jahren das Ritual als Thema in die deutsche Mediävistik eingeführt und populär gemacht hat (Althoff 1994; 1996; 1997; 2003). Doch es ist auffällig, dass die Schlüsselwerke von Bloch, Kantorowicz und Elias ihren Einfluss auf die Geschichtswissenschaft erst mit einer so erheblichen Verzögerung entfalteten. Es mussten offenbar andere Umstände hinzukommen, um das europäische Mittelalter und die frühe Neuzeit nicht mehr in erster Linie als Vorstufen der Moderne anzusehen, sondern sie in eine Reihe mit archaischen Gesellschaften zu stellen und durch eine ethnologische Brille zu betrachten.

Auch in der Alten Geschichte gab es vereinzelte Anregungen, die antiken Gesellschaften mit fremden Augen zu sehen; zu nennen sind Althistoriker wie Paul Veyne, Pierre Vidal-Naquet, Peter Brown, in Deutschland vor allem Christian Meier, der die klassische Antike als das »nächste Fremde« der europäischen Moderne bezeichnet hat. Auf die Bedeutung der Klassischen Philologie für die Entwicklung der Religionswissenschaft ist schon hingewiesen worden (Kap. 1.2.1; vgl. auch Kap. 2.4). Doch die traditionelle, schon vom Humanismus begründete Sicht auf die Griechen und Römer als Vorläufer der neuzeitlichen europäischen Philosophie, des modernen Rechts und der Demokratie stand einem verfremdenden, ethnologischen Blick der Historiker auf die antike Geschichte lange Zeit im Wege.

Die kulturalistische Wende in der Geschichtswissenschaft

Für die breite Nachfrage nach den Theorieansätzen der Kulturanthropologie und verwandten Disziplinen wie Sozialphilosophie, Soziologie, Symboltheorie und Sprachphilosophie seitens der Geschichtswissenschaft seit den 1980er-Jahren gibt es eine Reihe außerakademischer Gründe (vgl. Daniel 2001; Bachmann-Medick 2006). Zum einen ist ein Wandel des gesellschaftlichen Klimas zu nennen, in dem vieles zusammen kam: Die Umweltbewegung brachte den Verlust des alten technisch-rationalistischen Fortschrittsoptimismus auf den Punkt. Die Frauen- und etwas später die Homosexuellenbewegung weichten die alten Selbstverständlichkeiten der Geschlechterrollenverteilung auf. Die elektronische Medienrevolution schärfte den Blick für die Macht der Bilder und den Inszenierungscharakter der Politik. Die Erfahrung der Globalisierungsfolgen führte dazu, dass der souveräne Nationalstaat nicht mehr als ultimativer Fluchtpunkt der historischen Entwicklung erschien. Eine neue Generation von Historikerinnen und Historikern kam an die Universitäten, die dem traditionellen christlich-bildungsbürgerlichen Wertekanon skeptisch gegenüberstanden und denen die kirchlichen Sakramente zum Teil nur wenig näher lagen als die Rituale afrikanischer Stammesgesellschaften. All das begünstigte eine Haltung der Distanz gegenüber den überkommenen Selbstverständlichkeiten der eigenen gesellschaftlichen Umwelt, eine nicht-identifikatorische, dekonstruktivistische, kulturrelativistische Grundhaltung. In diesem geistigen Klima fielen Theorien von der sozialen, sprachlichen, symbolischen, rituellen Konstruiertheit der Wirklichkeit, die zum Teil bereits viel älter waren, auf einen fruchtbaren Boden.

Das alles führte zu dem, was man verkürzt als »kulturalistische Wende« der Geisteswissenschaften bezeichnet (die sich seitdem lieber Kulturwissenschaften nennen). Man kann unter diesem Oberbegriff eine ganze Reihe verschiedener »Wenden« zusammenfassen, ob »konstruktivistische«, »performative«, »linguistische«, »praxeologische« oder auch »ikonische« Wende. Jedes dieser Schlagworte bezeichnet einen anderen Aspekt, und die Unterschiede sollen keineswegs in Frage gestellt werden. Doch alle diese *»turns«* haben einen gemeinsamen Kern, nämlich die Einsicht in die kulturelle Bedingtheit der menschlichen Existenz und die wirklichkeitserzeugende Kraft des kommunikativen sozialen Handelns, ob es sich nun um Sprache, Texte, Bilder, Verhaltensweisen oder eben um Rituale handelt. »Kultur« wird dabei gerade nicht als ein separater Bereich der sozialen Wirklichkeit verstanden, der sich etwa von Wirtschaft, Politik usw. unterscheiden ließe – also »Kultur« im Sinne des Schönen, Wahren, Guten jenseits der harten ökonomischen und politischen Notwendigkeiten –, sondern in einem umfassenden Sinne als Gegenbegriff zu »Natur«, das heißt als Bezeichnung für die Gesamtheit der jeweiligen sozialen Handlungsrepertoires und symbolischen Codes einer Gruppe oder Gesellschaft. Dabei wird Kultur über die fundamentale Fähigkeit des Menschen zur Symbolerzeugung definiert, die Individuum und Kollektiv miteinander verbindet: Der Einzelne wird immer schon in ein kollektives soziales Symbolsystem hineingeboren – wovon die Sprache nur ein Teil ist –, das er durch seine Sozialisation erwirbt, durch das er sich mit anderen verständigt und das ihm als objektiv, unverfügbar und gleichsam natürlich erscheint. Andererseits erzeugt jeder Einzelne durch seine Kommunikation mit anderen dieses Symbolsystem stets aufs Neue und verändert es möglicherweise durch seine konkrete Praxis. Kultur ist also nichts Statisches, sondern besteht in einem fortwährenden dialektischen Wechselverhältnis zwischen kollektivem Code und individuellem Verhalten.

Performanz versus Performativität

An dieser Stelle muss ein theoretisches Element der kulturalistischen Wende genauer betrachtet werden, das für das beschriebene Verständnis von Kultur im Allgemeinen und von Ritualen im Besonderen eine zentrale Rolle spielt und das mit den Begriffen *Performativität* oder *Performanz* bezeichnet wird. Man spricht geradezu vom »*performative turn*« der Kulturwissenschaften (vgl. Martschukat/Patzold 2003). Diese performative Wende hat zwei verschiedene Wurzeln, die Sprachtheorie und die Theaterwissenschaft. In beiden Zusammenhängen hat sie eine etwas andere Bedeutung, aber beide Ansätze sind durchaus in der Sache miteinander verwandt und daher leicht zu verwechseln. In der Sprachtheorie (Austin 1962/1975; Searle 1969/1971) meint Performativität, dass sprachliche Äußerungen nicht nur etwas über die Welt aussagen, das heißt nicht nur auf etwas außerhalb ihrer selbst referieren, sondern dass sie selbst etwas *tun*, das heißt selbst kommunikative *Handlungen* sind. Als solche sind sie nicht wahr oder falsch, sondern gelingen oder misslingen. Das gilt zunächst einmal in einem allgemeinen Sinne für alles Sprechen. Darüber hinaus gibt es performative Sprechakte in einem engeren Sinne; das sind solche, die – eine bestimmte institutionelle Rahmung vorausgesetzt – selbst vollziehen und bewirken, was sie besagen: das Jawort bei der Hochzeit, die Absolution, der Eid, der Fluch usw. Die Nähe zum Ritualbegriff liegt auf der Hand: Wie eingangs erwähnt, besteht ein wesentliches Kennzeichen von Ritualen auch darin, dass sie bewirken, was sie bezeichnen (vgl. Tambiah 1981; Gebauer/Wulf 1998; Rappaport 1999; Alexander/Giesen/Mast 2006).

In der Theaterwissenschaft zielt der *performative turn* darauf, das Verhältnis zwischen Text und Aufführung neu zu bestimmen (Fischer-Lichte/Wulf 2001; Fischer-Lichte/Wulf 2004; Schechner 2005). In der herkömmlichen, schriftorientierten Sichtweise erscheint ein Theaterstück als Aufführung eines geschriebenen Dramentexts, das heißt, die Schrift erscheint als primär und vorrangig und der konkrete Akt der Aufführung als Realisierung dieses

Skripts. Diese Sicht ist durch die performative Wende genau umgekehrt worden: Erst der konkrete Akt, die *performance*, erzeugt eine Bedeutung, und zwar im spezifischen Modus der Inszenierung. Entscheidend ist die körperliche Ko-Präsenz von Akteuren und Zuschauern, die eine kommunikative Wechselwirkung zwischen Darstellung und Wahrnehmung ermöglicht und sich eben nicht in der Realisierung eines vorgegebenen Textes erschöpft.

Diese Einsicht hat wesentliche Konsequenzen vor allem für das historische Verständnis vormoderner Gesellschaften, die noch nicht in der gleichen Weise von Schriftlichkeit geprägt waren wie moderne Gesellschaften. Der Begriff der Performanz lenkt nämlich die Aufmerksamkeit in neuer Weise auf das Verhältnis zwischen einem rituellen Akt und einer schriftlich fixierten Norm, zum Beispiel einem Vertrag oder einem Gesetz (siehe unten Kap. 3.5). Die Performativitätstheorie besagt ja, dass auch ein Ritual nicht nur zeichenhaft auf etwas Abstraktes außerhalb seiner selbst verweist, sondern dass es schon durch den schieren Vollzug seine Wirkung entfaltet. Ein Jawort bei der Hochzeit etwa bildete nicht nur einen abstrakten Rechtsakt ab, sondern der Rechtsakt bestand genau in diesem Jawort. Für das moderne, an Schriftlichkeit und abstrakte Normensysteme gewöhnte Denken der Historiker ist das eine ungewöhnliche Vorstellung. Sie neigen gewöhnlich dazu, einen rituellen Akt wie etwa eine Krönung, eine Belehnung oder eine kniefällige Unterwerfung als bloße Darstellung eines abstrakten Rechtsverhältnisses zu deuten, das seine »eigentliche« Gestalt in einem schriftlichen Vertrag findet. Das führt nicht selten zu anachronistischen Missverständnissen. In vormodernen Gesellschaften wie dem europäischen Mittelalter gab es oft gar keinen schriftlichen Vertrag und keine abstrakte, schriftlich fixierte Rechtsnorm, die das Ritual hätte sekundär abbilden oder aufführen können. Und auch wenn es sie gab, war das Verhältnis zwischen Schrift und Ritual doch ein anderes als in modernen Gesellschaften. Man kann vormoderne Ordnungen nicht angemessen verstehen, wenn man ihnen das abstrakte Normensystem nachzuliefern sucht, das sie selbst nicht hatten. Historiker neigen in der Regel dazu, die Schrift zu überschätzen, denn was überliefert ist, sind in erster Linie schriftliche Quellen. Der performanztheoretische Ansatz macht hingegen sichtbar, dass jede Urkunde, jedes Gesetz, jeder Vertrag usw. in eine rituelle Umgebung eingebettet ist, ja möglicherweise überhaupt erst durch rituelle Akte seine Geltung erlangt (vgl. Kap. 3.5 zu Ritual und Schrift).

Die Erkenntnisse der Performanztheorie gelten allerdings keineswegs nur für schriftlose oder schriftarme Verhältnisse. Auch eine moderne Staatsverfassung ist mehr und etwas anderes als nur ein schriftlicher Text (vgl. etwa Gebhardt 2001; Vorländer 2010). Der *performative turn* hat die Aufmerksamkeit der Historiker ganz grundsätzlich auf das spannungsvolle Verhältnis zwischen Schrift und Aufführung, oder allgemeiner: zwischen abstraktem geistigem Inhalt und konkretem körperlichem Vollzug gelenkt.

Institutionentheorie

Ähnliche Konsequenzen hat auch die Rezeption der aktuellen soziologischen Institutionentheorie durch die Historiker. Diese fragt nicht mehr nach Institutionen als vorfindlichen Gegebenheiten, sondern nach dynamischen Prozessen der Institutionalisierung (Rehberg 2001; 2004). Institutionalisierung bedeutet ganz allgemein dauerhafte Stabilisierung sozialer Sachverhalte über die einzelne Situation hinaus. Es geht darum zu verstehen, durch welche institutionellen Mechanismen diese Dauerhaftigkeit zustande kommt. Bei näherem Hinsehen ist eine institutionelle Ordnung ein komplexes Geflecht von zum Teil widerstreitenden Ordnungsbehauptungen, Geltungsansprüchen und Rollenstilisierungen, und es versteht sich keineswegs von selbst, dass sie über die Zeit stabil bleibt. Dazu bedarf es vielmehr bestimmter Institutionalisierungsleistungen. Formale schriftliche Satzung, wie sie moderne Organisationen kennzeichnet, ist nur *eine* mögliche Art der Institutionalisierung. Gegenüber älteren Organisationstheorien wird nun betont, dass alle Institutionalisierung wesentlich auf verschiedenen Arten der Symbolisierung beruht – sei es durch Dingsymbole, Texte oder Handlungen. Institutionen werden als »symbolische Ordnungen« verstanden. Rituale erscheinen dabei als Mittel der Institutionalisierung par excellence; Rehberg spricht geradezu von der »Geburt der Institutionen aus dem Ritual«. Das Ritual folgt einer »situativen und interaktiv erzeugten Regelhaftigkeit«, die im Zuge fortschreitender Institutionalisierung in eine »abstrakt-normative« Regelhaftigkeit umgeformt wird (Rehberg 2004). Wesentlich ist auch Rehbergs Unterscheidung zwischen zwei verschiedenen Modi der

Symbolisierung, denen verschiedene Symboltheorien entsprechen: »Präsenz« versus »Repräsentanz« oder »Symbole« versus »Zeichen« (Rehberg 2001). Präsenz-Symbole haben Anteil an dem, verkörpern und beeinflussen das, was sie symbolisieren; Repräsentanz-Zeichen hingegen stehen in einem abstrakten und willkürlichen Referenzverhältnis zu dem, was sie bezeichnen. Präsenzsymbolik wird gemeinhin mit einfachen Gesellschaften, magischem Formalismus und archaischen Ritualen in Verbindung gebracht. Die symboltheoretische Unterscheidung lässt sich allerdings historisch quer durch die Epochen verfolgen (vgl. Kap. 3.6).

Auch die Übernahme des institutionentheoretischen Ansatzes bedeutet für die Geschichtswissenschaft einen Perspektivenwechsel. Man setzt eine stabile politische oder soziale Ordnung dann nämlich nicht mehr als selbstverständlichen Rahmen des historischen Geschehens voraus, sondern untersucht, wie diese – nicht ein für allemal, sondern stets aufs Neue – konstituiert wird. Es wird sichtbar, dass Institutionen nicht einfach existieren, sondern dass sie laufend kollektiv hergestellt werden, und zwar gerade auch dann, wenn das überhaupt nicht der bewussten Absicht der Beteiligten entspricht. Sache der historischen Ritualforschung ist es zu rekonstruieren, in welchen konkreten historischen Konstellationen und auf welche spezifische Weise das geschieht.

Wundersame Ritualvermehrung?

Es ist, wie gesagt, keineswegs selbstverständlich, historische Phänomene unter dem Begriff des Rituals zu thematisieren. Hat man diese kulturanthropologische Perspektive aber erst einmal eingenommen, so stößt man gewissermaßen auf Schritt und Tritt auf Rituale.

Befördert wurde die Sensibilität der Historiker für rituelle Phänomene zweifellos durch die stärker interdisziplinäre Orientierung der Geschichtswissenschaft seit den 1980er-Jahren (vgl. Forschungsüberblicke zu Teilbereichen: Rublack 2003; Rexroth 2003; Neuheuser 2005; Rexroth 2009; Arlinghaus 2009; Füssel 2009; Brademann 2010; Hölkeskamp 2013). In Deutschland wurde das Thema in einer Reihe von interdisziplinär angelegten, oft von Historikern initiierten Sonderforschungsbereichen (SFB) behandelt. Der institutionentheoretische Ansatz lag dem Dresdener SFB »Institutionalität und Geschichtlichkeit« zugrunde (1998–2010). Mit symbolisch-rituellen Phänomenen im weiteren Sinne befassten sich der Konstanzer SFB »Norm und Symbol« (1999–2011) und der Münsteraner SFB »Symbolische Kommunikation und gesellschaftliche Wertesysteme vom Mittelalter bis zur Französischen Revolution« (2000–2011); mit politischen Ritualen der Bielefelder SFB »Das Politische als Kommunikationsraum in der Geschichte« (2000–2011). Der Heidelberger SFB »Ritualdynamik« (2001–2012) schließlich ging konzeptionell von religionswissenschaftlichen Ritualtheorien aus.

Die Geschichte der historischen Ritualforschung ist eine Geschichte der Eroberung immer neuer Gegenstandsfelder, sodass man schon polemisch von »Panritualismus« gesprochen hat (Dinzelbacher 2009; vgl. schon Goody 1977). Doch in der Tat lässt sich kaum ein soziales Handlungsfeld denken, das nicht der rituellen Formung zugänglich wäre. Selbst wenn man den Ritualbegriff, so wie eingangs vorgeschlagen, schärfer fasst, findet man in allen Gesellschaften und Epochen zahllose Phänomene, die sich mit diesem Forschungskonzept thematisieren und erhellen lassen. Das beginnt bei den großen Ritualen der monarchischen Herrschaft ebenso wie der städtischen Kommunen, wie Krönung, Huldigung, Bürgereid, Adventus, Unterwerfung, Friedensschluss usw., führt zu den Schwellenritualen um Geburt, Hochzeit und Tod und zu den Ritualen der Rebellion und des Karnevals als bevorzugten Sujets der Mikrohistorie und hört bei den sakralen Ritualen des Opfers, vom paganen Schlachtopfer bis zur christlichen Eucharistiefeier, noch lange nicht auf. Bestimmte Ritualtypen sind allerdings von der historischen Forschung bevorzugt thematisiert worden, wie etwa Herrschafts- und Einsetzungsrituale; andere sind eher Themen der Religionswissenschaft geblieben, wie etwa Opfer- oder Reinigungsrituale. Mittlerweile gibt es unzählige Einzelstudien und Sammelbände zu Ritualen aller Art, die entweder eine ganze Epoche unter ritualhistorischen Aspekten betrachten (für das Mittelalter Althoff 2003; für die frühe Neuzeit Muir 1997; für die Antike Flaig 2003; Stavrianopoulou 2006; Evans 2010; Chaniotis 2011), einen spezifischen rituellen Grundbaustein herausgreifen, zum Beispiel den Eid (Blickle/Holenstein 1993; Prodi 1992/1997) oder die Prozession (Gengnagel/Horstmann/Schwedler 2008), ein einzelnes Ritual behandeln, zum Beispiel die Huldigung (Holenstein 1991) oder den römischen Triumph (Beard 2007), oder von einer bestimmten rituellen Funktion ausgehen, zum Beispiel der Erinnerung (Beck/Wiemer 2009) oder der Einsetzung (Steinicke/Weinfurter 2004; Basu/Althoff 2013).

In jüngster Zeit werden darüber hinaus zunehmend auch solche Handlungen auf ihre symbolisch-rituellen Aspekte hin untersucht, die nicht im strengen Sinn Rituale sind, nämlich Wahlen, Friedensverhandlungen, Parlamentssitzungen, akademische Prüfungen, religiöse Konversionen und so fort, also Phänomene, die auch früher schon wesentliche Gegenstände der Geschichtswissenschaft waren, aber nicht in ihrer rituellen Dimension wahrgenommen wurden. Viele Historiker sind mittlerweile ganz allgemein für die Allgegenwärtigkeit des Rituellen und Symbolischen in der Geschichte sensibilisiert. Mit der Kategorie Ritual verhält es sich ähnlich wie mit der Kategorie Geschlecht: Ebenso wie alle historischen Phänomene unter geschlechterbezogenem Aspekt betrachtet werden können, kann man auch sagen, dass nahezu alles soziale Geschehen eine symbolisch-rituelle Dimension hat und unter diesem Aspekt betrachtet werden kann.

Die fortdauernde Konjunktur der Ritualforschung in der Geschichtswissenschaft ist der deutlichste Ausdruck des *cultural turn*. Konjunkturen der Ritualforschung sind historisch stets mit Umbruchzeiten einhergegangen, sie reagieren auf Schübe der kulturellen Differenzerfahrung. In dem Maße, wie man die eigene europäische Kultur mit distanzierten Augen betrachtet, dehnt man auch die Ritualforschung darauf aus. So sind nach und nach die Geschichte des Alltags, des Politischen, des Rechts, der Religion usw. einem »ethnologischen Blick« zugänglich gemacht worden, mit der Folge, dass man immer mehr Rituale entdeckt hat.

2. Rituale als historische Phänomene – zentrale Themenfelder

Klassifikationsprobleme

Die Allgegenwart ritueller Phänomene quer durch alle Epochen und Gesellschaften macht es unmöglich, eine systematische Klassifikation vorzunehmen. Es lassen sich ganz unterschiedliche Kriterien denken, nach denen sich das schier grenzenlose empirische Material ordnen ließe. So könnte man unterscheiden zwischen monarchischen und republikanischen Ritualen, zwischen zyklischen und akzidentellen, sakralen und profanen, geheimen und öffentlichen, affirmativen und destruktiven Ritualen und so fort. Die allermeisten dieser Unterscheidungen ergeben wenig Sinn, weil ein und dasselbe Ritual oft beide Seiten umfasst. Zum Beispiel: Ein Huldigungsakt der städtischen Bürgerschaft gegenüber einem neuen König verbindet gerade die monarchische und die kommunale Sphäre; eine mittelalterliche Kaiserkrönung ist sakral und profan, politisch und religiös zugleich; ein Hinrichtungsritual als Herrschaftsakt kann in ein Ritual der Rebellion umschlagen. Eine gewisse Ambivalenz, das hat vor allem Victor Turner gezeigt, ist gerade ein zentrales Charakteristikum des Rituellen: Durch ein und denselben Akt werden Kontinuität und Wandel, Ordnung und Unordnung, Struktur und Anti-Struktur zugleich zum Ausdruck gebracht. Ein und dasselbe Ritual kann ganz verschiedene Funktionen und Bedeutungsdimensionen haben und lässt sich daher ganz unterschiedlich kategorisieren: Zyklische Jahresrituale können beispielsweise zugleich Opferrituale, Erinnerungsrituale, Bußrituale und Gemeinschaftsrituale sein. In der Sphäre dynastischer Herrschaft werden alle Rituale des Lebens- und des Jahreszyklus zu elaborierten Ritualen der Herrschaftsrepräsentation: Hochzeit, Taufe, Beisetzung, Oster- und Weihnachtsfest usw. Auch alltägliche Verrichtungen können, wenn sie die Herrscherfamilie betreffen, zeremonialisiert und zu großen rituellen Akten ausgestaltet werden, vom morgendlichen Aufstehen über die Mahlzeiten bis zum Schlafengehen. Ein einzelner ritueller Akt wie etwa die Begrüßung des Herrschers bei seinem Einzug in die Stadt kann zu einem unendlich verfeinerten und elaborierten Ritual ausgeschmückt werden; ebenso kann der gleiche Akt in einem anderen Kontext nur ein einzelnes Element unter vielen sein. Der Eid, der Kuss, der Kniefall, das Sitzen auf dem Thron, das gemeinsame Mahl, die Prozession – all das sind Grundbausteine, die auf unterschiedlichen Ebenen und zu unterschiedlichen Anlässen immer wieder vorkommen, sei es als Einzelakte, sei es als Elemente in einer komplexen Ritualsequenz.

Kurzum: Jede mögliche Klassifikation von Ritualen nach einem einheitlichen Kriterium (etwa: Form, Funktion, Anlass usw.) wird der historischen Vielfalt nicht gerecht (vgl. Harth/Michaels 2003). Für die Gliederung des Stoffes nach großen Themenfeldern, wie sie im Folgenden vorgenommen wird, heißt das: Ein Anspruch auf systematische Ordnung wird damit ausdrücklich *nicht* erhoben. Die Gliederung ist vielmehr rein pragmatisch und richtet sich im Wesentlichen danach, was in der historischen Forschung bisher bevorzugt behandelt worden ist. Da keine erschöpfende Übersicht über alle Aspekte der historischen Ritualforschung quer durch alle Epochen und Regionen gegeben werden kann, muss eine Auswahl getroffen werden. Ein gewisser Schwerpunkt liegt auf der europäischen Geschichte des Mittelalters und der frühen Neuzeit. Das geschieht zum einen aufgrund der begrenzten Kompetenz der Verfasserin, lässt sich aber auch damit rechtfertigen, dass diese vormodernen Epochen bisher bevorzugte Bereiche der historischen Ritualforschung waren – auf die Gründe ist schon hingewiesen worden. Zum anderen werden einzelne paradigmatische Studien herausgegriffen und exemplarisch etwas eingehender behandelt. Ergänzend kann auf das ausführliche Literaturverzeichnis und weitere Beispielfälle auf der Online-Plattform verwiesen werden.

2.1 Alltägliche Interaktionsrituale

Auch jenseits der »großen« öffentlichen Rituale im eigentlichen Sinne ist das soziale Alltagsleben von vielfältigen Ritualisierungen geprägt: von kleinen körperlichen und verbalen Gesten der Bitte und des Respekts, der Verzeihung und der Rücksicht, der Nähe und Distanz, der Über- und Unterordnung usw. Der amerikanische Soziologe Erving Goffman (1922–1982) hat dafür den Begriff »Interaktionsrituale« geprägt (Goffman 1967/1971). Damit verwendet er zwar einen anderen Ritualbegriff, als er hier vorgestellt worden ist; wegen seiner großen Bedeutung für die Forschung soll er aber nicht übergangen werden. Nach Goffman folgt die alltägliche soziale Interaktion von Angesicht zu Angesicht, *face to face*, unausgesprochenen kollektiven Regeln, die durch Sozialisation erworben werden und eine rituelle Ordnung bilden. Der elementare Sinn dieser Regeln für jeden Einzelnen ist die Hervorbringung und Wahrung eines »Selbstbildes« (*image*) – in der Vormoderne sprach man von *Ehre* –, in dem seine Würde als Person sich manifestiert. Das Selbstbild hängt keineswegs vom Individuum allein ab, sondern wird ihm ebenso sehr von den anderen durch ihre Anerkennung zugebilligt; es ist etwas Soziales, ein Produkt wechselseitiger »zeremonieller Arbeit«. Goffman verwendet die Metapher des Theaterspiels, weil das Selbstbild von allen verlangt, voreinander eine Rolle zu spielen und sich gegenseitig in dieser Rolle anzuerkennen. Auf den Zusammenhang von individuellem Selbstbild der Person und sozialer Rollenübernahme verweist auch die etymologische Herkunft des Begriffs »Person«: »*persona*« war im antiken Rom die Maske der Ahnen, die man im rituellen Umzug vor sich her trug. Das soziale Selbstbild zu verlieren bedeutet »Gesichtsverlust« und stellt eine Verletzung der kollektiven rituellen Ordnung dar, die zu schützen ein Anliegen der gesamten Gemeinschaft ist. In diesem Sinne nennt Goffman das Selbstbild etwas »Heiliges«.

Interaktionsrituale gibt es in allen Epochen und Kulturen; aber Gesellschaften unterscheiden sich erheblich darin, inwiefern persönliche Interaktion unter Anwesenden – und nicht über Medien wie die Schrift vermittelte, unpersönliche Kommunikation – ihre Struktur bestimmen. Vormoderne, weniger komplexe Gesellschaften waren in wesentlich höherem Maße von persönlicher Face-to-face-Interaktion abhängig, als moderne Gesellschaften es sind; man spricht daher auch von »Präsenzkulturen« (vgl. Rehberg 2001; Schlögl 2008; Stollberg-Rilinger 2008). Deshalb ist das Verständnis von Interaktionsritualen und ihrer spezifischen Logik wesentlich für das Verständnis der Funktionsweise vormoderner Gesellschaften. Die persönliche *Ehre* spielte in solchen Präsenzkulturen eine ganz andere Rolle als in der Moderne; sie zu schützen war ein zentrales Anliegen jedes Einzelnen, die Gefahr ihrer Verletzung war allgegenwärtig und die Konflikte, die daraus resultierten, waren schwer beherrschbar und neigten zur Eskalation.

Sozialer Habitus

Die symbolischen Verhaltenscodes der wechselseitigen Anerkennung und Ehrerweisung umfassen mehr oder weniger subtile Regeln für das Verhältnis zwischen sozialen Schichten, Geschlechtern, Altersgruppen und so fort: Wer vor wem den Hut zieht, den Vortritt lässt, sich verbeugt, als erster grüßt, den Blick heben darf oder abwenden muss, sprechen darf oder nicht, dem anderen die Hand, den Fuß, die Wange oder gar den Mund küssen darf usw., ist Gegenstand teils stillschweigend beherrschter, teils auch explizit formulierter Regeln. Verschiedene soziale Gruppen sind durch unterschiedliche Verhaltensstile voneinander unterschieden. Die rituellen Formen der alltäglichen Interaktion sind nicht nur ein Schlüssel zu der sozialen Ordnung einer Gesellschaft, in ihnen *verkörpert* sich die soziale Ungleichheit im buchstäblichen Sinne des Wortes. Pierre Bourdieu hat dafür den Begriff des Habitus geprägt (Bourdieu 1993: 97 ff.). Im individuellen Habitus schlagen sich die historischen Erfahrungen sozialer Ungleichheit in Gestalt von Wahrnehmungs-, Denk- und Handlungsformen nieder. Indem der Einzelne eine bestimmte Haltung, Gestik, Sprechweise, bestimmte Fähigkeiten, Verhaltensweisen und Einstellungen der sozialen Gruppe, der er angehört, erwirbt, bringt er unwillkürlich und unbewusst die Zugehörigkeit zu dieser Gruppe zum Ausdruck und reproduziert dadurch das bestehende System sozialer Ungleichheit. Das macht die sozialen Strukturen wesentlich stabiler, als formale Regeln und explizite Normen es je könnten. Da die Ungleichheit gleichsam im Körper der Einzelnen verankert ist, erscheint sie als etwas Natürliches, der Willkür des Einzelnen weitgehend Entzogenes (was sie größtenteils nicht ist). Mit anderen Worten: Der Habitus ist gleichsam das Scharnier zwischen dem Individuum und der sozialen Struktur der Gesellschaft, der es angehört. Die sozialen Interaktionsrituale unausgesprochen zu beherrschen ist ein wesentliches Element des Habitus.

Die historische Forschung hat sich den Interaktionsritualen in verschiedenen Zusammenhängen zugewandt. Drei Felder sollen hier anhand prominenter Beispiele etwas ausführlicher dargestellt werden: erstens die Sprache der Gesten im Mittelalter, zweitens die Logik des höfischen Zeremoniells und drittens der Wandel der Höflichkeitsstandards in der frühen Neuzeit.

Die Logik der Gesten im Mittelalter

Interaktionsrituale bestehen vor allem aus körperlichen, aber auch aus verbalen Gesten. Viele dieser symbolischen Gesten sind zugleich Grundbausteine komplexerer öffentlicher Rituale. Axel Michaels (Michaels 2003) hat vorgeschlagen, sie – in Analogie zu den Phonemen und Morphemen der Sprachtheorie – *Riteme*, das heißt kleinste bedeutungstragende Einheiten von Ritualen, zu nennen: Verneigung, Handschlag, Kuss, Kniefall, Umarmung, Segens- und Eidesgeste usw. Die Geschichte der Gesten zu schreiben stellt Historiker vor ein Quellenproblem, denn Gesten sind vergänglich und hinterlassen in der Regel keine direkten Spuren (Schmitt 1990/1992; ferner Bremmer/Roodenburg 1993; Suntrup 1978; Zakharine 2005; Oschema 2006; Bierende/Bretfeld/Oschema 2008; Braddick 2009). Auch bildliche Darstellungen von Gesten bedürfen ebenso wie schriftliche Beschreibungen sorgfältiger quellenkritischer Analyse, denn sie sind keine dokumentarischen Zeugnisse, sondern folgen historisch veränderlichen bildlichen Darstellungskonventionen und -absichten. Die Gestensprache einer Kultur lässt sich oft nur zwischen den Zeilen der Quellen rekonstruieren, wobei fiktionale Literatur ebenso wertvolle Aufschlüsse vermitteln kann wie historiographische Berichte, Korrespondenzen oder autobiographische Quellen. Leichter als die alltägliche Praxis der Gesten selbst sind die historischen Diskurse *über* die Sprache der Gesten zu rekonstruieren, die in theoretischen Traktaten und didaktischen Schriften überliefert sind.

Jean-Claude Schmitt hat in einer klassischen Studie über die Sprache der Gesten einen Zugang zu den sozialen Strukturen,

Wertvorstellungen und Denkweisen des europäischen Mittelalters zu erschließen versucht (*La raison des gestes dans l'Occident médiéval*, 1990; dt. *Die Logik der Gesten im europäischen Mittelalter*, 1992). Schmitt thematisiert anhand einer Fülle von Quellen unterschiedlichster Art die Gesten der Priester und der Laien, der Ritter und der Bauern von der Spätantike bis zum 13. Jahrhundert und fragt dabei vor allem nach der Logik, die die Zeitgenossen selbst den Gesten zuschrieben. Er unterscheidet drei Aspekte, unter denen körperliche Gesten im Mittelalter thematisiert wurden: Zum einen galten sie als unmittelbarer Ausdruck innerer Seelenvorgänge, und umgekehrt vermochte körperliche Disziplin auf die Seele zurückzuwirken. Dabei war die Einstellung zum Körper stets ambivalent; er galt als Spiegel und zugleich Gefängnis der Seele, als Hindernis und zugleich als Mittel des Seelenheils. Zum zweiten übernahm das Mittelalter von der Antike die Lehre von der Kunst der Körpersprache (*eloquentia corporis*) als rhetorisches Medium. Zum dritten schließlich wurde theoretisch reflektiert, inwiefern der körperlichen Geste (der sakramentalen Geste des Priesters, der Geste des Richters usw.) eine bestimmte Wirkmacht zukomme – eine mittelalterliche Ritualtheorie *avant la lettre* (vgl. Kap. 3.6; vgl. hierzu auch den Exkurs und die Bildquellen Nr. 1 »Der Kuss auf den Mund« unter *www.campus.de*).

Norbert Elias' Zivilisationstheorie

Die einflussreichste Theorie, die diesen Wandel der Körperlichkeit vom Mittelalter zur Moderne zu erklären versucht, ist die Zivilisationstheorie des Soziologen Norbert Elias (*Über den Prozeß der Zivilisation*, 2 Bände, Originalausgabe 1939; 2., erw. Aufl. Bern 1969). Elias hat anhand von didaktischen Traktaten die Veränderung der Tischsitten, des Umgangs mit körperlichen Ausscheidungen und des Schlafens untersucht und den aufkommenden Gebrauch von Gabel, Schnupftuch oder Nachthemd als Symptome einer zunehmenden Distanzierung der Menschen vom eigenen Körper gedeutet, einer Anhebung der Peinlichkeitsschwelle und einer wachsenden Kontrolle der körperlichen Affekte. Das hat er in Verbindung gebracht mit fundamentalen strukturellen Veränderungen vom Mittelalter zur Neuzeit, nämlich mit der zunehmenden Konzentration der Herrschaft und der Monopolisierung der physischen Gewalt beim Monarchen und der damit einhergehenden »Verhöflichung« der mittelalterlichen adeligen Kriegergesellschaft. Dieser Prozess habe in der frühen Neuzeit zu einer neuen psychischen und körperlichen Modellierung des Individuums geführt; an die Stelle äußeren Fremdzwangs sei zunehmend die innere Selbstkontrolle getreten. Die Pointe von Elias' Theorie liegt darin, dass er den Wandel der sozialen Makrostruktur (die Soziogenese) mit einem Wandel der psychischen Struktur der Individuen (der Psychogenese) in Beziehung setzt. Die Mikro- und die Makroebene verbindet Elias durch den Begriff der sozialen Konfiguration. Er verdeutlicht das am Beispiel des Tanzes: Wie bei einem Tanz, dessen Struktur nicht unabhängig von den Tanzenden besteht, existiert jede soziale Struktur nicht unabhängig von den Individuen, die sie durch ihr aufeinander bezogenes Verhalten immer neu erzeugen.

Elias' Theorie ist als eurozentrisch und teleologisch kritisiert worden, und man hat ihm unkritischen Umgang mit den Quellen vorgeworfen, teilweise sicher nicht zu Unrecht. Das ändert aber nichts an der Tatsache, dass es Elias war, der überhaupt erst den Blick der Historiker auf die kulturelle Bedingtheit und historische Wandelbarkeit psychischer Strukturen gelenkt hat. Durch seine Theorie wurde das Verhältnis der Menschen zu ihrem Körper erstmals überhaupt zu einem Gegenstand der Geschichtswissenschaft. Zur Konjunktur der Körpergeschichte trug zusätzlich die Rezeption der Theorie Michel Foucaults bei, die mit der Theorie von Elias einige Züge gemeinsam hat, so etwa den Gedanken der Inkorporierung gesellschaftlicher Machtstrukturen durch die Einzelnen selbst.

Höfisches Zeremoniell

Ebenfalls Norbert Elias zu verdanken ist die gewandelte Einstellung der Historiker gegenüber dem höfischen Zeremoniell. Elias vertrat die These, dass der Wandel der zivilisatorischen Verhaltenscodes von der Adelsgesellschaft an den Fürstenhöfen ihren Ausgang genommen habe und von den anderen Ständen übernommen worden sei. In seiner zweiten klassischen Studie *Die höfische Gesellschaft* (1969/2002) geht er von den aus moderner Sicht bizarr erscheinenden zeremoniellen Verhaltensweisen am Hof Ludwigs XIV. aus und fragt erstmals nach deren sozialer Rationalität. Was veranlasste einen französischen Hochadeligen dazu, beim morgendlichen Aufstehen des Königs unbedingt dabei sein und das Hemd halten zu wollen? Den Versailler Hof nimmt Elias gleichsam als Momentaufnahme des Zivilisationsprozesses. In dem Maße, in dem der Monarch seinen Hof zum an Prunk und Verschwendung unüberbietbaren Zentrum des Landes machte, wurde es für den Adel zu einem sozialen Selbstzweck, daran teilzuhaben und im Zeremoniell vor aller Augen eine hervorgehobene Rolle zu spielen. Das habe die Hochadeligen indessen in einen unaufhörlichen Konkurrenzkampf mit ihresgleichen verstrickt und sie davon abgehalten, sich gemeinsam gegen den König zu wenden. Elias versteht mithin das Zeremoniell als Herrschaftsinstrument des Königs gegenüber dem Adel, ein Instrument allerdings, dem sich der König zuallererst selbst zu unterwerfen hatte.

Viele Historiker haben diese Studie kritisiert und ihre Verallgemeinerbarkeit in Frage gestellt. Unbestreitbar ist es aber Elias' Verdienst, das höfische Zeremoniell als einen symbolischen Code erkannt zu haben, der seiner eigenen sozialen Logik folgte und den man nicht angemessen verstehen kann, wenn man sich der Sicht der bürgerlich-aufklärerischen Hofkritiker anschließt und darin nur sinnlose Verschwendung und persönliche Eitelkeit erblickt. Elias' Hoftheorie hat eine Konjunktur der Zeremonialforschung ausgelöst, die zu einem wesentlichen Zweig der Hofforschung geworden und mittlerweile kaum noch überschaubar ist (vgl. Frühsorge 1988; Plodeck 1972; Ehalt 1981; Hofmann-Randall 1985; Hartmann 1988; Stagl 1990; Berns/Rahn 1995; Jahn/Rahn/Schnitzer 1998; Brice/Visceglia 1997; Hahn/Schütte 2006; Paravicini 1997; Ottomeyer/Völkel 2002; Visceglia 2009).

Zeremonialisierung alltäglicher Interaktion

Das höfische Zeremoniell lässt sich als besonders hoch formalisierter und subtil verfeinerter Code von alltäglichen Interaktionsritualen verstehen, die dazu dienten, die komplexe hierarchische Ordnung der Personen bei Hof sichtbar zu machen. Je mehr die Fürstenhöfe von erweiterten Haushalten der fürstlichen Familie zu Zentren territorialer Herrschaft und Akkumulationspunkten von Reichtum, Macht und Ehre wurden und je mehr Menschen unterschiedlichen Ranges und Status' sich dort auf relativ engem Raum aufhielten, desto ausgefeilter und präziser, aber auch desto störanfälliger wurde das Zeremoniell. Man schuf spezialisierte Ämter dafür, protokollierte die wichtigsten zeremoniellen Ereignisse und regelte sie formal in schriftlichen Hofrangordnungen, Aufwartungsinstruktionen oder Trauerordnungen.

Buchstäblich alles konnte in der höfischen Interaktion symbolisch relevant werden: die Zahl der Pferde vor den Kutschen, die Zahl der herabzusteigenden Stufen oder zu überschreitenden Schwellen, Farbe, Material und Form der Kleidung, der Möbel, der Speisen oder des Geschirrs, vor allem aber die Anordnung der Personen im Raum beim Gehen, Stehen und Sitzen. Das höfische Zeremoniell war ambivalent: Einerseits war es dazu da, um Ordnung stiften, andererseits tendierte es dazu, mehr Konflikte zu produzieren als zu verhüten. Die Forschung hat mittlerweile erkannt, dass die zahllosen Konflikte um den Vorrang und Vortritt, die *Praezedenz*, von denen die frühneuzeitlichen Quellen voll sind, einen erstklassigen Schlüssel zu der sozialen Logik der Gesellschaft bieten. Dabei ist auch deutlich geworden, dass die Zeremonialisierung des Alltags keineswegs auf den barocken Hof beschränkt war. Die neuere Forschung zu Rangkonflikten hat vielmehr gezeigt, dass auch andere soziale Räume davon geprägt waren, etwa die Stadt (Weller 2006) oder die Universität (Füssel 2006; Waquet 2010), dass man sich auch vor Gericht um den Rang stritt (Stollberg-Rilinger 2001) und dass das alles in einer besonderen »Zeremonialwissenschaft« (Vec 1997) und in einer Teildisziplin der Jurisprudenz, dem *Ius praecedentiae*, thematisiert wurde (Stollberg-Rilinger 2008). Auch wenn Zeremonialisierung und Rangkonflikte bereits an den mittelalterlichen Höfen vorkamen (Spieß 1997) und selbst im 19. Jahrhundert keineswegs verschwanden (Biefang/Epkenhans/Tenfelde 2008; Schwengelbeck 2007), so stellt das 17. Jahrhundert doch zweifellos in dieser Hinsicht eine Zeit der Hochkonjunktur dar, deren strukturelle Ursachen man darin sehen kann, dass die traditionellen hierarchischen Rangvorstellungen der zunehmenden Komplexität der Gesellschaft nicht mehr gewachsen waren (Luhmann 1980). Im 18. Jahrhundert setzte sich im Zuge von Aufklärung und Nützlichkeitsdenken eine allgemeine Kritik an den hoch zeremonialisierten und überladenen barocken Umgangsformen durch, die nun als Symptom dekadenten Hoflebens angesehen wurden. Im Namen von Natürlichkeit, Einfachheit, Aufrichtigkeit und nicht zuletzt Sparsamkeit entlastete man sich zunehmend von der Bürde, die die Zeremonialisierung des Alltags mit ihrem hohen Konfliktpotenzial darstellte (Frühsorge 1984; Holenstein 1992; Burke 1995/96; Füssel 2013).

Verbale Interaktionsrituale

Interaktionsrituale sind nicht allein eine Sache nonverbaler körperlicher Gesten, sondern auch des Sprechens und des Schreibens. Auch sprachliche Interaktion ist ritualisiert, das heißt, sie folgt sozialen Regeln und transportiert – über eine explizite konstative Aussage hinaus – symbolische Botschaften, mit denen sich die Beteiligten ihrer gegenseitigen Beziehung vergewissern. Dazu dienen vor allem Gruß- und Anredeformeln, die mittlerweile ein eigenes Forschungsfeld darstellen (vgl. nur etwa Signori 2005). In sprachlichen Interaktionsritualen wie dem »Kompliment« tritt die sachliche Aussage gegenüber der sozialen Botschaft vollkommen in den Hintergrund. In der frühen Neuzeit unterlagen auch diese sprachlichen Interaktionsrituale einer extremen Zeremonialisierung in Gestalt der sogenannten Komplimentierkunst (Göttert 1988; Beetz 1990). Mündliche und schriftliche Komplimente waren feinsten Abstufungen unterworfen, je nachdem, wo die Beteiligten in der sozialen Hierarchie angesiedelt waren und in welchem Verhältnis sie zueinander standen. Je komplexer die Gesellschaft wurde, das heißt, je mehr verschiedene Hierarchien miteinander in Konkurrenz gerieten, desto weniger war all das noch stillschweigend beherrschbar und desto mehr musste es systematisiert, formalisiert und schriftlich kodifiziert werden. Dem trugen systematische Anleitungen Rechnung, in denen man die angemessenen Formeln nachschlagen konnte.

Wandel der Höflichkeitsstandards in der frühen Neuzeit

Andererseits wurden und werden keineswegs alle Verhaltenscodes zu allen Zeiten auf diese Weise formalisiert. Anders als die Regeln des Zeremoniells kennzeichnet es vielmehr die Regeln der Höflichkeit für gewöhnlich, dass sie unausgesprochen zu beherrschen sind, das heißt einen informalen, impliziten, habitualisierten Code darstellen. Wer sie explizit vom anderen einfordert, verstößt bereits gegen sie. Im Sinne des Bourdieuschen Habitusbegriffs ist Höflichkeit ein Verhaltensstil, dessen selbstverständliche Beherrschung die Zugehörigkeit zu einer sozialen Elite anzeigt. Schon Begriffe wie Höflichkeit (frz. *courtoisie*, engl. *courtesy*, ital. *cortesia*) verraten, dass lange Zeit der Fürstenhof der soziale Ort war, an dem die sozialen Maßstäbe des »richtigen« Verhaltens gesetzt wurden, während lat. *urbanitas,* frz. *civilité,* ital. *civiltà* usw. auf den sozialen Raum der Stadtkommune, der *civitas*, verweisen. In jedem Fall aber ging es um die Abgrenzung von dem »rustikalen«, dem »bäurischen«, »rohen« Verhalten. Der Bauer, so spotteten die Adeligen, werde sich immer und überall durch seinen körperlichen Habitus als Bauer zu erkennen geben, auch wenn man ihn in noch so kostbare Kleider stecke.

Doch auch die scheinbar selbstverständlichen Regeln der Höflichkeit bedurften zu allen Zeiten der Vermittlung. Davon zeugt eine lange Reihe moraldidaktischer Erziehungs-, Anstands- und Höflingstraktate von Thomasin von Zerklaere über Erasmus von Rotterdam, Baldassare Castiglione, Stefano Guazzo und Nicholas Faret bis zu Adolf von Knigge und Asfa-Wossen Asserate, die seit langem Gegenstand literatur- und geschichtswissenschaftlicher Untersuchungen sind (vgl. nur Burke 1995/96; zuletzt Rang/Scholz/Süßmann/Engel 2009). Das Paradox der Höflichkeit liegt allerdings darin, dass sie Verstellung (*dissimulatio*) fordert, die perfekteste Verstellung aber als vollkommenste Natürlichkeit erscheint. Nach dem erfolgreichsten Hofmannstraktat der Renaissance und der frühen Neuzeit, Baldassare Castigliones *Il Cortegiano* (1528), kennzeichnet es die höchste Kunst der höfischen Anmut (*sprezzatura*), dass sie eben nicht als solche zu erkennen ist. Doch damit war zugleich ein fundamentales Misstrauen geweckt. Während im Mittelalter der Körper als Ausdruck der Seelenbewegung gegolten hatte, wurde man in der Neuzeit das Misstrauen gegenüber den Gesten nicht mehr los.

Am Wandel des Höflichkeitsdiskurses hat man den Wandel der Gesellschaftsstruktur und den Aufstieg neuer sozialer Schichten abzulesen versucht. So hat etwa Anna Bryson (Bryson 1998) den Wandel des englischen Adels »from courtesy to civility« als Anpassung an gewandelte soziale Erfordernisse und als Stärkung seiner aristokratischen Identität beschrieben. Noch deutlicher ist der Wandel des dominierenden Verhaltensstils im späten 18. Jahrhundert, als eine neue, ständeübergreifende, »aufgeklärte« Mittelschicht neue Verhaltensnormen der »Natürlichkeit« und »Empfindsamkeit« propagierte und damit zunehmend den öffentlichen Diskurs beherrschte. Während Höflichkeitslehren im 17. Jahrhundert die Kunst der »ehrenwerten Verstellung« verteidigt hatten, setzte sich im 18. Jahrhundert ein neues Aufrichtigkeitsideal durch, das sich aus der Polemik gegen höfische Verhaltensstandards speiste: Gegen den affektierten und unaufrichtigen Höfling setzte man nun den »redlichen Bürger«.

Die Grenze zwischen den »kleinen« Ritualisierungen der alltäglichen Interaktion und den »großen«, eigentlichen Ritualen ist fließend. Im Zeremoniell der barocken Höfe war beides nahezu ununterscheidbar, weil die alltäglichsten Verrichtungen mitunter wie auf großer Bühne inszeniert wurden und die scharfe Unterscheidung zwischen Alltag und Fest, die das Leben anderer Stände kennzeichnete, gelegentlich geradezu aufgehoben schien (vgl. klassisch Alewyn/Sälzle 1959). Das gilt erst recht für die Rituale des Lebens- und des Jahreszyklus, die in allen sozialen Gruppen das Leben strukturierten, aber an den Fürstenhöfen zu großen Solennitäten ausgeschmückt wurden.

2.2 Rituale des Lebenszyklus – Geburt, Heirat, Tod, Initiation

Die Schwellen des individuellen Lebenszyklus – Geburt, Geschlechtsreife, Eintritt ins Erwachsenenleben, Tod – sind in allen Gesellschaften von Ritualen umgeben, die die damit verbundenen Unsicherheiten bannen, das Leben des Einzelnen strukturieren, es in die überindividuelle Ordnung der Gemeinschaft einfügen und diese dadurch ihrerseits stets aufs Neue reproduzieren. Van Gennep und andere Kulturanthropologen haben die Parallelität dieser Rituale in allen möglichen Gesellschaften von der Antike bis zur Gegenwart und von Europa bis Australien nachzuweisen gesucht. Die lebenszyklischen Rituale in der Geschichte des christlichen Europa – vor allem Taufe, Hochzeit und Beisetzung – waren und sind herkömmlicherweise Gegenstände der theologischen Liturgiegeschichte und der Rechtsgeschichte; sie wurden als Sakramente und als Rechtsakte, aber nicht als Rituale thematisiert. Das heißt, man betrachtet sie unter den spezifischen Aspekten des theologischen und juristischen Normensystems und lässt andere, als »Brauchtum« oder »Aberglaube« angesehene Aspekte außer Acht oder überlässt sie der Volkskunde. Dabei fließen meist unterschwellige Wertungen ein. Befassen sich beispielsweise Theologen mit dem Ritual der Taufe als einem kirchlichen Sakrament, so werden solche Praktiken, die von der offiziellen Lehre abgelehnt oder von kirchlich nicht dazu bevollmächtigten Akteuren vollzogen werden, als heidnisch, magisch oder abergläubisch ausgegrenzt. Ein anderes Beispiel: Wenn ein in vielen Kulturen geübtes Initiationsritual wie die männliche Beschneidung im westlichen Wissenschaftssystem entweder als archaisches Relikt und barbarisches Brauchtum abgetan oder auch als rein medizinhistorisches Phänomen thematisiert wird, so macht das blind für dessen religiöse und soziale Dimensionen. Man kann dann beispielsweise nicht verstehen, dass dieses Ritual für das Individuum wie für die Gruppe eine elementare identitätsstiftende Funktion hat und deshalb für diejenigen, die es praktizieren, medizinische Aspekte keine vorrangige Rolle spielen. Wie so oft steht auch bei der Betrachtung lebenszyklischer Rituale die moderne Differenzierung der wissenschaftlichen Disziplinen einer angemessenen Sicht auf die Phänomene im Weg, weil dadurch die religiösen, rechtlichen, ökonomischen, politischen und sozialen Aspekte ein und derselben Sache voneinander getrennt werden. Eine genuin ritualgeschichtliche Herangehensweise besteht hingegen gerade darin, alle diese Aspekte als untrennbar miteinander verbunden wahrzunehmen. Beschneidung oder Taufe, Hochzeit und Beisetzung sind dann als Bestandteile einer allumfassenden sozialen Handlungslogik zu beschreiben, die materielle und immaterielle Güter, Diesseits und Jenseits, Politik und Religion usw. auf komplexe Weise miteinander verbindet.

Dynastische Rituale des Lebenszyklus

Auf der Ebene der Herrscherdynastien hatten die lebenszyklischen christlichen Übergangsrituale Taufe, Hochzeit und Beisetzung eine eminent politische Funktion. Da Herrschaft wesentlich auf familialer Reproduktion beruhte, das heißt innerhalb der Dynastie weitergegeben wurde, waren Geburt, Heirat und Tod in der Herrscherfamilie von unmittelbarer politischer Relevanz. In vormodernen Ordnungen waren das gefährliche Momente, in denen die Herrschaftskontinuität der Dynastie auf dem Spiel stand, denn ständig drohten konkurrierende Erbansprüche. Deshalb wurden vor allem Hochzeit und Beisetzung als große und prunkvolle öffentliche Feiern inszeniert, die den prekären Moment des Übergangs absicherten und die Kontinuität der Herrschaft mit einer Aura der Sakralität und Unverfügbarkeit umgaben (klassisch Kantorowicz 1957/1994; Giesey 1960). Zugleich nutzte man diese Anlässe, um dem Adel, den Untertanen und den anderen Herrscherfamilien den materiellen, kulturellen und sozialen Reichtum der Dynastie vor Augen zu führen. Dabei wurden keine Kosten und Mühen gescheut, sondern die hervorragendsten Künstler herangezogen, um die höfischen Feiern zu lebendigen multimedialen Gesamtkunstwerken auszugestalten. Als solche haben sie schon länger die Aufmerksamkeit der Literatur-, Musik-, Kunst- und Geschichtswissenschaftler gefunden und stehen im Zentrum der Erforschung vormoderner Hofkultur (vgl. etwa Hawlik-van de Water 1989; Bepler 1995; Woodward 1997; Zanger 1997; Stangl 2001; Brero 2005; Chroŝcicki u. a. 2012 ff. u. v. a.).

Religionsgeschichtliche Umbrüche

Jenseits der Herrscherdynastien sind die Rituale des Lebenszyklus nicht nur wesentlich schlechter dokumentiert, sondern liegen auch jenseits des traditionellen Blickfelds der Historiker. Durch das Interesse an der Alltags- und Mentalitätengeschichte, das zuerst in der französischen Schule der *Annales* aufkam, begann sich das zu ändern, und man wandte sich auch den Ritualen des Lebenszyklus der »einfachen Leute« zu (Ariès 1975/1995; Ariès/Duby/Veyne 1984/1989; van Dülmen/Schindler 1984). In den Fokus sind die Rituale um Geburt, Hochzeit und Tod vor allem im Zusammenhang mit der Rekonstruktion großer politisch-religiöser Umbrüche geraten. Hier bietet der Ritualwandel einen wichtigen Zugang zum historischen Wandel insgesamt. Das gilt insbesondere für die Formierung und Ausbreitung des Christentums in der Spätantike, für die Spaltung in Ost- und Westkirche im 5. Jahrhundert, für die Reformbewegung der Kirche im Hochmittelalter, für die Exklusion von Muslimen und Juden aus der christlichen Mehrheitsgesellschaft im Spätmittelalter, für die Reformation und die Entstehung der Konfessionskirchen im 16. Jahrhundert und für die Entkirchlichungsprozesse im 20. Jahrhundert. Wenn man beispielsweise wissen will, wie sich in den ersten nachchristlichen Jahrhunderten allmählich die Grenze zwischen Christen und Juden einerseits, Christen und »Heiden« andererseits herausbildete, das heißt, wer überhaupt »die Christen« im 1. und 2. Jahrhundert waren und wie sie sich von ihrer Umwelt unterschieden, muss man sich den Wandel der Ritualpraxis ansehen (vgl. klassisch Brown 1981/1991; zur Bestattung Volp 2002; zur Beschneidung Glick 2005). Da lebenszyklische Rituale elementare Mittel sozialer Zugehörigkeit sind, die den Eintritt des Individuums in die jeweilige Gemeinschaft markieren, und da religiöse und soziale Gruppenbildung in vormodernen Gesellschaften in aller Regel nicht voneinander zu trennen war, bietet die Geschichte solcher Rituale einen wesentlichen Schlüssel, um die Herausbildung neuer sozialer Grenzziehungen, die Auflösung oder Spaltung alter und die Formierung neuer Gemeinschaften besser zu verstehen. Das gilt vor allem auch für den Umbruch des christlichen Europa im 16. Jahrhundert.

Rituale des Lebenszyklus und Konfessionsbildung

Das IV. Laterankonzil von 1215 hatte das menschliche Leben durch ein festes System sakramentaler Übergangsriten geregelt und dem Heilsmonopol der Kirche unterstellt. Mit diesem Ritualsystem brachen die Reformatoren in mehr oder weniger radikaler Weise. Die Entstehung der verschiedenen christlichen Konfessionskirchen lässt sich daher als Geschichte eines tiefgreifenden Ritualwandels schreiben (vgl. Bossy 1985; Abbot 1996; Karant-Nunn 1997; Cressy 1997; Wilson 2000; Greyerz 2010). Sowohl Taufe als auch Hochzeit und Beisetzung wurden durch die reformatorischen Theologen neu definiert. Das hatte eine Neugestaltung der Rituale zur Folge, und das wiederum machte die rituelle Praxis zu einer Art Lackmustest für konfessionelle Zugehörigkeit. Die neuen Konfessionsgemeinschaften entstanden nicht über Nacht, sondern bildeten sich in einem langen, keineswegs linearen oder gar zwangsläufigen, sondern wechselvollen und konfliktreichen Prozess allmählich heraus. Für diesen Prozess der sozialen Grenzziehung spielten – neben dem Sakrament der Eucharistie – die Rituale der Taufe, Hochzeit und Beisetzung eine zentrale Rolle, denn in ihnen manifestierte sich die soziale Gemeinschaft auf die spürbarste Weise. Sie waren keine privaten Familienfeiern, sondern fanden unter Beteiligung des ganzen Dorfes, der ganzen Nachbarschaft statt; manche Gemeindeordnungen schrieben sogar unter Strafandrohung die Teilnahme aller Gemeindegenossen vor. Die kollektiven Feiern von Taufe, Hochzeit oder Beisetzung waren wichtige Elemente der vormodernen »moralischen Ökonomie«: Sie waren Anlässe zu exzessiver materieller Verausgabung, zu aufwendigem Gabentausch und ausgiebigen Gastmählern. Die Obrigkeiten suchten das seit dem ausgehenden Mittelalter immer wieder einzudämmen, setzten sich damit aber nie durch, denn diese Feiern hatten eine elementare Funktion für den sozialen Zusammenhalt. In der rituellen Verausgabung reproduzierte und legitimierte sich die soziale Hierarchie: Wer am reichsten war, hatte auch am meisten aufzuwenden, um seinen Status zu demonstrieren, wovon die Ärmeren zugleich in bescheidenem Maße profitierten.

Das Beispiel England (16.–17. Jahrhundert)

Die Vielfalt der unterschiedlichen Ausgestaltung lebenszyklischer Rituale und ihre Rolle in sozialen Umbruchphasen werden mittlerweile immer deutlicher sichtbar. An dieser Stelle nur ein Beispiel. Für England hat David Cressy exemplarisch die komplexen Funktionen dieser Rituale herausgearbeitet: »Ritual observance of stages in the life cycle gave meaning and structure to routine occurrences, assigned people roles and status, marked their transitions, and helped bond participants within social and family groups« (Cressy 1997: 475). An solchen Ritualen teilzunehmen war aus vielen Gründen ratsam: Es drückte gesellschaftliche Konformität aus, demonstrierte Loyalität gegenüber Obrigkeit, Nachbarschaft und Familie und sorgte für göttlichen Segen. Die Reformation hatte zur Folge, dass die Rituale noch eine weitere, äußerst konfliktträchtige Dimension gewannen: Sie wurden zu Prüfsteinen der konfessionellen Rechtgläubigkeit. Cressy zeigt anhand zahlreicher anschaulicher Beispiele, »how these ceremonies were politicized, and how they turned customary routine performance into tests of conformity and discipline« (ebd.: 477). Die anglikanische Staatskirche besaß zwar im *Common Prayer Book* eine Liturgie, die eine gemeinsame protestantische Identität aller Engländer herstellen sollte. Doch wie die Rituale insgesamt zu verstehen und wie einzelne symbolische Elemente wie Kreuzzeichen, Weihwasser, Ehering, Schleier usw. genau zu handhaben seien, darüber bestand keineswegs Einigkeit. Während die Mehrheit der Bevölkerung die symbolisch-rituellen Details als essentiell notwendig und heilspendend ansah, betrachteten viele anglikanische Geistliche sie als »Adiaphora«, das heißt als nützliche, aber theologisch gleichgültige Äußerlichkeiten. Die besonders Frommen schließlich, die Puritaner, erblickten darin nichts anderes als blasphemische, götzendienerische papistische Relikte. Das spaltete und polarisierte die Gesellschaft umso stärker, je mehr die Obrigkeiten religiöse Konformität zu erzwingen suchten, und verschärfte die politische Frontstellung, die schließlich in den englischen Bürgerkrieg führte. Cressy verfolgt darüber hinaus das Schicksal der Rituale in die Restaurationszeit und darüber hinaus bis zum Ende des 17. Jahrhunderts. Er zeigt, dass sich ihr polarisierender und konfliktträchtiger Charakter abschwächte, dass sie aber auch einen Teil ihrer gemeinschaftsstiftenden Wirkung einbüßten. Vielmehr ergab sich eine zunehmende Kluft zwischen Volks- und Elitenkultur. Die Angehörigen höherer Schichten neigten immer mehr dazu, Taufe, Hochzeit und Leichenfeier zu privatisieren und im kleinen, exklusiven Kreis zu begehen. So kam die elitäre Mode auf, die Beisetzung bei Nacht im Schein der (damals sehr kostbaren) Kerzen ohne Beteiligung der Gemeinde zu zelebrieren und sich dadurch auf neue Weise vom gemeinen Volk zu distanzieren – Symptom einer Schwächung hergebrachter kollektiver Solidaritäten und der traditionellen »moralischen Ökonomie«, das heißt einer auf gegenseitiger Hilfe und kollektiver Solidarität beruhenden Ordnung.

In anderen europäischen Ländern herrschten andere religionspolitische und sozialstrukturelle Verhältnisse; gleichwohl lassen sich ähnliche Entwicklungen finden. Im Römisch-deutschen Reich mit seinem komplizierten, seit 1555 rechtlich festgeschriebenen Nebeneinander verschiedener Konfessionen entfalteten die rituellen Details von Taufe, Hochzeit und Beerdigung ebenfalls eine eigene Wirkmacht als konfessionelle Grenzmarkierungen (Karant-Nunn 1997; Brademann/Freitag/Thies 2013). Es gibt mittlerweile eine Fülle historischer Untersuchungen über die lebenszyklischen Rituale in verschiedenen Regionen, Schichten und Epochen, die eine große Vielfalt an unterschiedlichen rituellen Phänomenen haben sichtbar werden lassen. Je weniger die Ritualpraxis schriftlicher Normierung unterlag, desto größer waren die regionalen Varianten. Gleichwohl zeichnen sich einige vormoderne Gemeinsamkeiten ab.

Geburt und Wochenbett

Das Geburtsgeschehen, das von zahlreichen Gefahren für Mutter und Kind gekennzeichnet war, wurde von einer Reihe ritueller Akte strukturiert. Es begann in der Regel damit, dass die

Gebärende in die Obhut der Frauen (einer Hebamme, der Nachbarinnen oder Verwandten) genommen wurde, die sich während des Geburtsvorgangs und des Wochenbetts um sie kümmerten und verschiedene rituelle Techniken der Schadensabwehr praktizierten. Dass männliche Ärzte an der Entbindung beteiligt waren, hat sich in Europa – wenn überhaupt – erst seit dem ausgehenden 18. Jahrhundert eingebürgert. Nach der Entbindung fand ein gemeinsames Mahl statt, wie es für alle Übergangsriten kennzeichnend ist: Man nannte es im Deutschen »Weibergelage«, »Kindbettzeche« oder »Kindbettschmaus«. Weder Männer noch Jungfrauen, allein die verheirateten Frauen nahmen daran teil und konstituierten so eine besondere Ritualgemeinschaft. Die Schwellensituation der Wöchnerin dauerte mehrere Wochen. In dieser Zeit befand sich die Frau in einem Zustand ritueller Unreinheit, in dem sie von sozialen Berührungstabus umgeben war, das heißt, sie war abgesondert sowohl von ihrem Ehemann, mit dem kein Geschlechtsverkehr stattfinden, als auch von der Gemeinde, an deren Gottesdiensten sie nicht teilnehmen durfte. Die liminale Phase endete mit dem ersten Kirchgang der Mutter sechs oder mehr Wochen nach der Entbindung, der als feierliches Ritual der Reinigung (*purificatio*) und Wiedereingliederung in die Gemeinschaft zelebriert wurde (vgl. *Rituels de parenté* 1978; Karant-Nunn 1977; Labouvie 2000: 210 ff.; Roper 1989/1995; Musacchio 1999; Schlumbohm/Duden/Gélies 1998).

Taufe

Das Sakrament der Taufe war im frühen Christentum ursprünglich ein Umkehr- und Aufnahmeritual, mit dem sich die christlichen Gemeinden von ihrer paganen und jüdischen Umgebung absetzten (Lange/Leonhard/Olbrich 2008). Der Einzelne wurde erst nach einer längeren Phase der Unterweisung, Reinigung und Prüfung in die Gemeinde aufgenommen. Dabei war das rituelle Taufbad zunächst nur *ein* Element einer umfassenden Ritualsequenz; der Täufling wurde auch gesalbt, schwor dem Teufel ab, der Priester legte ihm die Hand auf (*firmatio*) und reichte ihm die Eucharistie. Das Ritual änderte sich seit dem 4. Jahrhundert, als das Christentum zur Mehrheits- und später zur offiziellen Reichsreligion wurde. Die verschiedenen Elemente differenzierten sich zu selbstständigen Sakramenten aus. Analog zur jüdischen Beschneidung der männlichen Neugeborenen am 8. Tag und als Folge der Erbsündenlehre bürgerte sich die Kindertaufe ein. In einer fast vollständig christlichen Gesellschaft verlor sie ihren ursprünglichen Charakter als Ritual der bewussten Umkehr und Abgrenzung von der Umwelt und wurde stattdessen zu einem Ritual des Lebensbeginns: Die Taufe verleiht dem Täufling überhaupt erst eine spirituelle und soziale Existenz. Sie reinigt ihn von der Erbsünde und eröffnet ihm den Zugang zum ewigen Seelenheil; sie gibt ihm einen Namen, nimmt ihn in die Gemeinschaft auf und verankert ihn durch seine Paten in einem sozialen Netzwerk künstlicher Verwandtschaft.

Im Frühmittelalter setzte sich mit der Heidenmission ein strenger Ritualismus der Taufe durch; der korrekte liturgische Vollzug trat in den Vordergrund. Nach Bonifatius (gest. 754) hing die Wirksamkeit der Taufe vom exakten Sprechen der Tauformel durch den Priester ab. Wo militärische Eroberung und Mission Hand in Hand gingen, wurde die Taufe der unterworfenen Heiden zum Element und Symbol ihrer Unterwerfung. Ritualhistorisch interessant sind die theologischen Kontroversen, die das zur Folge hatte. Es stellte sich nämlich die Frage, ob eine unter Zwang vorgenommene Taufe auch gegen den Willen des Täuflings gültig sei und welche Rolle dabei noch Unterweisung, innere Umkehr und Glaubensbekenntnis spielten (Angenendt 1987; Saxer 1988; Cramer 1993; Angenendt 1997: 465 ff.).

Die Reformatoren deuteten das Taufsakrament neu, waren aber über seinen sakramentalen Charakter und seine Wirkmacht oder über das Verhältnis von ritueller Handlung, menschlichem Glauben und göttlicher Gnade untereinander durchaus uneinig. Umstritten war insbesondere das Element der Teufelsaustreibung, des Exorzismus, im priesterlichen Taufakt, das die Lutheraner beibehielten, die Calvinisten hingegen abschafften. Gegenüber den Reformierten, die die Taufe als bloßes Zeichen der Aufnahme in den Bund mit Gott verstanden, und gegenüber den Lutheranern, die die Taufe als Geschenk Gottes auffassten, das aber der stetigen Erneuerung durch den Glauben bedürfe, betonte die katholische Kirche nun umso deutlicher die sakramentale Wirkmacht des Taufaktes selbst. Die soziale und religiöse Sonderrolle der radikalen reformatorischen Bewegungen, die man als »Täufer« zusammenfasst, kam gerade darin zum Ausdruck, dass sie die Erwachsenentaufe praktizierten und sich als exklusive Gemeinschaft Auserwählter inmitten einer »heidnischen« Umwelt verstanden. Weil die Täufer Rituale wie die Kindertaufe, aber auch den Eid grundsätzlich ablehnten, wurden sie verfolgt und mit dem Tode bedroht – was deutlich macht, welch fundamentale Rolle man diesen Ritualen für den gesellschaftlichen Zusammenhalt beimaß.

Im katholischen Raum nahm hingegen im Laufe der frühen Neuzeit die Bedeutung der Säuglingstaufe immer mehr zu (Prosperi 2005/2007). Schon im 15. Jahrhundert hatte sich die Lehre von der ewigen Verdammnis aller Ungetauften weithin durchgesetzt. Seither wurde die Taufpflicht zunehmend verschärft und kontrolliert. Ungetaufte Kinder hatten keinen Ort in der Gesellschaft der Lebenden und der Toten; sie durften nicht in geweihter Erde beigesetzt werden; ihnen war die ewige Seligkeit versperrt. Sie hielten sich in einem Schwebezustand jenseits von Gut und Böse auf und konnten von dort als Geister auf die Erde zurückkehren. Die Angst um das Schicksal der ungetauft gestorbenen Kinder wuchs und führte im katholischen Volksglauben zu einer Reihe bizarrer quasi-sakramentaler Praktiken. Man konstruierte Geräte zur Einführung des Weihwassers in die Gebärmutter, diskutierte die Notwendigkeit, im Zweifelsfall den Mutterleib zu öffnen und den Tod der Mutter in Kauf zu nehmen, um das Kind rechtzeitig taufen zu können, und suchte Wallfahrtsstätten auf, wo die Verstorbenen für die Dauer der Taufe kurzfristig zum Leben erweckt wurden.

Brautwerbung und Eheschließung

Die Eheschließung war in der christlich-europäischen Kultur der eigentliche Statuswechsel vom Jugendlichen- zum Erwachsenenalter. Sie bedeutete eine Statuserhöhung, mit ihr war in der Regel die Befugnis zur Herrschaft über ein Haus, wirtschaftlicher Selbstständigkeit, politischer Teilhabe, Aufnahme in Standeskorporationen, Zünfte usw., vor allem aber die legitime Fortpflanzung verknüpft. Die Eheschließung war keine Privatsache und nicht ins individuelle Belieben gestellt. Dafür hing zu viel von der Ehe ab: das wirtschaftliche Wohlergehen, die Ehre der Familie und der Fortbestand von »Stand, Rang und Namen« des Hauses, die Weitergabe des Besitzes, die Aufrechterhaltung der sozialen Grenzen. Die Kontrolle des Heiratsmarktes war daher ein elementares Anliegen der Verwandten, Grundherren, Obrigkeiten, kurz der gesamten Gemeinschaft.

Schon die Brautwerbung war sozial eingebettet und folgte einem symbolisch-rituellen Code. Jugendliche Werberituale machten die wechselseitigen Absichten kommunizierbar und erzeugten das Vertrauen, das nötig war, um den stets drohenden Gesichts- und Ehrverlust zu verhindern. Es gab abgestufte formalisierte Verhaltensweisen der Eroberung, Verweigerung und des Entgegenkommens; symbolische Gaben, Pfänder und Eide stifteten auf allgemein akzeptierte Weise Verbindlichkeit; es waren die gleichen rituellen Elemente, wie sie auch in anderen sozialen Zusammenhängen Verpflichtungen begründeten. Die Gemeinschaft der Jugendlichen achtete darauf, dass diese Regeln eingehalten wurden, und verfügte über symbolisch-rituelle Sanktionsmöglichkeiten gegen Übertretungen (»Charivari«, vgl. unten Kap. 2.7; dazu Thompson 1972; Le Goff/Schmitt 1981; Klapisch-Zuber 1985/1994; Burguière 1980; Völger/Welck 1985; Rooijakkers/Romme 1989). Es ist anschaulich herausgearbeitet worden, wie sehr man auf die »Kraft und Wirksamkeit formalisierter äußerer Zeichen, Gesten und Handlungen« setzte, wenn es um das Vertrauen in die Aufrichtigkeit, Beständigkeit, Treue und »Liebe« des anderen ging, und nicht – wie in der Moderne – auf eine Semantik des Gefühls und der Innerlichkeit. Liebe wurde eher als soziale Verpflichtung denn als individuelles inneres Empfinden aufgefasst (Lischka 2006: 379 f.).

Das Ritual der Eheschließung selbst stand ebenfalls im Spannungsfeld unterschiedlicher sozialer Einflussfaktoren. Gegen die Dominanz der Familienverbände hatte die Kirche auf dem IV. Laterankonzil 1215 den Sakraments- und Konsenscharakter der Ehe postuliert, das heißt die Eheschließung zu einem sakramentalen Akt erklärt, den die beiden Brautleute einander gegenseitig selbst spenden, und zwar durch Eheversprechen, Pfand und Beischlaf. Damit unterstellte sie einerseits die Ehe dem kirchlichen Recht, räumte aber andererseits den Brautleuten selbst die zentrale rituelle Handlungsmacht ein. Das machte die Eheschließung unter Umständen unkontrollierbar, denn auch eine ohne Zeugen und elterliche Zustimmung heimlich eingegangene »Winkelehe« war kirchenrechtlich gültig.

Gegen die Missstände, die sich aus dem kanonischen Eherecht ergaben, wandten sich die Reformatoren. Für sie war die Ehe zwar ein höchst gottgewollter Stand, aber kein Sakrament. Damit unterstellten sie sie der obrigkeitlichen Sittengesetzgebung, stärkten den elterlichen Einfluss und veränderten vor allem nachhaltig das Ritual der Eheschließung selbst. Die Hochzeit musste nach protestantischem Eherecht öffentlich angekündigt werden und vor Zeugen stattfinden, der Pfarrer musste dem Paar vor oder in der Kirche den Segen erteilen, und erst danach durfte das Beilager, die »fleischliche Vermischung« (*commixtio carnalis*), stattfinden. Damit setzte sich die kirchliche Trauung langfristig als konstitutives Element gegenüber dem Beilager durch. Zugleich wurde der Brauch, das Brautpaar öffentlich in ritueller Prozession zum Ehebett zu geleiten, zunehmend zurückgedrängt; nur im Adel erhielt sich dieses Element in symbolischer Form noch länger. Durch diese »Verkirchlichung« des Hochzeitsrituals wurde es überhaupt erst möglich, voreheliche von ehelicher Sexualität eindeutig zu unterscheiden. Die katholische Kirche holte ähnliche Reformmaßnahmen im Konzil von Trient 1563 nach, hielt aber im Kern am Konsens als konstitutivem Element des Rituals fest. Diese Normsetzungen waren nicht ohne Einfluss auf die soziale Praxis, aber die soziale Praxis war keineswegs mit den Normen identisch. Wie sie tatsächlich aussah, ist wesentlich schwerer zu rekonstruieren (Stone 1977; Bossy 1985; Roper 1989/1995; Schröter 1990; Klapisch-Zuber 1985/1994; d'Avray 2005; Cristellòn/Seidel-Menchi 2011).

Tod und Bestattung

Die rituelle Gestaltung des Übergangs vom Leben zum Tod ist zweifellos eine anthropologische Universalie. Es gibt keine Gesellschaft, die keine Beisetzungs- und Trauerrituale kennt (vgl. Humphries/King 1981; Metcalf/Huntington 1991). Die Formen dieser Übergangsrituale sind indessen ebenso vielfältig wie die Vorstellungen, die man sich von Tod und Jenseits macht, und diese wiederum sind nicht zu trennen von den jeweiligen sozialen Strukturen im Diesseits. Denn bei Bestattungs- und Trauerritualen geht es stets ebenso um die Lebenden wie um die Verstorbenen. Die Rituale dienen der Überbrückung und Bewältigung des Bruchs, den der Tod eines Menschen für eine Gemeinschaft bedeutet, sie markieren die Schwelle, die er überschreitet, und sie definieren das Verhältnis und den Austausch zwischen Lebenden und Toten. Auch Bestattungsrituale haben eine – für Rituale allgemein charakteristische –

januskӧpfige Struktur: Sie verabschieden den Verstorbenen einerseits aus der Gemeinschaft der Lebenden und sorgen andererseits für sein – wie auch immer verstandenes – »Weiterleben«. Diesseits und Jenseits können dabei auf ganz unterschiedliche Weise durch Rituale miteinander verbunden werden: Die Lebenden können mit materiellen Gaben oder spiritueller Fürsprache auf das Wohlergehen der Verstorbenen im Jenseits Einfluss nehmen oder zumindest ihre Erinnerung durch symbolische Repräsentation im Diesseits wachhalten. Der Tod ist »die Urszene der Erinnerungskultur« (Assmann 1997). Damit die Verstorbenen im Diesseits »fortleben«, sind kulturelle Anstrengungen der Lebenden erforderlich. Dazu dienen rituelle Akte der kollektiven Erinnerung, die historisch sehr verschiedene Formen annehmen. So führte man etwa im antiken Rom bei Prozessionen die Masken der Ahnen mit (Flaig 2003; Hölkeskamp 2008); im Mittelalter zeichnete man die Namen der Verstorbenen in klösterlichen *libri memoriales* auf, um sie regelmäßig ins Gebet einzuschließen.

Die Rituale um Tod, Beisetzung und jenseitiges Fortleben betreffen immer auch wesentlich die Gemeinschaft der Lebenden selbst. Sie trösten nicht nur die Hinterbliebenen, sondern sie inszenieren auch die Ordnung der Gemeinschaft als ein die Generationen umgreifendes, den Tod des Einzelnen überdauerndes Ganzes. Im Bestattungsritual vergewissert sich die Gemeinschaft – sei es die Familie, die Gemeinde, die Religionsgemeinschaft, der Herrschaftsverband usw. – ihrer eigenen Ordnung, die durch den einzelnen Tod eine Veränderung erfährt. Wie bei allen Übergangsritualen wird das einzelne Ereignis, hier der einzelne Todesfall, eingebettet in eine Struktur, die dieses Ereignis überdauert. Das gilt in gesteigertem Maße für die Beisetzung herausgehobener Einzelner: Herrscher, Heiliger, Helden, Kriegsgefallener usw., die *pars pro toto* den Glauben, die Einheit und die Werte einer Gruppe verkörpern. Durch den Ort, den die Gemeinschaft diesen Verstorbenen zuweist, und die rituellen Ehren, die sie ihnen erweist, definiert sie auch sich selbst. Die ritualisierte Sorge für die Verstorbenen ist quer durch die Epochen und Kulturen ein starkes Moment des sozialen Zusammenhalts.

Bestattungsrituale waren lange Zeit vor allem ein Thema der Religions- und der Liturgiewissenschaft oder auch der Volkskunde. Historiker interessierten sich allenfalls für die Bestattung von Herrschern, und das – trotz der klassischen Werke von Ernst H. Kantorowicz (1957/1994) und Ralph Giesey (1960) – eher am Rande. Seit der Rezeption kulturanthropologischer Ansätze hat sich das geändert (Ariès 1975/1995; Brown 1981/1991; Vovelle 1983). Auch der Tod, als solcher eine Grundtatsache menschlicher Existenz, wird seither als ein *soziales und kulturelles* Phänomen thematisiert, das historischem Wandel unterliegt. Mittlerweile gibt es eine kaum mehr überschaubare Fülle historischer Sammelbände, Überblicksdarstellungen und Spezialstudien zu Beisetzungsritualen in allen möglichen Epochen, Ländern und sozialen Schichten (griechisch-römische Antike: Rüpke/Scheid 2010; Flaig 2003; Hölkeskamp 2008; frühes Christentum: Volp 2002; christliches Mittelalter: Paxton 1990; Binski 1996; Kolmer 1997; frühe Neuzeit: Koslofsky 2000; Pollmann 2009; Moderne: Ackermann 1990; Lüdtke 1991; Verdery 1999; Gersmann/Wolfrum 2004; Stöcker 2006; Redlin 2009; Kammen 2010; Wendler 2007; epochenübergreifende Überblicke: Houlbrooke 1989; Rader 2003; vgl. hierzu auch die Bildquelle Nr. 2 unter *www.campus.de*).

Rituell vermittelte Macht der Toten

Ein Sonderfall, an dem sich die soziale und politische Bedeutung von Bestattungsritualen besonders deutlich zeigen lässt, ist die feierliche Exhumierung, Überführung und Neubestattung der Gebeine von Ahnen, Herrschern, Helden und Heiligen, deren Überreste zum Zentrum lokaler Kulte werden und die die sakrale oder politische Identität eines Ortes oder einer Gemeinschaft begründen. Dieses Phänomen lässt sich quer durch die Epochen verfolgen (Kammen 2010; Rader 2003). Schon Herodot berichtet, dass die Lakedämonier einem Spruch des Orakels von Delphi folgten und die Gebeine von Orest, dem Sohn Agamemnons, nach Sparta überführten, was ihre Unbesiegbarkeit zur Folge hatte. Das ganze Mittelalter hindurch stand der Besitz von Heiligenreliquien im Zentrum des christlichen Kultes. Der Altar wurde im frühen Christentum in Analogie zum paganen Opfertisch über einem Märtyrergrab errichtet. Später führte das zu der Norm, jedem geweihten Altar Heiligenreliquien zugrunde zu legen (Brown 1981; Angenendt 1994; Geary 1994). Die Heiligen führten eine »Doppelexistenz« im Himmel und auf Erden; ihre Kraft (*virtus*) vermittelte sich durch ihr *corpus incorruptum*, ihren unverweslichen Leib, ja selbst durch jedes einzelne seiner kleinsten Partikel. Die Reliquien bildeten ein sakrales Zentrum, von dem Heilswirkung ausging, und schlossen die Mitglieder der Gemeinde zu einer Kultgemeinschaft zusammen. Je näher die Toten bei den heilsmächtigen Objekten bestattet waren, desto sicherer konnten sie bei der Auferstehung am Jüngsten Tag von deren Heil profitieren. Die Anwesenheit der Reliquien in den verschiedenen Kirchen einer Stadt schuf eine »Sakraltopologie«, die bei Kirchenfesten in feierlicher Prozession abgeschritten wurde. Im Spätmittelalter wurde es darüber hinaus üblich, sakrale Schätze regelmäßig in öffentlichen »Heiltumsweisungen« auszustellen und ihre Schau mit Ablässen zu versehen (Kühne 2000; Tacke 2006; Ehrich/Oberste 2011).

Die Reformatoren sahen den Reliquienkult als Götzendienst an und schafften ihn ab, ebenso wie sie den Glauben an das Fegefeuer verwarfen. Aus reformatorischer Sicht konnten die Heiligen für die Lebenden ebenso wenig tun wie umgekehrt die Lebenden für die Verstorbenen. Das veränderte den Umgang mit den Toten nachhaltig; die Bestattungs- und Trauerrituale wurden zu einem wesentlichen Unterscheidungsmerkmal der Konfessionskulturen (Koslofsky 2000; Brademann/Freitag/Thies 2013). Allerdings lässt sich auch konfessionsübergreifend ein Prozess der zunehmenden Distanzierung der Lebenden von den Toten feststellen, der in den säkularisierten westlichen Gesellschaften zu einer rituellen Desorientierung und einer weitgehenden Verdrängung des (privaten) Todes aus der Alltagswelt geführt hat (Redlin 2009).

Politische »Umbettungen«

Doch ihre politische Dimension hat die Bestattungskultur auch in der Moderne nicht verloren, ganz im Gegenteil. Die neue Kulturgeschichte des Politischen hat sich ausführlich mit den politischen Funktionen von Bestattungsritualen befasst und in zahlreichen Einzelstudien gezeigt, wie sich die Geschichte des Totenkults seit der Revolutionsepoche um 1800 gleichsam als säkularisierte Reliquienverehrung fortsetzte (Gersmann/Wolfrum 2004). Die Franzosen überführten beispielsweise 1791 feierlich die Gebeine des Revolutionsführers Mirabeau (die sie 1793 wieder entfernten) und des Aufklärer-Fürsten Voltaire ins Panthéon und machten so den Anfang zu einem revolutionären Reliquienkult. Nach der Gründung des Staates Israel brachte man 1949 die Überreste Theodor Herzls aus Wien nach Jerusalem und etablierte damit eine nationalstaatliche Ahnenverehrung. Die russische Regierung unter Boris Jelzin sorgte 1998 nach dem Untergang der UdSSR dafür, dass die Gebeine der genau achtzig Jahre zuvor von Bolschewiken ermordeten Zarenfamilie exhumiert und in Sankt Petersburg neu beigesetzt wurden. Die Reihe der historischen Beispiele für solche feierlichen öffentlichen Umbettungen ließe sich beliebig fortsetzen. In allen diesen Fällen sagt die Gestaltung dieser Rituale vieles über die Bewältigung politischer Konflikte und historischer Umbrüche aus: Es geht um eine Umdeutung der Geschichte, etwa die historische Rehabilitation von Verstorbenen, an deren uneingelöstes politisches Vermächtnis man auf diese Weise symbolisch anknüpft und für die man einen Ort kultischer Verehrung schafft (vgl. hierzu auch den Exkurs Nr. 3 über rituelle Umbettungen unter *www.campus.de*).

Rituale der Initiation

Initiationsrituale sind ein klassischer Gegenstand der Ethnologie, Kulturanthropologie und Religionswissenschaft. Gewöhnlich bezeichnet man damit zwei Arten von Ritualen: zum einen den rituellen Übergang von der Kindheit zur Adoleszenz (Pubertätsinitiation), den alle oder alle männlichen Mitglieder einer Altersklasse durchlaufen, zum anderen das Ritual der Neuaufnahme in eine exklusive, meist männliche Gemeinschaft (klassisch van Gennep 1909/1986; Eliade 1958/1961; Snoek 1987). In beiden Fällen wird eine klare Grenze gezogen: zwischen vorher/nachher, innen/außen, Kindern/Erwachsenen, Mitgliedern/Nichtmitgliedern, meist auch zwischen Männern/Frauen. Schon Arnold van Gennep hat darauf hingewiesen, dass es sich stets um eine soziale, nicht eine natürliche Grenze handelt, denn auch die Pubertätsinitiation fällt nicht einfach mit dem Eintritt der physiologischen Geschlechtsreife zusammen. Das Ritual verwandelt vielmehr einen natürlichen *Unterschied* in eine institutionalisierte *Unterscheidung* und macht aus einem fließenden Übergang eine eindeutige Zäsur (oder auch eine Stufenfolge von Zäsuren). Der Religionswissenschaftler Mircea Eliade hat die Initiation als grundlegende Veränderung der Seinsweise eines Menschen beschrieben, der ein anderer wird, indem er in die heiligen Geheimnisse der betreffenden Gemeinschaft eingeweiht wird. Strukturell ähnliche Rituale des Übertritts in die Welt der Erwachsenen haben Ethnologen in fast allen Stammesgesellschaften vorgefunden. Dabei werden die »Novizen« aus der mütterlichen Sphäre, der Welt der Kindheit, herausgenommen, an einem besonderen Ort isoliert und in einen körperlichen Ausnahmezustand versetzt, indem sie eine Reihe ritueller Reinigungen und furchterregender, schmerzhafter Prüfungen durchlaufen. Dazu gehört meist die (mehr oder weniger dauerhafte) Markierung des Körpers durch Verstümmelung, Tätowierung, Haarschnitt, Masken, Kleidung usw. Im Zentrum des Rituals steht die Erfahrung des Heiligen und der Sexualität; dem Neuling wird das Wissen seines Stammes über die Ordnung der Welt stufenweise offenbart. Eliade deutet die Initiation als symbolischen Tod und Wiedergeburt, analog zu den kosmogonischen Mythen von Tod und Auferstehung der Götter, die der Einzelne im Ritual nachvollzieht. Der Initiand lernt »das Verhalten, die Techniken und die Einrichtungen der Erwachsenen kennen, aber zugleich auch die Mythen und geheiligten Überlieferungen des Stammes, die Namen der Götter und die Geschichten ihrer Taten« (Eliade 1958/1961: 10 f.). Bei beiden Formen – der Pubertätsinitiation und der Initiation in eine exklusive Gemeinschaft – führen die gemeinsam durchgestandene körperliche Grenzerfahrung und das geteilte Wissen um die heiligen Geheimnisse dazu, dass die Initiierten eine Gemeinschaft mit starkem Zusammenhalt bilden und sich klar von der Umwelt abgrenzen.

Das besondere Interesse der Gelehrten fanden die Initiationsriten der Stammesgesellschaften seit dem späten 19. Jahrhundert unter anderem deshalb, weil ihnen die strukturellen Ähnlichkeiten zwischen diesen und den eleusinischen, orphischen und dionysischen Mysterienkulten der Antike auffielen, über die man sehr wenig und das Wenige wiederum vor allem aus frühchristlichen Quellen weiß. Die archaischen Initiationsriten schienen nun einen Schlüssel zu diesen antiken Kulten zu bieten (Frazer 1890–1907; Harrison 1912; Tylor 1871). Dabei ging es nicht zuletzt um die Geschichte des Urchristentums. Im Unterschied zu Stammesriten und Mysterienkulten stand die christliche Taufe zwar grundsätzlich allen Menschen offen. Von der äußeren Form her war Erwachsenentaufe in den frühchristlichen Gemeinden aber ebenfalls ein Initiationsritual; auch sie bestand in einer Sequenz aus geistiger Anleitung, Prüfung, Fasten, ritueller Reinigung und spiritueller Wiedergeburt (siehe oben). Die Erforschung der Initiationsriten berührte daher auch die intensive wissenschaftliche Kontroverse um die Beziehung zwischen griechischen Mysterienkulten, neuplatonischer Philosophie und frühem Christentum. Neben diesem religionsgeschichtlichen Interesse sind es auch zeithistorische Umstände der Jahrhundertwende, die die besondere Faszinationskraft der »primitiven« Initiationsrituale erklären. Nicht zufällig fiel deren gelehrte Beschreibung durch den Ethnologen Heinrich Schurtz zusammen mit der Jugendbewegung und der Blütezeit eines neuen Männerbund-Ideals (Brunotte 2004; Völger/Welck 1990). Jugendliche Männerbünde, die sich durch »Mannbarkeitsriten« von der gemischt-geschlechtlichen Umwelt abgrenzten, erschienen als Gegenentwürfe zur Familie einerseits und zur modernen Gesellschaft andererseits, als charismatische Gemeinschaften, die von »Kult, Affekt und Ritual« geprägt waren statt von kühl-rationaler Zwecksetzung. In den Initiationsritualen der Stammesgesellschaften fanden die exklusiv männlichen Jugendvereine, Burschenschaften, Freimaurerlogen, militärischen Kameradschaften, später Verbände wie SA und SS ihre eigenen archaischen Vorbilder.

Je nachdem, wie weit man den Begriff der Initiation fasst und welche seiner unterschiedlichen Facetten man in den Vordergrund stellt, lassen sich Verbindungen zu vielen anderen rituellen Phänomenen herstellen. Geht man von der Initiation als Ritual des Übergangs von der Kindheit zur Adoleszenz aus, so umfasst sie das katholische Sakrament der Firmung, die Konfirmation im Protestantismus, die Bar Mitzwa im Judentum und deren säkulares Äquivalent, die Jugendweihe, die in der deutschen freireligiösen Bewegung des 19. Jahrhunderts entstanden war und in der DDR die christlichen Initiationsfeiern ersetzt hat. Fasst man die Initiation als Eintritt in einen sakralen Stand, so umfasst sie das Sakrament der Priesterweihe, die Königssalbung, den Eintritt in religiöse und semireligiöse Orden, vielleicht auch die Konversion von der einen in eine andere Religionsgemeinschaft. Betont man die Aufnahme in exklusive, vor allem exklusiv männliche Gemeinschaften, dann geraten Bruderschaften, Ständekorporationen, Universitäten, Militär, Vereine, Jugendgruppen, Studentenverbindungen und andere

Institutionen in den Blick; betont man den Aspekt der Einweihung in ein geheimes Wissen, dann ist vor allem an Mysterienkulte, Geheimgesellschaften und esoterische Zirkel zu denken. Fasst man Initiation schließlich in einem ganz weiten Sinne als Einsetzung in einen neuen Status auf, dann sind alle Arten von Standeserhöhung, Amtseinsetzung, Promotion, Belehnung usw. eingeschlossen.

Der Vielzahl der unterschiedlichen Initiationsphänomene entspricht eine Vielzahl unterschiedlicher Disziplinen, die sich damit unter verschiedenen Blickwinkeln befassen: Kulturanthropologie, Religionswissenschaft, Liturgiegeschichte, Volkskunde, Psychologie, Kultursoziologie, Literaturwissenschaft und so fort. Die Geschichtswissenschaft hat das Thema bisher erst ansatzweise für sich entdeckt. In der traditionellen Universitäts-, Ordens-, Militär- oder Adelsgeschichte hat man die jeweiligen Aufnahmerituale bisher kaum thematisiert. Das liegt nicht nur – bei Geheimritualen – an der schlechten Quellenlage, sondern oft auch daran, dass diese historischen Teildisziplinen sich bisher wenig für kulturanthropologische Ansätze interessiert haben.

Den Initiationsriten der Stammesgesellschaften kommen die Aufnahmeriten vormoderner Jugend- und Berufsgruppen in der Form am nächsten, denen allerdings die sakrale Dimension meist völlig fehlt. Das entsprechende Zunftbrauchtum ist von der Handwerksgeschichte gelegentlich in den Blick genommen worden; die Volkskunde der 1930er- und 1940er-Jahre interessierte sich dafür, weil sie glaubte, darin »heidnisch-germanische« Kulte aufspüren zu können (Friese 1708–1716; Wissell ^{2}1971, Bd. VII; Lenhardt 1950; Zerwas 1992; Truant 1994; Hobsbawm 1984). Ein Lehrling musste, bevor er auf Wanderschaft gehen durfte, in eine Gesellenbruderschaft aufgenommen werden. Die »Gesellentaufe« umfasste allerlei Demütigungen und Torturen; der alte Lehrling wurde symbolisch geschliffen, gehobelt, zerstückelt oder ertränkt, bevor er als Geselle, oft mit neuem Namen, wiedergeboren werden konnte. Dabei wurden ihm die streng geheimen Regeln, Zeichen und Symbole der Bruderschaft eröffnet und eingeschärft, die er kennen musste, um sich in der Fremde als Mitglied auszuweisen. Die gleichen erniedrigenden Initiationsriten wurden (und werden zum Teil noch) in Universitäten von den älteren Studenten gegenüber den Neuen praktiziert, die »Deposition«, *bizutage* in Frankreich oder das *hazing* in den USA (Füssel 2005). Auch beim Militär und in anderen jugendlichen männlichen Gemeinschaften wurde auf diese Weise höhere Gruppenkohärenz erzeugt und ein Männlichkeitshabitus vermittelt (vgl. Pröve/Winkel 2012; für die griechische Antike grundlegend Waldner 2000; vgl. auch unten Kap. 2.7 zu Charivari). Relativ große Aufmerksamkeit haben bei Historikern bisher die gestuften Aufnahmerituale der Freimaurerlogen und anderer Geheimgesellschaften gefunden, die die Zunftrituale imitierten, die Symbolik von Tod und Auferstehung übernahmen und die Einweihung in stufenweise höhere Mysterien versprachen (Bogdan 2003). Neuerdings hat man auch die »Aufschwörung« in Adelskorporationen und die Aufnahme in weltliche und geistliche Ritterorden als Initiationsrituale thematisiert (Harding/Hecht 2011). Die Möglichkeiten, die die Rezeption kulturanthropologischer Ansätze eröffnet, sind hier noch lange nicht ausgeschöpft.

2.3 Rituale des Jahreszyklus – Rituale der kollektiven Erinnerung

Ritual und Kalender

Rituelle Wiederholung strukturiert die menschliche Zeit. In allen Gesellschaften gibt es Rituale, die den astronomisch bedingten Wechsel von Tages-, Monats- und Jahreszeiten kulturell überformen und durch rituelles Handeln markieren. Die Ordnung der Zeit, der Kalender, ist eine Ordnung der Rituale; sie geben den Alltagstätigkeiten ein festes, kollektiv geteiltes Gerüst. »Die Einteilung in Tage, Wochen, Monate, Jahre usw. entspricht der Periodizität der Riten, der Feste, der öffentlichen Zeremonien. Ein Kalender drückt den Rhythmus der Kollektivtätigkeit aus und hat zugleich die Funktion, deren Regelmäßigkeit zu sichern« (Durkheim 1912/1981: 29).

Kulturelle Markierungen spielen auf allen Ebenen des Zeitrhythmus eine Rolle: Begonnen mit der allgemeinsten Einteilung des Zeitflusses in Jubiläen, Olympiaden, Jahrhunderte usw. über die Markierung des Jahresrhythmus durch Feste der Aussaat, Ernte, Winter- und Sommersonnenwende und andere jährlich wiederkehrende Anlässe bis zur Kennzeichnung des Wochenrhythmus durch einen Ruhetag und schließlich zur Strukturierung des einzelnen Tages durch Rituale wie etwa die Stundengebete des mittelalterlichen Mönchtums. Für die Strukturierung der Zeit spielt der Wechsel zwischen Alltag und Fest eine zentrale Rolle: »Indem die Feste den Zeitfluß strukturieren und rhythmisieren, stiften sie die allgemeine Zeitordnung, in der der Alltag erst seinen Platz bekommt« (Assmann 1997: 58). Das gilt für den Festkalender der römischen Antike (Flaig 2003; Blois/Funke/Hahn 2006; Beck/Wiemer 2009; Cancik/Hitzl 2003; Rüpke 1995; Rüpke 2008; Hölkeskamp 2008) ebenso wie für das christliche Kirchenjahr (Bushaway 1982; Cressy 1997; Hutton 1997; Muir 1997: 55–80). Moderne totalitäre Staaten wie die Sowjetunion und ihre Satellitenstaaten oder das NS-Regime führten dezidiert areligiöse politische Festkalender ein, die den christlichen Kalender ersetzen und die neue politische Ordnung sakralisieren sollten (Lane 1981; Rytlewski/Sauer 1988; Gries 2005).

Die rituelle Strukturierung der Zeit schließt alle diejenigen, die ihr Handeln daran ausrichten, zu einer Gemeinschaft zusammen, und zwar besonders wirkmächtig dann, wenn die Zeiteinteilung als natürlich und unverfügbar erscheint. Solche Gemeinschaftsbildung spielt sich auf verschiedenen Ebenen ab, von der Familie über die Stadtkommune, den Herrschaftsverband, den modernen Nationalstaat bis hin zu Konfessionskirchen oder überregionalen politischen Imperien. Am einen Ende der Skala stiftet das gemeinsame Feiern von Geburts-, Namens- oder Hochzeitstagen noch heutzutage eine intime private Gemeinschaft der Familie. Am anderen Ende der Skala konstituiert die Teilnahme an gemeinsamen Jahresfesten eine politische und soziale Grenzen überschreitende Einheit: So machte der römische Kaiserkult allen lokalen Varianten und sozialen Unterschieden zum Trotz die Einheit des Imperium erfahrbar; die Feier des 1. Mai stiftete eine Gemeinschaft der Arbeiterbewegung über alle Ländergrenzen hinweg. Der gemeinsame Kalender verbindet die einen und grenzt sie von den anderen ab: Jüdische Gemeinden unterscheiden sich von ihrer christlichen oder muslimischen Umwelt durch einen anderen Wochenrhythmus und andere Jahresfeste; katholische unterschieden sich von protestantischen Ländern in der frühen Neuzeit durch den »moderneren« Gregorianischen Kalender und eine wesentlich höhere Zahl an Feiertagen; das revolutionäre Frankreich markierte den Bruch gegenüber dem Ancien Régime durch einen radikal neuen Kalender; die Islamische Revolution im Iran 1979 führte offiziell den schiitischen Kalender ein usw.

Die Geschichtswissenschaft hat sich diesen Fragen in unterschiedlichen Kontexten gewidmet, nämlich im Rahmen der Kultur- und Alltagsgeschichte der »einfachen Leute« (Bercé 1979; Bushaway 1982), der Geschichte der städtischen und höfischen Festkultur (vgl. Chartier 1984; Schulz 1988), der Religionsgeschichte (Rüpke 2008), aber auch der politischen Geschichte. Es geht darum zu zeigen, inwiefern Zeiteinteilung, -gestaltung und -wahrnehmung durch symbolisch-rituelle Praktiken geprägt waren, welche (politischen, sozialen, religiösen) Funktionen dies erfüllte und wie es sich über die Zeit veränderte. So ist es beispielsweise ein Indikator für politisch-soziale Integrationsprozesse in der frühen Neuzeit, wie und warum sich zeitliche Rhythmen und die damit verbundenen, konfessionell verschiedenen liturgischen Praktiken zunehmend überregional einander anglichen und ihre Kontrolle über das Alltagsleben der Konfessionsangehörigen immer mehr verschärften. Umgekehrt ist die schwindende Verbindlichkeit gemeinsamer Feiertage in der Gegenwart ein Symptom der fortschreitenden Differenzierung der Lebensbereiche.

Ritual und Erinnerung

Viele Rituale strukturieren die zyklisch sich wiederholende kalendarische Zeit, indem sie in regelmäßigem Rhythmus – meistens jährlich – auf ein Ereignis der Vergangenheit Bezug nehmen, das sie mimetisch wiederaufführen oder auf andere Weise symbolisch in Erinnerung rufen (Mitterauer 1997; Müller 2004). Solche Ereignisse sind etwa das Erscheinen göttlicher Heilsbringer, politische oder religiöse Gründungsakte, der Opfertod von Märtyrern, triumphale Schlachtensiege oder Friedensschlüsse, Errettung aus Katastrophen, Versöhnung mit den Göttern, revolutionäre Zerstörungs- und Befreiungstaten usw., kurzum: Ereignisse, die symbolisch für einen Anfang, eine Wende, Umkehr oder Verheißung stehen, wie etwa der Auszug der Juden aus Ägypten, die Geburt, Passion und Auferstehung Jesu, Augustus' Sieg bei Actium, die Geburt des römischen Sonnengottes Sol invictus, der Auszug des Propheten Mohammed aus Mekka, Luthers Thesenanschlag, der Bastillesturm, die

Sedanschlacht, die Befreiung von Auschwitz, der Fall der Berliner Mauer. Ob diese Ereignisse ursprünglich mythischer oder historischer Art sind, spielt eine untergeordnete Rolle und ist zudem oft kaum zu unterscheiden. Häufig kommt es vor, dass mythische Ereignisse von historischen überblendet werden. Wesentlich ist, dass die Funktion die gleiche bleibt. Durch die zyklisch wiederkehrende rituelle Vergegenwärtigung nehmen auch historische Ursprungsereignisse gleichsam mythischen Charakter an.

Ritual und Mythos

Ein Mythos ist eine Ursprungserzählung; eine Geschichte von heiligem, beispielhaftem Sinn, die beschreibt, wie die Götter, Menschen, Institutionen, Ordnungen, Normen und Praktiken entstanden sind (Eliade 1963/1988). Das Verhältnis zwischen Mythos und Ritual war von Anfang an eine zentrale Frage der religionswissenschaftlichen Forschung (vgl. Segal 1998). Sind die Mythen das Primäre und werden sie in Ritualen szenisch aufgeführt? Das war die Position der Altertumswissenschaft, die sich mit den schriftlich überlieferten Mythen als Werken klassischer Literatur befasste. Oder sind die Rituale das Primäre, und die Mythen erzählen die passenden Geschichten dazu, um diese Rituale zu erklären? Das war die Auffassung der sich neu etablierenden Kulturanthropologie, die Rituale überhaupt erst zu einem wissenschaftlichen Thema machte (siehe oben Kap. 1.2.1). Wie so oft, ist eine solche Alternative indessen zu einfach und die Antworten sind – zumindest in Bezug auf das Altertum – immer spekulativ. »Die Vexierfrage, ob in dieser gegenseitigen Abhängigkeit nun der Mythos oder das Ritual primär sei, geht über die Zuständigkeit der Philologie [man kann hinzufügen: auch der Historiker] hinaus, insofern beide, Mythos und Ritual, längst vor der Erfindung der Schrift da waren« (Burkert 1990: 70; vgl. Bremmer 2005). Es bedarf sehr genauer Detailanalysen, um den jeweiligen Zusammenhang zwischen ritueller Praxis und mythischer Tradition zu klären. Der Altertumswissenschaftler Walter Burkert hat etwa plausibel zu machen versucht, dass einzelne Elemente der griechischen Argonautensage ihre Wurzeln in einem bestimmten Ritual der Insel Lemnos haben, dass die Sage sich aber später davon ablöste und selbstständig weiterentwickelte (Burkert 1990: 60–76). Wegen ihrer elementaren Bedeutung für die Gemeinschaft, so Burkerts These, regten archaische Rituale mythische Erzählungen an. Als eine Art »Behälter« bewahrten dann die Rituale die mythische Tradition und sorgten für ihre Stabilität. Für das Verständnis des Mythos sei daher das Ritual ebenso wichtig wie umgekehrt der Mythos für das Verständnis des Rituals.

Ritual und Mythos sind Medien der kollektiven, das heißt innerhalb einer Gruppe überlieferten Erinnerung. Schon der Durkheim-Schüler Maurice Halbwachs hat darauf hingewiesen, dass das individuelle menschliche Gedächtnis vom Kollektiv geprägt ist und der ständigen kommunikativen Vergewisserung bedarf: Was nicht mit Anderen kommuniziert wird, das gerät leichter in Vergessenheit. Dabei kann die Vergangenheit nie als solche erinnert werden, sondern nur als (Re-)Konstruktion; was erinnert wird, ist stets eine kulturell geformte Schöpfung. Im Anschluss daran haben Jan und Aleida Assmann den Begriff des kulturellen Gedächtnisses geprägt und damit großen Einfluss auf die Kulturwissenschaften im Allgemeinen und auf die Ritualtheorie im Besonderen ausgeübt (Assmann 1997).

Kommunikatives versus kulturelles Gedächtnis

Das kommunikative Gedächtnis bezieht sich auf die jüngere Vergangenheit, die noch von den Lebenden erinnert und kommuniziert wird; es gehört der Sphäre des Alltags an und geht mit dem Tod seiner Träger unter. Das kulturelle Gedächtnis hingegen überdauert die Lebenszeit Einzelner und richtet sich auf Fixpunkte in einer fernen Vergangenheit. »Vergangenheit gerinnt hier zu symbolischen Figuren, an die sich die Erinnerung heftet.« Eine solche »Erinnerungsfigur« ist der Mythos: »eine fundierende Geschichte, die erzählt wird, um eine Gegenwart vom Ursprung her zu erhellen« (Assmann 1997: 52f.). »Für das kulturelle Gedächtnis zählt nicht faktische, sondern erinnerte Geschichte.« Wesentlich ist, dass die Ursprungsgeschichte dazu dient, die Gegenwart in der Vergangenheit zu verankern – zu »fundieren« – und so die Identität der erinnernden Gruppe zu begründen. Das kulturelle Gedächtnis bedarf besonderer Techniken, die von Spezialisten bewahrt werden. Es gehört der Sphäre des Außeralltäglichen, Heiligen an; sein primäres Medium ist das Ritual, sein sekundäres Medium die Schrift. Vor und neben der Speicherung durch die Schrift wird das kollektive »Wissen in Form einer multimedialen Inszenierung aufgeführt [...], die den sprachlichen Text unablösbar einbettet in Stimme, Körper, Mimik,

Gestik, Tanz, Rhythmus und rituelle Handlung«. Die gesamte Gruppe partizipiert am kulturellen Gedächtnis »durch Zusammenkunft und persönliche Anwesenheit«. »Feste und Riten sorgen im Regelmaß ihrer Wiederkehr für die Vermittlung und Weitergabe des identitätssichernden Wissens und damit für die Reproduktion der kulturellen Identität.« (Assmann 1997: 56 f.)

2.4 Rituale des Opfers und der Gabe

Zyklische Jahresfeste sind oft zugleich Opferrituale – so in seinem Kern auch das christliche Osterfest (dazu weiter unten). Das deutsche Wort Opfer (von lat. *operari* = eine kultische Handlung vollziehen) bezeichnet sowohl die Opferhandlung (lat. *sacrificium*) als auch den Opfergegenstand (lat. *victima* = Opfertier). Opferhandlungen entsprechen der elementaren sozialen Logik des Gabentauschs, der zwischen Menschen und Göttern ursprünglich nicht wesentlich anders funktionierte als zwischen den Menschen. Beim Gabentausch handelt es sich um einen grundlegenden sozialen Mechanismus des Zusammenhalts.

Die soziale Logik des Gabentauschs

Die Logik des Gabentauschs ist seit langem ein zentraler Gegenstand der Kulturanthropologie. Klassisch ist der *Versuch über die Gabe* von Marcel Mauss (Mauss 1925/1968), der den Gabentausch in einfachen Gesellschaften als »totale soziale Institution« beschreibt. Sein Ausgangspunkt war die Beobachtung des Paradoxons, dass die Gaben einerseits freiwillig zu sein scheinen, anderseits aber doch gegeben, angenommen und erwidert werden *müssen*. Er unterschied mithin drei fundamentale soziale Verpflichtungen: die Pflicht zu geben, die Pflicht anzunehmen und die Pflicht, die Gabe zu erwidern. Zusammen ergeben diese Verpflichtungen eine unaufhörliche Kette immerwährenden Austauschs, eine elementare Reziprozität, die das Handeln einzelner Individuen übersteigt und auf die sich der Zusammenhalt der Gemeinschaft überhaupt gründet. Gaben sind dabei nicht nur Sachen, sondern auch Heiratspartner,

Dienstleistungen, symbolische Ehrerweise – also materielle und immaterielle Güter aller Art. In die Kette der Verpflichtungen sind nicht nur die Menschen, sondern auch die Götter einbezogen. Als ursprüngliche Eigentümer der Welt verfügen sie über die ganze Fülle der Gaben, die sie den Menschen mehr oder weniger üppig spenden können. Die Opfergaben der Menschen sind Gegenleistungen gegenüber den Göttern und sollen diese wiederum zu möglichst großzügigen Gegengaben nötigen. Die Armen, denen man unentgeltliche Almosen gibt, können dabei an die Stelle der Götter treten und sie repräsentieren.

Die soziale Logik des Gabentauschs unterscheidet sich von der Logik der modernen Marktwirtschaft mindestens in zwei wesentlichen Punkten. Erstens ist die Gegengabe zeitlich und sachlich unbestimmt. Der Gebende kann zwar eine Gegenleistung erwarten, aber weder zu einem festgelegten Zeitpunkt noch in einer exakt festgelegten Höhe und Qualität. Die Gabe verpflichtet den Empfänger vielmehr zu Erkenntlichkeit in einem umfassenden und dauerhaften Sinne. Dadurch, dass der einzelne Akt für sich immer unabgeschlossen bleibt und eine Erwartung für die Zukunft begründet, stiftet der Gabentausch dauerhafte soziale Bindungen – anders als eine marktökonomische Transaktion, die keine persönliche Bindung begründet oder voraussetzt. Wesentlich ist beim Gabentausch die rituelle Form des Gebens.

Zweitens kennzeichnet es die Gabe, dass sie als Instrument zur Etablierung von Macht und Hierarchie dient. Wer über mehr Güter verfügt als andere und daher mehr geben kann, verpflichtet sich die anderen auch in höherem Maße und ist folglich mächtiger. Wer aber mehr annimmt, als er zurückgeben kann, der erniedrigt sich und gerät in die Macht des Gebenden. Auf die zu erwartende Dankbarkeit der Empfänger gründet sich soziale Macht und höherer Rang. Umgekehrt folgt aus dieser Logik auch, dass der Ranghöhere, Mächtigere zur demonstrativen Freigiebigkeit in besonderem Maße verpflichtet ist. Am mächtigsten sind die Götter, auf die alle Güter zurückgehen. Nach Mauss hat der Gabentausch eine starke Tendenz zur agonalen Überbietung, die er im Modell des indianischen Potlatsch beschreibt. Dabei handelt es sich um die Extremform des verschwenderischen rituellen Gabentauschs, einen Wettstreit um die höchste Verausgabung, der in dem massenweisen Konsum oder gar in der schieren Vernichtung von Gütern gipfelt und bei dem es nicht um materielle Bereicherung, sondern um Macht und Ehre geht.

Religiöses Opfer

Religiöse Opferrituale kommen in nahezu allen Kulturen vor; ja sie gelten als die ursprünglichste heilige Handlung überhaupt. Menschen bringen den Göttern Gaben dar und verpflichten sie dadurch nach der Logik des *do ut des* zu materiellen oder spirituellen Gegengaben: Fruchtbarkeit der Felder, Tiere und Menschen, Abwehr von Unglück, Krankheit und Krieg, Vergebung der Sünden, ewiges Seelenheil. Diese Gaben fordern wiederum von den Menschen Dankopfer, sodass sich die Kette aus Gabe und Gegengabe schließt. Opferrituale folgen in der Regel dem Zyklus der natürlichen Jahreszeiten; es gibt Bittopfer zu Beginn der Vegetationsperiode und Dankopfer zur Erntezeit. Oft profitieren Bedürftige von den Opfergaben, sodass das religiöse Opfer zugleich eine karitative Funktion annimmt. Der heilige Charakter des Opfers steht einer handfesten wirtschaftlichen Dimension des Opferkults – etwa in der Antike – durchaus nicht im Wege (vgl. den Überblick bei Dücker 2007: 136–161; Scheid 2005; Knust/Varhelyi 2011).

Opferkult und Gewalt

Viele Religionswissenschaftler gehen vom Opfer als elementarer menschlicher Kulthandlung aus, um den Zusammenhang von Religion, Gewalt und sozialer Ordnung zu erklären (Gladigow 1984). So hat der Altertumswissenschaftler Walter Burkert die Frage gestellt: »Wieso eigentlich muss man Tiere schlachten, damit Friede sei?« (Burkert 1983: 17; vgl. Burkert 1990) Den Kern der Opferrituale sieht er darin, dass den Göttern ein Teil dessen zurückgegeben wird, das man ihnen durch das Töten und Verzehren von Tieren genommen hat. Der tötende Mensch, *homo necans*, entlastet sich von der Schuld des Tötens, indem er die getöteten Tiere in ritueller Form mit den Göttern teilt. Im gemeinschaftlichen Erlegen und Verteilen der Jagdbeute und vor allem im gemeinschaftlichen Darbringen und Verzehren der Opfertiere sieht Burkert den Ursprung menschlicher Kooperation und Reziprozität. Schon Robertson Smith und Marcel Mauss haben in der rituellen Schlachtung eines den Göttern gewidmeten, »geheiligten« Opfertiers und im anschließenden kollektiven Mahl den elementaren Kern menschlicher Gemeinschaftsbildung ausgemacht.

Eine andere Theorie über den Zusammenhang von Opferkult und Gewalt hat der französische Religionswissenschaftler René Girard formuliert. Er sieht im Opfer eine Stellvertretungshandlung, die die Gewalt aus der sozialen Gemeinschaft nach außen ableitet. Grundlegend ist für Girard das hohe Gewaltpotenzial archaischer Gesellschaften, das er aus dem Zwang zur gegenseitigen Nachahmung (Mimesis) erklärt. Gewalt erzeugt stets neue Gewalt und würde sich in zerstörerischer Weise fortsetzen, wenn kein Ausweg aus der Gewaltspirale gefunden würde. Das geschieht nach Girard durch die Opferung eines »Sündenbocks«, der alle Aggressionen auf sich konzentriert. Indem die Mitglieder einer Gemeinschaft einen *victime émissaire* opfern – paradigmatisch dafür ist der Sündenbock des Alten Testaments –, setzen sie einen Akt gemeinschaftlich vollzogener Gewalt an die Stelle der zerstörerischen Gewalt gegeneinander. Der kollektive Gewaltakt gegen einen aus ihrer Mitte, der damit zugleich ausgestoßen wird, befriedet die Gemeinschaft; die sozial desintegrierende Gewalt wird durch einen sozial integrierenden Gewaltakt beendet, was allerdings aus dem kollektiven Bewusstsein verdrängt werde. Der »Sündenbockmechanismus« steht für Girard am Anfang der Religion. Der Sündenbock, das unschuldige und zufällige Opfer, wird zum Inbegriff des Heiligen, zum Gegenstand der Verehrung und zum Kristallisationskern aller religiösen Regeln und Riten. Im Opferkult wird der ursprüngliche Gewaltakt immer aufs Neue rituell wiederholt; er hat für die Gemeinschaft kathartische und einheitsstiftende Funktion (Girard 1972/1994).

Kulturanthropologische Theorien wie die von Burkert oder Girard lassen sich historisch nicht unmittelbar verifizieren; sie bleiben notwendig hypothetisch. Ihr Sinn liegt weniger darin, die tatsächlichen prähistorischen Ursprünge von Ritualen zu rekonstruieren, als vielmehr darin, Verständnis für die soziale Logik von Opferritualen zu wecken und auf einen inneren Zusammenhang zwischen religiöser Ehrfurcht, kollektiver Schuld und sozialem Gemeinschaftshandeln hinzuweisen.

Das christliche Opfer

Auch die christliche Passions- und Osterliturgie, die das Opfer Christi am Kreuz und die Auferstehung feiert, ist ein sublimiertes und transformiertes Opferritual: Jesus Christus als »Lamm Gottes«, so die christliche Osterbotschaft, hat sein eigenes Leben als höchstes Opfer stellvertretend für die sündhafte Menschheit Gott dem Vater hingegeben. Damit wurde das blutige Tieropfer des Alten Testaments radikal umgeformt, universalisiert und aufgehoben; das eine blutige Opfer des Kreuzestodes übersteigt alle menschlichen Opfer. Mit dieser Sublimierung des Opferkults gingen eine Vergeistigung und Verinnerlichung der Religion einher, eine Verschiebung vom Wohl der Gemeinschaft auf das Seelenheil des Einzelnen und die Trennung der Gemeinschaft der Gläubigen von der politischen Gemeinschaft. Das religiöse Klima der Spätantike war insgesamt durch eine Abkehr von blutigen Opferkulten gekennzeichnet; auch das Judentum praktizierte nach der Zerstörung des Zweiten Tempels im Jahre 70 n. Chr. keine Tieropfer mehr, und der Islam kennt keinerlei Opferkult (Stroumsa 2011).

Nach Paulus ist das Opfer, das die Christen leisten, ein geistiges; es besteht in Gebeten und Werken der Nächstenliebe gegenüber Witwen und Waisen. Der Satz »Geben ist seliger denn nehmen« durchbricht die Logik des *do ut des*. Diese Lehre konnte sich allerdings nicht gegen die allgegenwärtigen Regeln der Reziprozität behaupten, die auch zwischen Gott und den Menschen galten. Im 9. Jahrhundert etablierte sich die Auffassung von der Messfeier als materiellem Opfer, das Volk und Priester Gott darbringen, um sich Nachlass von ihren Sündenstrafen zu erkaufen. Mit der Frage des Opfers verbunden war die Frage nach dem Symbolcharakter der Eucharistie. Wiederholt stritten sich die mittelalterlichen Gelehrten darüber, ob Christi Leib und Blut in Brot und Wein *corporaliter*, also körperlich-materiell präsent sei oder vielmehr nur *spiritualiter*, das heißt in einem übertragenen, geistigen Sinne. Nach dem sogenannten Zweiten Abendmahlsstreit setzte sich im IV. Laterankonzil 1215 die Lehre vom Opfercharakter der Messe und von der sogenannten Transsubstantiation gegenüber einem rein spirituellen, zeichenhaften Verständnis der Eucharistie durch. Im Spätmittelalter entwickelte sich auf dieser theologischen Grundlage eine florierende Heilsökonomie mit der geweihten Hostie im Zentrum (Fortes/Bourdillon 1980; Lang 1998; Angenendt 2001; Staubach 2011; Angenendt 2011 und 2013).

In der Reformation wurde der Opfercharakter der Messe zu einem zentralen Thema der reformatorischen Polemik. Alle Reformatoren waren sich darin einig, dass die Messe kein Opfer sei, das die Menschen beziehungsweise die Priester Gott darbringen. Für sie war es der Opfertod Christi allein, der die Gläubigen von ihren Sünden erlöst und ihnen das ewige Seelenheil verschafft, nicht aber ihre eigenen, womöglich gar materiellen Leistungen. Damit verlor das Verhältnis zwischen Menschen und Gott den Charakter eines Gabentauschs, der für die mittelalterliche Heilsökonomie weithin kennzeichnend gewesen war. In der Frage der symbolischen Natur des Abendmahlssakraments taten sich hingegen auch innerhalb des Protestantismus Gräben auf. Luther predigte nach wie vor die »Realpräsenz« Christi, bezeichnete aber die Verwandlung von Brot und Wein in Leib und Blut als ein Mysterium, das sich der menschlichen Vernunft entziehe. Ulrich Zwingli hingegen lehrte, dass es sich bei der Abendmahlfeier um ein Erinnerungsmahl handele, entsprechend dem Auftrag Jesu: »Tuet dies zu meinem Gedächtnis«. Der Unterschied bestand in dem grundsätzlich anderen Symbol- und Ritualverständnis (ähnlich wie bei Taufe, Hochzeit und Priesterweihe, siehe oben): Die einen betrachteten das Abendmahl als performatives Ritual, das auf das Heilsversprechen Christi nicht nur verweist, sondern es selbst einlöst. Brot und Wein hatten dabei den Charakter von Präsenzsymbolen. Die anderen betrachteten diese Sicht als Aberglauben. Sie sahen im Abendmahl vielmehr eine Gemeinschafts- und Erinnerungsfeier ohne transzendente Wirkung. Für sie waren Brot und Wein nicht länger sakrale Objekte, sondern Zeichen, die auf eine andere, transzendente Realität nur *verweisen*, die aber zum Seelenheil nichts beitragen. Entsprechend unterschiedlich wurde das Abendmahl gefeiert: mit einfachem Tisch statt Altar, mit schlichtem Brot statt mit geweihten Hostien, mit schmucklosem Gerät statt in sakraler Pracht, in Alltagskleidern statt mit Priesterornat usw. (vgl. Kap. 3.6; vgl. hierzu auch den Exkurs Nr. 4 zum Thema »Antiritualismus« unter *www.campus.de*).

Die Eucharistie als Gemeinschaftsritual

Ob nun die Abendmahlsfeier als von den Gläubigen dargebrachtes materielles Opfer oder als Erinnerung an den Opfertod Christi verstanden wurde, ob man von der körperlichen Realpräsenz Christi ausging oder von einem bloßen Zeichen, ob man dem priesterlichen Ritualvollzug eine eigene Wirkmacht zuschrieb oder nicht – in jedem Fall handelte es sich bei der Eucharistiefeier um ein gemeinschaftsstiftendes Ritual. Es ist eine wesentliche Errungenschaft der historischen Ritualforschung, die Abendmahlsfeier in ihrer sozialen und politischen Funktion zum Thema gemacht zu haben. Sie nimmt damit eine grundsätzlich andere Perspektive ein als die theologische Liturgiewissenschaft, die sich der Kulturanthropologie nur sehr zögernd annähert (klassisch Bossy 1983; Karant-Nunn 1997; Lang 1998; Freitag/Helbich 2010; Brademann 2010; Slenczka 2010; Walsham 2013; Brademann/Freitag/Thies 2013; zum Verhältnis Ritualforschung versus theologische Liturgieforschung Bourdillon/Fortes 1980; Angenendt 2001; Kranemann/Post 2009). Besonders deutlich wird das im Hinblick auf das Zeitalter der Konfessionalisierung. Gerade weil das Verständnis (und damit auch die äußere Form) des Abendmahls seit dem 16. Jahrhundert so stark divergierte, spielte dieses Sakrament eine so zentrale Rolle bei der Herausbildung voneinander abgegrenzter Konfessionsgruppen. Was der Einzelne im Stillen glaubte, konnte niemand wissen, aber welchen Gottesdienst er besuchte und in welcher Form er das Sakrament empfing, das lag normalerweise vor aller Augen zu Tage. Das heißt: Konfessionelle Zugehörigkeit wurde auch und vor allem über die Teilnahme am Gemeinschaftsritual des Abendmahls gestiftet. Das hat die internationale Forschung zum konfessionellen Zeitalter in vielfältiger Weise herausgearbeitet. Doch während das Hauptaugenmerk zunächst auf der Herausbildung und Vereinheitlichung der verschiedenen Konfessionskulturen lag, interessiert sich die neuere Forschung zunehmend für Uneindeutigkeiten und Übergangsfälle, unklare und verheimlichte Zugehörigkeiten, Überschreitungen der Konfessionsgrenzen usw. Dabei rückt der individuelle Umgang mit dem Altarsakrament in den Blick, und es zeigt sich, dass bei allem Bemühen der frommen Obrigkeiten um konfessionelle Einheit und Eindeutigkeit durchaus »transkonfessionelle« Handlungsspielräume bestanden. Manche Obrigkeiten begnügten sich damit, für die korrekte Kultteilnahme der Untertanen zu sorgen (Orthopraxis), anderen ging es gerade um den rechten Glauben und die Kontrolle der Gewissen (Orthodoxie). Ritualhistorisch ist das deswegen besonders aufschlussreich, weil es schon die Zeitgenossen veranlasste, immer wieder die Frage zu diskutieren, wie sich die Teilnahme am öffentlichen Kult, das sichtbare Bekenntnis, zu den inneren Glaubensüberzeugungen verhalte. Das aber ist eine zentrale Frage der Ritualtheorie (vgl. Kap. 3.6).

Säkularisierter Opferkult

Die modernen Nationalstaaten haben den religiösen Opfergedanken säkularisiert und ins Zentrum der nationalen Erinnerungskultur gestellt. Die gefallenen Helden eines Krieges oder einer Revolution wurden als »Märtyrer« als »Blutzeugen« verehrt. Indem ihr Tod als »Opfer« für die Volksgemeinschaft erschien, wurde er mit quasi-religiösem Sinn aufgeladen und diente zum Vorbild für kommende Kriegergenerationen. Das gilt erst recht für die totalitären Regimes des 20. Jahrhunderts, deren Ideologien säkularisierte Heilslehren waren.

So kann man die NS-Massenrituale als Opferkult einer säkularisierten Erlösungslehre interpretieren. Das ist eindringlich nachgewiesen worden am Beispiel der Gedenkfeiern für die »gefallenen Helden der Bewegung« von 1923 und anhand der Nürnberger Reichsparteitage (Behrenbeck 1996; Karow 1997; Ogan/Weiß 1992). Die nationalsozialistische »Bewegung« feierte den Tod ihrer Gefallenen als mythisches Ursprungsereignis, das zugleich die Verheißung kommender Erlösung (nämlich der NS-Machtergreifung zehn Jahre später) schon in sich trug. In unmittelbarer Analogie zur christlichen Erlösungslehre deutete man Putsch und Niederlage als »Gethsemane und Golgatha der Bewegung«, der die »Auferstehung« folgen sollte. Der NS-Opferkult gipfelte in den Reichsparteitagen nach 1933. Die in geometrischer Ordnung und totaler Disziplin aufmarschierenden Verbände repräsentierten pars pro toto die »Volksgemeinschaft« als Ganze. Das rituelle Geschehen – Fahnenweihe, Eid vor dem »Altar der Bewegung«, Opferfeuer usw. – folgte einer Opferliturgie. Jeder Einzelne verpflichtete sich durch seinen Eid zum Opfer für die Bewegung und löschte sich selbst als Subjekt aus, um in der totalen Gemeinschaft aufzugehen. Die Allmacht des Ganzen verkörperte sich allein im »Führer«. Dieser berührte die Fahnen der einzelnen Verbände mit der authentischen »Blutfahne« der Gefallenen von 1923 und stellte so eine quasi-magische Verbindung zum mythischen Ursprung her. Der religiöse Opfergedanke wurde insofern radikalisiert und totalisiert, als das Opfer hier – anders als das religiöse Opfer – keinen Stellvertretungscharakter hatte: Das ganze Volk bot sich als Opfer an. Die

Auflösung des Subjekts in der Volksgemeinschaft »bereitet also vor für die spätere reale Opferung im Krieg und legitimiert nachträglich die bereits Geopferten als Wegbereiter des erwarteten ›ewigen Sieges‹« (Karow 1997: 185). Die Ritualforschung trägt dazu bei, den Blick für diese liturgisch-sakralen Züge der politischen Kultur zu schärfen (siehe unten Kap. 2.5.3).

2.5 Rituale der Herrschaft

In vormodernen Gesellschaften hatten nahezu alle Rituale einen engen Bezug zur politischen Ordnung, die wiederum untrennbar mit der sozialen, rechtlichen, religiösen, wirtschaftlichen Ordnung verbunden war. Solange es keine geschriebenen Verfassungen gab, die die Regeln der *politischen* Organisation explizit als solche festlegten und von anderen gesellschaftlichen Funktionsbereichen wie etwa Kirche oder Justiz trennten, gab es Herrschaft auf allen Ebenen der Gesellschaft, vom Hausherrn angefangen über die städtischen Ratsherren, kirchlichen Amtsträger, adeligen Guts- und Lehnsherren bis hin zu den Monarchen. Die Hochzeit eines adeligen Thronfolgers, die Einsetzung eines Bischofs, die Bestattung des Herrschers, die Feier eines Kirchenfestes, der Einzug eines Königs in eine Stadt, die öffentliche Bestrafung eines Delinquenten usw. – all das waren zumindest in vormodernen Gesellschaften zugleich immer auch Rituale der *politischen* Ordnung. Gänzlich unmöglich ist die Unterscheidung zwischen politisch-sozialen und religiösen Ritualen: Ein und dasselbe Ritual stellte die Herrschaftsstruktur auf Dauer, indem es den Wechsel der einzelnen Herrschaftsinhaber überbrückte, es inszenierte die innere soziale Ordnung der Gesellschaft und es stellte die diesseitige, zeitliche Ordnung in eine Beziehung zur jenseitigen, ewigen Herrschaft Gottes.

Herkömmliche Geschichtsschreibung

Wenn sich Historiker mit Ritualen befassen, dann waren und sind das in allererster Linie Rituale, die in Bezug zur Herrschaft stehen. Das geschieht auf unterschiedliche Weise und mit verschiedenen Erkenntnisinteressen. Zum einen hat sich die traditionelle, nationalstaatlich geprägte, vor allem mediävistische Politikgeschichte, wie sie sich im 19. Jahrhundert herausgebildet hat und auch im 20. Jahrhundert noch lange vorherrschte, mit den Ritualen des Herrscherwechsels eingehend befasst, mit Schilderhebung, Salbung, Krönung, Investitur, Thron- oder Altarsetzung von Kaisern und Königen, Bischöfen und Päpsten (und mit den spiegelbildlichen Ritualen ihrer Absetzung, der Devestitur). Diese Akte sind wesentliche Bestandteile sowohl einer an Personen orientierten Herrschergeschichte als auch einer an Institutionen orientierten Verfassungsgeschichte. Als Rituale wurden sie dabei allerdings nicht betrachtet, sondern als Rechts- und Verfassungsakte. Zum anderen nahm und nimmt die mittelalterliche und frühneuzeitliche Festkultur in Hof und Stadt seit langem einen großen Raum ein, wobei das 15. und 16. Jahrhundert nochmals einen besonderen Schwerpunkt bilden. Eine besondere Faszination übten die Herrschaftsinszenierungen von Fürsten wie Karl dem Kühnen von Burgund, Kaiser Maximilian I., Franz I. von Frankreich oder Elisabeth I. von England und reichen Städten wie Venedig, Florenz, London, Paris, Gent, Brügge, Augsburg oder Nürnberg aus. Auch hier sprach man lange Zeit nicht von Ritualen, sondern von Festen und Feiern. Beide Forschungszweige blieben bezeichnenderweise getrennt: Rechts- und Verfassungsakte hier, Festlichkeiten ohne politische Relevanz dort. Das entsprach der diziplinären Trennung zwischen der »ernsthaften« Politik-, Rechts- und Verfassungsgeschichte einerseits und der eher mit den schönen Seiten des Lebens befassten älteren Kulturgeschichte. Die außerordentlich prunkvollen und künstlerisch elaborierten Herrschaftsfeste der Renaissance zogen und ziehen außerdem die Aufmerksamkeit der Kunst-, Musik- und Literaturwissenschaftler auf sich.

In vielen Quellen vor allem des 15. bis 17. Jahrhunderts werden Krönungen, Fürstenhochzeiten, Beisetzungen, Einzüge und ähnliche Herrschaftsrituale ausführlich in allen zeremoniellen Details und aller materiellen Pracht beschrieben. Wenn sich Historiker für solche Beschreibungen interessierten, haben sie sie meist mehr oder weniger detailfreudig nacherzählt. Diese deskriptive Hinwendung zu den Herrschaftsritualen ist vor allem für Lokalhistoriker und Kulturhistoriker alten Stils kennzeichnend. Sie folgen dabei einem ähnlichen Interesse und bedienen sich einer ähnlichen Form wie die damaligen Zeremonienmeister selbst; sie erfreuen sich an der Fülle der farbigen Details und der Pracht der künstlerischen Ausgestaltung und sehen ihre Aufgabe darin, das alles zu dokumentieren und dem Vergessen zu entreißen. Oft nehmen sie die Quellenbeschreibungen wörtlich und kommen daher über die pauschale und wenig überraschende Erkenntnis nicht wesentlich hinaus, dass diese Feierlichkeiten der Herrschaftsrepräsentation und -legitimation dienten (kritisch dazu Daniel 2000).

Die traditionell intensive Beschäftigung mit den vormodernen Herrschaftsritualen hat eine ganze Reihe von Gründen. Zum einen stand die Sphäre der Herrschaft seit jeher im Zentrum historischen Interesses. Zum anderen sind solche Herrschaftsinszenierungen wegen der Fülle an Quellen (Zeremonialordnungen, Festbeschreibungen usw.) den Historikern leichter zugänglich. Drittens spielt aber auch eine nicht zu unterschätzende Rolle, dass die zentralen Herrschaftsrituale der historischen Identitätsstiftung der betreffenden Städte, Regionen und Nationalstaaten dienen. So beschrieben vor allem Landes- und Stadthistoriker Herrschaftsfeste, Einzüge usw. schon im 19. Jahrhundert gern in allen Details, um den Reichtum und das hohe künstlerische Niveau des betreffenden Landes oder die glanzvolle Rolle der jeweiligen Stadt als Schauplatz eines solchen Festes hervorzuheben, oder sie edierten die entsprechenden Zeremonialquellen. Die neuere historische Ritualforschung unterscheidet sich von dieser älteren Forschung unter anderem darin, dass sie solche Handlungen nicht als politisch relevante Rechtsakte einerseits und politisch irrelevante Festlichkeiten andererseits thematisiert, sondern im kulturanthropologischen Sinne als Rituale und damit als Gesamtgeschehen in den Blick nimmt.

Weil nahezu alle vormodernen rituellen Phänomene einen Bezug zur Herrschaft haben, ist dieses historische Gegenstandsfeld nahezu uferlos und eine strenge systematische Gliederung unmöglich. Auf der Hand zu liegen scheint zwar die Unterscheidung zwischen monarchischen und städtisch-republikanischen Formen. Königtum einerseits und *polis, civitas*, autonome Stadtrepublik andererseits sind Grundformen der europäischen Verfassungsgeschichte seit der Antike. Doch bei näherem Hinsehen ist die Gegenüberstellung schwierig, weil beide Formen auf komplizierte Weise ineinander verschachtelt waren oder ineinander übergehen konnten. Deshalb ist eine klare Unterscheidung zwischen monarchischen und städtisch-republikanischen Ritualen kaum möglich. Begrüßte zum Beispiel eine Stadtgemeinde den neuen König bei dessen erstem Einzug in ihren Mauern, so war das zum einen ein monarchisches Ritual des Herrscherwechsels, zum anderen aber zugleich ein Ritual, in dem sich die Stadt in ihrer korporativen Gliederung inszenierte und diese damit bekräftigte. Beides sind zwei Seiten derselben Medaille. Wenn hier trotzdem monarchische und städtische Rituale getrennt behandelt werden, so nur in dem Sinne, dass einmal die eine, einmal die andere Seite im Vordergrund steht. Dabei geht es im Folgenden vor allem um solche Rituale, die in einem besonderen Verhältnis zur politischen Verfasstheit einer Gesellschaft stehen, indem sie die zentralen Herrschaftsträger in ihr Amt einsetzen und den Antritt ihrer Herrschaft in prominenter Weise inszenieren. Dazu gehören Inaugurationsrituale aller Art, wie Krönung, Salbung, Thronsetzung, Einzug, Huldigung, städtische Ratseinsetzung, aber auch Belehnung, Parlamentseröffnung usw., also solche Akte, bei denen der neue Inhaber seine Herrschaft demonstrativ zum ersten Mal öffentlich ausübte.

2.5.1 Rituale der Monarchie

Herrscherwechsel

Wenige Rituale sind von Historikern so intensiv erforscht worden wie die Thronwechsel und Herrschereinsetzungen (der Kürze halber Krönungen genannt) in europäischen Monarchien insbesondere des Mittelalters, aber auch – in etwas geringerem Maße – der frühen Neuzeit. Sie bildeten stets die symbolisch-rituelle Mitte der Herrschaftsordnung, umgaben sie mit sakraler Würde und machten ihre elementaren Leitwerte und Gliederungsprinzipien in verdichteter Form sichtbar. Man kann sie als »Verfassung in actu« bezeichnen (so Holenstein 1991; klassisch Kantorowicz 1957/1994; Bloch 1924/1998; Schramm 1935; Schramm 1937; Hanley 1983; Sammelbände: *Le sacre des rois* 1975; Duchhardt 1983; Wilentz 1985; Cannadine 1987; Bak 1990; Bertelli 1990; Nelson/Theuws 2000; Steinicke/Weinfurter 2004. Für Byzanz: Treitinger 1938/1956; Nelson 1986;

McCormick 1986; Diefenbach 2002; Trampedach 2005; Papsttum: Eichmann 1951; Visceglia 2002; Schimmelpfennig 2005; Paravicini Bagliani 1997; Wassilowsky 2010; für das Römisch-deutsche Reich Eichmann 1942; Elze 1960; Schneider 1972; Berbig 1975; Berbig 1981; Wanger 1994; Kramp 2000; Büttner 2012; zusammenfassend Rogge 2006; für Frankreich Bryant 2009; für England Hunt 2008; Keay 2008; für Böhmen Berning 2008, u. v. a.).

Herrscherwechsel machen in allen Kulturen Rituale erforderlich, um den störanfälligen Moment des Übergangs zu überbrücken und Kontinuität herzustellen – oder sie auch nur vorzutäuschen. Die Thronfolge aufgrund von Erbrecht innerhalb einer Herrscherfamilie ist nur eine von vielen historischen Möglichkeiten der Herrschaftsweitergabe; daneben sind die Bestimmung durch den Vorgänger, durch Teile des Volkes, etwa das Heer oder privilegierte Wähler, sowie eine Vielfalt von Kombinationen von Erb- und Wahlelementen möglich. Die Art der Herrschaftsübertragung unterlag historischem Wandel und war immer wieder Gegenstand konkurrierender Interpretationen und gewaltsamer Konflikte. Wie streng und verbindlich der Herrscherwechsel geregelt war, konnte historisch sehr unterschiedlich sein. Das Spektrum reicht vom spätantiken Rom/Byzanz zur Zeit der »Soldatenkaiser« auf der einen Seite, das durch maximale Offenheit der Thronfolge geprägt war und gar keine schriftliche Regelung kannte, bis hin zur französischen Monarchie auf der anderen Seite, die mit der Lex Salica seit dem 6. Jahrhundert ein schriftlich fixiertes Erbfolgerecht besaß, das in der frühen Neuzeit so gedeutet wurde, als ob der Thron niemals vakant werde, weil schon der Tod eines Königs als konstitutives Moment für den Herrschaftsantritt des Nachfolgers galt (»*Le Roi est mort, vive le Roi!*«). Je nach Verbindlichkeit und Geschlossenheit der Erbfolgeregelung kam dem Ritual des Thronwechsels eine mehr oder weniger große performative Wirkung zu; die Verfassungshistoriker sprechen von »deklaratorischer« im Unterschied zu »konstitutiver« Funktion (siehe unten Kap. 3.2). Letztere kam einem Ritual vor allem dann zu, wenn die Nachfolge zwischen Wahl- und Erbprinzip umstritten war, wie etwa in Böhmen zu Beginn des 16. Jahrhunderts. Je geringer die Herrschaftskontinuität, desto größer die Wichtigkeit von Ritualen, die einen neuen Inhaber in die Herrschaftsordnung einsetzten und in eine Reihe mit seinen Vorgängern stellten. Gerade Usurpationen, Dynastiewechsel oder ähnliche Brüche in der Herrschaftskontinuität steigerten die Bedeutung von Ritualen. Doch Momente des Thronwechsels waren immer krisenanfällig. Grundsätzlich galt für alle Herrschersukzessionen, dass Übergangsrituale notwendig waren, um zwei miteinander verschränkte Funktionen zu erfüllen, nämlich einerseits den jeweiligen neuen Inhaber in seine Rolle einzusetzen und darin zu legitimieren und andererseits die Herrschaftsordnung als Ganze mit einer Aura der Unantastbarkeit und Heiligkeit auszustatten. Gerade durch ihre (scheinbare!) Unveränderlichkeit machten Rituale vergessen, dass es sich bei *jeder* Form der Herrschaft um eine von Menschen abhängige, kontingente Ordnung handelt, die immer auch anders sein könnte. Das gilt nicht nur für Wahl-, sondern auch für Erbmonarchien.

Europäisches Muster der Herrscherweihe

Einsetzungsrituale lassen sich kulturanthropologisch auf grundlegende Muster zurückführen (vgl. oben Kap. 1.2.1 zu den Theorien von van Gennep, Turner und Bourdieu). Erst recht gilt für die Herrschereinsetzungen im vormodernen Europa, dass sie eine Reihe fundamentaler Ähnlichkeiten aufweisen, die auf gemeinsame historische Wurzeln zurückzuführen sind, nämlich auf alttestamentlich-jüdische, christliche und römisch-byzantinische Traditionen. Das europäische Muster der Königseinsetzung, wie es sich im 8. Jahrhundert herausbildete und dann allmählich über ganz Europa in vielfachen Varianten ausbreitete, war durch die Verbindung von Salbung und Krönung gekennzeichnet. Sowohl das Salben mit geweihtem Öl als auch das Aufsetzen einer Krone oder eines Diadems und das Setzen auf einen Thron waren schon im Alten Orient üblich gewesen. Das geschah meist durch einen Priester oder Propheten, der die Verbindung zwischen göttlicher und menschlicher Herrschergewalt herstellte. Die Krönung, die ebenfalls in der Antike in vielerlei Formen vorkam, war im römischen Imperium allerdings zunächst lange Zeit verpönt. Erst im christlich gewordenen, oströmisch-byzantinischen Reich wurde sie im Jahr 457 etabliert und in der Folgezeit zu einer immer elaborierteren und prunkvolleren Inszenierung ausgeformt, die im Westen in vieler Hinsicht imitiert wurde und dort die Kaiserkrönung (seit 800) prägte. Bei den germanischen Stämmen waren Kronen als Herrschaftszeichen ebenfalls üblich. Wann genau, wo und wie das Aufsetzen der Krone sich im Ritual der Herrschereinsetzung einbürgerte, ist Gegenstand diffiziler Einzelforschung.

Obwohl der Ausdruck »Krönung« sich als Sammelbegriff für das gesamte komplexe Ritualgeschehen der Königseinsetzung etabliert hat und »*die* Krone«, *corona regni*, geradezu zum Synonym für die Institution des Königtums als solchen geworden ist, stand im lateinischen Europa lange Zeit nicht das Aufsetzen der Krone im Zentrum der Herrschereinsetzung, sondern die Salbung, die den Kandidaten mit sakraler, quasi-priesterlicher Würde versah, was die Untrennbarkeit von politischer und religiöser Ordnung deutlich macht. Wesentlich für die Ausbildung des europäischen Musters ist die Verbindung der Krönung mit der Salbung, die als solche im Westgotenreich schon im 7. Jahrhundert und in England im 8. Jahrhundert belegt ist. Als Schlüsselereignis gilt, dass der Franke Pippin sich 751 nach alttestamentarischem Vorbild salben ließ, um den usurpatorischen Dynastiewechsel von den Merowingern zu den Karolingern mit höherer Legitimität auszustatten. In Verbindung mit der Krönung taucht die Salbung dann bei den Franken seit Ludwig dem Frommen 781 auf, etablierte sich im westfränkisch-deutschen Reich mit Otto I. 962 und wurde in der Folgezeit in den meisten europäischen Monarchien ähnlich ausgestaltet, wenn auch in vielfältigen Variationen und mit großen zeitlichen Verschiebungen: In Byzanz übernahm man die Salbung erst im 13. Jahrhundert, in den skandinavischen Monarchien im 14. Jahrhundert. Ein ritualhistorisch aufschlussreicher Sonderfall ist die Begründung einer neuen Königswürde in Preußen im Jahre 1701, bei der der Kurfürst von Brandenburg sich in einem neugeschaffenen Ritual zuerst selbst die Krone aufsetzte und anschließend salben ließ; seine Nachfolger indessen verzichteten auf das Krönungsritual und demonstrierten damit die Unmittelbarkeit und Unabhängigkeit ihrer Herrschaft (Kunisch 2003).

Die Einzelforschung zu den verschiedenen Ländern und den wechselseitigen Einflüssen zwischen ihnen ist kaum noch überschaubar, während die Zahl historischer Vergleichsstudien relativ klein ist (klassisch für innereuropäische Varianten Schramm 1954–

1956; 1968–1971; eine der wenigen Vergleichsstudien zu islamischen und christlichen Herrschern: Oesterle 2009). Das europäische Grundmuster von Salbung und Krönung überdauerte auch die tiefe Zäsur der Revolutionsepoche und behauptet sich in Großbritannien bekanntlich bis heute. Signifikant für die Überbrückung des revolutionären Bruches durch das Ritual der Herrschereinsetzung ist die zwischen traditionellem und revolutionärem Akt changierende Selbstkrönung Napoleons I. im Jahre 1804. Wie so oft versuchte man hier mangelnde dynastische Legitimität durch rituelle Traditionserfindung zu kompensieren. Napoleon kombinierte alle erdenklichen rituellen Elemente und bediente sich dabei völlig frei aus dem gesamten historischen Repertoire von der Antike über das Christentum bis zu seiner Gegenwart, was allerdings den revolutionären Charakter des Aktes nicht verdecken konnte (Tulard 2004; Chanteranne 2004; Braun 2006).

Rituelle Grundbausteine

Auch wenn die Vielfalt der historischen Varianten bei der Herrschereinsetzung in den europäischen Monarchien groß ist, so ist doch eine gewisse gemeinsame Logik unübersehbar. Seit dem Hochmittelalter waren europäische Herrschereinsetzungen mehr oder weniger stark verfestigte, elaborierte Ritualsequenzen, die in schriftlichen *Ordines* festgehalten wurden und ein ähnliches Set an Grundelementen umfassten, die in unterschiedlichem Maße veränderbar und kombinierbar waren. Solche Ritualbausteine, die nicht immer, aber meistens vorkamen, waren der feierliche Einzug in die Krönungsstadt, die hierarchisch geordnete Prozession zum Ort der Krönung, die Krönungsmesse mit der Anrufung des Heiligen Geistes, die formalisierte Befragung, das heißt die gleichsam rituelle Prüfung des Kandidaten, seine Eidesleistung, dann seine rituelle Erhöhung in mehreren Schritten: Salbung, Krönung, Einkleidung, Verleihung von Insignien, Thron- oder Altarsetzung, Lobgesang, Akte der Huldigung durch herausgehobene Gruppen und Akklamation durch die versammelte Menge, die »das Volk« repräsentierte, sodann das feierliche Krönungsmahl, bei dem dem neuen Herrscher von hohen Hofamtsträgern symbolische Dienste geleistet wurden. Daran schlossen sich weitere Festlichkeiten an, etwa Turniere, Bankette, Tanz usw., die sich über mehrere Tage erstrecken konnten. Zum weiteren Umkreis des Einsetzungsrituals gehörten darüber hinaus besondere Akte, durch die der neue Inhaber erstmals in feierlich-demonstrativer Weise seine Herrschaft ausübte: Ritterschläge, Nobilitierungen, Belehnungen, Ständeversammlungen, Gerichtssitzungen usw. Eine Sonderrolle spielte in Frankreich und England die rituelle Ausübung der dem König von Gott verliehenen Macht, Skrofelkranke zu heilen, die Marc Bloch in seiner klassischen Studie in ihrem Wandel über die Jahrhunderte hinweg akribisch rekonstruiert hat (Bloch 1924/1998). Nach dem Herrschaftsantritt erfolgte häufig eine Huldigungsreise, die vom Krönungsort in die Hauptstadt oder mehrere wichtige Städte des Reiches führte und dazu diente, die Anerkennung des neuen Herrschers oder Herrscherpaares vor aller Augen sichtbar zu dokumentieren und zu sichern.

Fragen der Ritualforschung

Sinn der historischen Ritualforschung ist es, die Unterschiede und Veränderungen im Kontext der historischen Gesamtentwicklung zu untersuchen, um einerseits die Geschichte der betreffenden Monarchie besser zu verstehen und andererseits zum allgemeinen Verständnis der rituellen Logik beizutragen. Es liegt auf der Hand, dass die Herrschereinsetzung als *rite de passage* im Sinne van Genneps gedeutet werden kann (siehe oben Kap. 1.2.1). Der Kandidat durchläuft eine liminale Phase, in der er zuerst geprüft, entkleidet und symbolisch erniedrigt wird, nämlich niederkniet oder sich sogar (bei der Kaiserkrönung) mit ausgestreckten Armen auf die Erde legt, um dann erhöht, neu eingekleidet und auf den Thron gesetzt zu werden. Die Ent- und Bekleidung bringt die Verwandlung zu einem »neuen Menschen« zum Ausdruck. Erhellend ist vor allem das Konzept des *rite d'institution* nach Bourdieu. Es lenkt den Blick darauf, dass es bei den Ritualen nicht nur um die explizite Wirkung, nämlich die Einsetzung des jeweiligen Herrschaftsträgers geht, sondern zugleich auch um die vielen impliziten Rückwirkungen auf die Ordnung aller Beteiligten, deren rollengemäßes Handeln das Institutionengefüge als Ganzes mit seinen elementaren Gliederungskategorien immer aufs Neue reproduziert.

Vor dem Hintergrund der skizzierten rituellen Grundstruktur sind die individuellen Unterschiede umso aussagekräftiger. So kann man etwa fragen: Wo fand die Einsetzung überhaupt statt? In welcher Stadt, in einer Kirche, dem Palast, unter freiem Himmel?

Welchen Weg nahm die Eingangsprozession und wie war sie strukturiert? Wie war der Raum beschaffen und symbolisch ausgestaltet? Wer war in welcher Form und in welchem Stadium des Verlaufs anwesend und aktiv beteiligt? Wer ging, stand oder saß wo? Wer salbte, wer setzte die Krone auf, wer bewahrte die Insignien auf und überreichte sie dem Kandidaten? Wer nahm von wem einen Eid entgegen, in welcher Reihenfolge und in welchem Wortlaut? Welche Wechselreden, Predigten, Gesänge usw. wurden gehalten und von wem? In welchem Verhältnis standen mündliche, gestische, dingliche und schriftliche Elemente zueinander? Was geschah vor wessen Augen und Ohren, in welchen abgestuften Kreisen von Geheimnis und Öffentlichkeit? Wer akklamierte und zu welchem Zeitpunkt? In welchen Akten und in welcher Form manifestierte sich die Herrschaftsausübung zuerst? Wer nahm an den anschließenden Festlichkeiten in welcher Rolle teil; wie wurde das Volk symbolisch einbezogen? Bei all dem ist zu fragen, welche Elemente stabil blieben, welche sich veränderten und warum. Welche Mythen re-inszenierte das Ritual, an welche heiligen Urszenen und mythischen Vorbilder knüpfte es an? Welche Missverständnisse, Konflikte, Störungen und Protesthandlungen kamen vor und warum? Die Reihe ließe sich noch weiter fortsetzen. Alle diese Einzelheiten sind in der Regel von hoher Signifikanz für die Verfassungsgeschichte der betreffenden Monarchie, weil im Moment des Thronwechsels die ungeschriebene Verfassungsordnung des ganzen Reiches *pars pro toto* symbolisch dargestellt und zugleich performativ hergestellt wurde.

Denn Monarchen waren niemals unumschränkte Herrscher – selbst im Zeitalter des sogenannten Absolutismus nicht –, sondern immer in mehr oder weniger hohem Maße auf Akzeptanz und Kooperation angewiesen, sei es der geistlichen und weltlichen Großen, der Verwandten, Vasallen, geistlichen oder militärischen Würdenträger, der Korporationen und Stände, der Parlamente, professionellen Funktionseliten usw. Ein Krönungsritual sagt ebenso viel über die Rechte und Pflichten derjenigen aus, die in verschiedenen Rollen daran teilnahmen, wie über das Amt des Eingesetzten selbst. In den Details der rituellen Gestaltung des Thronwechsels manifestierten sich für gewöhnlich die Grundeinteilungen der sozialen Ordnung und die Konstellationen zwischen den wichtigsten Akteuren. Sie geben Aufschluss darüber, wie weit sich die jeweilige Herrschaft erstreckte, was vom Herrschaftsinhaber erwartet wurde, auf wen seine Herrschaft sich stützte und von wem sie hergeleitet wurde. Stammte sie unmittelbar oder mittelbar von Gott, und wie wurde sie vermittelt? Durch höchste geistliche Amtsträger oder auch durch »das Volk«? Aber wer repräsentiert es und beansprucht, *pars pro toto* an dessen Stelle zu handeln? Das Heer, wie bei den spätantiken römischen »Soldatenkaisern«? Eine privilegierte Gruppe wie die Kurfürsten des Römisch-deutschen Reiches oder die Stände des Landes? Welches Bild vom Verhältnis zwischen dem Herrscher, seiner Dynastie, einzelnen privilegierten Gruppen des Hofes und des Reiches wird im Ritual sichtbar? An welche Versprechen, Tugenden, Werte wurde der Herrschaftsträger mit welchen symbolisch-rituellen Mitteln gebunden? Wer konnte ihn darauf verpflichten, ihm Bedingungen stellen? Begründete das Ritual eine einseitige oder wechselseitige Verpflichtung? Zu jeder dieser Fragen gibt es eine Fülle von Forschungsarbeiten. Im Zentrum steht dabei vor allem die Frage, auf welche Weise und in welchem Ausmaß ein Einsetzungsritual die institutionelle Kontinuität der Monarchie herstellte oder auch nur vortäuschte, das heißt, inwiefern es die Unterscheidung der »unsterblichen« Institution von dem sterblichen Inhaber ermöglichte. Ein zentrales Anliegen der älteren deutschen, nationalstaatlich ausgerichteten Herrschergeschichte war insbesondere das Verhältnis zwischen Salbung, Krönung und Wahl, weil es ganz wesentlich darum ging, das sich wandelnde Verhältnis zwischen Papst und König oder Kaiser oder – wie man anachronistisch sagte – zwischen »Kirche und Staat« nachzuvollziehen.

Akt und Text

Für die Dauerhaftigkeit oder Veränderbarkeit eines Einsetzungsrituals ist wesentlich, in welchem Medium es tradiert wurde: durch mündliche oder schriftliche Überlieferung. Solange es keine schriftlichen Aufzeichnungen gab, die man aufbewahrte und an denen man sich orientieren konnte, unterlagen Rituale einem raschen und kaum bemerkbaren Wandel – es sei denn, man verfügte über Spezialisten, die die hohe Kunst der Memorik pflegten und die heiligen Ritualtexte nahezu unverändert mündlich weitergaben, wie etwa im alten Indien. Wegen ihrer großen Bedeutung für die Herrschaftsordnung gehören Krönungsordines zu den ältesten schriftlich fixierten Normen überhaupt. Sie bestehen im Wesentlichen aus den liturgischen Texten, die bei der Herrscherweihe gesprochen und gesungen wurden. Die ältesten überlieferten Texte dieser Art sind der westfränkische Ordo aus dem späten 9. Jahrhundert für die französische Monarchie (Schramm 1968: II, 216–222) oder der Mainzer Ordo aus dem 10. Jahrhundert (Vogel/Elze 1963: I, 246–264) für das ostfränkisch-deutsche Reich. Auch die Goldene Bulle von 1356 enthielt nicht nur die Regeln für die römisch-deutsche Königswahl und die Privilegien der Wähler, sondern auch genaue Anweisungen für die symbolischen Handlungen anlässlich der Krönung und des Herrschaftsantritts (Kunisch 2001; Schneidmüller 2009; Online-Edition: Heckmann). Was hier fixiert war, wurde mit einem ungewöhnlichen Maß an Konstanz bis ins 18. Jahrhundert hinein praktiziert.

Dennoch schloss die schriftliche Fixierung keineswegs jede historische Veränderung aus. Die Ritualordnungen geben immer nur die halbe Wahrheit wieder. Erstens enthielten die frühen Ordines nur bestimmte sakrale Elemente des Rituals. Zweitens ließen sich niemals alle Details festhalten, selbst wenn man – wie im 17. Jahrhundert – bei jedem Herrscherwechsel immer präzisere Protokolle anfertigte. Und drittens ist keineswegs klar, wie hoch die normative Verbindlichkeit einer schriftlichen Aufzeichnung wirklich war. Meist changierten die Ritualtexte vielmehr zwischen deskriptivem und präskriptivem Charakter: Man schrieb auf, wie ein Ritual gehalten worden war, bewahrte diesen Text sorgfältig auf und nutzte ihn in der Folgezeit ganz oder teilweise als Muster – oder auch nicht. So konnte aus dem Protokoll eines Einzelfalls mit der Zeit eine normative Vorschrift werden, musste es aber nicht. Das Verhältnis von Ritualtext zu Ritualpraxis ist im Einzelnen nicht leicht zu rekonstruieren; es setzt voraus, dass man weitere Quellen zur Verfügung hat, die etwas über die Abweichungen zwischen Ordnung und tatsächlichem Akt verraten, etwa Augenzeugenberichte oder aktuelle Einzelprotokolle. In vielen Fällen sind im Laufe der Zeit erhebliche Erweiterungen, Ausschmückungen und Anpassungen festzustellen, in anderen Fällen aber auch rituelle Versteinerungen (siehe unten Kap. 3.4). Je mehr Sorgfalt man auf die genaue Wiederholung ritueller Details richtete, etwa um Konflikte zu vermeiden oder Mitwirkungsansprüche zu sichern, desto genauer protokollierte man jedes einzelne Ritualereignis, um sich beim nächsten Mal umso strenger danach richten zu können, sodass die Beibehaltung der »richtigen« Form mit der Zeit immer höhere normative Verbindlichkeit entfalten konnte. Es ist indessen von Fall zu Fall zu klären, wie sorgfältig oder wie frei man mit den rituellen Formen umging. Die Antwort darauf ist von erheblicher Bedeutung für eine andere zentrale Frage der Ritualforschung, nämlich inwiefern ein Herrschaftsritual aktuelle Machtkonstellationen spiegelte oder inwiefern es ältere Verhältnisse konservierte, also in der Zeit der Aufführung als archaisches Relikt aus längst vergangenen Zeiten wahrgenommen wurde – man denke an die Krönung Josephs II. in der Darstellung Goethes oder auch an die Thronbesteigung Elisabeths II. von England.

Salbung

Die Salbung war der sakrale Höhepunkt der gesamten Ritualsequenz einer Herrschereinsetzung. In diesem quasi-sakramentalen Akt verwandelte Gott selbst, vermittelt durch den höchsten priesterlichen Amtsträger, den Kandidaten in einen »neuen Menschen« und verlieh ihm das Recht und zugleich die Fähigkeit zu herrschen. Mythisches Vorbild waren die Salbungen der alttestamentlichen Könige David und Salomon, die wiederum als Präfigurationen des gesalbten Messias Jesus Christus gedeutet wurden (griech. »Christus« und hebr. »Messias« = »der Gesalbte«). Die Königssalbung stand in Analogie zur Priester- und Bischofsweihe; sie verlieh dem Herrschaftsinhaber im Frühmittelalter einen quasi-priesterlichen Status als *rex et sacerdos* (Angenendt 1997). Wie das Sakrament der Taufe und Priesterweihe war sie ein einmaliger Akt der Transformation; sie verlieh einen unauslöschlichen Charakter und konnte in Ausnahmefällen nur durch besondere Inversionsrituale wie das Ausschaben der gesalbten Körperteile wieder entzogen werden (Schreiner 1989; Rexroth 2004; vgl. Kap. 2.8). Das sakrale christliche Amtsverständnis, das sich in der Salbung manifestierte, war im Laufe des Mittelalters erheblichen Anfechtungen und Veränderungen ausgesetzt. Im Zusammenhang mit der Ausbildung des päpstlichen Superioritätsanspruchs und der Abschließung des Kreises der sieben Sakramente wurde der Königssalbung im 12. Jahrhundert der Charakter eines Sakraments analog zur Priesterweihe abgesprochen. Das hob allerdings den sakralen Charakter der Königswürde keineswegs auf; vielmehr kann man sogar von einer erneut zunehmenden Sakralisierung des Königtums im Spätmittelalter sprechen. Die Reformation veränderte das Ritual der Herrschereinsetzung in den protestantisch gewordenen Ländern, so wie sie generell das Verständnis und die Praxis der Sakramente veränderte; aber auch dort kam es nicht zu einer vollständigen Desakralisierung des Königtums (für England: Hunt 2008; für das Reich: Berbig 1975).

Die Salbung war ein Meta-Ritual; auch das hatte sie mit der Priesterweihe gemeinsam. Beide setzten ihre Empfänger in den Stand, ihrerseits Rituale wirkmächtig und rechtmäßig zu vollziehen und dadurch rituelle Verwandlungen zu bewirken. Ebenso wie die Priesterweihe (*ordo*) dem Priester die Macht verlieh, Sakramente zu spenden, verlieh auch die Salbung dem Herrscher die Macht, Rituale der Statusveränderung zu vollziehen. Durch die Salbung wurde der Herrscher zum Oberhaupt der sozialen Hierarchie, dem das Recht und die Macht zukam, diese Hierarchie zu verändern: nämlich Standeserhöhungen oder -minderungen vorzunehmen, unehrlich oder unehelich Geborene von ihrem Geburtsmakel zu befreien usw. Salbung und Krönung markierten bis in die Moderne hinein den entscheidenden Unterschied zwischen einem König und einem bloßen Fürsten und machten die Königswürde zu einem hochgradig erstrebenswerten Ziel aller europäischen Potentaten.

Krone, Szepter, Ornat – Herrschaftsinsignien

Krone, Diadem, Mitra, Tiara, Schwert, Szepter, Stab, *main de justice*, Reichsapfel, nicht zu vergessen der aus vielen Einzelteilen bestehende Herrscherornat – im Zentrum der Herrschereinsetzung stand immer eine Reihe von Insignien, also Gegenständen, in denen sich die Herrschaft dinglich verkörperte und objektivierte. Für institutionalisierte, das heißt dauerhaft stabile und als legitim anerkannte Herrschaftsverhältnisse ist eine solche symbolische Verkörperung unabdingbar (vgl. Rehberg 2001). Aufgrund ihres buchstäblich *greifbaren* und sinnfälligen Charakters beförderten Herrschaftsinsignien den Glauben an die Objektivität und Unverfügbarkeit der Herrschaft, die sie repräsentierten. Die Erforschung dieser materiellen Objekte ist seit langem ein prominenter Gegenstand von Geschichtswissenschaft, Kunstgeschichte und Archäologie (etwa Schramm 1954–1956; Petersohn 1998). Die Ritualforschung interessiert sich vor allem für ihre symbolische Aufladung und ihren konkreten rituellen Gebrauch (etwa Többelmann 2011).

Einen besonderen Charakter gewannen solche symbolischen Objekte dann, wenn sie dem alltäglichen Gebrauchs- und Tauschzusammenhang entzogen, an einem besonderem Ort aufbewahrt oder demonstrativ ausgestellt und nur zur Herrscherweihe feierlich herbeigeholt wurden. Das war vor allem seit dem Spätmittelalter zunehmend der Fall. Anders als individuelle, jeweils neu angefertigte Insignien wurden sie zu Verkörperungen institutionalisierter, transpersonaler, das heißt den Wechsel einzelner Inhaber überdauernder Herrschaft. Zusammen mit besonders wertvollen Reliquien bildeten sie einen zugleich materiellen und spirituellen Schatz des betreffenden Reiches. Viele dieser unverwechselbaren, dem Gebrauch entzogenen Herrschaftsinsignien waren zugleich sakrale Objekte, die selbst rituell verehrt wurden, so etwa der Reichsschatz im 15. Jahrhundert (Petersohn 1998). Sie stellten die konkrete materielle Verbindung zu dem mythischen Ursprung her, der im Ritual inszeniert wurde, und ordneten jeden neuen Herrschaftsträger in die (fiktive) Tradition des allerersten, oft heiligen Inhabers ein. So glaubte man noch im 18. Jahrhundert, die Salbung der französischen Könige vollziehe sich noch immer in denselben Formen und mit demselben vom Himmel gesandten Salböl, mit dem schon Chlodwig durch den heiligen Remigius im Jahre 496 anlässlich seiner Taufe gesalbt worden sei. Die Herrschaftsinsignien des Römisch-deutschen Reiches hielt man für dieselben, die schon Karl der Große bei der Kaiserkrönung im Jahre 800 getragen habe. In vielen europäischen Ländern verkörperte eine als heilig verehrte Krone die abstrakte, Zeit und Personen überdauernde Institution des Königtums, so die dem heiligen Stephanus zugeschriebene Krone das Königreich Ungarn, oder die Einheit verschiedener Territorien unter einer Herrschaft, so die Krone des Heiligen Wenzel das Königreich Böhmen mit seinen »Nebenländern«.

Durch die Tradition ihres Gebrauchs im Krönungsritual wurden diese Insignien symbolisch aufgeladen. Schon der Kontakt mit ihnen symbolisierte die Teilhabe an der Macht der Institution, die sie verkörperten; sie aufzubewahren und mit ihnen umzugehen wurde im Spätmittelalter zu einem besonderen Privileg und vermittelte denen, die dazu traditionell befugt waren, Autorität und Würde – so etwa die Aufbewahrung der Reichsinsignien in Nürnberg und Aachen oder des heiligen Salböls der französischen Könige in der Kathedrale von Reims (vgl. hierzu auch die Quelle Nr. 5 unter *www.campus.de*). Die Verkörperung der Herrschaft durch die Insignien konnte unter besonderen Umständen so weit gehen, dass im Konfliktfall der faktische Besitz dieser Gegenstände Einfluss darauf hatte (wenn auch nicht auf determinierende Weise), wer als legitimer Herrschaftsinhaber anerkannt wurde und wer nicht.

Krönung der Herrscherin

Der Frage der weiblichen Krönungsrituale ist von der Forschung bisher vergleichsweise wenig Aufmerksamkeit geschenkt worden; es gibt dazu bisher kaum Spezialuntersuchungen. Der dynastische Charakter von Herrschaft verlieh den Frauen der Herrscherdynastien in der europäischen Vormoderne eine zentrale Rolle, sei es als Gemahlin des Herrschers (*consors regni*), sei es in Ausnahmefällen auch als eigenständige Herrschaftsträgerin wie in England oder (im 18. Jahrhundert) in Österreich-Ungarn-Böhmen. Seit dem 9. Jahrhundert sind Krönung und Salbung fränkischer Königinnen bezeugt. Im Römisch-deutschen Reich wurde die Frau des Königs oder Kaisers meist ebenfalls gesalbt und gekrönt. War der Thronfolger nicht minderjährig oder bereits verheiratet, so gingen Herrschaftsübernahme und Heirat oft Hand in Hand, denn die vollständige männliche Herrschaft war mit der Ehe verbunden. Das entsprach einer allgemeinen sozialen Logik: In allen Ständen war der volle Erwachsenenstatus, das heißt wirtschaftliche und politische Selbstständigkeit, an die Heirat geknüpft. Mann und Frau bildeten auch als Herrschaftsinhaber ein »Amtspaar«; das kam in der parallelen Einsetzung beider Ehegatten zum Ausdruck. Zu welchem Zeitpunkt und in welcher Form die Gemahlin des Herrschers gesalbt und/oder gekrönt wurde, kann Aufschluss darüber geben, welche Rolle ihr als Herrschaftsteilhaberin jeweils zugemessen wurde, welche Bedeutung ihre Herkunftsdynastie hatte usw. So wurden etwa die Königinnen im spätmittelalterlichen Frankreich nicht mit dem heiligen Öl gesalbt, und die Ausnahme von diesem Ritual wurde als Argument dafür angeführt, dass Frauen kein Thronfolgerecht zustehe (Bloch 1998: 508). Der Ausschluss vom Erbrecht und der Ausschluss vom Ritual bedingten und bekräftigten einander so wechselseitig. Das Beispiel der französischen Herrscherweihe zeigt, worauf Bourdieu hingewiesen hat: Ein Einsetzungsritual setzt nicht nur jemanden in eine Ordnung ein, es schließt zugleich auch alle diejenigen aus, die es nicht durchlaufen können, und stiftet so eine unsichtbare Grenze zwischen den Geschlechtern.

Herrschereid und Huldigungseid

Wenn der Monarch gesalbt und gekrönt wurde, hatte er spätestens seit dem Spätmittelalter in der Regel einen Herrschereid zu leisten. Der genaue Zeitpunkt innerhalb der Ritualsequenz zeigte an, ob der Eid als Bedingung für die Einsetzung oder als freiwillige Leistung galt (Kolmer 1989; Prodi 1992/1997; Verdier 1991; Blickle/Holenstein 1993). Umgekehrt hatten nach der Einsetzung die Würdenträger, Stände und Untertanen dem neuen Herrscher einen Huldigungseid zu schwören (siehe unten). Der Amtseid ist bis heute ein wesentliches Instrument der institutionellen Legitimation von Inhabern hoher Staatsämter, Beamten, Richtern und Soldaten – zu erinnern ist an das in der Einleitung angeführte Beispiel Obamas. Man unterscheidet promissorische und assertorische Eide: Im ersten Fall legt der Schwörende sich eine Verpflichtung für sein zukünftiges Handeln auf, im zweiten Fall beschwört er die Wahrheit seiner Aussage. Der promissorische Eid ist ein klassischer Fall eines performativen (Sprech-)Aktes, der durch den korrekten äußeren Vollzug eine Verpflichtung stiftet. Er besteht aber nicht allein aus dem formalisierten Sprechakt, sondern auch aus einer rituellen Geste, meist dem Erheben der rechten Hand mit drei ausgestreckten Schwurfingern, oft auch mit der Handauflegung auf einen sakralen oder symbolischen Gegenstand, etwa die Bibel, eine Reliquie, eine Verfassungsurkunde, ein Herrschaftszeichen wie Schwert oder Fahne usw. Auch Handschlag oder Kuss begegnen als Eidesgesten. Der Eid ist ein körperlicher Akt; er muss persönlich geleistet werden und verpflichtet den Schwörenden persönlich. Nur unter besonderen Umständen war es erlaubt, »in jemandes anderen Seele zu schwören«. Der Eid kann als »bedingte Selbstverfluchung« aufgefasst werden: Der Schwörende ruft die göttliche Verdammung auf sich selbst herab für den Fall, dass er die eidliche Verpflichtung brechen sollte, und macht Gott zu seinem Eideshelfer. Man kann den Eid daher als einen Akt der Sprachmagie auffassen – ebenso wie den Fluch, der göttliches Unheil auf einen anderen Menschen oder Gegenstand herabruft. Man kann ihn aber auch, wie heute zumeist, als weltlichen Rechtsakt verstehen, der auch ohne jede sakrale Beglaubigungsformel eine rechtliche Verbindlichkeit stiftet und dessen Verletzung bestraft wird. In jedem Fall ist der Eid ein performativer ritueller Akt par excellence: Er bewirkt, was er symbolisch ausdrückt.

Der Eid ist als das »Sakrament der Herrschaft« bezeichnet worden (Prodi 1992/1997). Bei fast allen Ritualen der politisch-sozialen Ordnung in der Vormoderne und weit darüber hinaus stellten Eide das Kernelement dar und verbanden die irdische mit der göttlichen Sphäre – nicht nur bei der Herrscherweihe, sondern bei Amtseinsetzungen aller Art, vor Gericht, bei korporativen Vereinigungen (»Verschwörungen«, *coniurationes*), Bündnissen, Friedensschlüssen und so fort. Nach der Reformation wurde auch die konfessionelle Zuverlässigkeit durch Eide zu sichern versucht. Der Herrschereid war nur die Spitze eines dichten Geflechtes wechselseitiger Eidesleistungen, das die gesamte Gesellschaft durchzog, vom Untertanen- und Bürgereid in Dorf- und Stadtgemeinde über die Erbhuldigung der privilegierten Stände, die Amtseide der Funktionsträger, die Promotionseide der Gelehrten, die Lehnseide der Vasallen und so fort. Deshalb gefährdete es die Ständegesellschaft in ihren Grundfesten und konnte von den Obrigkeiten nicht hingenommen werden, dass radikale religiöse Gruppen wie die Täufer jeden Eid verweigerten und sich dabei auf das Schwurverbot Jesu in der Bergpredigt beriefen. Der Eid war als allgegenwärtiges religiös-politisch-soziales Bindemittel der Gesellschaft in der Vormoderne unverzichtbar. Im Laufe der frühen Neuzeit ist allerdings eine Inflation des Eides zu beobachten, die dessen Bindungskraft zu beeinträchtigen drohte. Als Reaktion darauf suchten die geistlichen und weltlichen Obrigkeiten durch Predigten, Flugblätter, abschreckende Exempelgeschichten usw. die Furcht vor den schrecklichen Folgen des Meineids zu schüren. Im späten 18. Jahrhundert steigerte die allgemeine Tendenz zur Ritualkritik auch die Skepsis gegenüber dem Eid (vgl. Kap. 3.6).

Krönungsmahl

An die Salbung und Krönung schloss sich eine Reihe von Feierlichkeiten an, in denen sich der Eingesetzte in seiner neuen Rolle präsentierte und demonstrativ von aller Welt darin anerkannt wurde. Dazu gehörte in allererster Linie das gemeinschaftliche Mahl. Das gemeinsame Essen und Trinken hat eine »ungeheure sozialisierende Kraft« (Georg Simmel); es ist *die* gemeinschaftsstiftende Ritualhandlung par excellence. Feierliche Mahlzeiten begleiten (bis heute) wohl jedes Übergangsritual und beglaubigen damit jede Veränderung der sozialen und politischen Ordnung, nicht nur die Herrschereinsetzung, sondern auch Taufe, Hochzeit, Beisetzung, Standeserhöhung, Amtswechsel, Friedensschluss usw. Wer daran teilnahm, bezeugte damit vor aller Augen, dass er den durch das Übergangsritual vollzogenen Wechsel begrüßte (Hauck 1950; *Commensalité* 1992; Hirschman 1997; Ottomeyer/Völkel 2002; zur Antike Schmitt Pantel 1992; Schnurbusch 2011). Die gemeinsame Mahlzeit stiftete Gemeinschaft unter denen, die daran teilnahmen, und zog eine Grenze gegenüber denen, die nicht daran teilnahmen. Zugleich vermittelte sie eine Fülle verschiedener symbolischer Botschaften. Zeichencharakter konnte bei dieser Gelegenheit fast allem zukommen: den Speisen selbst und der Art und Weise, sie zu verzehren, dem Geschirr und den Möbeln, jedem einzelnen Handgriff, vor allem aber der Platzierung der Personen und Dinge im Raum. Bei Krönungsmahlzeiten war die Verrichtung symbolischer Tafeldienste ein erbliches Privileg, das die höchsten Würdenträger im Land kennzeichnete. Im Römisch-deutschen Reich gehörten diese Dienste zu den sogenannten Erzämtern, deren genaue Ausübung in der Goldenen Bulle von 1356 geregelt war und auf die man die herausgehobene Stellung der Kurfürsten als Königswähler zurückführte (Wanger 1994; Kunisch 2001; Schneidmüller 2009). Beim Krönungsmahl wurde auch das Volk rituell einbezogen, und zwar *pars pro toto* repräsentiert von einer großen anwesenden Menschenmenge, meist den Einwohnern der Krönungsstadt. Es gab verschiedene rituelle Elemente, die die Fiktion einer Mahlgemeinschaft zwischen Herrscher und Volk erzeugten. So wurde etwa im Römisch-deutschen Krönungszeremoniell unter freiem Himmel ein ganzer Ochse gebraten, ein Brunnen spendete Wein. Bevor die Volksmenge sich dieser Speisen in tumulthafter Form bemächtigte, holten die Erzamtsträger ein Stück Fleisch und einen Becher Wein, um sie dem Kaiser zu servieren.

Die Beteiligung der Volksmenge an der Krönung vollzog sich

darüber hinaus in der rituellen Form der Spoliierung. Damit ist die – teilweise äußerst gewaltsame – Aneignung der bei dem Krönungsgeschehen verwendeten Gegenstände gemeint. Einige prominente Stücke, etwa das Pferd des Herrschers, fielen nach Gewohnheitsrecht einem hohen Amtsträger zu. Alles andere bis hinunter zu den Holzplanken, über die der Gekrönte geritten war, wurde von der Menge zerstört und behalten; sich ihrer zu bemächtigen war ein Wettkampf unter jungen Männern. Die einzelnen Bestandteile wurden wie Trophäen behandelt und Beutestücke, die unzerstört errungen wurden, gelegentlich einem Heiligen gestiftet. Ähnliche Spoliierungsakte gab es auch bei anderen Herrschaftsritualen: Bei Belehnungen etwa geschah das Gleiche mit den Lehnsfahnen. Gegenstände, die bei sakralen Ritualen verwendet und vom Herrscher berührt worden waren, erschienen als mit sakraler Macht aufgeladen; durch ihren Besitz hatte man auf körperlich-materielle Weise Anteil an der außeralltäglichen Aura des Heiligen, die die Herrschaft umgab. Kulturanthropologie und Psychologie haben diese Sakralisierung von Objekten als Fetischisierung beschrieben (Kohl 2003).

Sitzen *in majestate*

Der Akt der Herrschafts- oder Amtseinsetzung enthielt fast immer ein Element, in dem der neue Inhaber auf einen Thron, einen Amtssessel, eine *cathedra* usw. im wahrsten Sinne des Wortes *eingesetzt* wurde. Das Sitzen war schon als solches eine Herrschaftshaltung (Goetz 1992; Stollberg-Rilinger/Althoff/Götzmann/Puhle 2008); das rituelle Sitzen auf dem Thron war *die* Visualisierung von Majestät schlechthin. Seit der Spätantike wurde die göttliche Herrschaft in der Bildformel der *majestas Domini*, des frontal thronenden Christus mit Krone oder Nimbus, dargestellt, später in der Bildformel des Christus als Weltenrichter am Jüngsten Tag. Das Bild der *majestas Dei* war das in den Himmel gespiegelte Ebenbild des diesseitigen herrscherlichen Thronens und Zu-Gericht-Sitzens. Die Bilder des thronenden Christus waren standardisierte bildliche Darstellungen *realer* ritueller Inszenierungen. Gegenstand dieses Bildtypus war das rituelle Sitzen *in majestate* (dt. »in Zier und Würde sitzen«, frz. *séance royale)*, das den irdischen Herrscher als Abbild des himmlischen in der feierlichen und förmlichen Ausübung seines Amtes zeigte. Eine solche Inszenierung der monarchischen

Majestät im Akt der Herrschafts*ausübung* war fester Bestandteil des rituellen Geschehens im Anschluss an einen Thronwechsel; es konnte aber auch danach aus bestimmten Anlässen oder regelmäßig stattfinden: bei Hoftagen, Belehnungen, Gerichtssitzungen, Ständeversammlungen u. ä. (vgl. hierzu auch die Bildquelle Nr. 6 unter *www.campus.de*).

Ein solcher Majestätsakt war auf vielfältige Weise aus dem alltäglichen Handlungsfluss herausgehoben: durch eine erhöhte und dekorierte Bühne oder durch Schranken, die Überwölbung mit einem Baldachin, durch Körperhaltung und Sprachformeln, durch Herrscherornat, Wappen, Fahnen und Insignien, durch die Anwesenheit bestimmter hoher Würdenträger und Herolde, durch akustische Markierungen des Anfangs und des Endes. Das Sitzen *in majestate* war öffentlich, es spielte sich allgemein sichtbar ab – entweder im Freien, auf einem öffentlichen Platz, oder zumindest an einem zugänglichen Ort wie dem Rathaus, jedenfalls aber in Anwesenheit eines bestimmten qualifizierten Publikums. Wesentlich ist: Die rituelle Form kennzeichnete diese Akte als Handlungen, in denen die sakrale Majestät des Königreiches selbst sich verkörperte. Was auf solche förmliche Weise – *ex cathedra*, das heißt vom Thron herab – entschieden und verkündet wurde, das beanspruchte höchste allgemeine Verbindlichkeit. Deshalb wurde das rituelle Sitzen des Herrschers *in majestate* seinerseits in zahllosen bildlichen Darstellungen wiedergegeben: auf Siegeln und Adelsdiplomen, in Gesetz- und Statutenbüchern. Es diente als bildliche Beglaubigungsformel und verwies auf die monarchische Autorität, die der Urkunde oder dem Gesetz zugrunde lag.

Einzug – Triumph – Adventus

Ein ebenfalls wesentliches Element der Ritualhandlungen im Umfeld einer Herrschereinsetzung war der Adventus, der erste Einzug des Herrschers in die Hauptstadt oder mehrere wichtige Städte seines Reiches. Der Adventus (lat. auch *ingressus*, engl. *entry*, frz. *entrée*) war eigentlich Bestandteil einer umfassenden Ritualsequenz, wurde aber auch zu anderen Anlässen praktiziert und vor allem in Spätmittelalter und früher Neuzeit zu einem überaus prunkvollen eigenständigen Ritual ausgestaltet. Performativer Charakter kam ihm in dem Sinne zu, dass sich darin das Rechtsverhältnis gegenüber der betreffenden Stadt oder dem von ihr repräsentierten Territorium manifestierte. Der Herrschereinzug ging im Kern zurück auf zwei historische Urszenen: Die eine war der antike Triumphzug eines siegreichen römischen Feldherrn bei der Rückkehr nach Rom. Die andere Urszene, an die christliche Herrscher anknüpften, war ihrerseits das Abbild und zugleich das Gegenbild eines römischen Triumphzuges, nämlich der Einzug Jesu in Jerusalem auf einem Esel vor seiner Passion am Palmsonntag, bei dem er als neuer König bejubelt wurde.

Der Triumph in der römischen Antike

Der Triumphzug des römischen Feldherrn, der nach einem Sieg in die Stadt Rom zurückkehrte und dort als Imperator gefeiert wurde, war für die europäische Kultur der Herrschaftsinszenierung insgesamt prägend. Das Ritual wurde in republikanischer Zeit durch Senat und Volk einem militärischen Oberbefehlshaber zuteil, der nach einer siegreichen Schlacht von seinen Soldaten als *imperator* akklamiert worden war. Er hatte zunächst mit seinem Heer außerhalb der Bannmeile (*pomerium*) zu warten, bis der Einzug mit dem Senat ausgehandelt war. In der feierlichen Prozession (*pompa triumphalis*), die mehrere Tage dauern konnte, wurden die Beutestücke – Waffen, Münzschätze, Kunstwerke usw. – mitgeführt, sodann die Opfertiere, Ehrengeschenke und die gefangenen Feinde. Es folgte der Triumphator mit Lorbeer bekränzt in purpurner Toga und mit rotgefärbtem Gesicht auf einer Quadriga, der Liktoren voranschritten. Den Schluss bildeten seine siegreichen Truppen.

Die Prozession führte vom Marsfeld durch eine *porta triumphalis* in die Stadt hinein, über den Circus maximus und das Forum Romanum zum Capitol, wo dem Jupiter optimus maximus geopfert wurde. Mit dieser rituellen Rückkehr in die Stadt schloss sich ein Kreis, der mit dem ebenfalls rituellen Aufbruch von Rom zum Feldzug (*profectio*) eröffnet worden war. Was der Feldherr beim Aufbruch den Göttern auf dem Capitol durch ein *votum* gelobt hatte, löste er nun ein.

Während der Triumph ursprünglich den sakralen Abschluss eines siegreichen Feldzuges zur Versöhnung mit den Göttern dargestellt hatte, wurde er im 4. Jahrhundert v. Chr. zu einer außerordentlichen Ehrung und Statuserhöhung, der höchsten Auszeichnung, die die Republik zu vergeben hatte, und zum bedeutendsten Ereignis der römischen Ritualkultur schlechthin. Im Prinzipat und in der Kaiserzeit monopolisierten die Kaiser den Triumph für sich selbst, nutzten ihn, um einen gewünschten Nachfolger vorzustellen, und entwickelten ihn zur Inszenierung ihrer militärischen Macht ganz allgemein weiter, auch unabhängig von einem bestimmten Feldzug. Die Triumphsymbolik wurde zunehmend in andere Kontexte übertragen; die Stadt Rom verlor ihren Status als alleiniger Ort des Rituals. Die monumentale Triumpharchitektur in Rom, die den topographischen Rahmen für jeden Einzug gebildet und den Erwartungshorizont markiert hatte, an dem jeder neue Triumphator sich messen lassen musste, wurde in der Renaissance zum Muster für die Herrschaftsarchitektur in ganz Europa (Hölkeskamp 2008; Flaig 2003: 32–48; Itgenshorst 2005; Beard 2007; Krasser/Pausch/Petrovic 2008; Östenberg 2009; Lange/Vervaet 2014; Spätantike/Byzanz: McCormick 1986; Rezeption: Miller 2001).

Herrscherumritte nach der Krönung waren seit dem Frühmittelalter üblich, als es noch keine festen Residenzen und Territorien gab und die Herrschaftsausübung in hohem Maße auf die persönliche Präsenz des Herrschers angewiesen war. Zum Adventus im eigentlichen Sinne gehörten aber zwei Hauptakteure: der Herr, der mit seinem Gefolge in die Mauern einer Stadt einzog – das musste nicht der König, sondern konnte auch ein anderer Stadtherr, etwa ein Bischof, sein – und die Stadtkommune, die ihm entgegenzog, ihn einholte und empfing. Solche feierlichen Einzüge waren ein reziprokes Geschehen; sie definierten, bekräftigten und inszenierten – in der Regel nach genauer Absprache – das Verhältnis zwischen Stadtkommune und Stadtherrn; nach Konflikten tarierten sie dieses Verhältnis mitunter auch ganz neu aus. Der erste Einzug nach der Thronbesteigung wurde besonders feierlich ausgestaltet und diente dazu, dass die Stadt ihrem neuen Herrn huldigte und dieser ihr im Gegenzug ihre Rechte und Freiheiten bestätigte (oder auch neue verlieh). Feierliche Einzüge wurden aber auch nach der erfolgreichen Beilegung von Kriegen und Konflikten, anlässlich von Hoftagen oder Ständeversammlungen, zu Jahresfesten oder Hochzeiten veranstaltet. Die Monarcheneinzüge des Spätmittelalters und der Renaissance waren keineswegs allein auf den Herrscher zentriert und standen auch nicht allein unter seiner Regie. Sie waren vielmehr feierliche Anlässe, bei denen sich auch die Stadtkommune mit ihren Autonomierechten darstellte und in ihrer korporativen Gliederung inszenierte (siehe unten Kap. 2.5.2). Der wesentliche Unterschied der neueren gegenüber der älteren Forschung liegt darin, eine symbolisch-rituelle Handlungssequenz wie den Herrschereinzug nicht als bloß ornamentale Umkleidung eines »eigentlichen«, rechtlichen oder politischen Kerns zu verstehen, sondern als fundamentalen Faktor der politisch-sozialen Ordnung ernst zu nehmen. Bei den neueren Ansätzen geht es darum, das symbolische Handeln der Beteiligten als komplexes kommunikatives Geschehen zu deuten, durch das die traditionelle Ordnung visualisiert und bekräftigt, aber auch neue Geltungsansprüche erhoben und durchgesetzt werden konnten.

Der idealtypische Ablauf sah so aus, dass sich der neue Herrscher mit seinem Gefolge zunächst vor den Toren der Stadt niederließ und dort Gesandte der Bürgerschaft empfing, mit denen er sich über die Einzelheiten des rituellen Empfangs verständigte. Erst dann wurde er von einer Abordnung des Rates eingeholt und in feierlicher, wohlgeordneter Prozession in die Stadt geleitet. Die Stadtmauer bildete eine materielle wie rituelle Grenze; sie symbolisierte und sicherte die städtische Autonomie. Wenn ein fremder Herrscher ohne weiteres die Stadt betrat, konnte das als Übergriff und feindselige Besitznahme gedeutet werden. Das Geschehen am Stadttor war daher von größter Signifikanz und wurde sorgfältig rituell ausgestaltet. Der Herrscher wurde vom Rat und den geistlichen Würdenträgern begrüßt und mit einer formelhaften Rede willkommen geheißen. Man überreichte ihm die Stadtschlüssel, die er umgehend zurückgab – ein Akt inszenierter Freiwilligkeit, der die der Stadt vom Herrn gewährte Autonomie symbolisierte. Ebenfalls nur scheinbar freiwillig, tatsächlich aber einer unausgesprochenen Regel folgend, überreichte der Rat dem Herrscher bestimmte, gewohnheitsrechtlich normierte Ehrengeschenke. Der Weg durch die Stadt wurde visuell und akustisch markiert: durch Glocken und Geschütze, Pauken und Trompeten, paradierende Bürgermiliz, Triumphbögen, lebende Bilder, Fahnen usw. Der Zug bewegte sich an einer Reihe festgelegter Stationen vorbei in der Regel zur Hauptkirche, wo der Herrscher betete, dem Stadtheiligen eine Opfergabe darbrachte und man ein *Te Deum* sang, und schließlich zur Herberge (Schenk 2003). Am Folgetag fand gewöhnlich unter freiem Himmel vor aller

Öffentlichkeit der reziproke Akt der Huldigung und Privilegienbestätigung statt (klassisch Holenstein 1991). Der Herrscher besuchte in der Regel städtische Kirchen und Reliquienschätze, ließ seine herrscherliche Milde walten, indem er Geächtete und aus der Stadt Verbannte begnadigte, Freigiebigkeit gegenüber Armen und Kranken übte usw. – alles ritualisierte öffentliche Demonstrationen seiner Herrschertugend. Festlichkeiten wie Ritterspiele, Bankette, Tanz usw. schlossen den Aufenthalt ab.

Es gibt eine mittlerweile kaum noch überschaubare Fülle an historischen Einzelstudien zum Adventus im Allgemeinen und zu prominenten einzelnen Einzügen im Besonderen (Jacquot 1956–1975; Tenfelde 1982; Dotzauer 1973; Mitchell 1986; Wish/Munshower 1990; Kipling 1998; Desplat/Mironneau 1997; Schenk 2003; Baller/Pesek/Schilling/Stolpe 2008; Johanek/Lampen 2009; Rudolph 2011; vgl. auch unten zur Stadtgeschichte). Die Historiker interessieren sich zum einen für das allgemeine Muster des Adventus als Ausdruck eines spezifischen, auf Reziprozität gegründeten Herrschaftsverhältnisses, zum anderen für die konflikthaften Ereignisse, also für diejenigen Fälle, in denen die Aushandlung und Durchführung eines Herrschereinzugs eine zentrale Bühne für die Eröffnung, Austragung und Beilegung eines Konfliktes zwischen Stadtkommune und Stadtherr war. Beispiele dafür gibt es zuhauf, etwa die *joyeuses entrées* der burgundischen Herzöge in der aufsässigen Stadt Gent im 15. Jahrhundert (Arnade 1996), der Einzug Karls V. ins reformatorisch aufgewühlte Augsburg im Jahr 1530 nach seiner Kaiserkrönung (Stollberg-Rilinger 2008), die Einzüge der Erzbischöfe von Köln in »ihre« Stadt, die diesen gegenüber in einem dauerhaft unausgetragenen Konflikt Reichsfreiheit beanspruchte (Krischer 2006), oder der Einzug Ludwigs XIII. in Paris nach der Eroberung der Hugenottenfestung La Rochelle 1628 (Mulryne/Watanabe-O'Kelly/Shewring 2004: II; Canova-Green 1995). Im 15. und 16. Jahrhundert waren die Einzüge tatsächlich die wesentlichen Schauplätze, auf denen das spannungsreiche Verhältnis zwischen Herrscher und Ständen austariert und gegebenenfalls die Unterwerfung einer aufständischen Kommune unter den siegreichen Herrscher rituell besiegelt wurde (vgl. Kap. 2.6). In der Folgezeit ging diese Bedeutung tendenziell in dem Maße zurück, wie die monarchische Herrschaft über

Städte und Stände nicht mehr in Frage gestellt wurde, sodass sich die Herrschereinzüge, wenn sie überhaupt noch stattfanden, mehr und mehr zu theatralen Inszenierungen eines sich als »absolut« darstellenden Monarchen wurden. Die ehemals wechselseitige Aushandlung des Einzugsgeschehens zwischen Herrscher und Stadtgemeinde verwandelte sich tendenziell zu einer auf den Monarchen ausgerichteten, von ihm dirigierten, triumphalen Inszenierung (für Frankreich Bryant 2009; für England Hunt 2008).

Wegen ihrer besonderen künstlerischen Ausgestaltung vom 15. bis zum 17. Jahrhundert sind Herrschereinzüge mittlerweile auch ein prominenter Gegenstand der Kunst- und Literaturgeschichte (Strong 1984/1991; Möseneder 1983; Johnston/Hüsken 1997; Wish/Munshower 1990; Wish 2000; Archer/Goldring/Knight 2007 u.v.a.). Die städtischen Korporationen – etwa die Zünfte oder in den Niederlanden die Rhetorikergesellschaften (*rederijkerskamers*) – überboten einander gegenseitig in der Ausgestaltung der Festwege mit Triumphbögen und anderen Elementen ephemerer Festarchitektur, mit dem Vortrag von Reden und Lobgedichten, mit aufwendig geschmückten Festwagen (engl. *pageants*) und mit der Aufführung von Spielen und lebenden Bildern (*tableaux vivants*), die biblische, antik-mythologische oder historische Szenen vergegenwärtigten. Dabei ist zu unterscheiden zwischen verschiedenen Adressatenkreisen, an die unterschiedliche Botschaften gerichtet waren und die diese ihrerseits unterschiedlich aufnahmen und verstanden. Die einfachen Untertanen mochten mehr durch augenfällige Pracht, Gelehrte mehr durch subtile antikisierende Symbolik, der Adel am eigenen und an auswärtigen Höfen mehr durch dynastische Anspielungen beeindruckt werden (oder auch nicht). Von diesen Ereignissen wurden prunkvoll illustrierte und gedruckte Festbeschreibungen verbreitet, die sie »wahrhaftig« zu dokumentieren behaupteten. Diese Festbücher stellten eine mediale Realität eigener Art dar und sind daher mittlerweile ein eigenständiger, vielbehandelter Forschungsgegenstand der Mediengeschichte. Es wird etwa danach gefragt, wer diese Drucke in Auftrag gab, an wen sie adressiert waren, wie sie geplant und umgesetzt wurden und wer sie rezipierte (Watanabe-O'Kelly 1992, Rahn 2006; Quellenedition: Mulryne/

Watanabe-O'Kelly/Shewring 2004; Bibliographien: Watanabe-O'Kelly 1997/98; 2000; vgl. hierzu auch den Exkurs Nr. 7 unter *www.campus.de*).

Geflechte von Einsetzungsriten

Wiederkehrende Ritualelemente wie Prozession, Kniefall, Eid, Insignienverleihung, Einkleidung, Mahl usw. verweisen auf die elementaren strukturellen Gemeinsamkeiten zwischen den zahllosen Einsetzungs- und Übergangsriten, die für vormoderne Gesellschaften kennzeichnend sind. Sie waren Bestandteile einer allgemeinen Ritualkultur, deren Formen die verschiedenen Ebenen der Gesellschaft und die verschiedenen rituellen Anlässe miteinander verbanden. Die verschiedenen Rituale waren einander aber nicht nur äußerlich ähnlich; sie waren auch ineinander verschachtelt. Kein Ritual stand für sich allein; jedes war vielmehr in ein Geflecht von wechselseitig voneinander abhängenden und aufeinander verweisenden Ritualen eingebunden. Man spricht daher auch von Interritualität (Gladigow 2004).

Die Salbung und Krönung des Herrschers stand an der Spitze eines Netzwerks von Einsetzungsritualen, die auf allen Ebenen der ständischen Hierarchie in ähnlicher Form wiederkehrten, zum Beispiel in der Priester- und Bischofsweihe, der Lehnsinvestitur, der Ratseinsetzung in der Stadt, der Rektoreinsetzung in der Universität usw. Dieses Geflecht machte die institutionelle Ordnung, die man sich nach Analogie des menschlichen Körpers mit Haupt und Gliedern vorstellte, insgesamt stabil. Das durch göttliche Einsetzung legitimierte Oberhaupt an der Spitze verkörperte und legitimierte die gesamte gesellschaftliche Hierarchie. Die Königssalbung als Meta-Ritual autorisierte das Oberhaupt dazu, seinerseits im Namen des Ganzen rituelle Einsetzungen vorzunehmen, sodass aus der hierarchischen Spitze wiederum andere legitime Autoritäten wie aus einer Quelle abgeleitet werden konnten. Ein Beispiel: Der Kaiser des Römisch-deutschen Reiches wurde im Spätmittelalter und der frühen Neuzeit durch die höchsten geistlichen Würdenträger des Reiches, die Erzbischöfe und Kurfürsten von Köln, Mainz und Trier gekrönt. Dieselben Erzbischöfe wurden aber umgekehrt im Ritual der Bischofsweihe kirchenrechtlich autorisiert und im Ritual der Lehnsinvestitur vom Kaiser mit der Kurfürstenwürde belehnt und verdankten ihre rituelle Handlungsmacht ihrerseits diesen Ritualen. Der König oder Kaiser verlieh durch Rituale wie Belehnung, Standeserhöhung, Privilegierung usw. anderen eine institutionelle Autorität, die diese wiederum befähigte, ihrerseits rituelle Akte vorzunehmen – und so fort in einem beständigen, anfangs- und endlosen Wechselverhältnis. Und jedes dieser Rituale setzte nicht nur eine einzelne Person neu in einen Status oder ein Amt ein, sondern es bestätigte und veranschaulichte dabei immer zugleich implizit die Autorität und die privilegierte Stellung aller derjenigen, die dabei mitwirkten.

2.5.2 Rituale der Stadtkommune

Die Stadt als autonome Bürgergenossenschaft, die sich selbst Gesetze gibt und durch gewählte, nicht-erbliche Amtsträger regiert, ist eine Grundform der vormodernen europäischen Verfassungsgeschichte, die man der dynastisch-monarchischen Herrschaft idealtypisch gegenüberstellen kann. Doch die Rituale der Monarchie sind, wie der Adventus zeigt, mit denen der Stadt in vieler Hinsicht eng verflochten und schwer davon zu trennen. Wenn die Stadtgemeinde den Herrscher empfing, inszenierte sie sich immer auch selbst in ihrer korporativen Gliederung – der Rat und die hohen Amtsträger, der Klerus, die Zünfte und Stadtviertel, die geistlichen Korporationen und die Bruderschaften. Neben den Ritualen, die das Verhältnis zwischen städtischer Gemeinde und monarchischem, fürstlichem oder bischöflichem Stadtherrn zelebrierten, gab es indessen eine Vielzahl weiterer Rituale, durch die eine vormoderne Stadtgemeinde sich als solche vor sich selbst und anderen zur Anschauung brachte. Schlechthin konstitutiv für die Entstehung der Stadt als autonome Bürgergemeinde im Mittelalter war das Ritual der Schwureinung (*coniuratio*), das im jährlich wiederholten Bürger- und Ratseid beim Wechsel des Rates seine Fortsetzung fand. Hinzu kamen die Rituale des Kirchenjahres, die Feste des heiligen Stadtpatrons, Kirchweihe oder Reliquienüberführung, der Karneval vor Beginn der Fastenzeit, Erinnerungs- und Dankfeste zur Feier historischer Ereignisse wie der Beilegung eines Konfliktes oder der Errettung aus großer Not oder auch die Feier eines mythischen Ereignisses wie etwa die Vermählung des Dogen von Venedig mit dem Meer, schließlich anlassbezogene Rituale der Krisenbewältigung wie Buß- und Bittprozessionen oder kollektive Wallfahrten, die Gott mit der Stadt versöhnen sollten. Nach dem Ende der Städte als (weitgehend) autonomer Genossenschaften und ihrer Integration in den modernen Staat lebten viele dieser Rituale in entpolitisierter Form als »Folklore« fort.

Rituale in der Stadtgeschichtsforschung

Die Stadtgeschichte hat eine lange Tradition, in der auch die städtischen Rituale durchaus schon einen Platz hatten (Überblicke bei Schwerhoff 1994; Löther 1999a; Weiß 2004). Schon im 19. Jahrhundert wurde – von Ludwig Hänselmann in der Editionsreihe der Chroniken deutscher Städte – der Begriff der Stadt als »Sakralgemeinschaft« geprägt. Damit war gemeint, dass religiöse Kulte wie etwa der des Stadtheiligen zur Stiftung städtischer Einheit wesentlich beitrugen, mit anderen Worten, dass die religiöse, politische und soziale Sphäre in städtischen Gemeinschaftsritualen ununterscheidbar miteinander verbunden waren. Die ältere Forschung zu lokalen Festen, Feiern und Prozessionen war selbst ein spätes Element und eine Fortsetzung der historischen Erinnerungskultur, die sie beschrieb. Im 19. Jahrhundert, im Zeichen von Historismus und Romantik, Konstitutionalismus und Nationalbewegung, als ehemals bedeutende und politisch autonome Städte wie Nürnberg oder Ulm, Augsburg oder Köln ihre Freiheit endgültig verloren hatten und in den Territorialstaaten aufgegangen waren, schrieben die Lokalhistoriker und Geschichtsvereine die Geschichten ihrer Städte als Geschichten einer ruhmreichen Vergangenheit. Die mittelalterliche Stadtverfassung erschien als Vorläuferin der modernen freiheitlichen Demokratie, der mittelalterliche Stadtbürger als Vorgänger des modernen Staatsbürgers. In diesem Zusammenhang wurden auch städtische Feste, Feiern, Prozessionen usw. thematisiert und die entsprechenden Quellen ediert. Diese Forschung spielte sich allerdings im Wesentlichen am Rand oder jenseits der zünftigen Geschichtswissenschaft ab, vor allem im Rahmen der älteren Kultur- und Sittengeschichte, der Liturgiegeschichte und der Volkskunde.

Auch die Forschung zur Sozialgeschichte der Städte seit den 1970er-Jahren hat mitunter städtische Rituale thematisiert und etwa Prozessionen als Spiegel der städtischen Sozialstruktur ausgewertet. Doch dabei blieb »das Interesse an der Prozession nur Mittel zum Zweck der sozialen Schichtungsanalyse, das Ritual selbst interessierte nicht weiter« (Schwerhoff 1994: 50). In der klassischen Sozial- und Wirtschaftsgeschichte ist die Blickrichtung auf die städtischen Rituale eine andere als in der kulturanthropologisch ausgerichteten Ritualgeschichte. Ihr geht es darum, die soziale Struktur einer Stadt aufgrund objektiver Schichtungskriterien zu rekonstruieren, etwa nach Berufsgruppen, Besitzverteilung, Steuerklassen usw. Die Beschreibung einer Stadtprozession ist dann eine willkommene Quelle, um die in der Stadt vorkommenden Handwerkszünfte, Bruderschaften usw. zu rekonstruieren. In der neueren Ritualforschung hingegen geht es darum, die Rituale nicht als Quelle für eine »eigentliche«, gleichsam dahinter liegende soziale Realität heranzuziehen, sondern die Rituale als solche ins Zentrum der Betrachtung zu rücken, um Einsichten darüber zu gewinnen, wie die Stadtgesellschaft sich selbst inszenierte, wie sie sich sah und gesehen werden wollte. Die Rituale erscheinen dabei nicht als Abbild, sondern als Faktor der städtischen Ordnung, was vor allem in Fällen des Konflikts sichtbar wird. Darüber gerät allerdings manchmal in Vergessenheit, dass die Rituale nicht isoliert betrachtet werden dürfen, sondern vor dem Hintergrund anderer Quelleninformationen untersucht und in andere Kontexte eingebettet werden müssen.

Wegweisend für die neue Art der Stadtgeschichte als Ritualgeschichte waren die Studien von Richard Trexler zu Florenz (Trexler 1980) und von Edward Muir zu Venedig (Muir 1981). Trexler hat erstmals die Geschichte einer vormodernen Stadtkommune ganz von ihren (familialen, korporativen und gesamtstädtischen) Ritualen her beschrieben. Als einer der ersten Stadthistoriker betonte er die Rationalität, Spontaneität und Flexibilität von Ritualen und zeigte, dass sie einerseits geplant wurden und andererseits immer anfällig für spontane Störungen waren; dass sie sowohl zu Kristallisationskernen von Konflikten wurden als auch umgekehrt zu deren Bewältigung beitrugen, sodass sie die städtische Ordnung immer aufs Neue austarierten und dabei veränderten (vgl. hierzu auch den Exkurs Nr. 8 unter *www.campus.de*).

Seither gibt es eine Fülle von Forschungen ähnlicher Art, die sich meist auf einen bestimmten Ritualtyp oder eine bestimmte Stadt beziehen. Auch im Rahmen der Forschungen zur städtischen Memorialkultur, zu »Zivilreligion« und Laienfrömmigkeit, zu innerstädtischen Verfassungskonflikten und Konflikten mit dem Stadtherrn stehen Rituale mittlerweile oft im Zentrum. Die Vielfalt der einschlägigen stadtgeschichtlichen Beiträge kann hier nur angedeutet werden (vgl. schon früh Pythian-Adams 1972; ferner Heimann 1990; Maué 1993; Arnade 1996; Hatje 1997; Terpstra 1999; Leeuwen 2006; Weller 2006; Löther 1999a; Krischer 2006; Schmidt/Carl 2007; Brown 2011; Schilling 2011; Weber 2011 u. v. a.).

Was in der wegweisenden Studie von Trexler ebenso wie in daran anschließenden Arbeiten (etwa Brown 2011) bemerkenswerterweise fehlt, sind die Rituale, die die Stadtverfassung als solche konstituierten, nämlich die Eide der Bürgerschaft und die jährliche Wahl und Einsetzung des Rates und der Bürgermeister. Dass diese Ereignisse erst allmählich von der Ritualforschung entdeckt worden sind, liegt daran, dass man sie lange Zeit eben nicht als Rituale, sondern als politische oder rechtliche Verfahren betrachtet hat. **Bürgereid**

Ein Ritual war im Mittelalter für die Begründung der Stadt als autonomer Genossenschaft, die sich als Sonderbezirk eigenen Rechts von der herrschaftlichen Umwelt abhob, schlechthin konstitutiv: der Bürgereid (klassisch Ebel 1958). Die »geschworene Einung«, *coniuratio,* begegnet als Form des Zusammenschlusses bereits in der Antike und wurde seit dem frühen Mittelalter zum zentralen Modus der sozialen und politischen Gemeinschaftsbildung (Oexle 1996). Auch die städtische Bürgergemeinde bildete eine solche Schwureinung, eine »Eidgenossenschaft« oder »Verschwörung« im eigentlichen Sinne des Wortes – sei es, um sich gegen einen äußeren Gegner (meist den Stadtherrn) miteinander zu verbünden, sei es, um die städtischen Statuten, das von der Bürgerschaft selbst gesetzte, »gewillkürte Recht« zu beschwören. Solche Schwureinungen verbanden grundsätzlich nur diejenigen, die persönlich daran teilgenommen hatten, ursprünglich sogar nur für eine bestimmte Zeit. Als Grundlage der Stadtverfassung wurden sie daher regelmäßig erneuert (*coniuratio reiterata*). Das geschah in vielen Städten durch einen jährlich stattfindenden »Schwörtag«, bei dem alle Bürger öffentlich auf dem Marktplatz zusammenkamen. »Auf ihm beruhten die Bürgerpflichten, die Geltung des Stadtrechts, die Gewalt des Rats. In seiner ursprünglichen und vollständigen Gestalt wurde auf ihm dem neuen Rat Treue und Gehorsam geschworen, der Bürgerschwur durch den Eid des Rates beantwortet, und mit dem Eide die *pax* und die Verbindlichkeit des gesamten, aus diesem Anlass verlesenen Stadtrechts erneuert« (Ebel 1958:22 f.). Das gilt zumindest für den Idealtypus der autonomen bürgerlichen Kommune, dem die Städte in Oberdeutschland und der Schweiz vom 13. bis zum 16. Jahrhundert am ehesten entsprechen. Die tatsächlichen historischen Verhältnisse waren überaus vielfältig und unterlagen erheblichem Wandel. In manchen Städten verwandelte sich der kollektive Schwörtag mit der Zeit in ein Volksfest und überlebte so seine eigene politische Bedeutung um Jahrhunderte; in Ausnahmefällen wie dem Ulmer »Schwörmontag« überdauert der Bürgereid als schwache Reminiszenz sogar bis heute (Petershagen 1999; Jooß 1993) (vgl. hierzu auch die Quelle Nr. 9 unter *www.campus.de*).

Ratswahl

Der Bürgereid war zumeist mit dem jährlichen Wechsel des Rates verknüpft. Die Städte unterschieden sich erheblich darin, nach welchem Modus die Ratsgremien und Bürgermeister gewählt wurden. Es herrschte stets eine latente Spannung zwischen dem Ideal bürgerlicher Gleichheit und der tatsächlichen Tendenz zur oligarchischen Abschließung eines kleinen Kreises von Ratsfamilien. Das Ausmaß und die Verfahren bürgerlicher Partizipation war daher immer wieder Gegenstand von Konflikten, die zur Änderung der Ratsverfassung führen konnten. Im Gegensatz zu Königen, Fürsten und Bischöfen handelte es sich bei den Räten grundsätzlich um zeitlich befristete Ämter. Tatsächlich allerdings wechselten sich meist dieselben Personen, die lebenslang im sogenannten weiteren Rat saßen, turnusmäßig in der Besetzung des engeren Rates (dem eigentlichen Regierungsgremium) untereinander ab. Der jährliche Wechsel des engeren Rates war daher eine Mischung aus ergebnisoffenem Verfahren und Ritual; er hatte sowohl instrumentelle als auch symbolisch-performative Züge (vgl. Kasten S. 131). »Die wiederkehrende feierliche Inszenierung der Ratswahl erinnerte die Wählenden wie die Gewählten daran, dass die Herrschaft des Rates dem zeitgenössischen Verständnis nach allein auf der Übertragung

Schwörakt auf dem Weinhof vor dem »Schwörhaus« in Ulm (Kupferstich von Rudolf Ellenrieder, 1823, nach einer Gouache von 1650)

der Macht durch die Gemeinschaft beruhte« (Rüther 2008: 33). Der gesamte Vorgang des Ratswechsels, der sich über mehrere Tage erstreckte, wies eine Vielzahl symbolischer Bezüge auf, die die Stadt als irdisches Abbild des himmlischen Jerusalem erscheinen ließen: von der Wahl des Zeitpunktes über die Zahl der Ratsmitglieder bis hin zur Ausgestaltung des Ratsgestühls. Er folgte einem rituellen Schema, in dessen Zentrum der Eid des neuen Rates stand (vgl. Poeck 2003; Schlögl 2004; Diener-Staeckling 2007; Goppold 2007 u. a.).

Im Laufe der frühen Neuzeit verwandelten sich die Ratsoligarchien autonomer Städte zunehmend in herrschaftlich auftretende Obrigkeiten, die nach Gleichberechtigung innerhalb der Fürstengesellschaft strebten (Krischer 2006). Die Analyse der Ratswahlverfahren und der Selbstinszenierung des Rates zeigt, wie sich die Gewichte allmählich verschoben und die städtische Symbolik sich der der umgebenden Fürstengesellschaft anzugleichen suchte. Das prominenteste Beispiel ist der Doge von Venedig, der sich im Laufe des 16. Jahrhunderts immer mehr als Monarch darstellte (Muir 1981). Zugleich verlor die Mehrzahl der Städte im Laufe der frühen

Neuzeit ihre Autonomie, sodass die Ratsgremien vom Landesherrn bestimmt wurden. Einzelne prominente Fälle wie zum Beispiel Braunschweig oder Magdeburg, in denen ehemals autonome Städte unter die Herrschaft eines Fürsten gezwungen wurden, endeten mit spektakulären Unterwerfungsritualen. Die Huldigung der Untertanen ersetzte dann in der Folgezeit die Ratswahl als zentrales Ritual der Stadtverfassung (Holenstein 1991).

Prozessionen

Prozessionen, das heißt geordnete, feierliche, kollektive Züge von Menschen und rituellen Objekten von einem Ort zum anderen (oder auch im Kreis zum Ausgangspunkt zurück) sind ein in allen Kulturen wiederkehrendes rituelles Grundelement. Sie sind entweder Bestandteil einer komplexeren Ritualsequenz oder bilden schon für sich selbst das eigentliche Ritual: von Triumph, Herrscheradventus, Krönungs-, Hochzeits- oder Trauerzügen, militärischen Aufmärschen und politischen Demonstrationen über Stationsgottesdienste, Bitt-, Buß- und Fronleichnamsprozessionen bis hin zu Rosenmontagszug und Christopher Street Day Parade. Prozessionen spielen in der Ritualforschung ganz allgemein eine prominente Rolle, sind aber mittlerweile auch ein eigenständiger Forschungsgegenstand (Felbecker 1995; Signori 1997; Löther 1999a; Kimpel/Werckmeister 2001; Ashley 2001; Leahy 2005; Gengnagel/Horstmann/Schwedler 2008; Latham 2016; Überblick bei Hölkeskamp 2013; Östenberg u.a. 2015).

Prozessionen ordnen und strukturieren die Personen und den Raum. Sie laden sowohl die Orte, die abgeschritten werden, als auch die Menschen, die sich darin bewegen, wechselseitig symbolisch auf. Die soziologische Raumforschung hat darauf aufmerksam gemacht, dass der Raum zwar einerseits durch materielle, natürliche oder künstliche Gegebenheiten bestimmt ist, andererseits aber durch menschliches Handeln als *sozialer* Raum immer auch konstruiert wird (Löw 2001; danach Dartmann/Füssel/Rüther 2004). Prozessionen zeigen das besonders anschaulich. So gibt es in vielen Kulturen Umgangsriten, die durch das regelmäßig (meist jährlich) wiederkehrende gemeinsame Abschreiten eines bestimmten Weges ein Territorium markieren. So wurde etwa bei dem archaischen römischen *lustrum* ein Gut oder eine Siedlung mit einem Opfertier umgangen, das anschließend den Göttern dargebracht wurde

(Baudy 1998). Es handelte sich sowohl um ein Ritual der Grenzmarkierung als auch um ein Fruchtbarkeitsritual, das zum Gedeihen all dessen diente, was in dem umgangenen Bezirk lag. Ähnliche Umgangsriten gab es auch im Mittelalter und der frühen Neuzeit, sogenannte »Grenz«- oder »Schnatgänge«. Dabei handelte es sich um ländliche Rechtsrituale, die den kollektiven Wirtschaftsraum der Gemeinde markierten und die Grenzen in regelmäßigen Abständen – zum Beispiel alle sieben Jahre – performativ bekräftigten. In manchen Gemeinden im Sauerland, in Westfalen und Hessen haben sich solche Grenzgänge als dörfliche Gemeinschaftsfeste bis heute erhalten.

Auch die liturgischen Prozessionen und die Prozessionen beim Herrscherempfang haben einen solchen Raumbezug. Eine Blüte erlebte das weltliche und geistliche Prozessionswesen in den Städten des Spätmittelalters und der frühen Neuzeit. Die Prozessionen inszenierten zum einen die Stadt als geschlossenen, in sich gegliederten Raum von unterschiedlichen Rechtsbezirken (etwa: Rathaus, Marktplatz, geistliche Immunitätsbezirke, Kirchspiele, Zunftquartiere usw.). Das Abschreiten von Stationen im Stadtraum gliederte und markierte aber nicht nur diesen Raum, sondern damit zugleich die sozialen Gruppen, die daran teilnahmen, indem sie sich entweder als Empfangsgremien, als Spalier oder Zuschauer an bestimmten Stationen des Weges aufstellten oder im Zug selbst in einer bestimmten Ordnung gingen, ritten oder fuhren. Allen möglichen Elementen konnte dabei Symbolcharakter zukommen. Vor allem ergab sich eine hierarchische Reihenfolge der Teilnehmer durch die auf- und absteigende Nähe zum sakralen und symbolischen Zentrum der Prozession: dem Herrscher, dem Allerheiligsten, den Reliquien usw.

Das christliche Prozessionswesen geht auf die Stationsgottesdienste der römischen Liturgie zurück (Weiß 2004). Schon seit langem Gegenstand der theologischen Liturgiewissenschaft, findet es seit einiger Zeit aber auch das Interesse der Historiker. Signifikanter Weise nahm im Spätmittelalter das liturgische Prozessionswesen sprunghaft zu, zu derselben Zeit also, in der auch die Herrschaftsfeste mit ihren aufwendigen Prozessionen ihre Blütezeit erlebten. Ein besonders kennzeichnendes Phänomen spätmittelalterlicher

Frömmigkeit war das Fronleichnamsfest, bei dem das Corpus Christi, der »Leib des Herrn«, zum Gegenstand einer jährlichen Schauprozession gemacht wurde (Rubin 1991; Heimann 1990; Ehrich/Oberste 2011). Diese Praxis der heilswirksamen, oft mit Ablässen verbundenen Schau (ebenso auch von Reliquien) war den Reformatoren ein besonderes Ärgernis; gegen sie richteten sich typischerweise protestantische Ausschreitungen. Im Gegenzug wurde die Fronleichnamsprozession vom nachreformatorischen Katholizismus besonders gepflegt und entwickelte sich zum spektakulärsten Element der katholischen Konfessionskultur. Dabei wurde sie immer mehr zu einem Triumphzug des himmlischen Königs nach Art eines antiken kaiserlichen Triumphs ausgestaltet – ein Beispiel für die Parallelität zwischen den rituellen Formen, mit denen der diesseitige und der jenseitige Herrscher verehrt wurden.

Neben den Prozessionen im Jahresverlauf, zu Fronleichnam, den Heiligenfesten der Stadtpatrone usw., kam es im 15. Jahrhundert auch zu einem deutlichen Anstieg außerordentlicher Bitt- und Bußgänge zur Bewältigung akuter Krisen wie Hochwasser, Erdbeben, Belagerung, Pest oder Hungersnot (Signori 1997). Auch hier bediente man sich der gleichen symbolischen Formen wie bei der Unterwerfung unter einen weltlichen Herrn (siehe unten Kap. 2.6): Man ging barfuß, im härenen Büßergewand und entblößten Hauptes, die Frauen mit offenem Haar; mitunter imitierte man die Passion Christi, trug Dornenkronen, Kreuze und geißelte sich selbst. Manche dieser Bußgänge und Wallfahrten etablierten sich nach der Überwindung der Krise als jährliche Erinnerungsfeiern, die die göttliche Rettung aus der Not im kollektiven Gedächtnis lebendig hielten und damit das städtische Gemeinschaftsgefühl prägten.

Prozessionen waren (und sind) spektakuläre öffentliche Demonstrationen von besonderer Signifikanz. Was hier in außeralltäglicher Form vollzogen wurde, hatte Rückwirkungen auf die Ordnung im Alltagsleben. Deshalb waren sie zugleich typische Anlässe für Konflikte – seien es Rang- und Statuskonflikte zwischen Individuen oder Gruppen innerhalb der Prozession, seien es Konflikte um die Prozession selbst und die demonstrative Besetzung des öffentlichen Raumes durch eine bestimmte Gruppe. So waren (und sind) Prozessionen in politisch oder religiös polarisierten Situationen immer wieder Kristallisationskerne von gewaltsamen Ausschreitungen. Das gilt für katholische Prozessionen in protestantisch dominierten Städten der frühen Neuzeit ebenso wie für die protestantischen Oraniermärsche in Nordirland bis heute (Bryan 2000; vgl. hierzu auch den Exkurs Nr. 10 unter *www.campus.de*).

2.5.3 Rituale des modernen Staates

Auch moderne Verfassungsstaaten haben Rituale, in denen ihre politische Ordnung in feierlicher Form stets aufs Neue vergegenwärtigt wird. Allerdings hat die Forschung diese Phänomene meist nicht unter der Bezeichnung »Rituale« thematisiert. Neuzeithistoriker wie Politikwissenschaftler sprechen lieber von Festen und Feiern, Erinnerungskultur und Staatszeremoniell, symbolischer Repräsentation oder Visualisierung politischer Macht. Ein Grund dafür ist, dass diese Disziplinen bisher wesentlich weniger von kulturanthropologischen Konzepten Gebrauch gemacht haben als die Historiker vormoderner Epochen – schlicht deshalb, weil sie ihre Gegenstände als weniger fremdartig empfinden. Ein weiterer Grund liegt darin, dass modernen Staatsfeiern nicht in demselben Sinne *performative* Wirkung beigemessen wird wie vormodernen Herrschaftsritualen. In der Moderne sind es geschriebene Verfassungen und formale, unpersönlich-abstrakte bürokratische Verfahren, auf denen die politische Ordnung beruht, nicht kollektive Rituale. Die Bürger sind der staatlichen Ordnung unterworfen, auch wenn sie sich ihr nicht persönlich rituell durch einen Eid verpflichtet haben (vgl. Kap. 3.6). Ein dritter Grund schließlich scheint zu sein, dass der Ritualbegriff immer noch weithin negativ konnotiert ist, weil man ihn mit vor- und undemokratischen Spektakeln, mit falschem Schein und manipulativer Überwältigung verbindet. Man benutzt ihn daher zur Beschreibung totalitärer Massenveranstaltungen, nicht aber demokratischer Verfassungsfeiern – es sei denn in der Absicht, die manipulativen Züge der modernen Mediendemokratie zu kritisieren (klassisch Edelman 1964/2005; vgl. unten). In Deutschland wirkt die Erfahrung totalitärer Massenrituale der NS-Zeit und des Staatssozialismus noch immer nach, was zur Folge hat, dass die politische Kultur der Bundesrepublik besonders nüchtern und die Skepsis gegenüber Ritualen und ihrem Pathos besonders groß ist.

Feste der Französischen Revolution

Dennoch sind für den Legitimitätsglauben der Staatsbürger auch in modernen parlamentarischen Demokratien kollektive Inszenierungen der politischen Gemeinschaft, ihrer historischen Ursprünge, Leitwerte und inneren Gliederung von Bedeutung. Das gilt vor allem für historische Krisen- und Umbruchphasen und für revolutionär begründete politische Ordnungen, die sich auf keine traditionelle Legitimität stützen können oder wollen und daher ihre eigene Tradition erfinden müssen. Eine Schlüsselrolle für die Erforschung moderner politischer Rituale spielt daher die Geschichte der Französischen Revolution und der daran anschließenden Verfassungsbewegungen in den europäischen Ländern und außereuropäischen Kolonien. Die Literatur hierzu ist mittlerweile kaum noch überschaubar (klassisch zur Französischen Revolution: Ozouf 1976; Vovelle 1976; Hunt 1984/1989; Mosse 1976; Friedland 2002; Reichardt/Schmidt/Thamer 2005; Scholz/Schröer 2007; Knauer/Kümmel 2011; Schröer 2013; zu Napoleon: Schmidt/Thamer 2010; Braun 2006; zu Kolonien: Hobsbawm/Ranger 1983; Hensel 2009).

Die Französische Revolution war – ähnlich wie die Reformation – nicht zuletzt auch eine Ritualrevolution. Mit symbolisch-rituellen Mitteln wurde das Ancien Régime Schritt für Schritt entzaubert, und mit symbolisch-rituellen Mitteln wurde eine neue fiktive Gemeinschaft, die »souveräne Nation«, gestiftet, die jetzt als das Subjekt der Herrschaft erschien. Es galt nichts Geringeres, als den Gründungsakt der neuen Ordnung selbst feiernd zu vergegenwärtigen und zu inszenieren. Vorbilder hatten die französischen Revolutionsfeiern in den *Federal Processions* der amerikanischen Kolonien, die während der Entstehung der Unionsverfassung 1787/88 dazu gedient hatten, den *novus ordo saeculorum* ins Bild zu setzen und die nationale Integration der Vereinigten Staaten voranzutreiben (Warner 1952; Heideking 1995; Gebhardt 2001). Auch in Frankreich sollten die Feste, wie es in den Quellen heißt, »die Revolution besiegeln« und »das Bauwerk der Freiheit vollenden« (Ozouf 1976: 44 f.). Sie mussten eine völlig neue Legitimität erzeugen, das heißt Zutrauen und Glauben an die neue Ordnung wecken und gegenüber Chaos, Angst und aristokratischer Reaktion behaupten. Ganz im Sinne Durkheims, der bei seiner Theorie des Rituals nicht zuletzt die Revolutionsfeste vor Augen gehabt hatte (Durkheim 1912: 254 f.), dienten diese dazu, patriotische Tugenden in den Bürgern zu wecken und die nationale Einheit herzustellen. Bereits die Aufklärer hatten dem Ritual eine pädagogische Bedeutung beigemessen. Wie die souveräne Nation sich selbst feiern sollte, hatte Jean-Jacques Rousseau schon 1758 in seinem »Brief an d'Alembert über das Theater« beschrieben: »Stellt die Zuschauer zur Schau, macht sie selbst zu Darstellern, sorgt dafür, dass ein jeder sich im andern erkennt und liebt, sodass alle miteinander verbunden sind« (Jean-Jacques Rousseau, *Schriften*, Bd. 1, München/Wien 1978, S. 333 ff.). Auf diese Weise sollte der Gesellschaftsvertrag (*contrat social*), auf den nach Rousseau der Staat gegründet ist, für alle real erfahrbar und gegenwärtig werden. In diesem Sinne feierte man am Jahrestag des Bastillesturms, dem 14. Juli 1790, eine gigantische *fête de la fédération* als Geburtsstunde des neuen Frankreich. Zehntausende Nationalgardisten aus allen Regionen des Landes marschierten nach Paris und legten auf dem »Altar des Vaterlandes« einen kollektiven Eid ab, während zur selben Zeit in allen Provinzen das gleiche Ritual vollzogen wurde. In der Folgezeit versuchten die schnell wechselnden Revolutionsregimes dieses Einheitsritual zu wiederholen und den jeweils neuen Verhältnissen anzupassen. Beim »Fest der Einheit« von 1793 passierte die Festprozession in Paris eine Folge von Stationen, die Geschichte, Gegenwart und Zukunft der Revolution vorstellten. Beim »Fest des Höchsten Wesens« 1794 stieg Robespierre als neuer Moses von einem Felsen herab und verkündete eine neue bürgerliche Religion. Je mehr die Revolution tatsächlich in einander bekämpfende Gruppierungen zerbrach, desto aufwendiger wurden die Rituale der Einheit inszeniert.

Viele einzelne Bausteine ähnelten denen der traditionellen Herrschaftsrituale: Prozessionen, Eide, Festwagen, Triumphbögen, Bürgermilizen, Festbankette, Wettkämpfe, *tableaux vivants*, Reden, Kanonensalven, Glockengeläut, Feuerwerke. Manche Formen waren traditionellen jahreszyklischen Festen entlehnt, wie der Tanz um den Maibaum oder das Verbrennen von Insignien. Vor allem bedienten sich die Revolutionäre aus dem Repertoire der katholischen Liturgie, sie integrierten gottesdienstliche Elemente in ihre Feiern oder ersetzten sie durch säkularisierte Imitationen: die Messe am Altar des Vaterlandes, die Weihe der Fahnen, bürgerliche Glaubensbekenntnisse, Predigten und Choräle.

»Zivilreligion« – »politische Religion« – »politische Liturgie«
Der Begriff »Zivilreligion« bezeichnet eine die verschiedenen Konfessionen und Religionen überwölbende, transzendente Überhöhung des Staates oder der Nation (Bellah 1967; anknüpfend an Rousseau, *Contrat social* IV, 8). So betrachten sich etwa die USA als »Gottes eigenes Land« und leiten aus diesem Auserwähltheitsglauben bestimmte unhinterfragbare politische Leitwerte und Führungsaufgaben in der Welt ab. Davon zu unterscheiden ist ein Begriff von »politischer Religion«, der eine dezidiert atheistische oder areligiöse staatliche Ideologie bezeichnet, die sich nur quasi-religiöser Formen und Praktiken bedient, wie etwa die Sowjetunion oder der NS-Staat. Im Gegensatz zur Zivilreligion konkurriert eine solche politische Religion mit den hergebrachten Religionen und sucht sich an deren Stelle zu setzen. Mit »politischer Liturgie« oder »politischem Kult« ist gemeint, dass säkulare symbolisch-rituelle Praktiken ähnliche Formen haben und die gleichen Funktionen erfüllen wie religiöse Rituale, aber ohne einen Bezug zu einer transzendenten göttlichen Macht auskommen.

Obwohl die rituellen Versatzstücke aus dem großen Repertoire der römischen Antike, der katholischen Kirche und des Königtums entlehnt waren, so war doch die Botschaft nun eine wesentlich andere. Nicht eine uralte mythische Tradition, sondern ein *neuer* Anfang wurde nun inszeniert. Die Grenze zwischen Akteuren und Zuschauern sollte aufgehoben werden. Die Stelle, die in den Prozessionen des Ancien Régime das Altarsakrament oder der Herrscher eingenommen hatte, nahmen nun Allegorien der Nation, der Freiheit, der Vernunft, des Gesetzes oder des Vaterlandes ein; nicht nach Rang und Würde, sondern nach »natürlichen« Unterscheidungsmerkmalen wie Alt und Jung, Männern und Frauen, Provinzen und Distrikten wurden nun die Prozessionen gegliedert. Die zentrale Rolle spielte auch hier der Eid, nun aber nicht mehr als Begründung eines zweiseitigen Vertrages, sondern als von allen Bürgern persönlich und im ganzen Land gleichzeitig zu leistender kollektiver Initiationsakt.

Nationale Verfassungsrituale des 19. Jahrhunderts

Das 19. Jahrhundert war von einer »Gleichzeitigkeit des Ungleichzeitigen« gekennzeichnet. In den meisten Ländern bestanden die monarchischen Herrschaftsrituale fort, wie in England oder Preußen, oder wurden vorübergehend restauriert, wie in Frankreich. Einerseits verstand sich die monarchische Ordnung nicht mehr von selbst, und ihr Bedarf an neuen Legitimationsquellen nahm zu. Andererseits wuchs den Monarchen angesichts sich verschärfender sozialer Konflikte eine steigende Bedeutung dafür zu, die nationale Einheit rituell zu verkörpern und die wachsende Kluft zwischen den Klassen zu überbrücken. Viele suchten sich daher als »Bürgerkönige« neu zu definieren. Gegenüber den ritualkritischen Tendenzen des späten 18. Jahrhunderts stieg im Laufe des 19. Jahrhunderts die Neigung zu großen zeremoniellen Inszenierungen der Monarchie wieder deutlich an, die dazu in der Lage waren, soziale Spannungen hinter Harmoniefassaden verschwinden zu lassen.

Das kann aber nicht darüber hinwegtäuschen, dass der Stellenwert der monarchischen Herrschaftsrituale sich verändert hatte. Da, wo es geschriebene Verfassungen gab, hatten Salbung, Krönung und Huldigung ihre konstitutive Bedeutung verloren. Ein Beispiel dafür sind die Debatten anlässlich der Thronfolge des preußischen Königs Wilhelm I. 1861 über die Frage, ob die traditionelle Huldigung der Untertanen überhaupt noch mit der Verfassung vereinbar sei. Das Beispiel zeigt auch, dass die Monarchie keine Deutungshoheit über ihre eigene Inszenierung mehr besaß (wenn sie sie je besessen haben sollte). Politische Rituale waren längst zu einem Gegenstand kritischer Presseberichte und kontroverser öffentlicher Diskussionen geworden (Andres/Geisthövel/Schwengelbeck 2005; zu Deutschland: Büschel 2006; Schwengelbeck 2007; Biefang/Epkenhans/Tenfelde 2008; zu Großbritannien: Shils 1969; Bocock 1974; Cannadine 1983; Schaich/Neuheiser 2006; zu Frankreich: Scholz 2006; zu Russland Wortman 1995).

Nationalbewegung, Industrialisierung und Demokratisierung blieben nicht ohne Auswirkungen auf die Formen und Funktionen der Inszenierung politischer Gemeinschaft. Ein wesentliches Kennzeichen der veränderten Ritualkultur war der »Transfer des Sakralen« von Gott auf die Nation, den schon Émile Durkheim vor Augen gehabt hatte, als er den Ritualbegriff prägte. George L. Mosse hat als einer der ersten die Entstehung neuer Massenrituale im Kontext der deutschen Nationalbewegung untersucht (Mosse 1976). So wurde etwa die kollektive Erinnerung an die Siege über Napoleon zum Kristallisationskern einer nationalen Festkultur, zuerst in den Feiern zum Jahrestag der Völkerschlacht bei Leipzig 1814. Es gibt mittlerweile eine Vielzahl von Arbeiten zu National- und Verfassungsfeiern in deutschen Einzelterritorien und europäischen Ländern, wobei allerdings die anthropologische Ritualtheorie nur selten herangezogen wird (Düding/Friedemann/Münch 1988; Hettling/Nolte 1993; Mitterauer 1997; Behrenbeck/Nützenadel 2000; Maurer 2004; Knauer/Kümmel 2011). Ein fruchtbares Feld für ritualhistorische Untersuchungen ist nach wie vor die Frage, wie traditionell-monarchische, konstitutionelle, nationale und demokratische Elemente miteinander konkurrierten oder sich zu neuartigen Allianzen verbanden.

Rituale totalitärer Herrschaft

Theorien des Totalitarismus und des Faschismus betonen gleichermaßen die »theatrale« Qualität dieser Herrschaftssysteme, sei es der NS-Diktatur oder des italienischen Faschismus, sei es der staatssozialistischen Parteidiktaturen in der Sowjetunion und ihren Satellitenstaaten bis hin zum heutigen Nordkorea (Berghaus 1996). Sie alle sind »geprägt durch einen kollektiven Hyperritualismus, durch eine augenfällig inszenierte rituelle Disziplinierung der Gesellschaft. Faktisch vorhandene unterschiedliche Interessen, Ansichten, Zwecke werden im kollektiven Ritualismus sichtbar beiseite geräumt« (Wulf/Zirfas 2004: 167). Totalitäre Massenrituale, bei denen große »Menschenmassen diszipliniert, entindividualisiert und abgerichtet« werden (Frie 2007:59), machten das Aufgehen des Individuums im Kollektiv körperlich erfahrbar, was die Theoretiker der modernen Massenpsychologie wie Gustave Le Bon, Sigmund Freud, Elias Canetti und Siegfried Kracauer vielfältig thematisiert haben. Der Inbegriff einer solchen Disziplinierung der Massen sind perfekt choreographierte militärische Paraden und paramilitärische Aufmärsche. Allerdings waren solche Massenspektakel ein allgemeines »Signum der politischen Kultur der 1920er und 1930er Jahre«, erstreckten sich weit über die Politik hinaus auf die Sphären der Kunst und des Sports und waren nicht allein auf totalitäre Staaten beschränkt (Frie 2007). In monumentalen Aufmärschen propagierte man die Ideale der Körperbeherrschung und Arbeitsdisziplin, feierte die Errungenschaften der modernen Technik und industriellen Massenkultur. Dazu bediente man sich sämtlicher Künste, um einen perfekten ästhetischen Gesamteindruck zu erzeugen, der alle Sinne ansprechen sollte. Die Massenspektakel spielten sich vor monumentalen Architekturkulissen ab und waren von vornherein auf die Vermittlung durch die modernen Bildmedien hin angelegt (Thamer 2000).

Rituale im NS-Staat

Die Analyse der NS-Massenrituale hat dazu beigetragen, die Faszination der Deutschen durch den Nationalsozialismus zu erklären. Der NS-Diktatur ist es gelungen, in sehr kurzer Zeit eine neue Ritualkultur zu schaffen, die aus ganz unterschiedlichen, auch gegnerischen Quellen schöpfte: Rituelle Formelemente des italienischen Faschismus, der Arbeiterbewegung, der frühen Sowjetunion, der amerikanischen Unterhaltungskultur, des Sports und der christlichen Liturgie wurden zu einer neuen Ritualsprache der »Volksgemeinschaft« amalgamiert. 1. Mai, Erntedankfest, Muttertag, Gedenkfeier für die gefallenen Helden der »Bewegung«, Führers Geburtstag, Reichsparteitage – das ganze Jahr wurde durch einen NS-Festkalender geprägt, das Leben der Einzelnen darüber hinaus durch Initiationsrituale, Gelöbnisse und Vereidigungen strukturiert. Nach der NS-Machtübernahme wurde der Parteikult zum monumentalen Staatskult ausgebaut. Die Rituale lassen sich als Liturgie einer quasi-religiösen Heilslehre beschreiben, die sich zwischen den Polen von Verheißung und Erfüllung, zwischen mythischem Ursprung (dem Hitlerputsch von 1923) und Erlösung (dem triumphalen Endsieg des Tausendjährigen Reiches) bewegte. Sie waren ganz auf den »Führer« als charismatische Erlöserfigur ausgerichtet. In den Massenritualen schienen die Einzelnen »in einen einzigen Willen zusammengeschweißt«, so die Sprache der offiziellen Berichte (Karow 1997). Die Rituale erzeugten eine perfekte Illusion von totaler Konformität und Homogenität der »Volksgemeinschaft« – die Kehrseite der ebenfalls totalen Ausgrenzung, nämlich der physischen Vernichtung der »Volksschädlinge« (Mosse 1976; Ackermann 1990; Benz 1990; Reichel 1991; Ogan/Weiß 1992; Behrenbeck 1996; Thamer 2000).

Rituale im Staatssozialismus

Auch die staatssozialistischen Gesellschaften waren »durch und durch ritualisierte Gesellschaften« (Gries 2005: 194). Die Russische Revolution schuf ein völlig neues, entchristianisiertes

Ritualsystem mit einem eigenen Festkalender und säkularen Ritualen des individuellen Lebenszyklus, die tief ins Alltagsleben der Einzelnen eingriffen. Christel Lane hat sich als erste anhand der kulturanthropologischen Ritualtheorie ausführlich mit der Ritualkultur der Sowjetunion auseinandergesetzt, sie mit der anderer Industriegesellschaften verglichen und insbesondere die Parallelen zum NS-Staat herausgearbeitet: Monumentalisierung, Massenmobilisierung, Ästhetisierung, Militarisierung, Sakralisierung usw. (Lane 1981; vgl. Binns 1979; Rytlewski/Kraa 1987; Rytlewski/Sauer 1988; Fix 1998; Pribersky/Unfried 1999, Gries 2005; Plamper 2012). Die marxistisch-leninistischen Theoretiker hatten allerdings im Unterschied zu den Nationalsozialisten ein gespaltenes Verhältnis zu Ritualen. Einige wenige Theoretiker hielten sie für grundsätzlich unvereinbar mit dem aufgeklärt-rationalistischen Geist des Marxismus und tolerierten sie allenfalls für den Übergang als Mittel zur Erziehung der noch unaufgeklärten Massen. Der »Neue Mensch« des Sozialismus sollte keiner Rituale mehr bedürfen. Die anderen bewerteten Rituale je nach ihrem gesellschaftlichen Zweck und Kontext gegensätzlich: Während sie im Kapitalismus zum Erhalt der Klassengesellschaft dienten, führten sie im Sozialismus zur Stärkung der sozialistischen Werte und der gemeinschaftlichen Solidarität (Lane 1981: 18–24; Rytlewski/Kraa 1987). In der Regel bediente man sich allerdings nicht des (religiös konnotierten) Ritualbegriffs und sprach lieber von sozialistischem Brauchtum u. ä. Die Rituale des Staatssozialismus waren ein von der politischen Führung gezielt und bewusst eingesetztes Mittel der Herstellung von Massenloyalität. Sie erzeugten konformes Verhalten, aber nicht unbedingt innere Akzeptanz.

Die großen Rituale des sowjetischen Festkalenders – Feier des 1. Mai, Jahrestag der Oktoberrevolution, Jahrestag des Sieges im Großen Vaterländischen Krieg, später Lenins Todestag – überblendeten die alten jahreszeitlichen mit neuen staatssozialistischen Feiern und verbanden die zyklische Zeit des Jahreslaufs mit der linearen Zeit der marxistisch-leninistischen Utopie. Das Lenin-Mausoleum wurde als »heiliger Schrein« zum höchsten Bezugspunkt eines quasireligiösen Kultes. Dieselben Anlässe wurden zum Teil auch in den anderen sozialistischen Ländern gefeiert (in der DDR etwa der 1.

Mai als Tag der Arbeit, der 8. Mai als Tag der Befreiung und der 7. Oktober als Tag der Republik). Die Feier des 1. Mai knüpfte an die Tradition der internationalen Arbeiterbewegung an und sollte die »Proletarier aller Länder« zu einer einzigen grenzüberschreitenden Ritualgemeinschaft der Arbeiterklasse verbinden. Hinzu kamen zahlreiche national unterschiedliche Gedenktage für bestimmte gesellschaftliche Gruppen, Feiern der Betriebe, der Parteiorganisationen usw.

Während die Ritualkultur in den Anfangsjahren der Sowjetunion allerdings noch einen großen Spielraum für Vielfalt, Spontaneität und künstlerische Entfaltung geboten hatte, erstarrte sie in der Folgezeit zunehmend im akribischen Dirigismus bürokratischer Durchführungspläne. Der Wandel gegenüber den Ritualen der Arbeiterbewegung lässt sich etwa an der Umkehrung des gesamten Arrangements ablesen: Während die Anführer ursprünglich an der Spitze der Protestzüge marschiert waren, isolierte sich die Staats- und Parteiführung später vom »Volk« und ließ die »werktätigen Massen« – Abordnungen der Betriebe und Verwaltungen, Sportler, Jugendorganisationen, Kampfgruppen, Aktivisten usw. – durch einen »lebenden Korridor« von Militär an sich vorüberziehen. Die staatssozialistischen Rituale endeten in der Regel, ähnlich wie eine vormoderne Krönungsfeier, mit einem Volksfest: Musik, Tanz, Gesang, Wettkämpfe, Spiele, gemeinsames Essen und Trinken. Man hat dabei insgesamt eine Tendenz zur »Idyllisierung« festgestellt, die mit den Tendenzen zur Verstaatlichung und »Dichotomisierung« der Rituale Hand in Hand ging (Gries 2005: 199).

Moderne parlamentarische Demokratien

Parlamentarische Demokratien gelten als ritualskeptisch bis ritualfeindlich, zumindest im Vergleich mit totalitären Staaten. Das Bemühen um totale Neuschöpfung und lückenlose Kontrolle der Ritualkultur bis tief ins Alltagsleben der Familien hinein ist kennzeichnend für revolutionäre Regimes, die den sozialen Raum neu besetzen und neue Loyalitäten erzeugen müssen. Das gelingt auf die Dauer nur unter Sanktionsandrohung. In liberalen, demokratischen Staaten und individualistischen Gesellschaften ist ein solcher ritueller Konformismus weder möglich noch legitim. Hier hat man es vielmehr mit einer Pluralisierung von Ritualen zu tun; die symbolisch-rituelle Besetzung des öffentlichen Raumes ist Gegenstand ständiger Auseinandersetzungen. Jedes Ritual kann öffentliche Kritik oder Gegenrituale provozieren; jeder Versuch der Sakralisierung von Politik muss mit Misstrauen, Widerstand, Parodie und Spott rechnen.

Doch politische Macht bedarf immer der Sichtbarkeit und muss inszeniert werden, um bei den Bürgern Akzeptanz zu finden. Jede Inszenierung ist ambivalent; sie macht manches sichtbar und verschleiert anderes. Der Politikwissenschaftler Herfried Münkler hat die These aufgestellt, dass autoritäre und demokratische Systeme sich darin unterscheiden, inwiefern sie politische Macht sichtbar machen. Danach zeichnen sich autoritäre Regime dadurch aus, dass sie im Ritual die politische *Ordnung* als solche veranschaulichen und die *Verfahren* der politischen Entscheidungsfindung unsichtbar machen, während es sich bei demokratischen Systemen umgekehrt verhält oder verhalten sollte (Münkler 1995; vgl. Arnold/Fuhrmeister/Schiller 1998; Andres/Geisthövel/Schwengelbeck 2005; Soeffner/Tänzler 2002 u.v.a.). Wenn transparente und ergebnisoffene Verfahren die Grundlage der parlamentarischen Demokratie sind, stellt sich vor allem für die Politikwissenschaft die Frage, welchen legitimen Ort dann Rituale darin überhaupt haben können.

Diese Frage wird zumeist unter der Überschrift »Politische Kultur« verhandelt. Vorbild dafür waren die Arbeiten zur US-amerikanischen »Zivilreligion« (klassisch Bellah 1967; Almond/Verba 1963; Moore/Myerhoff 1977; Kertzer 1988; Rohe 1990; Fabre/Heideking/Dreisbach 2001; zu Weimar: Lehnert/Megerle 1989 u.v.a.). Die Politikwissenschaft behandelt die Frage nach der demokratischen politischen Kultur in der Regel normativ: Welche Rituale und Symbole sind notwendig, damit eine Demokratie richtig funktioniert? In diesem Zusammenhang werden vor allem die expliziten staatlichen Symbole und Rituale, Feste und Feiern, nationalen Gedenktage, Vereidigungen usw. thematisiert. Dazu gehört etwa in der Bundesrepublik in allererster Linie die Pflege der kollektiven Erinnerung an NS-Diktatur, Zweiten Weltkrieg und Holocaust, dann das Gedenken an die deutsche Teilung und die Wiedervereinigung. Man spricht in diesem Zusammenhang lieber von Feiern als von Ritualen, weil der Begriff negativ konnotiert ist: Die staatlich organisierte Gedenkkultur soll ja nicht in seelenloser

Routine erstarren. Umgekehrt wird gern darauf hingewiesen, dass die Europäische Union an einem Mangel an gemeinschaftsstiftenden Ritualen krankt und für die Bürgerinnen und Bürger nicht symbolisch-rituell erfahrbar ist.

Staatliche Verfassungs- und Gedenkfeiern gelten gemeinhin als positive Bestandteile demokratischer politischer Kultur, die Sinn, Identität und Zusammengehörigkeitsgefühl stiften. Es handelt sich um *explizit* symbolische Elemente, die ausdrücklich und bewusst als solche eingesetzt werden; sie sind oft normativ vorgeschrieben oder gar verfassungsrechtlich verankert. Anders verhält es sich mit den *implizit* symbolischen Elementen der politischen Kultur. Sie entziehen sich normativer Regelung und eindeutiger Auslegung. Implizite Symbolik ist immer und überall latent wirksam, selbstverständlich auch in den politischen Institutionen demokratischer Staaten. So kann man etwa parlamentarische Entscheidungsverfahren oder demokratische Wahlen – jenseits ihrer verfassungsmäßig vorgesehenen, instrumentellen politischen Funktion – *auch* im Hinblick auf ihre symbolischen Dimensionen untersuchen.

»Instrumentell« versus »symbolisch-expressiv«
Mit »instrumentell« versus »symbolisch-expressiv« bezeichnet man unterschiedliche Aspekte des menschlichen Handelns. Meist kann man eine Handlung unter beiden Aspekten gleichermaßen betrachten. Instrumentell ist eine Handlung, insofern sie als Mittel zu einem *Zweck* dient; symbolisch ist eine Handlung, insofern sie *Sinn* stiftet. Der Zweck liegt jenseits der Handlung, der Sinn erfüllt sich in der Handlung selbst. So dient beispielsweise das Tragen einer Waffe unter instrumentellem Aspekt dazu, unter Umständen sein Leben damit zu verteidigen, unter symbolischem Aspekt hingegen dazu, eine bestimmte politische Einstellung, die Zugehörigkeit zu einer bestimmten Gruppe usw. zum Ausdruck zu bringen. Bei *Ritualen* steht in der Regel die symbolisch-expressive, bei *Verfahren* die instrumentelle Dimension im Vordergrund, ohne dass die jeweils andere ausgeschlossen wäre (Stollberg-Rilinger 2004).

Wegweisend für die Wahrnehmung der symbolisch-expressiven Aspekte demokratischer Verfahren war die Studie von Murray Edelman über »*The Symbolic Uses of Politics*« (Edelman 1964/^{2}1984, dt. »*Politik als Ritual*«, ^{2}2005). Edelman ging es darum, die Ideen der Volkssouveränität und demokratischen Partizipation in den USA als Mythen zu entlarven. Das zeigt er am Beispiel der Wahlverfahren, die er als strategische Inszenierungen der politischen Elite beschreibt – dazu da, um die Masse der Bürger zu beschwichtigen, sie im falschen Glauben an Freiheit, Gleichheit und Partizipation zu wiegen und von den tatsächlichen sozialen Problemen abzulenken. Die deutsche politikwissenschaftliche Forschung ist ihm darin meist gefolgt und hat die »bloße Inszenierung« der Politik in und für die Medien der »eigentlichen Politik« gegenübergestellt, die sich hinter den Kulissen und vom Publikum unbemerkt abspiele (Voigt 1989; Meyer 1998; Sarcinelli 1987). Neuere Ansätze hingegen betrachten diese Gegenüberstellung von politischen Akteuren und Zuschauern, von »eigentlicher« und »bloß symbolischer« Politik als irreführend, weil sie verkennt, dass jede politische Realität notwendig immer symbolisch vermittelt ist. Alle demokratischen Verfahren lassen sich sowohl unter instrumentellen als auch unter symbolisch-expressiven Aspekten betrachten, wobei beides allerdings auch in einem mehr oder weniger starken Spannungsverhältnis zueinander stehen kann (Gebhardt 2001; Vorländer 2010; Brodocz 2003). Diese Sicht hat sich gerade für die Geschichte der Vormoderne als besonders anregend erwiesen. So sind etwa ständische Beratungsverfahren (Bisson 1982; Stollberg-Rilinger 1997; Peltzer/Schwedler/Töbelmann 2009; Neu/Sikora/Weller 2009) und Wahlverfahren in Stadt, Territorium und Kirche auf ihre symbolisch-expressiven Dimensionen hin untersucht worden (Flaig 2003; Jehne 2003; Dartmann/Wassilowsky/Weller 2010). Dabei hat sich etwa gezeigt, dass Ständeversammlungen auch zur Erzeugung politisch-sozialer Hierarchien und Wahlen zur Statussicherung der Wählenden dienten. Mittlerweile hat sich dieser Ansatz auch für die Untersuchung moderner Parlamente als fruchtbar erwiesen (O'Gorman 1992; Biefang u. a. 2008; Dörner/Vogt 2002; Rai 2011; Crewe 2005; Crewe/Müller 2006).

2.6 Rituale der Begegnung und Konfliktbeilegung

Herrschertreffen und Staatsbesuche

Persönliche Begegnungen zwischen Herrschern oder Staatsoberhäuptern sind symbolisch-rituelle *hot spots,* Ereignisse von ausgeprägter Zeichenhaftigkeit, bei denen die symbolische Dimension die instrumentelle Seite oft deutlich dominiert. Die Geschichtsschreibung hat sich allerdings meist nur für die Inhalte, nicht aber für die symbolisch-rituelle Form solcher Begegnungen interessiert. Dass man Herrschertreffen mittlerweile auch als Rituale thematisiert, versteht sich keineswegs von selbst. Man trägt damit der Einsicht Rechnung, dass die Form solcher Treffen oftmals selbst der Inhalt war. *Was* man miteinander verhandelte, trat nicht selten völlig zurück hinter der Art und Weise, *wie* man einander behandelte, zumindest was den öffentlich sichtbaren Teil der Begegnung angeht. Dass Monarchen einander persönlich trafen – soweit es sich nicht um ein feindliches Treffen auf dem Schlachtfeld handelte –, war in der Vormoderne keineswegs selbstverständlich; es war als solches schon Zeichen eines friedlichen oder zumindest friedensbereiten Verhältnisses. Die Herrschertreffen konnten eine bestehende Beziehung aufs Neue festigen, sie konnten aber auch eine neue Beziehung stiften, etwa einen Konflikt beenden oder ein Bündnis einleiten. Das gilt vor allem für die Epoche des Früh- und Hochmittelalters, die noch kaum von Schriftlichkeit geprägt war. Die symbolische Inszenierung des gegenseitigen Verhältnisses zweier Herrscher bei einem feierlichen öffentlichen Treffen stiftete eine beiderseitige Verpflichtung für die Zukunft (grundlegend Althoff 1997; Althoff 2003; ferner Kolb 1988; Voss 1987; Hack 1999; für das Spätmittelalter Schwedler 2008; für das 19. Jahrhundert Paulmann 2000; für das 20. Jahrhundert Dereymez/Ihl/Sabatier 1998; Derix 2009).

Der Umgang unter Monarchen war im vormodernen Europa geprägt durch eine ständige Spannung zwischen der wechselseitigen Behandlung als Gleiche, als »Brüder« oder Freunde einerseits und einem scharfen Wettbewerb um den Vorrang andererseits. Der Rangwettbewerb unter den Monarchen steigerte sich im ausgehenden Mittelalter und erreichte im 17. Jahrhundert seinen Höhepunkt. Wenn Herrschern einander persönlich trafen oder hochrangige Gesandte empfingen, wurde daher nichts dem Zufall überlassen, sondern alles bis in feinste Details sorgfältig ausgehandelt und geplant. Denn jede Einzelheit konnte als symbolische Botschaft über den Stand der wechselseitigen Beziehung und das Rangverhältnis zwischen den Beteiligten verstanden werden und einen potenziellen Konfliktanlass bieten. Die schriftliche Protokollierung solcher Zusammenkünfte als Maßstab und Regel für zukünftige Fälle gehört daher zu den ältesten Gattungen der Zeremonialliteratur; im modernen Begriff des diplomatischen »Protokolls« ist dieser Zusammenhang noch greifbar. Die symbolische Behandlung der Monarchen durch den Papst, die als Zeremonialordnung der Kurie schon am Ende des 15. Jahrhunderts schriftlich fixiert wurde, galt lange Zeit als Maßstab für die Hierarchie der (lateinischen) Christenheit (Schimmelpfennig 2005; Bölling 2006).

Viele symbolische Grundmuster der Inszenierung von Monarchenbegegnungen lassen sich epochenübergreifend bis hin zu modernen Staatsbesuchen beobachten: das (buchstäbliche) Entgegenkommen, hochrangige Empfangskomitees, militärisches Ehrengeleit, formalisierte Grußworte, Geschenkaustausch, Vorführung besonderer Sehenswürdigkeiten und gemeinsames Mahl, während andere, wie der Kuss auf den Mund und das gemeinsame Schlafen in demselben Bett, weitgehend in Abgang gekommen sind. Gesten der Freude und des Respekts, der Freundschaft, persönlichen Nähe und (fiktiven oder realen) Verwandtschaft, wie sie auch in anderen sozialen Kontexten üblich sind, werden bei Herrscherbegegnungen in überhöhter, standardisierter und stilisierter Form eingesetzt. In den Nuancen bleibt dabei viel Spielraum für symbolische Botschaften über den Stand der Beziehung. Wie weit kommt man dem Gast entgegen oder lässt ihn zu sich kommen, wie lange lässt man den Kopf unbedeckt, wie lange und mit welchem Aufwand bewirtet man den Gast, welchen Rang haben die aufwartenden Personen – alles Mögliche ist bei einem solchen Treffen signifikant. Dabei geht es nicht allein um Zeichen der mehr oder weniger großen Nähe und Verbundenheit, sondern auch um den Ausdruck des Ranges und Status, den man dem Gast zumisst. Auch in der Neuzeit handelt es sich dabei mitunter um symbolische Aussagen von hoher politischer Relevanz, vor allem bei Gästen von zweideutigem oder umstrittenem völkerrechtlichen Status. Deshalb war es keineswegs irrelevant, als Konrad Adenauer 1949 beim Empfang durch die Hohen Kommissare der Westalliierten seine Füße auf den roten Teppich setzte; und deshalb ist es nicht irrelevant, ob die Bundeskanzlerin den Dalai Lama persönlich empfängt oder nicht. In solchen Fällen geht es stets darum, sichtbar und öffentlich in symbolischer Form den Anspruch auf einen bestimmten völkerrechtlichen Status zu erheben beziehungsweise anzuerkennen – oder eben nicht.

Im Mittelalter herrschten asymmetrische, vielfach abgestufte Rang- und Statusverhältnisse vor. Da die mittelalterliche Gesellschaft ein komplex verschachteltes Mit- und Ineinander verschiedener Herrschaftsträger bildete, das man sich in der Theorie als harmonische, lineare Hierarchie der Christenheit vorstellte, war kaum ein Akteur dem anderen im Status völlig gleich. Die Entwicklung zu moderner Staatlichkeit war dadurch gekennzeichnet, dass der Status der politischen Akteure in einem jahrhundertelangen Prozess erstens nivelliert und zweitens entpersonalisiert wurde. Im Mittelalter gab es viele große, mittlere und kleine Herrschaftsträger, die durch Abhängigkeiten aller Art verflochten waren und miteinander konkurrierten. Im 19. Jahrhundert war nach einem langen Verdrängungswettbewerb davon nur noch eine überschaubare Gruppe von Kollektivakteuren übrig, die die anderen auf die Dauer mediatisiert und inkorporiert und sich dabei zu souveränen Staaten im modernen Sinne entwickelt hatten. Wenn man die Rituale der Begegnung auf der Ebene der höchsten Herrschaftsträger analysiert, lässt sich genau dieser Prozess samt seinen vielen verschlungenen Ab- und Umwegen wie unter einer Lupe beobachten.

Lehnsrituale

So ist es für das europäische Mittelalter signifikant, dass Beziehungen zwischen hochadeligen Herrschaftsträgern sich nicht nur in symbolischen Formen der Verwandtschaft und der Freundschaft, sondern auch in Formen der Gefolgschaft und Vasallität, mitunter auch in beiden Formen zugleich manifestierten, obwohl in dem einen Fall Gleichrangigkeit, in dem anderen Fall Über- und Unterordnung zum Ausdruck gebracht wurden. Mit solchen Ambiguitäten konnte man im Mittelalter noch besser leben als in der Moderne. Vor allem das Ritual des Lehnsverhältnisses (*homagium*), die *manumissio*, bei dem der Lehnsmann seine Hände in die des Lehnsherrn legte und ihm einen Lehnseid leistete, war ein zentrales Instrument zur Stiftung wechselseitiger persönlicher Verbindlichkeit, aber auch Abhängigkeit, das auf allen Ebenen der Gesellschaft angewendet wurde. Der Papst bediente sich dieses Instruments seit dem 11. Jahrhundert, um seinen Herrschaftsanspruch gegenüber Kaisern und Königen zur Geltung zu bringen. Bis ins 14. Jahrhundert hinein waren Lehnseide selbst zwischen Königen nicht unüblich. Im 15. und 16. Jahrhundert, einer Zeit besonders intensiven Verdrängungswettbewerbs zwischen den europäischen Herrschaftsträgern, wurde das Ritual der fürstlichen Lehnsinvestitur zu einem prunkvollen turnierähnlichen Schauspiel ausgestaltet, das unter anderem dazu dienen sollte, die umstrittene Zugehörigkeit von Fürsten im Grenzraum zwischen den großen Monarchien zu vereindeutigen. Der Erfolg war allerdings gering; Mehrfachvasallitäten waren üblich. Im Römisch-deutschen Reich war die feierliche Thronbelehnung durch den Kaiser bis zum Ende ein äußerst umstrittenes Mittel, um die Zugehörigkeit der Fürsten (die zum Teil selbst Könige waren) zum Reich zu demonstrieren (Le Goff 1977; Keller 1993; Weiler 2006; Althoff/Stollberg-Rilinger 2007; Schwedler 2008; Stollberg-Rilinger 2008; vgl. unten Kap. 3.2).

Gabentausch

Der Austausch von Gaben spielt für die Herstellung und Ausgestaltung sozialer Bindungen ganz allgemein eine fundamentale Rolle (siehe oben Kap. 2.4) und ist daher ein unverzichtbarer Bestandteil vieler Rituale. Das gilt erst recht für Begegnungen zwischen Herrschern oder den Empfang von hochrangigen Gesandten durch einen Herrscher. Auch die ritualisierte Übergabe von Geschenken dient nicht einfach nur dazu, eine freundschaftliche Atmosphäre herzustellen, sondern auch dazu, den Status der Beteiligten und ihr gegenseitiges Verhältnis zu definieren. Dabei kam vor allem der Art und Weise, *wie* die Gaben ausgetauscht wurden, eine zentrale Bedeutung zu für die Frage, ob sie als freiwilliges Geschenk, pflichtschuldige Tributzahlung oder Bestechung wahrgenommen wurden. Legitime, ja obligatorische Geschenke ließen sich von unerlaubter Bestechung dadurch unterscheiden, dass man sie in ritueller Form während der öffentlichen Audienz überreichte. Weil die Statusverhältnisse zwischen den vormodernen Herrschaftsträgern mitunter fließend und mehrdeutig waren und von schwankenden

Machtkonstellationen abhingen, kam der rituellen Inszenierung des Gabentauschs elementare Bedeutung zu. So war einem mächtigen Empfänger daran gelegen, die Gaben eines anderen Herrschaftsträgers als einen ihm geschuldeten Tribut zu betrachten, während es dem Gebenden umgekehrt darum gehen musste, sie als freiwillige Geschenke zu inszenieren, um nicht als tributpflichtig und damit abhängig zu erscheinen. Das spielte beispielsweise im Gabenverkehr zwischen Kaisern und mindermächtigen Reichsgliedern wie Städten und Rittern eine zentrale Rolle, aber auch etwa zwischen dem osmanischen Sultan und den Gesandten des Kaisers. Im Laufe der frühen Neuzeit wurden zwischen den Herrscherhöfen die ungeschriebenen Regeln dafür, was bei Ankunft und Abreise eines Gesandten an Gaben fällig war, zunehmend standardisiert und formalisiert, sodass die entsprechenden Botschaften immer genauer lesbar wurden (Hanning 1986; Davis 2000/2002; Groebner 2000; Windler 2001; Burschel 2007 u. v. a.).

Gesandtenaudienz und Souveränität

Persönliche Begegnungen zwischen Herrschern waren im Mittelalter weitaus üblicher als in der frühen Neuzeit. Beispielsweise nahm an den Westfälischen Friedensverhandlungen 1645–1648, in die fast alle Mächte Europas involviert waren, kein einziger Herrscher in Person teil. Es bürgerte sich vielmehr – nicht zuletzt wegen der überall drohenden oder dauerhaft schwebenden Rang- und Statuskonflikte – ein, sich entweder der Fiktion des Incognito zu bedienen, das heißt seinen hohen Status ausdrücklich zu verbergen und unter anderem Namen zu reisen, oder nur noch über Gesandtschaften miteinander zu verkehren. Im Laufe der Neuzeit wurde das Gesandtschaftswesen an den großen Höfen verstetigt. Dabei bürgerte sich eine wesentliche Unterscheidung ein, nämlich zwischen Gesandten »mit vollem Repräsentativcharakter«, die selbst hochadeligen Standes waren, ihren Herrn in seinem Rang und seiner Würde verkörperten und daher genauso zu behandeln waren wie dieser selbst, und Gesandten ohne diesen Repräsentativcharakter, die meist bürgerlichen Standes waren, wesentlich größere Bewegungsfreiheit hatten und für das alltägliche Verhandeln zuständig waren. Anders ausgedrückt: Die Gesandten des ersten Typs, *ambassadeurs*, hatten vorrangig symbolisch-expressive, die des zweiten Typs vorrangig instrumentelle Aufgaben. Die solenne Antritts- und

Abschiedsaudienz eines Gesandten ersten Ranges war ein symbolisch-rituelles Ereignis von höchster Zeichenhaftigkeit, ähnlich dem, was im Mittelalter die Herrscherbegegnungen selbst gewesen waren. Hinzu kam nun, dass das Recht, *ambassadeurs* zu entsenden und zu empfangen, sich zu einem zentralen Kriterium völkerrechtlicher Souveränität entwickelte. Es bürgerten sich bestimmte zeremonielle Standards ein, sogenannte »königliche Ehren« (*honores regii*), die unter Souveränen als Zeichen der Gleichrangigkeit verwendet wurden, etwa das Gehen und Sitzen des Gesandten »zur rechten Hand« des Gastgebers. Die symbolisch-rituelle Behandlung eines *ambassadeur* während einer solennen Audienz wurde dadurch zu einem wesentlichen Medium, in dem die Zugehörigkeit seines Herrn zu dem sich abschließenden Kreis der Souveräne ausgehandelt wurde (Kunisch 2002; Krischer 2009; Krischer 2011). Im 19. Jahrhundert, als sich das völkerrechtliche Prinzip der souveränen Gleichheit der Staaten allgemein eingebürgert hatte und die wechselseitige zeremonielle Gleichbehandlung im Reglement des Wiener Kongresses 1814 festgeschrieben worden war, gingen die Rangkonkurrenzen zurück und Monarchenbegegnungen in Person wurden wieder häufiger (Paulmann 2000).

Friedensschlüsse als rituelle Ereignisse

Friedensschlüsse kann man – ebenso wie Kriegserklärungen – als klassische Übergangsrituale betrachten. Ihre performative Wirkung besteht darin, dass sie den Krieg durch den Frieden ersetzen: Sie markieren eine klare Grenze zwischen Vorher und Nachher und setzen unter den Beteiligten eine neue Situationsdefinition in Kraft. Damit ist noch nicht gesagt, dass sich das dadurch geforderte Verhalten auch de facto überall durchsetzen kann. Doch auch wenn nach einem solchen performativen Akt noch Gewalt ausgeübt werden mag, so ist diese nun als illegitim definiert. Die Historiker behandeln Friedensverhandlungen und Friedensschlüsse bislang allerdings nur selten als Rituale; sie interessieren sich – wie gesagt – für die Inhalte und nicht für die Formen und übersehen damit die wesentliche symbolische Dimension dieser Ereignisse (Jörgensen/Krug/Lüdke 2008).

Deditio

Friedensschlüsse unterlagen zwischen Mittelalter und Moderne einem grundlegenden Wandel. Zum einen nahm die schriftliche Dokumentation derart an Bedeutung zu, dass man sie heute oftmals mit den Friedensschlüssen als solchen gleichsetzt; sie ist aber nur ein Teil eines komplexen kommunikativen Geschehens. Zum anderen wurde Konfliktbeilegung im Mittelalter sehr oft als rituelle Unterwerfung (*deditio*) inszeniert, in der Neuzeit hingegen – mit der Etablierung des Souveränitätsprinzips – meist als symmetrisches Abkommen zwischen grundsätzlich gleichberechtigten »Souveränen«. Für das frühe und hohe Mittelalter hat vor allem Gerd Althoff an zahlreichen Beispielen gezeigt, nach welchen ungeschriebenen Regeln ein Konflikt auf der Ebene der höchsten Herrschaftsträger beigelegt wurde. Danach folgte man seit dem 9. Jahrhundert stets dem gleichen rituellen Schema, das aber im Detail zahlreiche Variationen erlaubte. Dieses Schema war dem liturgischen Vorbild der bußfertigen Unterwerfung des Menschen unter die göttliche Gnade nachgebildet und bestand im Kern aus der Demonstration von Reue und Genugtuungsleistung (*satisfactio*) der einen Seite, worauf die Verzeihung und Versöhnung (*reconciliatio*) der anderen Seite folgte. Wer sich demonstrativ unterwarf, setzte den anderen einem beträchtlichen sozialen Druck aus, seinerseits Gnade walten zu lassen, denn so forderte es die soziale Logik der Reziprozität (kulturübergreifend dazu Miller 1993).

Deshalb bedurfte das Ritual der *deditio* der vorherigen Aushandlung. Die Bedingungen des Gnadenerweises wurden vor dem Akt festgelegt, so ist es für das Spätmittelalter bis ins 16. Jahrhundert belegt und für die frühere Zeit zu unterstellen. Zur rituellen Unterwerfung gehörten bestimmte Zeichen der Bußfertigkeit: Man trat barfuß und in härenen Gewändern, manchmal auch mit einen Strick um den Hals vor den erhöht thronenden Herrscher, fiel vor ihm auf die Knie oder streckte sich sogar ganz auf dem Boden aus, hielt den Blick gesenkt, vergoss Tränen der Reue, bekannte seine Schuld und bat um Verzeihung. Umgekehrt weinte auch der Herrscher Tränen des Erbarmens und gewährte seine Gnade, indem er dem Unterworfenen aufzustehen erlaubte, ihn küsste, umarmte und ihm anschließend alle möglichen Zeichen der Freundschaft erwies. Es gehörte dazu, dass die Beteiligten die angemessenen Gefühle zum Ausdruck brachten, um die Aufrichtigkeit und Tiefe ihres Friedenswillens zu demonstrieren. Die Feier der Versöhnung umfasste immer auch ein feierliches gemeinsames Mahl. Das heißt:

Das Ritual endete mit der vollkommenen Aussöhnung; die Ehre des Unterworfenen galt nicht als unwiderruflich beschädigt (Althoff 1994; 1996; 1997; 2003; Koziol 1992; Miller 1993; van Eickels 1997; Moeglin 1997; Stollberg-Rilinger 2005; Offenstadt 2007; Schreiner 2011).

Erst die historische Ritualforschung hat diese Versöhnungsakte ernst genommen, sie in ihrer inneren sozialen Logik sichtbar gemacht und damit einen wesentlichen Beitrag zum Verständnis der mittelalterlichen Gesellschaft geleistet (zur Kritik vgl. Kap. 3.1). Es ist herausgearbeitet worden, dass es sich dabei nicht nur um symbolische Dekoration des »eigentlichen« Friedensvertrages handelte, bei dem es um handfeste Dinge wie Geldleistungen, Zerstörung von Festungen und Burgen oder Verlust von Privilegien ging, sondern dass der Fußfall vor dem Herrscher, die symbolisch-rituelle Satisfaktionsleistung selbst einen substanziellen Wert an sich und daher einen Gegenstand der Friedensverhandlungen darstellte – so wertvoll, dass ein Herrscher unter Umständen bereit war, dafür zu zahlen, dass der Unterworfene eine besondere Demutsgeste leistete, oder dieser umgekehrt Zugeständnisse machte, um sich selbst eine solche Geste zu ersparen. So erließ beispielsweise der Erzbischof von Köln den Bürgern der Stadt im 13. Jahrhundert für zehn Jahre die lukrative Biersteuer, um sie zu einem besonders erniedrigenden Unterwerfungsakt auf der Richtstätte zu bewegen. Mit anderen Worten: Die Ehre, das »symbolische Kapital« (Bourdieu), war den Beteiligten mindestens ebenso viel wert wie Geld und Gut.

Das lag daran, dass es bei den mittelalterlichen Ritualen der Konfliktbeilegung immer auch darum ging, die gestörte hierarchische Ordnung wiederherzustellen. Das Ritual musste die rechte Rangordnung zwischen den Beteiligten restituieren, und zwar weitgehend unabhängig davon, wer sich im Konflikt tatsächlich als der militärisch Überlegene erwiesen hatte oder wer in den sachlichen Verhandlungen mehr Zugeständnisse machen musste. Wenn ein rechtmäßiger Friede zustande kommen sollte, war es notwendig, dass sich der Rangniedere dem Ranghöheren unterwarf und nicht umgekehrt. Deshalb gehörte es zu den ungeschriebenen Regeln, dass sowohl die Unterwerfung des einen als auch die Gnade des anderen stets als vollkommen freiwilliger Akt dargestellt wurde, so uneindeutig die tatsächlichen Machtverhältnisse auch sein mochten und so sehr zuvor um die Details der Unterwerfung gestritten worden sein mochte. Doch entscheidend war, was im feierlichen Akt äußerlich gezeigt wurde, denn darauf legten sich die Beteiligten für die Zukunft öffentlich fest. Das Ritual der freiwilligen Unterwerfung des Rangniederen unter die Gnade des Ranghöheren trug den mittelalterlichen Machtverhältnissen Rechnung, in denen niemand über ein Gewaltmonopol verfügte und den Konfliktgegner dauerhaft zum Frieden zwingen konnte. Die freiwillige öffentliche Unterwerfung unterbrach die potenziell endlose Folge von Gewalt und Gegengewalt und ersparte dem Ranghöheren, seine Überlegenheit laufend unter Beweis zu stellen.

Von einem schriftlich geschlossenen Vertrag unterschied sich eine solche rituell eingegangene Verpflichtung zwar durch die Form, nicht aber durch den Grad der Verbindlichkeit. Allerdings bot eine Urkunde den Vorteil, dass sie die einzelnen Bedingungen des Friedensschlusses genauer ausformulieren und über die Zeit konservieren konnte. Im Lauf des Spätmittelalters und der frühen Neuzeit verschob sich das rechtliche Gewicht daher tendenziell von der rituellen Inszenierung auf den Vertragstext. Aber schon die mittelalterliche Unterwerfung wurde spätestens seit dem 13. Jahrhundert meist durch eine Urkunde abgesichert (Garnier 1998). Und umgekehrt erhielt auch der neuzeitliche Friedensvertrag seine Rechtskraft erst durch die feierliche Unterzeichnung und den Austausch der Dokumente. Auch ein solcher neuzeitlicher Friedensschluss war ein Ritual, das seinen Abschluss mit der feierlichen Proklamation des Friedens fand, mit Freudenfeuern, Glockengeläut, Te Deum, Kanonensalven, nicht zuletzt mit gemeinsamem öffentlichen Essen und Trinken (Fogel 1989; Stiglic 1998).

Friedensschlüsse in der Neuzeit

Typisch für einen frühneuzeitlichen Friedensschluss ist etwa der Pyrenäenfriede zwischen Frankreich und Spanien (1659). Dieser Frieden wurde durch eine Sequenz performativer Akte herbeigeführt und vollzogen, die sich durch absolute, bis ins kleinste Detail durchgeformte Symmetrie auszeichneten (vgl. hierzu auch den Exkurs und die Quelle Nr. 11 zum Pyrenäenfrieden unter *www.campus.de*). Die Herausbildung dieses vollkommen symmetrischen Ritualtyps trug wesentlich zur Formierung des modernen völkerrechtlichen Systems bei; es war die Form, in der die machtpolitisch und rangmäßig sehr heterogenen Potentaten ihren Geltungsanspruch durchsetzten, gleichberechtigte völkerrechtliche Subjekte zu sein. Die Gleichheit der Souveräne war keine objektive Gegebenheit, sondern eine völkerrechtliche Fiktion, die mit symbolisch-rituellen Formen erzeugt wurde. Die rituelle Form der Unterwerfung lebte allerdings auch in der Moderne fort, vor allem in asymmetrischen Friedensschlüssen zwischen den europäischen Kolonialmächten und den von ihnen unterworfenen Völkern.

Transkulturelle Begegnungen

Auch Fremdheit oder Vertrautheit sind nichts objektiv Gegebenes, sondern eine Frage der Wahrnehmung und damit auch der rituellen Darstellung *und* Herstellung. Durch Rituale konnten sich Fremde in Freunde verwandeln, denn als Freunde galten in der Vormoderne diejenigen, die sich demonstrativ als Freunde *behandelten*. Rituale der Begegnung sind daher ein bevorzugtes Thema der mittlerweile sehr lebhaften Forschungen über transkulturelle Kontakte. Dabei werden »Kulturen« nicht als objektiv gegebene Einheiten verstanden, die sich als erratische Blöcke gegenüberstehen, sondern als kollektive Bedeutungssysteme und Handlungsrepertoires. Einzelne können sich in verschiedenen Kulturen bewegen und über die verschiedenen Repertoires flexibel verfügen. Den Forschungen zur »Transkulturalität« geht es darum, die unreflektiert eurozentrische Perspektive zu überwinden und durch eine multiperspektivische Betrachtungsweise zu ersetzen. Sie konzentrieren sich vor allem auf kulturelle Kontaktzonen, Mischformen und auf Vermittler zwischen den verschiedenen Bedeutungssystemen (ein gutes Beispiel dafür ist die Untersuchung chinesisch-christlicher Beisetzungsrituale von Standaert 2008).

Im Ritual der Gesandtenaudienz wurde die Beziehung zwischen zwei Potentaten oder Kollektiven, die einander mehr oder weniger fremd waren, als solche inszeniert und austariert. Das machte sie zu einem bevorzugten Gegenstand der betreffenden Gesandtschafts- und Reiseberichte und damit auch der historischen Erforschung transkultureller Beziehungen. Die feierliche Begrüßung fremder Gesandter und ihr Empfang durch den Herrscher waren als rituelle Formen der Begegnung auch außerhalb des christlichen Europa vielfach üblich, so bei den Osmanen, in China, Japan, Tibet, dem indischen

Mogulreich usw. Im Idealfall lassen sich solche Begegnungen aus den Perspektiven beider Seiten rekonstruieren. Dann lässt sich feststellen, inwiefern die Beteiligten einander als Fremde wahrnahmen und behandelten, inwiefern sie die Begegnungssituation gleich oder verschieden deuteten, inwiefern sie eine gemeinsame Symbolsprache beherrschten oder einander missverstanden. Genau das zu rekonstruieren ist Gegenstand der historischen Ritualforschung, die sich mit dem transkulturellen Gesandtschaftswesen befasst. Bei der Begegnung zwischen französischen, deutschen oder englischen Reisenden mit dem russischen Zaren oder dem osmanischen Sultan ebenso wie umgekehrt beim Empfang russischer oder osmanischer Gesandter an mitteleuropäischen Höfen wird deutlich, dass auch die Grenze zwischen »Europa« und »Außereuropa« nicht objektiv vorhanden war, sondern durch den Modus des Miteinander-Umgehens jeweils neu austariert und definiert wurde. So hat sich herausgestellt, dass das Audienzzeremoniell nicht nur innerhalb Europas, sondern teilweise auch darüber hinaus als nonverbales Verständigungsmedium dienen konnte – auch wenn beide Seiten den verschiedenen Gesten durchaus nicht immer die gleiche Bedeutung zuschrieben. Doch dass Reisende eine rituelle Situation als Herrscheraudienz identifizierten, zeigt, dass sie sie in das ihnen vertraute Kategoriensystem einordneten. Die symbolische Grammatik des Entgegenkommens und Einholens, des Wartenlassens, des Stehens und Sitzens, Verbeugens, Kniens, Hutziehens, Grüßens und Komplimentierens, gemeinsamen Essens und Trinkens und vor allem des Gabentauschs wurde im Wesentlichen überall verstanden, auch wenn in den Details Unterschiede bestanden und Missverständnisse vorkamen. Aufschlussreich sind auch hier wie so oft die Konflikte um die zeremonielle Behandlung, die sich an solchen Audienzen entzündeten. Dabei ist im Einzelnen genau zu untersuchen, ob solche Konflikte ein Symptom für interkulturelle Verständnisprobleme sind oder nicht vielmehr umgekehrt ein Indiz dafür, dass alle Beteiligten wussten, worum es ging, und sich gerade deshalb darüber stritten (Osterhammel 2001; Weller 2007; Rollo-Koster 2003; Burschel/Vogel [2013]; zu Russland Hennings 2014; zu Sarazenen Broekmann 2004; zu Osmanen Burschel 2007; zur Mongolei Garnier 2006; zu Indien Flüchter 2008; zu Afrika Windler 2001; Sweet 2003; Alexander 2007; Brauner 2015).

Kolonialе Begegnung und Unterwerfung

Die ersten Kontakte zwischen Europäern und den indigenen Völkern der »Neuen Welt« hatten eine andere Qualität als die Begegnungen mit den Völkern in Ostasien, zu denen seit langem Handelskontakte bestanden und die den Europäern kulturell in vieler Hinsicht überlegen waren. Die »Neue Welt« hingegen betraten die Europäer von Anfang an mit dem Anspruch, sie – und zwar rechtmäßig – zu beherrschen. Sie etablierten ihre koloniale Herrschaft in den beiden Amerikas keineswegs allein durch Waffengewalt, sondern auch durch symbolisch-rituelle Akte. Patricia Seed hat gezeigt, wie Spanier, Portugiesen, Engländer, Franzosen und Niederländer in jeweils ganz unterschiedlicher symbolisch-ritueller Form – durch das Aufpflanzen von Wappen, Kreuzen oder Fahnen, durch das Ausstechen eines Stücks Erde, das Aussprechen bestimmter Formeln oder auch durch kartographische Verzeichnung des Landes – das entdeckte Gebiet für ihre jeweiligen Obrigkeiten symbolisch »in Besitz nahmen«, das heißt nach ihrer eigenen Vorstellung ein Rechtsverhältnis konstituierten. Diese Akte richteten sich weniger an die Einheimischen als vielmehr an die Europäer selbst (Seed 1995). Die späteren völkerrechtlichen Debatten darüber, wer ein Territorium rechtmäßig okkupiert habe und wer nicht, verraten, welche performative Wirkmacht man diesen rituellen Akten beimaß.

Eine scharfe ritualhistorische Kontroverse hat sich an der Frage entzündet, ob und inwiefern manche indigene Völker die europäischen Eindringlinge als »Götter« begrüßten, um sie in ihr eigenes mythisch-religiöses Bedeutungssystem einzuordnen, wie es etwa im Falle von Christoph Columbus, Hernando Cortéz oder James Cook der Fall gewesen sei. Dagegen ist der Vorwurf erhoben worden, diese Deutung sei ihrerseits eine Vergöttlichung der europäischen Kolonisatoren und ein Ausdruck kolonialistischen Denkens. Wie schwierig solche Phänomene zu deuten sind, zeigt etwa der Fall des berühmten Forschungsreisenden James Cook, der bei seiner ersten Landung auf Hawaii von den Einheimischen mit Jubel begrüßt und in ritueller Form erhöht, bei seinem zweiten Besuch aber getötet wurde. Ein und dasselbe Ritual, in das Cook von dem indigenen Herrscher einbezogen wurde, wird völlig unterschiedlich interpretiert: Der eine sieht darin die gottgleiche Verehrung des Europäers im Rahmen eines traditionellen Opferkultes, der andere den förmlichen Abschluss eines politischen Bündnisses (Sahlins 1986; Obeyesekere 1992; Leese 2005). Da es keine indigenen Schriftquellen gibt, lassen sich die rituellen Vorgänge nur durch die europäische Brille rekonstruieren. Dadurch sind schon elementare Fragen unbeantwortbar wie etwa die, ob Europäer und Indigene überhaupt ein ähnliches Verständnis von »Gottheit« hatten. An Kontroversen wie dieser zeigt sich das postkolonialistische Grunddilemma, das immer wieder um die Frage kreist, wie die Kulturanthropologie und damit auch die Ritualtheorie dem Eurozentrismus entkommen kann, wenn sie doch selbst dem kolonialistischen Kontext entstammt (Osterhammel 2001; zu Südamerika Todorov 1985; Trexler 1987; Arnade/Rocke 2008; zu Polynesien Worsley 1973).

2.7 Rituale des Rechts, des Gerichts und der Strafe

»Archaischer« Rechtsformalismus

Dass Recht und Ritual ursprünglich eng miteinander zusammenhängen zeigt sich schon daran, dass beide Wörter auf denselben indogermanischen Stamm *rtá* zurückgehen (Michaels 2003). Sowohl im alten deutschen als auch im ältesten römischen Recht lässt sich ein »archaischer Rechtsformalismus« finden (Grimm 1965; Amira/Schwerin 1943; Rehfeldt 1956; Laufs 1973; Becker 1990; Schmidt-Wiegand 1991; Sellert 1997; Fögen 1999; Gauvard/Jacob 2000; Ostwaldt 2006; Dilcher 2007). Damit ist gemeint, dass Rechtsakte ursprünglich durch den korrekten Vollzug bestimmter symbolischer Gebärden, den Einsatz symbolischer Gegenstände und das Aussprechen bestimmter Sprachformeln vollzogen wurden – sei es eine Eheschließung, ein Kauf, ein Tausch, ein Erbgang, eine Bürgschaft, eine Belehnung oder ein Gerichtsprozess. In diesem Fall spricht man von »Rechtsritualen« im strengen Sinne. Das Archaische liegt darin, dass die äußere *Form* (von Rechtshistorikern »Wirkform« genannt) den Rechtsgang beherrschte, das heißt die Rechtswirkung des Aktes allein durch den korrekten äußerlichen Vollzug zustande kam, unabhängig von den Intentionen der Beteiligten, der sachlichen Billigkeit oder materiellen Wahrheit, sodass der Akt ungültig war, wenn ein geringfügiges Detail des äußeren Vollzuges nicht korrekt durchgeführt worden war. Es ist unter Rechtshistorikern umstritten, in welchem Maße, wie lange und in welchen Zusammenhängen diese »Gefahr« der äußerlich unkorrekten Form tatsächlich bestand. Unbestritten ist aber, dass die Frühgeschichte des Rechts durch strengen, quasi sakralen, unantastbaren und unverfügbaren Formalismus gekennzeichnet ist, das heißt, dass Handlungen sich »in gemessener und feierlicher, formelhaft genormter und fixierter Gestalt bewegen müssen«, um Verbindlichkeit zu erzeugen. »Die Form ist die älteste Norm« – auf diese klassische Formulierung hat der Rechtshistoriker Wilhelm Ebel diesen Sachverhalt gebracht (Ebel 1975: 12 ff.). Aus moderner Sicht erscheint es befremdlich, dass für die Gültigkeit eines Rechtsgeschäftes die Form und nicht der Wille der Beteiligten ausschlaggebend war. Doch in Gesellschaften ohne oder mit geringer Schriftlichkeit waren es symbolisch-rituelle Akte, die Verpflichtungsverhältnisse begründeten. Die schriftliche Aufzeichnung kam erst sekundär hinzu. Solange es keine institutionalisierten Verfahren und überparteilichen Sanktionsmechanismen gab, bedurfte es der fraglosen Autorität symbolisch-ritueller Formen, um Verbindlichkeit zu stiften, wenn nicht der schieren Übermacht der physischen Gewalt die Herrschaft überlassen werden sollte. Ohne Formalismus gab es gewissermaßen gar kein Recht. Der Sinn dieses archaischen Ritualismus lag gerade darin, jeden Handlungsspielraum rigide auszuschließen, um die Wirkung eines Aktes unverfügbar und absolut zu setzen. Ritualismus schneidet alle Alternativen ab und entlastet damit von der Frage nach dem Sinn eines Aktes. Gerade das unterscheidet in einfachen Gesellschaften eine Verbindlichkeit stiftende Handlung von jeder anderen Alltagshandlung; es ist also eine Bedingung dafür, dass sich dort so etwas wie »Recht« als eigenständige Sphäre ausdifferenziert (Fögen 1999).

Das Verhältnis zwischen Ritual und Recht im Mittelalter ist Gegenstand intensiver Debatten zwischen Rechts- und Allgemeinhistorikern. Dabei geht es im Kern um die Frage, was überhaupt unter »Recht« zu verstehen ist und ab wann man davon sprechen kann, dass Recht als eine eigene Sphäre von Politik und Religion abgegrenzt ist (vgl. Dilcher 2007; Pohl 2006; Rexroth 2003). Es spricht vieles dafür, dass das »Recht« archaischer Gesellschaften geradezu in Ritualen *bestand*, dass sich mithin Recht und Ritual in den Augen der Zeitgenossen ursprünglich gar nicht voneinander trennen ließen. »Solennitäten und Symbole *begleiten* nicht die Rechtshandlungen, sondern *verkörpern* sie« (Ebel 1975: 12). Wenn moderne Historiker formulieren, ein konkretes Ritual habe ein bestimmtes Rechtsverhältnis »symbolisiert« oder »zum Ausdruck gebracht«, so ergibt das für archaische Gesellschaften keinen Sinn, denn es setzt voraus, dass es bereits ein abstraktes Normensystem gab, das bestimmte Rechtsverhältnisse wie Eigentum, Kauf, Schenkung, Verpfändung usw. begrifflich und allgemein definierte. Das aber setzt Schriftlichkeit und juristisches Spezialistentum voraus. Nun war das europäische Mittelalter durch das Nebeneinander von gelehrter (kirchlicher) Schriftkultur und mündlicher Laienkultur gekennzeichnet; beide beeinflussten einander wechselseitig. Deshalb ist das Verhältnis zwischen Rechtsritualen und abstrakt-schriftlichem Recht nicht leicht zu bestimmen und Gegenstand anhaltender Forschungskontroversen. Es wäre zu einfach, eine lineare Entwicklung von der Mündlichkeit zur Schriftlichkeit anzunehmen. Auch wo Urkunden neben die »bildliche Vollbringung« eines Rechtsakts durch Gebärde oder Wortformel traten, büßte die rituelle Handlung ihre Bedeutung noch lange nicht ein. Wie und warum es zu einem Funktionsverlust der Rechsrituale kam, ist auch deshalb so schwer zu rekonstruieren, weil man dazu immer schon auf schriftliche Quellen angewiesen ist (so Sellert 1997; Fögen 1999; vgl. unten Kap. 3.5).

Rituelle Rahmung des Gerichts

In Gesellschaften, in denen es eine institutionelle Justiz mit organisatorisch festgelegten professionellen Rollen und schriftlich fixierten abstrakten Verfahrensregeln noch nicht gab, war ritueller Formalismus notwendig, um die Situation des Gerichts, in dem verbindliche Urteile gesprochen werden, überhaupt als solche zu definieren. Ebenso wie der König im Mittelalter nur dann als oberster Richter handelte, wenn er nach bestimmten rituellen Formen *in majestate* saß, so galt das im deutschen Recht auch für den Laienrichter im »Dinggericht«. Das Gericht musste durch eine bestimmte solenne Form vom gewöhnlichen Alltagshandeln unterschieden werden. So hatten Richter und Beisitzer, wie der Name sagt, im bestimmter Weise zu *sitzen*, der Raum des Gerichts war durch Bänder oder Schranken »eingehegt«, die Situation wurde durch bestimmte Sprachformeln und Symbole wie den Gerichtsstab markiert »und damit als Raum besonderen, mit Wirkung ausgestatteten Handelns bezeichnet« (Dilcher 2007: 301; vgl. Arlinghaus 2005; Ostwaldt 2006; Schulze 2006).

Ohne rituelle Formen kommt allerdings auch das professionalisierte und ausdifferenzierte Recht im modernen Rechtsstaat nicht ganz aus. Es gibt nicht nur die abstrakten Formvorschriften des Verfahrensrechts, sondern auch symbolische Elemente wie etwa Amtsroben, Gerichtsarchitektur und zeremonielle Vorschriften. Man muss aufstehen, wenn das Gericht eintritt, auch wenn das nicht der Wahrheitsfindung dient. Ein öffentliches Gerichtsverfahren lässt sich unter dramatisch-theatralen Aspekten als symbolische Inszenierung der legitimen Gerichtsgewalt betrachten (Krischer 2010). Was sich aber gegenüber dem alten Recht geändert hat, sind Funktion und Reichweite symbolisch-ritueller Elemente. Sie markieren immer noch den Rahmen, innerhalb dessen sich ein rechtliches Verfahren abspielt. Das Verfahren selbst ist aber gerade kein Ritual – sofern es sich nicht um einen Schauprozess mit zuvor feststehendem Ausgang handelt. Im Gegensatz zu einem Ritual ist der Ausgang eines rechtsstaatlichen Verfahrens offen. Das Ergebnis wird im Laufe des Verfahrens selbst erzeugt, indem man die Wahrheit in der Sache zu ermitteln sucht, den Einzelfall unter allgemeine rechtliche Regeln subsumiert, Zeugenaussagen und juristische Argumente abwägt und auf diese Weise mögliche Entscheidungsalternativen nach und nach ausschließt.

Reinigungseid und Gottesurteil

Im mittelalterlichen Recht kamen Rituale auch als Mittel der Urteilsfindung zum Einsatz. Ein Beklagter konnte sich von dem Klagevorwurf befreien, indem er, unterstützt durch Eideshelfer, in bestimmter ritueller Form einen Reinigungseid schwor, meist auf die Bibel oder eine Reliquie (Blickle/Holenstein 1993; Dilcher 2007; Esders 2007). Der Meineidige rief die göttliche Strafe auf sich herab und verwirkte sein Seelenheil. Es ging also nicht um die Ermittlung der Wahrheit durch das Gericht selbst, etwa mit Hilfe von Tatzeugen, Indizien, Urkunden, Geständnis oder dergleichen, sondern um die korrekte Durchführung des Rituals, wobei derjenige im Vorteil war, der möglichst große soziale Unterstützung durch Eideshelfer aufbieten konnte.

Ein weiteres Mittel, um mit göttlicher Hilfe zu einer Prozessentscheidung zu kommen, war das Ordal oder Gottesurteil. Ebenso wie beim Eid die Sanktionierung des Eidbruchs an eine transzendente Instanz delegiert wurde, so gab der Richter beim Ordal die Entscheidung des Konflikts aus der Hand der Urteiler in die Hand Gottes. Die Gewähr für die Richtigkeit der Entscheidung bot die korrekte rituelle Form; insofern hatte das Ordal den Charakter eines magischen Rituals. Ordale konnten auf ganz verschiedene Weise durchgeführt werden. Sehr alte Formen waren Feuer- oder Wasserproben. So musste der Delinquent beispielsweise einen Gegenstand aus einem Kessel siedenden Wassers holen. Begann die Wunde nach einer bestimmten Zeit zu eitern, so galt er als überführt. Für Tötungsdelikte gab es die sogenannte Bahrprobe, wobei der des Mordes Verdächtige die aufgebahrte Leiche des Opfers berühren und einen Eid auf seine Unschuld schwören musste. Fing die Leiche an zu bluten, so galt er als schuldig. Eine andere Möglichkeit war der gerichtliche Zweikampf, »ein in den formellen Rahmen des Gerichtsverfahrens eingespannter, verkürzter und entschärfter Austrag der Fehde« (Dilcher 2007: 302; Bartlett 1986; Gauvard/Jacob 2000; Neumann 2010). Ebenso wie andere Rituale, die der Ermittlung der Zukunft oder einer verborgenen Wahrheit dienten, wurden auch Ordale von der Kirche seit dem frühen Mittelalter als Magie bekämpft, weil man glaubte, dass dabei dämonische Kräfte im Spiel seien. Damit konnte sich die Kirche aber in der Praxis kaum durchsetzen. Gottesurteile lassen sich vor allem jenseits der gelehrten Gerichtsbarkeit noch bis weit ins 17. Jahrhundert nachweisen. Mit dem zuerst von der Kirche getragenen neuen Inquisitionsverfahren setzte sich aber parallel dazu seit dem 13. Jahrhundert allmählich eine andere Art der gerichtlichen Wahrheitsermittlung durch, die sich nicht mehr des transzendenten Beistands bediente, sondern auf sachliche Indizien und Zeugenaussagen setzte und letztlich auf die Herbeiführung eines Geständnisses – durch Verhör und notfalls Folter – abzielte.

Ritualisierter Zweikampf – Duell

Das neuzeitliche Duell wurde lange Zeit als spätes Überbleibsel des mittelalterlichen gerichtlichen Zweikampfes betrachtet. Zwar handelt es sich in beiden Fällen um ritualisierte Praktiken des Zweikampfs, doch es führt keine Entwicklungslinie vom einen zum anderen. Der mittelalterliche Zweikampf war eine gerichtliche Form des Gottesurteils, das Duell hingegen eine profane Form des ritualisierten außergerichtlichen Austrags von Ehrkonflikten. Soziale Ehre, das heißt Ansehen, Respekt, Anerkennung durch eine soziale Gruppe, manifestiert sich vor aller Augen insbesondere dann, wenn sie angegriffen und in Frage gestellt wird. Man könnte überspitzt sagen: keine Ehre ohne Ehrkonflikte. Deren Austragung vollzog sich zumeist in ritualisierten Formen, und zwar zwischen (vorwiegend jungen) Männern. Sah sich jemand durch eine Handlung in seiner Ehre gekränkt, so forderte die informelle soziale Norm, dass er darauf reagierte und die Kränkung zurückgab. Die Herausforderung zum Zweikampf stellt eine besonders ritualisierte Form dar, die gekränkte Ehre wiederherzustellen. Die rituelle Logik verlangte, dass eine solche Herausforderung wiederum nicht ohne Ehrverlust abgelehnt werden konnte. Gewaltsame Ehrenhändel spielten sich jenseits der obrigkeitlichen Konfliktregelung ab und wurden daher von den Obrigkeiten immer wieder verboten. In diesen Verboten scheint der Begriff Duell dem Adel vorbehalten worden zu sein, sodass dieses zunehmend als eine exklusiv adelige Praxis erschien und vom Adel genutzt wurde, um seine soziale Exklusivität zu betonen. »Das Duell wurde rechtlich von Anfang an […] als Schlägerei der feinen Leute konzeptionalisiert« (so Ludwig in Pröve/Winkel 2012: 71; vgl. Ludwig u. a. 2012). Der ritualisierte Ehrkonflikt war ein Medium zur Inszenierung eines bestimmten Ideals von Männlichkeit, Tugend und Tapferkeit, aber auch zur Bekräftigung sozialer Grenzen. Denn indem jemand einen anderen zum Duell herausforderte und dieser die Herausforderung annahm, demonstrierten beide einander wechselseitig und vor Dritten nicht nur ihre Männlichkeit, sondern auch ihre soziale Gleichrangigkeit. Das heißt wie gesagt nicht, dass der ritualisierte Zweikampf von der Renaissance bis zum 19. Jahrhundert tatsächlich auf den Adel beschränkt gewesen wäre. Das klassische, hoch formalisierte Duell auf Leben und Tod hatte seine Blütezeit gerade im »langen« bürgerlichen 19. Jahrhundert und diente etwa im Militär dazu, unter Adeligen und Bürgerlichen einen gemeinsamen Korpsgeist zu entwickeln.

Als rituelles Phänomen ist das Duell mit zahlreichen anderen sozialen Praktiken des Wettkampfs wie etwa dem Turnier verwandt.

Der Unterschied liegt vor allem darin, dass der spielerische Wettkampf keinen Konflikt benötigte. Gemeinsam ist allen diesen Phänomenen, dass es sich um Formen ritualisierter Gewalt handelte, die zur Erzeugung von männlichem Habitus und sozialer Gruppenkohärenz dienten (Schreiner/Schwerhoff 1995; Dinges 1993; Frevert 1991; Speitkamp 2010; Neumann 2010; Ludwig 2011; Ludwig/Krug-Richter/Schwerhoff 2012; zum Turnier Fleckenstein 1985; Watanabe-O'Kelly 1992).

Rituale der öffentlichen Buße

Strafe setzt hinreichende Sanktionsgewalt voraus. Sie ist daher keineswegs in allen Gesellschaften das wichtigste Mittel zur Sicherung sozialer Ordnung gegen Normverstöße. Solange es keine Staatsgewalt gibt, die den Konfliktparteien übergeordnet ist und genug Macht besitzt, um einen Streit nachhaltig beizulegen, den endlosen Kreislauf von Gewalt und Gegengewalt zu durchbrechen und Frieden zu erzwingen, dominieren Praktiken, die auf Wiedergutmachung (*satisfactio*) und Ausgleich (*compositio*) zielen (vgl. oben Kap. 2.6). In der Vormoderne ging es daher eher um die Wiederherstellung des sozialen Friedens als darum, eine obrigkeitliche Strafgewalt lückenlos geltend zu machen. Charakteristische Sanktionsformen waren daher Bußleistungen, die gleichzeitig eine gemeinschaftsbildende und versöhnende Funktion hatten. So war es bei geringeren Vergehen auf Gemeindeebene beispielsweise üblich, dass jemand, der gegen die Ordnung verstoßen hatte, als Buße für den Wein oder das Bier aufkommen musste, das anschließend von allen gemeinsam getrunken wurde. Hier fielen Straf- und Versöhnungsritual in eins.

Im christlichen Mittelalter spielte die Kirche eine mindestens ebenso wichtige Rolle für die soziale Kontrolle wie die weltliche Herrschaft. Politik, Recht und Religion ließen sich noch nicht klar voneinander trennen, folglich auch nicht Sünde und Straftat. Als Sünde definiert, konnte jeder Normverstoß der kirchlichen Sanktionsgewalt unterworfen werden. Das zentrale kirchliche Kontroll- und Sanktionsinstrument war die Kirchenbuße, die grundsätzlich auf die Rekonziliation, die Aussöhnung des Sünders mit Gott zielte. Wer seine Sünden bekannte, bereute und eine Satisfaktionsleistung erbrachte, dem wurde von Gott verziehen. Im 13. Jahrhundert wurde die Buße in der Form der privaten Ohrenbeichte als eines der sieben Sakramente etabliert. In Fällen von öffentlich bekannten, »notorischen« Sünden (*peccata publica*) reichte allerdings die im Stillen dem Sünder vom Beichtvater auferlegte Buße nicht aus. Für solche Fälle gab es als Sanktion die öffentliche Kirchenbuße. Um die göttliche Gnade zu erwirken und in die Gemeinschaft reintegriert zu werden, mussten die Sünder sich öffentlich demütigen, indem sie barfüßig, im Büßergewand, auf Knien und mit allen Zeichen der Reue ihre Vergehen bekannten und um Gnade baten, worauf der Priester (hier meist der Bischof) die Absolution erteilte, das heißt durch einen performativen sakramentalen Akt die göttliche Gnade vermittelte und von den Sünden lossprach. Die Kirchenbuße stand Pate für das schon erwähnte politische Ritual der *deditio,* der fußfälligen Abbitte als Mittel der Konfliktbeilegung im weltlichen Bereich; mitunter lässt sich beides gar nicht eindeutig unterscheiden. Die Kompetenz zur Absolution bzw. zum Gnadenerweis festigte die Autorität dessen, der sie erteilen konnte (Althoff 1994; Mansfield 1995; Moeglin 1997; Neumann 2007; Althoff 1997; zum Bußsakrament Vogel 1969; kulturübergreifend Miller 1993).

In der frühen Neuzeit entwickelte die öffentliche Kirchenbuße immer mehr den Charakter einer Strafe und verlor zum Teil ihre ursprüngliche Funktion, die Büßer in die Gemeinde zu reintegrieren. Die Grenze zwischen geistlicher Kirchenbuße und weltlichen Schand- oder Ehrenstrafen wurde fließend. Sowohl Kirchenbuße als auch Schandstrafen bestanden darin, dass der Delinquent oder die Delinquentin in ritualisierter Form, demonstrativ und öffentlich erniedrigt wurde. Beide Sanktionen wurden vor allem als Verschärfung bei Sexualdelikten und weit öfter gegen Frauen als gegen Männer verhängt. Bei der Kirchenbuße musste die Delinquentin etwa mit einer Kerze in der Hand im Büßerhemd und mit offenen Haaren eine bestimmte Zeit lang vor oder in der Kirche stehen; bei der Schandstrafe wurde sie an den Pranger gestellt, musste eine Schandhaube tragen, wurde in eine hölzerne »Wippe« oder »Geige« eingeschlossen u. ä. Hatte die öffentliche Kirchenbuße ursprünglich mit der feierlichen Rekonziliation und Wiederaufnahme in die Gemeinde geendet, so diente sie im 17. und 18. Jahrhundert offenbar immer mehr zur Abschreckung, Stigmatisierung und sozialen Exklusion (Schwerhoff 1993; Schmidt 2009).

Das Muster von freiwilligem öffentlichem Schuldbekenntnis und Versöhnung wirkt noch in der modernen Kultur der politischen Selbstbezichtigung nach, wie sie sich im Laufe der Nachkriegszeit entwickelt hat. Die Bundesrepublik Deutschland hat ihre staatliche Erinnerungskultur auf die Anerkennung einer historischen Schuld gegründet. Das Bild vom Kniefall Willy Brandts vor dem Denkmal für die Opfer des Warschauer Ghettoaufstands ist zu einer Ikone dieser Erinnerungskultur geworden. Es wurde verstanden, weil es einem universellen rituellen Muster folgte. Seit dem ausgehenden 20. Jahrhundert hat sich geradezu eine Kultur der politischen Abbitte entwickelt, mit der Staatsoberhäupter für die politischen Verbrechen der Vergangenheit bei den Opfern um Vergebung bitten. Vor allem da, wo keine rechtlichen Sanktionen mehr möglich sind, geht es darum, den Opfern zumindest eine symbolisch-rituelle Genugtuung zu verschaffen und die Geltung der verletzten Norm anzuerkennen (Schneider 2006; vgl. unten Kap. 3.4; vgl. hierzu auch die Bildquellen Nr. 12 zur öffentlichen Abbitte unter *www.campus.de*).

Strafrituale

In dem Maße, wie sich im Laufe der Vormoderne eine zentrale Staatsgewalt mit dem Monopol legitimer Gewaltanwendung etablierte, gewann die Bestrafung des Schuldigen gegenüber freiwilligem Ausgleich zwischen den Konfliktparteien an Bedeutung. Dabei ging es nicht nur um Konfliktbeilegung, sondern auch um die Durchsetzung allgemein verbindlicher Normen. Strafen dienten unter anderem dazu, eine verletzte Norm auf sichtbare Weise wiederherzustellen, und hatten daher eine symbolisch-rituelle Dimension. Besonders deutlich ist das bei dem sogenannten Talionsprinzip, wonach eine Strafe auf die Schuld, die sie sühnen soll, symbolisch Bezug nimmt, etwa wenn für Gotteslästerung die Zunge oder für Diebstahl die Hand abgeschnitten wurde. Solche drastischen Leibesstrafen wurden allerdings nur selten und exemplarisch vollstreckt. Das Gleiche galt auch für die Todesstrafe, die in der frühen Neuzeit als besonders spektakuläre öffentliche Inszenierung vollzogen wurde, um ein abschreckendes Exempel zu statuieren, die Schuld zu vergelten und die gestörte Ordnung wiederherzustellen. Schon die Zeitgenossen sprachen von dem »*theatrum poenarum*«, dem Theater der Strafen. Während das Strafverfahren selbst hinter verschlossenen Türen und zu großen Teilen schriftlich stattfand, spielte sich der »endliche Rechtstag« als öffentliches Spektakel vor den Augen des versammelten Volkes einschließlich der Frauen und Kinder ab. Er begann wie so viele Rituale mit einer militärisch flankierten Prozession. Das Zentrum des Zuges bildete der Karren mit dem Täter im Büßergewand. Auf verschiedene Weise wurde symbolisch auf die Tat Bezug genommen, etwa indem die Tatwaffe mitgeführt wurde oder die Prozession an der Stätte der Tat Halt machte. Die Hinrichtung selbst fand auf einer Bühne statt und konnte durch vielerlei ausgesuchte Martern verschärft werden. Damit die öffentliche Strafe ihren Sinn erfüllte, die gestörte Ordnung symbolisch wiederherzustellen, musste auch der Delinquent seine Rolle angemessen spielen. Sein Geständnis, das Ziel des inquisitorischen Strafprozesses, wurde am endlichen Rechtstag öffentlich verlesen. Dazu musste der Kandidat, der von einem Priester begleitet wurde, Zeichen der Reue und Umkehr zeigen. War er bußfertig, so eröffnete der Tod ihm den Weg zum Seelenheil. Abschreckung, Wiederherstellung der menschlichen Ordnung und Versöhnung mit Gott fielen so in eins (Foucault 1975/1994; Spierenburg 1984; Arasse 1988; Evans 1996/2001; van Dülmen 1988; Martschukat 2000; Nowosadtko 2005; Terpstra 2008). Diese Kultur der öffentlich inszenierten Hinrichtung geriet im 18. Jahrhundert zunehmend in die Kritik. Ebenso wie an fiktiver Gewalt auf der Schauspielbühne fand das aufgeklärte Publikum auch an der realen Gewalt auf dem Schafott keinen Gefallen mehr. Stolz auf die eigenen »zivilisierten Sitten«, distanzierte man sich von der Neugier und Faszination, mit der das »gemeine Volk« dem Ritual beiwohnte. Doch mit dem neuen Verständnis von Humanität und »Zivilisation« wurde die Todesstrafe schrittweise versöhnt, indem sie zuerst mittels der Guillotine mechanisiert und später hinter die Kulissen der Strafjustiz verlegt wurde (Martschukat 2000).

Spott-rituale – »Charivari«

In *face-to-face*-Gesellschaften, in denen jeder jeden persönlich kennt, werden soziale Normverstöße vor allem informell durch die unmittelbare soziale Umgebung sanktioniert, lange bevor die obrigkeitliche Strafgewalt ins Spiel kommt. Ein wichtiges Mittel solcher informellen Sanktionierung von Devianz in der Vormoderne waren Spott- und Schandrituale (»Charivari«, »*rough music*«, »Katzenmusik«, »Haberfeldtreiben« u. a.), die vor allem von Jugendlichen angewandt wurden, um Normverstöße öffentlich anzuprangern. Seit sich die Historiker für die Alltagskultur der einfachen Leute interessieren, sind solche Rituale zu einem vielbehandelten Thema geworden (Davis 1965/1987; Davis 1971; Thompson 1972; Farge/Zysberg 1979; Burguière 1980; LeGoff/Schmitt 1981; Schindler 1984; Darnton 1989; Cashmere 1991; Schindler 1992).

Rügebräuche wurden vor allem bei Verstößen gegen sexuelle Normen eingesetzt, so vor allem gegen Ehebrecher(innen), altersungleiche Paare oder zu früh wiederverheiratete Witwer und Witwen. Der Begriff *Charivari* hat lautmalerischen Charakter; er verweist darauf, dass das Ritual unter anderem darin bestand, vor dem Haus des Opfers, meist bei Nacht, mit allerlei Gegenständen einen weithin hörbaren Lärm zu erzeugen und Spottgesänge anzustimmen. Das Spektrum reichte von solchen akustischen Drohgesten über allerlei Formen symbolischer Erniedrigung bis zu physischer Gewalt. Fenster wurden eingeworfen, das Dach abgedeckt, Tierkadaver an die Tür genagelt. Andere Rügebräuche kamen den obrigkeitlichen Schandstrafen nahe. So ließ man etwa betrogene Ehemänner buchstäblich mit aufgesetzten Hörnern durch die Straßen laufen; Ehemänner, die sich von ihren Frauen hatten schlagen lassen, mussten rückwärts auf einem Esel reiten; späte Jungfrauen wurden wie Zugtiere vor einen Pflug gespannt. Diese Rituale folgten einer Logik der Umkehrung – Menschen wurden wie Tiere behandelt, gewöhnliche Handlungen genau umgekehrt vollzogen – und spielten damit symbolisch auf die Verkehrung der Ordnung durch die Übeltäter an. Sie stellten für die Betroffenen in hohem Maße entehrende Sanktionen dar; für alle anderen wirkten sie als latente Drohung und sorgten auf diese Weise wirkungsvoll für soziale Konformität. Die gleichen Inversionsmotive wurden auch auf Schand- und Schmähbriefen abgebildet, mit denen Gläubiger ihre säumigen Schuldner öffentlich anprangerten (Lentz 2004). Erniedrigende Schandrituale wurden indessen nicht allein gegen Normverstöße Einzelner eingesetzt, sondern konnten sich auch gegen religiöse und andere Minderheiten richten. Auch bei Aufstandsbewegungen gegen die Obrigkeit fanden ähnliche Formen symbolischer Gewalt Anwendung, sodass die Grenze zur politischen Rebellion fließend ist (siehe unten). Und nicht nur Menschen fielen solchen Schandritualen zum Opfer, auch Heilige mussten sich – in Gestalt von Bildern oder Reliquien – rituelle Erniedrigungen gefallen lassen. Im Mittelalter wurden Schutzheilige, die ihre Aufgabe schlecht erfüllt und damit gegen die Logik des *do ut des* verstoßen hatten, allen möglichen erniedrigenden Prozeduren unterzogen (Geary 1994).

Absetzungsrituale

Die Logik der Umkehrung lag auch einem anderen Ritualtypus zugrunde, der mit den entehrenden Strafritualen verwandt ist: nämlich solchen Ritualen, die andere Rituale ungeschehen machen sollten. Einsetzung (Investitur) und Absetzung (Devestitur) entsprachen einander spiegelbildlich. Was durch einen performativen Akt »sozialer Magie« erzeugt worden war, konnte durch einen ebensolchen, aber spiegelbildlich umgekehrten performativen Akt wieder rückgängig gemacht werden. Dass jemandem in der vormodernen Gesellschaft sein einmal verliehener Rang und Status wieder aberkannt wurde, war ein unerhörter Vorgang, der selten, aber dafür umso dramatischer und vor großer Öffentlichkeit vollzogen wurde. Das galt ganz besonders dann, wenn es sich um einen heiligen, durch das Sakrament der Weihe verliehenen, eigentlich unverlierbaren Charakter handelte (*character indelebilis*). Beispiele dafür sind die Absetzung von Päpsten, Bischöfen und Königen im Mittelalter. Seit dem 14. Jahrhundert wurde die Absetzung eines Priesters oder Bischofs in schriftlichen *Ordines* fixiert. Darin wurde unter anderem festgelegt, dass das Salbungsmal am rechten Daumen ausgeschabt werden sollte, damit der Priester keine Sakramente mehr spenden konnte.

Lange Zeit wurden Papst- und Königsabsetzungen primär als rechtliche Vorgänge thematisiert (Zimmermann 1968). Erst unter dem Einfluss der Ritualtheorie wurde der spezifische Sinn der symbolisch-rituellen Ausgestaltung hinterfragt (Schreiner 1989; Rexroth 2004). Gerade weil es so schwer war, für einen derart unerhörten Akt allgemeine Zustimmung zu finden, war die rituelle Inszenierung so wichtig. Deshalb produzierte man »einen massiven Überschuss an Sinn«, um alle Zweifel auszuräumen (Rexroth 2004: 43). Der Einsetzungsvorgang wurde in einer vielgestaltigen und langgestreckten Sequenz ritueller Handlungen rückwärts durchlaufen: Die sakralen Gewänder wurden ausgezogen, die Insignien abgenommen, das Salbungsmal auf der Stirn ausgeschabt, das Wahldekret verbrannt, Wappen und Siegel vernichtet, der alte Name zurückgegeben und so fort. Bei Papstabsetzungen wurde der feierliche Einzug verkehrt in einen Auszug, bei dem der Abgesetzte rückwärts auf einem Kamel oder Esel ritt und dessen Schwanz als Zügel in der Hand hielt. In Abwesenheit des Abzusetzenden konnte der Akt auch stellvertretend an einer Puppe vollzogen werden, ja sogar posthum an seinem toten Körper. Spektakuläre rituelle Degradationen gab es auch in der frühen Neuzeit, etwa im Bereich des Militärs oder der Ritterorden. Allerdings hat die Ritualforschung dieses Phänomen bisher noch fast gar nicht als Thema entdeckt.

2.8 Rituale der Umkehrung und der Rebellion

Wenn es zutrifft, was die Ritualtheorie unterstellt, nämlich dass Rituale eine politisch-soziale Ordnung aufrechterhalten, indem sie sie mit einer Aura der Unverfügbarkeit und Faktizität umgeben, so liegt es umgekehrt auf der Hand, dass Rituale, die diese Aura entzaubern, ein subversives Potenzial haben und die gesamte Ordnung in Frage stellen können. Anders formuliert: Keine politisch-soziale Ordnung wird zerstört, ohne dass ihre feierlichen Rituale demonstrativ unterlaufen und entzaubert und ihre Symbole zerstört werden. Auch dabei handelt es sich wiederum um symbolisch-rituelle Akte. Kein Aufstand, keine Revolution kommt ohne sie aus. Umstritten ist allerdings die Frage, ob den Ritualen des »einfachen Volkes« generell ein rebellisches Potenzial innewohnt, vor allem solchen, die sich der Symbolik der »verkehrten Welt« bedienen. Das Verhältnis von Ritualen der Umkehrung zu Ritualen der Rebellion ist ein zentrales und intensiv diskutiertes Thema der Volkskulturforschung.

Die Volkskulturforschung

Die Rituale des »einfachen Volkes« hatten schon im 19. Jahrhundert ein volkskundliches Forschungsinteresse auf sich gezogen (vgl. Kap. 1.2.1). Man hielt sie für Überbleibsel unvordenklich alter, heidnischer Bräuche aus vorchristlicher Zeit und sammelte sie, um sie kurz vor ihrem endgültigen Verschwinden in der industriellen Massengesellschaft dem Vergessen zu entreißen. Die »Folklorebräuche«, die tatsächlich meist allenfalls bis ins späte Mittelalter zurückverfolgt werden konnten, wurden dabei mit einer Mischung aus romantisierender Verklärung und elitärer Herablassung betrachtet; man sah in ihnen eine Art überzeitlicher »Natur«, der sich die zivilisierten Stände zunehmend entfremdet hätten. Lange Zeit wurde die »Folklore« von den Historikern weitgehend ignoriert. Erst durch die kulturalistische Wende hat sich das geändert. Seit sich die Geschichtswissenschaft in den 1970er-Jahren allmählich und zögernd für Alltagsleben und Mentalität der »einfachen Leute«, der historischen »Verlierer«, Randgruppen und Unterschichten, nicht zuletzt auch der Frauen öffnete, begann man sich auch für die »folkloristischen« Phänomene zu interessieren, zuerst in Frankreich und in den USA, dann mit einiger Verspätung auch in Deutschland. Diese Forschungsrichtung entstand als Gegenbewegung zur zünftigen universitären Geschichtswissenschaft und war oftmals von einer erklärten Sympathie für ihre namenlosen Protagonisten getragen, denen sie erstmals zu einer historischen Stimme verhelfen wollte. Dabei sah sie sich allerdings dem methodischen Problem gegenüber, dass die Rituale der »einfachen Leute« in den Quellen meist vor allem *ex negativo* auftauchen, nämlich in den Verbotserlassen und Verhörprotokollen der weltlichen und geistlichen Obrigkeiten. Seit jeher ist die Geschichte der populären Rituale zugleich eine Geschichte der – vergeblichen – Versuche der Obrigkeiten, sie zu reglementieren oder ganz abzuschaffen. Rituale des einfachen Volkes werden in den Quellen also von vornherein meistens mit Ausschreitung und Zügellosigkeit in Verbindung gebracht. Das hat das Bild der »Volkskultur« im Allgemeinen und ihrer Rituale im Besonderen in der Forschung nicht unbeeinflusst gelassen. Mittlerweile haben die Historiker die allzu schlichte Gegenüberstellung von Volkskultur und Elitekultur weitgehend relativiert (vgl. hierzu auch die Quellen Nr. 13 unter *www.campus.de*).

Populäre Rituale und Subversion

Eine bedeutende Richtung der Forschung geht davon aus, dass populäre Rituale grundsätzlich eine subversive, anarchische, obrigkeitsfeindliche Tendenz haben. Damit verbunden ist das Bemühen, eine eigenständige, homogene »Volkskultur« zu rekonstruieren, die durch einen elementaren Materialismus gekennzeichnet ist und der die »Elitekultur« (und damit auch die hergebrachte geistesgeschichtliche Forschung selbst) fremd und verständnislos gegenübersteht. Diese Position ist wesentlich beeinflusst von dem russischen Literaturwissenschaftler Michail Bachtin, der anhand der Romane von François Rabelais eine archaische, volkstümliche »Lachkultur« konstruiert hat, die in allem die Gegenwelt zur Hochkultur darstelle: anarchisch, areligiös, chaotisch, vielstimmig, egalitär. Ihre zentrale Erscheinungsform sei der Karneval, der als vorübergehende Zeit der Ausschweifung und der Umkehrung aller Verhältnisse erscheint. Im Gegensatz zu den Ritualen der Hochkultur finden die Rituale des Karnevals nicht auf einer Bühne statt; die Unterscheidung zwischen Darstellern und Zuschauern ist aufgehoben (Bachtin 1965/1987; vgl. hierzu auch den Exkurs Nr. 14 unter *www.campus.de*).

Bachtins Konzept der Lachkultur erinnert in vieler Hinsicht an Victor Turners Konzepte der Liminalität, der *communitas* und der Anti-Struktur (siehe oben Kap. 1.2.1). Auch Turner hat ja betont, dass Rituale immer ein Element der Inversion enthalten und damit das in einer Gesellschaft offiziell Verpönte thematisieren. Bachtin und Turner ist gemeinsam, dass sie sehr unterschiedliche Phänomene in einem Konzept zusammenfassen – Rituale, Gemeinschaftsformen, soziale Typen, literarische Muster – und dass sie die Ritualtheorie benutzen, um eine soziale Utopie zu transportieren. Für die historische Ritualforschung ist das einerseits anregend gewesen, hat aber andererseits auch massive Kritik provoziert. Gegen Bachtin ist vorgebracht worden, dass sein Konzept der volkstümlichen Lachkultur mit den realen karnevalesken Phänomenen, wie sie sich in den historischen Quellen finden, wenig zu tun hat (zur Kontroverse Moser 1990; Schindler 1984; Röcke/Velten 2005).

Wenn man genau hinschaut, zeigt sich, dass eine Fülle sehr verschiedener Phänomene mit den Etiketten »Inversion«, »Umkehrung« oder »Verkehrte Welt« versehen wird (Babcock 1978; Meier-Staubach 2008; Fugger 2013). Erstens gibt es die Inversion als allgemeines Formprinzip innerhalb vieler komplexer Rituale: Die Erniedrigung vor der Erhöhung, der symbolische Tod vor der Wiedererweckung kennzeichnet die liminale Phase in vielen Initiations- und Einsetzungsritualen. Zweitens begegnet das Prinzip der Inversion als Mittel der Parodie in der Literatur und der darstellenden

Kunst. Drittens gibt es imaginäre Inversionsrituale als Erzeugnis kollektiver Phantasie. Viertens schließlich sind die realen Verkehrungsrituale selbst zu nennen, die wiederum sehr unterschiedlichen Charakter haben. Dazu gehören zum einen die Spott- und Schandrituale, die symbolische Elemente der Inversion verwenden, und zum anderen die Absetzungsrituale, die andere Rituale buchstäblich rückgängig machten. Von diesen beiden Ritualtypen war oben schon die Rede. Davon zu unterscheiden sind schließlich die Fastnachtsrituale, temporäre Festkönigreiche und andere Narrenfeste des kirchlichen Festkalenders.

Imaginäre Inversionsrituale

Die kollektive Vorstellungswelt der Vormoderne war von der Symbolik der Inversion beherrscht. Das dualistische Weltbild der christlichen Religion mit der Gegenüberstellung von Gott und Teufel, *civitas Dei* und *civitas diaboli,* bot dafür günstige Voraussetzungen. Die Idee der Verkehrung setzt eine manichäische, durch den ständigen Kampf zwischen Gut und Böse gekennzeichnete Ordnung voraus. Die kollektive Phantasie stellte sich häretische Gemeinschaften in jeder Hinsicht als Gegenbild zur rechten christlichen Gemeinschaft vor. Wie Gott den Menschen die heiligen Sakramente verliehen habe, lehrte der Theologe Hugo von Sankt Victor im 12. Jahrhundert, so habe auch der Teufel den Menschen Rituale gegeben, um sie an sich zu binden. Ganz genauso, wie sich christliche Gemeinden durch kollektive Rituale wie Abendmahlsfeier und Huldigungseid konstituierten, so formierten sich Ketzer- und Hexengemeinden vermeintlich durch teuflische Rituale, die in allem die spiegelbildliche Umkehrung der »richtigen« Rituale darstellten. Sie trafen sich nachts im Geheimen anstatt tagsüber im Licht der Öffentlichkeit; sie verbündeten sich zu einer Schwurgemeinschaft und huldigten dem Teufel selbst anstatt der christlichen Obrigkeit; sie opferten kleine Kinder anstatt die Eucharistie zu feiern; sie verkehrten sexuell mit dem Teufel anstatt mit dem Ehegemahl. Zum Zeichen der Umkehrung aller Normen geschah bei diesen nächtlichen Verschwörungen alles buchstäblich »verkehrt«: Man tanzte links- statt rechtsherum, sagte Sprachformeln rückwärts auf, man küsste den Teufel nicht auf den Mund, sondern auf den After usw. Kurzum: Die Logik der Verkehrung erlaubte es der kollektiven Phantasie, sich diese Versammlungen detailliert auszuschmücken. Illustrierte Flugschriften und öffentlich verlesene Geständnisse von Delinquenten, die durch Folter erzwungen worden waren, sorgten in der frühen Neuzeit für die Verbreitung dieser imaginären Muster (Ginzburg 1990; Hergemöller 1996; vgl. auch die Quellen Nr. 15 unter *www.campus.de*). Ähnliche Imaginationen kursierten auch über die Juden, denen man Ritualmorde an christlichen Kindern zur Last legte.

Das Formprinzip der Inversion war aber nicht auf solche imaginären Umkehrungsrituale beschränkt; es fand auch in der tatsächlichen Ritualpraxis auf vielerlei Weise Anwendung. Ein zentraler struktureller Unterschied zwischen den verschiedenen Inversionsritualen bestand allerdings darin, in welcher sozialen Rahmung ein solcher Akt stattfand. Entscheidend war, ob es sich um eine vorübergehende, eindeutig aus der Alltagswelt herausgehobene und als solche gekennzeichnete Umkehrung handelte, die explizit als Ausnahmesituation, als temporäre »Narrenherrschaft« markiert war, oder ob der Umkehrungsakt im Rahmen der normalen Alltagswelt stattfand. Die rituelle Einsetzung eines Narrenbischofs hatte mit der rituellen Entehrung und Devestitur eines Bischofs nichts zu tun. Im ersten Fall hatte das, was im Inversionsakt geschah, keine unmittelbaren Konsequenzen für das Leben jenseits des Rituals, im anderen Fall veränderte es den Status des Betroffenen dauerhaft. Der Unterschied ist kategorialer Natur und sollte ritualhistorisch nicht verwischt werden. Dennoch gibt es historisch interessante Übergangsfälle, auf die noch zurückzukommen ist.

Karneval und andere Gegenfeste

Im vormodernen christlichen Kalender gab es in den wenig arbeitsreichen Wintermonaten, in der Zeit zwischen Ernte und neuer Aussaat, eine Reihe von volkstümlichen Festen, von denen die Fastnacht (*carnival, mardi gras*) das bis heute bekannteste ist. Diese Gegenfeste des Kirchenjahres waren demonstrativ aus dem Alltag herausgehoben und erlaubten die kontrollierte Normüberschreitung. Sie bildeten eine eindeutig gerahmte Gegenwelt zur Normalität. An diesen besonderen Tagen herrschte Überfluss statt Mangel, Spott trat an die Stelle von Ehrfurcht, das Niedrige wurde erhöht und das Hohe erniedrigt, Männer verkleideten sich als Frauen und Frauen als Männer, Requisiten des Sakralen wurden profaniert, das Heilige parodiert und so fort. Strukturell ähnliche Phänomene hatte es bereits in der heidnischen Antike gegeben; inwiefern sie in einer historischen Kontinuität zu dem Karneval des Mittelalters stehen, ist allerdings sehr umstritten. Die römischen Saturnalien und die griechischen Dionysos-Rituale boten ebenfalls Spielraum für erlaubte Anomie und Grenzüberschreitung und nivellierten die alltäglichen rechtlichen Statusunterschiede – etwa zwischen Sklaven und Freien (Versnel 1993; Rüpke 2008). Der christliche Karneval in der Zeit vor Beginn der vorösterlichen Fastenzeit ist seit dem 13. Jahrhundert in den Quellen greifbar. Er bestand nicht nur in allgemeinen Festlichkeiten, Gelagen und Vergnügungen, sondern auch in sorgfältig organisierten Umzügen, Maskeraden, Wettkämpfen, szenischen Spielen und Schautänzen, die von den städtischen Zünften und Bruderschaften veranstaltet wurden. Dabei herrschte »Narrenfreiheit«; Ausschweifungen vor allem der männlichen Jugendlichen wurden bis zu einem gewissen Maße toleriert.

Das galt auch für das Narrenfest (*festum stultorum*), das Eselsfest und das Fest der Unschuldigen Kinder, alles populäre »Gegenfeste«, die in die liminale Zeit zwischen Weihnachten und Epiphanias fielen und von jungen Klerikern – Mönchen, Kanonikern, Chorknaben, niederen Geistlichen – gefeiert wurden. Aus heutiger Sicht kennzeichnet diese Feste eine eigentümliche Ambivalenz zwischen Sakralität und Profanität. Sie umfassten alle möglichen Parodien auf das liturgisch-sakrale Geschehen: Es wurde ein Narrenbischof oder Narrenabt gewählt und auf einem Esel an den Altar geführt, die Kleriker verkleideten sich, sangen die Messliturgie rückwärts, spielten Ball, aßen und tranken, lärmten und tanzten, ahmten Tiere nach – all das geschah im Rahmen der Institution und im Sakralraum der Kirche, ohne dass es als Entweihung oder unverzeihliche Blasphemie empfunden worden wäre (Heers 1983/1986; Bercé 1979; Scribner 1984; Schindler 1984; Moser 1990; Billington 1991; Jacobs 2006; Ridder 2009; Skambraks 2014; Hiltmann 2010; Harris 2011; Fugger 2013).

Schließlich war das Dreikönigsfest am 6. Januar, Epiphanias, in ganz Mitteleuropa ähnlich populär wie heute das Weihnachtsfest. Am Dreikönigstag wurde durch Los, durch in Kuchen eingebackene Bohnen oder ähnliches ein »König« gewählt, der für das Fest verantwortlich war und seine Umgebung mit Speise und Trank freizuhalten hatte. Dieser Festbrauch wurde im 16. und 17. Jahrhundert in allen Ständen, von den Handwerkern bis zu den Fürstenhöfen, ähnlich gehandhabt. Bei temporären Festkönigen wie diesen ging es nicht um soziale Umkehrung (auch am Königshof gab es einen »Festkönig«). Die verschiedenen Festgemeinschaften vermischten sich nicht; die Ständegrenzen blieben gewahrt. »König« war hier eher metaphorisch gemeint und bezeichnete denjenigen, der an diesem Tag innerhalb einer Festgemeinschaft das Kommando führte, die anderen bewirtete und gegenüber der Obrigkeit die Verantwortung trug (Fugger 2007; Hiltmann 2010; Jacobs 2006; Billington 1991).

Die Karnevalszeit war auch an den Fürstenhöfen eine zentrale Festsaison. Auch hier waren in der frühen Neuzeit Verkleidungsfeste sehr beliebt, bei denen die Festgesellschaft nach einem bestimmten Motto zuvor festgesetzte Rollen unter sich ausloste und sich entsprechend aufwendig kostümierte. Als Festmotive dienten neben dem »Königreich« vor allem Bauernwirtschaft, Bauernhochzeit und Schäferei. Das bot Gelegenheit, die strengen Regeln des zeremoniellen Umgangs vorübergehend ein wenig zu lockern, ohne dass tatsächlich ein sozialer Rollentausch zwischen Oben und Unten stattgefunden hätte; die Hofgesellschaft blieb auch bei diesen Maskenfesten unter sich (Schnitzer 1999).

Subversives Potenzial der »verkehrten Welt«?

Die Symbolik der Inversion war also in der vormodernen Gesellschaft in vielfältigen Formen und auf ganz unterschiedlichen Ebenen präsent. Gemeinhin war allerdings die Umkehrung eindeutig gerahmt und ihre Grenzen waren deutlich markiert, sodass sie im normalen Alltag folgenlos blieb. Welche soziale Funktion die kontrollierte und temporäre Umkehrung, Entweihung und Verspottung der Alltagsordnung hatte und wie dies auf die Beteiligten wirkte, ist indessen umstritten. Die einen argumentieren, dass die vorübergehend zugelassene Normüberschreitung die alltägliche Geltung der Normen nur umso nachhaltiger gestärkt habe. Im Karneval sei der Normverstoß institutionalisiert. Als außeralltägliches »Ventil« für das Ausagieren sonst verbotener und unterdrückter Bedürfnisse hätten die karnevalesken Feste insgesamt die alltägliche Ordnung eher gefestigt als untergraben – sonst wären sie von den Obrigkeiten gar nicht toleriert worden. Indem die Karnevalsriten die latenten Spannungen der Gesellschaft – etwa zwischen Männern und Frauen oder zwischen Oben und Unten – zu thematisieren erlaubten, hätten sie also zur sozialen Integration beigetragen (klassisch Gluckman 1965; ferner Moser 1990). Die anderen betonen – in Anlehnung an die Theorien von Michail Bachtin und Victor Turner – den ambivalenten, potenziell subversiven Charakter der populären Gegenfeste. So argumentiert etwa Norbert Schindler, die vormoderne Gesellschaft habe sich im Karneval jedes Jahr aufs Neue vor Augen geführt, dass ihre Ordnung fragil und kontingent sei, das heißt, dass grundsätzlich alles auch ganz anders sein könnte, als es ist. Allein dieses Wissen habe als Stachel im Fleisch der Alltagsordnung wirken können. Ob »in der gelebten Utopie der verkehrten Welt nicht doch auch unterdrückte und verdrängte Erfahrungen, d.h. Veränderungspotenziale [stecken], die am Aschermittwoch eben nicht wieder vorbei sind«, ist allerdings eine Frage, die mit den Methoden der Historiker kaum zu beantworten ist (Schindler 1984: 9; vgl. Schröter 2004).

Als stärkstes Argument für das subversive Potenzial des Karnevals gelten solche historischen Fälle, in denen eine Fastnachtsfeier tatsächlich in einen Gewaltexzess umschlug. Einen solchen Fall hat Emmanuel Le Roy-Ladurie in seiner klassischen Studie über den »Karneval in Romans« in den Jahren 1579/80 beschrieben (Le Roy-Ladurie 1979/1982). In dem kleinen Pyrenäenstädtchen hatte sich aufgrund der zunehmend ungleichen Steuerbelastung eine Atmosphäre des Aufruhrs entwickelt; es kam über das Jahr zu verschiedenen Protestaktionen der Handwerker und Bauern gegen die von der wohlhabenden Elite getragene Ratsherrschaft. Die Stadtgesellschaft polarisierte sich zunehmend, was sich während des Karnevals auch in der sozialen Konfrontation der konkurrierenden Festgenossenschaften mit ihren jeweiligen Fastnachtskönigen, Umzügen und Banketten widerspiegelte. Als es schließlich in der Nacht zum Karnevalsdienstag zur Ermordung mehrerer Handwerker und Bauern durch die Patrizier kam, sprengte das allerdings dramatisch den Rahmen der üblichen karnevalistischen Ausschreitungen.

Die Studie dieses Falles zeigt, dass die Ausnahmesituation des Karnevals unter bestimmten Umständen dem Ausbruch offener Gewalt Vorschub leisten konnte. Doch sie macht auch deutlich, dass karnevaleske Umkehrung und politischer Umsturz durchaus zweierlei waren. Die Ereignisse in Romans 1579/80 sind nicht ohne die lange vorher angelegte Konfliktgeschichte zu erklären, die mit dem Karneval nichts zu tun hatte. Für die Grundsatzfrage nach dem subversiven Potenzial der »Verkehrten Welt« heißt das, dass es darauf keine einfachen, generellen Antworten gibt – es kommt vielmehr immer auf die jeweiligen historischen Umstände an. Jedenfalls sollte man nicht jedem populären Festbrauch einen aufrührerischen und politisch gefährlichen Subtext unterstellen. Allerdings – die zeitgenössischen Obrigkeiten scheinen diese Gefahr durchaus im Auge gehabt zu haben und in wachsendem Maße darum besorgt gewesen zu sein, dass die Narrenherrschaft auf das Alltagsleben übergriff.

Das Verhältnis der kirchlichen und weltlichen Obrigkeiten zu den populären Festbräuchen unterlag einem deutlichen historischen Wandel. Im Spätmittelalter waren die Grenzen zwischen profaner und sakraler Sphäre noch relativ flüssig. Die Kirche war noch keineswegs für karnevaleske Späße tabu. Die Kleriker hatten ihre eigenen Umkehrrituale; auch und gerade die Liturgie war Gegenstand der Parodie. Das änderte sich seit dem 16. Jahrhundert unter dem Einfluss von Reformation und Konfessionalisierung. In katholischen Ländern wurde der Karneval enger als zuvor auf die Tage vor Aschermittwoch begrenzt. Den Klerikern wurde verboten, sich an Karnevalsbräuchen zu beteiligen; auch die Verwendung sakraler Requisiten wurde unterbunden. In protestantischen Ländern wurde dem Karneval grundsätzlich der Kampf angesagt, zumal er ohne sein Gegenteil, die Fastenzeit, seinen traditionellen Anlass verloren hatte. Das Vorgehen gegen die Karnevalsbräuche und andere populäre Feste war Bestandteil eines allgemeinen Feldzuges der normsetzenden Obrigkeiten gegen Ausschweifung, Verschwendung und Müßiggang. Wie schnell und durchgreifend die Verbote und Einschränkungen sich durchsetzten, ist schwer festzustellen. Offensichtlich ist aber, dass die »gebildeten Stände« sich zunehmend von den als roh und unzivilisiert angesehenen Vergnügungen distanzierten, sodass sich die Festkulturen des Volkes und die der Eliten tendenziell immer weiter auseinander entwickelten. Die Historiker müssen sich allerdings davor hüten, sich die Perspektive der obrigkeitlichen Quellen unversehens zu eigen zu machen. Diese Gefahr besteht, wenn sie auf der einen Seite »rituals of the lower body« mit dem ungezügelten Ausleben körperlicher Affekte gleichsetzen und dem »einfachen Volk« zuschreiben und auf der anderen Seite die »rituals of the upper body«, die auf der Kontrolle des Körpers und der Affekte beruhen, der »Hochkultur« vorbehalten (so Muir 1997). Auf allen Ebenen der Gesellschaft gab es ritualisierte und kanalisierte Formen von Gewalt und Sexualität; das »einfache Volk« lebte seine Affekte ebenso wenig einfach unkontrolliert aus, wie die Mitglieder der höfischen Gesellschaft ihre Affekte grundsätzlich kontrollierten. Die Formung des körperlichen Habitus war nur jeweils eine andere (siehe oben Kap. 2.1).

Rituale der Rebellion

Wenn man sich auch hüten muss, karnevaleske Rituale immer schon in die Nähe von Aufständen zu rücken, so heißt das nicht, dass tatsächliche Aufstände nicht immer auch eine symbolisch-rituelle Seite gehabt hätten. Die ältere historische Forschung zu Volksaufruhr und Gewalt konzentrierte sich vor allem auf die wirtschafts- und sozialhistorische Seite der Phänomene und führte gewaltsamen Aufruhr vor allem auf ökonomisch bedingte Spannungen zwischen den verschiedenen sozialen Schichten zurück. Die Gewaltakte der Menge erschienen dabei meist spontan, chaotisch, affektgeleitet, regel- und führungslos. Dagegen haben die *popular culture studies* den Blick darauf gelenkt, dass sich die meisten Unruhen erstens nicht allein auf sozio-ökonomische Spannungen reduzieren lassen und dass es sich zweitens lohnt, der kommunikativen, symbolischen Dimension des Geschehens nachzugehen. Ohne dass die materiellen Faktoren von Aufruhr und Revolution in Abrede gestellt worden wären, wurde doch das Bewusstsein dafür geschärft, dass man den Verlauf solcher Ereignisse nur verstehen kann, wenn man die kommunikative Dynamik der konkreten Situation in die Betrachtung einbezieht. Mit anderen Worten: Es geht darum zu rekonstruieren, wie die verschiedenen Beteiligten selbst das Geschehen zu verschiedenen Momenten wahrnahmen, welche Bedeutung sie ihm verliehen und wie sich aus dem Zusammenwirken unterschiedlicher einzelner Handlungen und Deutungen eine kollektive »Bewegung« ergab. Dabei hat sich gezeigt, dass das Gewaltgeschehen meist nicht so chaotisch, sinn- und regellos war, wie es auf den ersten Blick scheint, sondern dass es bestimmten symbolisch-rituellen Mustern folgte. An diesem Punkt kam die Ritualforschung ins Spiel (vgl. für die Reformation Scribner 1984; 1987; für frühneuzeitliche Unruhen Davis 1965/1987; Le Roy-Ladurie 1979/1982; Bercé 1979; Farge/Zysberg 1979; Darnton 1989; für die Französische Revolution Hunt 1984/1989; Ozouf 1976; für die Arbeiterbewegung Thompson 1972; Hobsbawm 1984; Epstein 1994; van Dülmen/Schindler 1984; Schindler 1984; Kaschuba 1988; Korff 1984; Petzina 1986; Warneken 1991; Warstat 2004; Lüpke u. a. 2014; grundsätzlich zuletzt Schröter 2004; vgl. hierzu auch den Exkurs Nr. 16 »Rituale und Gewalt« unter *www.campus.de*).

Rituelle Zerstörung der alten Ordnung

Für die Reformation ebenso wie für die Französische Revolution ist gezeigt worden, welche Rolle symbolisch-rituelles Handeln für die Delegitimierung der alten und die Durchsetzung einer neuen Ordnung spielte. So wie es keine politisch-soziale Ordnung gibt, die sich nicht in alltäglichen und außeralltäglichen Symbolen und Ritualen verkörpert, so wird auch keine politisch-soziale Ordnung umgestürzt, ohne dass ihre Symbole und Rituale demonstrativ verspottet, geschändet und zerstört werden. Es besteht ein dialektischer Zusammenhang zwischen Verehrung und Entehrung, Heiligkeit und Entzauberung. Je stärker eine politisch-soziale Ordnung sakralisiert ist, desto schärfer fallen im Moment des Aufstands die Rituale der Entsakralisierung aus.

Am überzeugendsten ist das für die reformatorische Bewegung nachgewiesen worden. Robert Scribner hat die Aufmerksamkeit darauf gelenkt, dass die Reformation nicht nur eine antiritualistische Bewegung war, indem sie sich gegen die Sakramentpraxis der Papstkirche richtete (siehe Kap. 2.4), sondern dass sie sich dabei auch selbst symbolisch-ritueller Mittel bediente. Die Reformatoren konstruierten einen radikalen Gegensatz zwischen den äußerlichen, körperlichen Dingen und Handlungen einerseits und dem inneren Heilsgeschehen von Glauben und Gnade andererseits. Durch diese Kritik verloren die symbolisch-rituellen »Äußerlichkeiten« aber keineswegs ihre Bedeutung – ganz im Gegenteil. Zwar besaßen Salböl und geweihte Kerzen, Gnadenbilder und Reliquien, Kniefälle und Segensgesten in den Augen der Protestanten keine rituelle Wirkmacht mehr – doch gerade um sich dessen zu vergewissern, wurden sie verhöhnt, beschädigt oder zerstört. Man wendete nun all die Rituale des Spotts, der Parodie und Erniedrigung, die aus den Rügebräuchen und aus dem Karneval vertraut waren, gegen Kleriker, heilige Handlungen, Orte, Gegenstände und Bilder: Lieder, Karikaturen, Maskeraden, Spottprozessionen, Messparodien und so fort. Sakramentale Handlungen wurden durch sexuelle und skatologische Gebärden, Lärm und Provokationen aller Art gestört, liturgische Geräte geschändet und zerbrochen. Wenn man den Quellen glauben darf, schreckte man mitunter auch nicht davor zurück, auf den Altar zu urinieren oder geweihte Hostien in den Schmutz zu treten. Eine besondere Rolle spielte die Beschädigung oder Zerstörung von Kultbildern, deren Verehrung von den Reformatoren als Götzendienst angeprangert wurde. Während die protestantischen Obrigkeiten meist bemüht waren, die Bilder ohne großes Aufsehen aus den Kirchenräumen zu entfernen, zielten die gewaltsamen Bilderstürmer darauf, die Macht der Bilder rituell zu brechen und ihre Ohnmacht vor aller Augen zu demonstrieren. Heiligenbilder, Skulpturen und Reliquien wurden mit der Aufforderung »Wehre dich, wenn du kannst« von Wand oder Sockel heruntergerissen, man stach den Dargestellten die Augen aus, zerstörte ihre Gesichter oder schlug sie in Stücke. Indem man ihre Wehrlosigkeit demonstrierte, entkleidete man sie ihrer übernatürlichen Macht und reduzierte sie zu toter Materie. Solche Ereignisse verliehen der reformatorischen Bewegung den Charakter eines *ritual process* im Sinne von Victor Turner, in dessen Verlauf das alte Modell der diesseitigen und jenseitigen Ordnung durch ein neues ersetzt wurde. Es handelte sich um standardisierte Handlungen, die nicht instrumentellen, sondern symbolisch-expressiven Charakter hatten, die den Alltag transzendierten, eine neue Interpretation der Welt durchsetzten und damit die Welt performativ veränderten (Warnke 1977; Scribner 1984; 1987; 1990; Schnitzler 1996; Blickle u. a. 2002).

Auch andere Aufstands- und Protestbewegungen stellen die selbstverständliche Geltung der institutionellen Ordnung in Frage, indem sie sie vor aller Augen lächerlich machen und damit ihrer scheinbaren Unantastbarkeit berauben. In der Anfangsphase der Französischen Revolution wurde Ludwig XVI. durch eine Reihe symbolischer Demütigungen nach und nach all seiner Autorität und Würde entkleidet, sodass die jahrhundertealte sakrale Aura des französischen Königtums unwiderruflich zerstört wurde. Ähnliche, wenn auch etwas weniger dramatische Effekte hatten die politischen Provokationsakte der Studentenbewegung von 1968 (Douglas 1970/1986; Scharloth 2007; Hartwig/Spengler 2005). Noch die Aktionen der Punkband »Pussy Riot« in der Moskauer Erlöserkathedrale im Jahr 2012 setzten auf die Wirkung ritueller Respektlosigkeit, um den politischen Autoritäten die Aura der Unantastbarkeit zu nehmen.

Das Repertoire der symbolischen Formen, derer man sich zur Entzauberung der Institutionen bedient, ist epochenübergreifend erstaunlich konstant. Ein Beispiel ist das Mittel der öffentlichen rituellen Verbrennung – von symbolischen Objekten, von Büchern oder auch von Personen *in effigie*. Feuer hat in vielen Religionen eine reinigende Bedeutung; auch das christliche Fegefeuer ist ein Reinigungsfeuer. Bei der archaischen Form des religiösen Opfers verzehren die Götter die ihnen dargebrachten Gaben, indem diese verbrennen. Das Feuer ist auch eine reinigende Strafe: Häretiker und Hexen wurden durch Feuer hingerichtet. Ebenso war die Verbrennung von Büchern ein obrigkeitliches Strafritual, vollzogen wie jede öffentliche Hinrichtung durch den Henker. Andererseits war die Verbrennung einer Puppe in der Funktion des Sündenbocks Bestandteil vieler volkstümlicher Rituale des Jahreszyklus, so zu Ostern, zur Wintersonnenwende oder am Ende des Karnevals. In Protestritualen wurden die verschiedenen Bedeutungsdimensionen des Feuers – Reinigung, Strafe, stellvertretendes Opfer – miteinander verschmolzen. So ließ der Florentiner Bußprediger Savonarola 1497/98 Tausende Objekte der städtischen Luxuskultur zu Scheiterhaufen aufschichten, um die Kommune in einem riesigen Reinigungsfeuer von ihren Eitelkeiten zu befreien. Luther verbrannte im Rahmen eines studentischen Spottrituals die Bulle, in der ihm der Papst den Bann androhte, und parodierte damit zugleich die Scheiterhaufen der päpstlichen Inquisition. In England wurde jedes Jahr in der *Bonfire-Night* vom 4. auf den 5. November eine Puppe des Verschwörers Guy Fawkes verbrannt, um an den *Gunpowder plot* von 1605 zu erinnern und die Angst vor einer erneuten katholischen Verschwörung zugleich wachzuhalten und zu vertreiben. Während der Französischen Revolution wurden nicht nur Herrschaftsinsignien demonstrativ angezündet, sondern auch *Effigies* von besonders verhassten Repräsentanten des Ancien Régime. Die Bücherverbrennungen der Nationalsozialisten und selbst noch die Kaufhausbrandstiftungen der Baader-Meinhof-Gruppe stehen also in einer langen und heterogenen Tradition (Werner 2007; vgl. hierzu auch die Bildquellen Nr. 17 unter *www.campus.de*).

Symbolische Objekte werden in Aufstandsbewegungen zerstört, weil sich in ihnen die institutionelle Ordnung verkörpert. Bildersturm und Denkmalsturz begleiten deshalb jeden revolutionären Umschwung. Die Zerstörung der Objekte bestätigt indirekt deren Macht: Man muss sie vernichten, um diese Macht zu brechen. Nicht selten verwandeln sich kollektive Symbole der alten Ordnung dadurch, dass man sich ihrer rituell bemächtigt, in Symbole der Überwindung und des Sieges. So stehen beispielsweise »Bastillesturm« und »Mauerfall« als symbolische Chiffren *pars pro toto* für die jeweilige historische Zäsur; die rituellen Zerstörungsakte schufen die symbolischen Grundlagen für die neue politische Identität. Beide Bauwerke hatten ein ähnliches Schicksal, und beiden wuchs eine ähnliche Bedeutung als *den* Symbolen des Umsturzes schlechthin zu. Die Bastille wurde nicht nur erstürmt, sondern später auch bis auf den letzten Stein in Stücke geschlagen und als Souvenirs verkauft. Ähnlich verfuhr man bekanntlich mit der Berliner Mauer. Der Sieg über die alte Ordnung wurde symbolisch-rituell vollendet, indem man ihre zentralen symbolischen Verkörperungen kurz und klein schlug und sich ihrer buchstäblich bemächtigte (Lüsebrink/Reichardt 1990).

Rituelle Formierung von Gegenmacht

Symbolisch-rituelle Handlungen entzaubern nicht nur die bestehende Ordnung, sie tragen auch wesentlich dazu bei, unter den Aufständischen eine neue kollektive Identität zu erzeugen. Eine wirksame Gegenmacht gegen die etablierte Herrschaftsordnung kann nur entstehen, wenn sich die Akteure ihrer eigenen Masse und damit ihrer Möglichkeiten bewusst sind. Macht muss sichtbar und erfahrbar sein, und das wird sie durch den Gebrauch von kollektiven Symbolen und rituellen Aktionsformen. Gesellschaftliche Machtkämpfe kristallisieren sich um Identifikationssymbole und schlagen sich in dem Kampf um die symbolische Besetzung des öffentlichen Raumes nieder. Symbole strukturieren ein gesellschaftliches Konfliktfeld, so wie Fahnen ein Schlachtfeld strukturieren. Sie lenken durch ihre plakative Sichtbarkeit die öffentliche Aufmerksamkeit auf sich, schaffen Übersicht und klare Zugehörigkeit, ermöglichen rasche Orientierung, machen diffuse Zwischenpositionen unsichtbar und polarisieren auf diese Weise das soziale Feld.

Für die Französische Revolution hat Lynn Hunt das anhand der Wirkung von Kokarden und Jakobinermützen nachgewiesen (Hunt 1984/1989); andere haben es für die roten Fahnen und geballten Fäuste der Arbeiterbewegung gezeigt (Korff 1984; Kaschuba 1988). »Während der Revolution wurden die gewöhnlichsten Gegenstände und Kleidungsstücke zu politischen Emblemen. [...] Diese Symbole brachten nicht einfach politische Positionen zum Ausdruck; sie waren das Mittel, durch das die Menschen sich ihrer Position bewußt wurden.« Es waren die Symbole, »die es den verschiedenen Parteiungen überhaupt erst ermöglichten, sich Klarheit darüber zu verschaffen, daß sie sich bekämpfende Parteiungen waren« (Hunt 1989: 71 f., 78). Im weiteren Verlauf der Revolution, als sich die Bevölkerung teilweise wieder von der Revolution abwandte, verwandelte sich die Kokarde von einer spontanen Ausdrucksform des Volkes in ein Disziplinierungsmittel der revolutionären Elite *gegenüber* dem Volk. Während der Jakobinerherrschaft, im September 1793, wurde jeder Mann und jede Frau per Gesetz und unter Androhung von Gefängnisstrafe verpflichtet, die Kokarde zu tragen. Damit diente sie nun zur sichtbaren Disziplinierung aller Bürger und zwang umgekehrt die Revolutionsgegner zur Unsichtbarkeit.

Überall Rituale?

Dieser kursorische Überblick über die Vielfalt der rituellen Phänomene in der Geschichte ist selbstverständlich bei weitem nicht vollständig. Er konzentriert sich auf die Schwerpunkte der bisherigen historischen Ritualforschung. Grundsätzlich ist die Reihe der Themen nicht abschließbar, denn nahezu jedes historische Phänomen lässt sich *auch* durch die ritualtheoretische Brille betrachten (womit nicht gesagt sein soll, dass man alle sozialen Handlungen als Rituale bezeichnen sollte). Die Frage ist, inwiefern sich dadurch die Perspektive verändert und andere Seiten der historischen Wirklichkeit sichtbarer werden als zuvor. Um das besser beurteilen zu können, sollen im Folgenden die wichtigsten methodisch-theoretischen Grundfragen der Ritualforschung vorgestellt und erörtert werden.

3. Kontroversen und systematische Aspekte

Die historische Ritualforschung ist noch jung und verhältnismäßig wenig durch methodisch-theoretische Grundsatzdebatten geprägt. Es fällt vielmehr auf, dass diejenigen Historiker, die geschichtliche Phänomene als Rituale thematisieren, sich untereinander relativ wenig uneinig sind. Viel tiefer ist dagegen der Graben gegenüber solchen Kollegen, die sich entweder für Ritualtheorien überhaupt nicht interessieren oder die deren Wert für das Verständnis historischer Ereignisse und Strukturen grundsätzlich skeptisch beurteilen.

Für die unterschiedlichen Kontroversen gibt es ganz verschiedene Gründe. Einige sind darauf zurückzuführen, dass die Autoren verschiedene empirische Fälle vor Augen haben und sie unzulässig verallgemeinern. Sinnvoll sind solche Diskussionen eigentlich nur anhand derselben Fälle und desselben empirischen Materials zu führen. Andere Uneinigkeiten beruhen auf Missverständnissen, etwa darauf, dass die gleichen Begriffe unterschiedlich verwendet werden, sodass man unbemerkt aneinander vorbeiredet. Viele schlechthin unentscheidbare Debatten entzünden sich an Fragen, die auf einfache, pauschale Antworten zielen und damit an der Komplexität der Phänomene vorbeigehen. Solche falschen Alternativfragen lauten etwa: Sind Rituale statisch oder dynamisch? Eindeutig oder mehrdeutig? Haben sie eine eigene Wirkmacht oder nicht? Werden sie rational geplant oder folgen sie blinder Routine? Stiften sie Ordnung oder lösen sie Konflikte aus? Dämmen sie Gewalt ein oder rufen sie Gewalt hervor? Transportieren sie eine Bedeutung oder nicht? Rituale haben einen höchst ambivalenten Charakter, sodass manchmal das eine, manchmal das andere oder auch beides zugleich der Fall sein kann, je nach Perspektive. Solche Fragen lassen sich daher nicht abstrakt und generell, sondern stets nur am konkreten Fall und kontextabhängig beantworten. Wie bei akademischen Diskussionen allgemein, so ist indessen auch bei den Diskussionen über Rituale in Rechnung zu stellen, dass nicht ausschließlich sachliche Gründe dabei eine Rolle spielen, sondern auch das soziale Bedürfnis nach Abgrenzung und Originalität, sodass man einander gelegentlich absichtlich missversteht und an der Überwindung des Dissenses nicht interessiert ist. Das heißt nicht, dass es nicht auch Divergenzen grundlegender Art gäbe, die aber innerhalb der historischen Ritualforschung nur selten als explizite Theoriekontroversen ausgetragen werden. Solche methodisch-theoretischen Unterschiede hat die historische Ritualforschung vielmehr im Wesentlichen von den kulturanthropologischen und religionswissenschaftlichen Ritualtheorien geerbt.

3.1 Wie lassen sich Rituale historisch rekonstruieren?

Verschiedene Quellengattungen

Die Rekonstruktion von Ritualen durch die Historiker hängt zunächst einmal, das versteht sich von selbst, von der Beschaffenheit der Quellen ab. Das können schriftliche, bildliche, dingliche, in der Moderne auch mündliche Quellen sein. Unter den Schriftquellen, mit denen man es in erster Linie zu tun hat, sind es vor allem drei unterschiedliche Arten, die die historische Ritualforschung heranzieht: einerseits präskriptive, normative Quellen, in denen der reguläre Ablauf eines rituellen Aktes und die darin zu sprechenden Formeln, Gebete usw. aufgezeichnet sind, so die ältesten mittelalterlichen Krönungsordines, korporative Statuten usw. Zum anderen gibt es deskriptive, narrative Quellen, die von einzelnen rituellen Ereignissen aus unterschiedlichen Perspektiven und mit unterschiedlichen Intentionen berichten, wie etwa gedruckte Festbeschreibungen und Heroldsberichte, Chroniken, historiographische Erzählungen, Tagebücher und Briefe von Augenzeugen, später Zeitungsberichte und vieles mehr. Auch fiktionale Literatur kann je nach Fragestellung als Quelle wertvoll sein (siehe unten). Und es gibt schließlich – je weiter man in die Neuzeit hineinkommt, desto mehr – administrative Quellen, Aktenmaterial, das im Umfeld einer rituellen Handlung entstanden ist und deren Planung, Verlauf, Kosten usw. dokumentiert. Hierzu gehören etwa Rechnungsbücher, Teilnehmerverzeichnisse, Geschenklisten, Verordnungen, Begrüßungs-, Eid- und Huldigungsformulare, in der frühen Neuzeit auch zunehmend ausführlichere Zeremonialprotokolle. Die Grenzen zwischen den verschiedenen Quellengattungen sind allerdings nicht scharf zu ziehen. Ritualbeschreibungen hatten oft sowohl pragmatische als auch symbolische Funktionen; sie dienten nicht nur der praktischen Orientierung für zukünftige Fälle, sondern auch der Demonstration des symbolischen Kapitals, das ein Ritual mit sich brachte. Vor allem ist zu beachten, dass in der Vormoderne die Grenze zwischen der deskriptiven Protokollierung eines bestimmten rituellen Aktes und der präskriptiven Vorschrift für zukünftige Akte durchaus fließend war. Das faktische Geschehen entwickelte durch Wiederholung gleichsam von selbst normative Kraft. Dem Protokoll eines konkreten einzelnen Aktes konnte durch den späteren Gebrauch allmählich eine immer höhere Verbindlichkeit zuwachsen. Die Aufzeichnung eines bestimmten Rituals ist also nicht ohne weiteres von einer allgemeinen Vorschrift zu unterscheiden; es kommt auf die historischen Umstände an, ob sie als solche verwendet wurde oder nicht.

Man muss sich bewusst sein, dass die Quellengattung einen großen Einfluss darauf hat, wie man rituelle historische Phänomene in der Rückschau wahrnimmt. Hat man es vor allem mit präskriptiven Quellen, also offiziellen Ritualskripten zu tun, so ergibt sich ein Bild von Ordnung, Harmonie, Dauer und Stabilität. Weil es bei Ritualbeschreibungen vor allem darum ging, zum Lob und zur Ehre der Beteiligten festzuhalten, dass alles verlaufen war, »wie es sich gebührte«, so liegt es auf der Hand, dass man darin von Pannen und Kontroversen in aller Regel nichts erfährt. Liegen hingegen Aufzeichnungen außenstehender Beobachter oder administrative Quellen vor, so kommen unter Umständen auch Fälle von Missgeschick, Provokation, Konflikt und Scheitern in den Blick. Es ergibt sich also ein ganz verschiedenes Bild, je nachdem, welche Quellengattung man heranzieht. Das ist vor allem dann in Rechnung zu stellen, wenn man überhaupt nur Quellen *einer* Art – oft sind es normative – zur Verfügung hat. Normative Quellen verraten, wie ein Ritual verlaufen *sollte*, nicht aber, ob es tatsächlich so verlaufen ist. Dazu benötigt man narrative oder dokumentarische Zeugnisse. Und auch jede von diesen gibt stets nur eine von vielen möglichen Perspektiven auf das Geschehen wieder. Es kommt also darauf an, so viele unterschiedliche Sichtweisen wie möglich zu rekonstruieren und sich klar zu machen, dass kommunikative Vorgänge, wie Rituale es sind, sich grundsätzlich immer nur als perspektivisch wahrgenommenes Geschehen beschreiben lassen.

Bilder als Quellen

Die Historiker haben die vergangene Wirklichkeit lange Zeit fast ausschließlich aus Schriften, nicht aus Bildern rekonstruiert. Das liegt unter anderem daran, dass die Epoche, in der sich die moderne Geschichtswissenschaft formiert hat, das ausgehende 18. und das 19. Jahrhundert, eine besonders schriftgläubige Zeit war. Aber nicht nur schriftliche Quellen verraten etwas über historische Rituale. Die jüngere Forschung hat mittlerweile im Zuge des sogenannten *iconic turn* den Wert von Bildquellen entdeckt, deren Auslegung allerdings besondere methodische Schwierigkeiten aufwirft. Ebenso wenig wie Schriftquellen lassen sich bildliche Darstellungen ritueller Akte einfach als Abbildungen historischer Vorgänge auffassen. Vielmehr sind Bilder von Ritualen kommunikative Realitäten eigener Art, gleichsam Repräsentationen von Repräsentationen, Inszenierungen von Inszenierungen. Sie folgen eigenen Darstellungsabsichten, Traditionen, Bildsprachen und Gattungskonventionen. Daher bedürfen die Historiker der methodischen Hilfestellung von Kunstgeschichte, Archäologie und Bildwissenschaft. In jedem einzelnen Fall gilt es zu rekonstruieren, wie sich eine bildliche Darstellung als Inszenierung zweiter Ordnung zu der Inszenierung *erster* Ordnung, dem Ritual selbst, verhielt (wenn es dieses überhaupt gab und das Bild nicht fiktionalen Charakter hatte). Zu fragen ist: Welchen Strategien folgten solche bildlichen Inszenierungen, welchen Absichten dienten sie, welche Wirkungen hatten sie? Inwiefern vermittelten die Bilder Botschaften, die über die des Rituals selbst hinausgingen, ja womöglich zu ihm in Spannung oder Konkurrenz traten, sie zu korrigieren oder zu dementieren suchten?

Es gibt künstlerische Ritualdarstellungen, die überhaupt nur als Kunstwerk existierten und denen gar keine realen Akte entsprachen,

Holzschnittfolge »Triumphzug Kaiser Maximilians I.« (1526; Ausschnitt: Bannerträger der Österreichischen Lande; Quelle online: http://commons.wikimedia.org/wiki/File:Triumphzug_Kaiser_Maximilians_1.jpg [Zugriff 18.10.2018])

so der berühmte Triumphzug Kaiser Maximilians I., den Albrecht Altdorfer, Albrecht Dürer, Hans Burgkmair d. Ä. und andere große Künstler der Zeit in einer gigantischen (unvollendeten) Serie von 137 monumentalen Holzschnitten inszenierten, sodass die künstlerische Darstellung geradezu die Stelle des Rituals selbst einnahm.

Auch bei bildlichen Darstellungen ritueller Akte kann die Grenze zwischen normativer und deskriptiver Absicht verschwimmen. So gibt es schematische Skizzen von der Choreographie frühneuzeitlicher Herrschaftsrituale, die darstellen, wie sie gehalten werden sollten, aber nicht, wie sie gehalten worden sind. Darstellungen des Römisch-deutschen Kaisers *in majestate* zeigten diesen immer im Kreis aller Kurfürsten, auch als diese längst nicht mehr gemeinsam in Erscheinung traten. Die akribischen Prozessionsdarstellungen des 17. Jahrhunderts stellen idealisierte Ansichten dar, die sich keinem realen Beobachter je boten. Auch die Bildquellen zeigen also nicht, »wie es eigentlich gewesen ist«, sondern sind Inszenierungen eigener Art und verfolgen bestimmte Absichten. Aber gerade das macht sie zu interessanten Quellen, denen man entnehmen kann, wie bestimmte Akteure ein Ritual dargestellt wissen wollten. Um das zu beurteilen, braucht man nicht nur Kenntnisse über die zeitgenössischen Bildkonventionen, Symboltraditionen usw., sondern auch über die Produzenten und Rezipienten, den Verwendungszweck und den praktischen Umgang mit den jeweiligen Bildern (Beispiele für die Auslegung von Bildquellen: Ambos/Rösch/Weinfurter 2009; Stollberg-Rilinger/Weißbrich 2009; Carré 1992; Schmitt 1990/1992; Löther 1999b; vgl. Kap. 3.5).

Vom Nutzen und Nachteil des Ritualbegriffs

»Ritual« ist ein modernes Forschungskonzept. In den Quellen steht nicht geschrieben, ob es sich bei einem historischen Phänomen um ein Ritual handelt oder nicht. Dort kann die Rede sein von Ordnung, *ordo,* oder von *consuetudo,* Gewohnheit, Herkommen, von *caeremonia,* in der kirchlichen Liturgie auch von *ritus* – aber nicht von Ritual. Inwiefern ist es dann überhaupt sinnvoll, als Historiker trotzdem von Ritualen zu sprechen? Die Tatsache, dass in den Quellen selbst nicht von »Ritual« die Rede ist, wirft grundsätzliche Methodenfragen auf: Was veranlasst und berechtigt Historiker dazu, trotzdem von Ritualen zu sprechen? Was gewinnen sie dadurch an Einsichten? Für Krönungen, Huldigungen und ähnliche Herrschaftsakte ist der Ritualbegriff kaum strittig; in anderen Fällen ist das hingegen nicht der Fall. Dafür ein Beispiel aus der Forschung zum Frühmittelalter, wo das Thema aufgrund des Quellenmangels besonders kontrovers diskutiert wird und das daher als Muster für die methodischen Grundsatzprobleme dienen kann.

Konrad II., die Witwe, die Waise und der arme Mann

Der zeitgenössische Biograph und königliche Hofkaplan Wipo berichtet von dem Geschehen im Umfeld der Wahl und Weihe des ersten deutschen Königs aus dem Geschlecht der Salier, Konrad II., im Jahre 1024. Anlässlich der feierlichen Prozession in den Mainzer Dom, wo die Salbung und Krönung durch den Erzbischof von Mainz erfolgen sollte, geschah nach Wipo Folgendes: »Während der König seinen Einzug hielt, traten an ihn drei Menschen mit ihren besonderen Klagen heran. Der eine war Bauer der Mainzer Kirche, der zweite Waise, die dritte Witwe. Da der König ihre Anliegen anhören wollte, suchten ihn einige Fürsten abzulenken durch den Hinweis, er dürfe seine Weihe nicht verzögern und müsse rechtzeitig das heilige Amt hören. Doch als ein echter Stellvertreter Christi entgegnete er tief christlich mit einem Blick auf die Bischöfe: ›Wenn das Königsamt meine Aufgabe ist und ein Mann, der sich treu bleibt, niemals aufschieben darf, was ihm zu tun möglich ist, dann erscheint es mir richtiger, meine Pflicht zu tun, als mir von einem anderen sagen zu lassen, was ich tun soll. [...].‹ Unter solchen Worten blieb er dort stehen, wo ihm die

Unseligen entgegengetreten waren, ließ, seine Schritte verhaltend, ihnen Gerechtigkeit werden. Kaum war er ein Stück weitergegangen, da trat einer vor ihn mit der Behauptung, er sei ohne jede Schuld ins Elend gestoßen worden; der König ergriff seine Hand, führte ihn angesichts aller, die ihn umstanden, bis an seinen Thron, und dort übertrug er die Sache des Armen gewissenhaft einem seiner Fürsten. So beglückend sah man seine Regierung beginnen; der Rechtspflege widmete er mehr Eile als der Königskrönung. [...] So hat sich der König an diesem Tage für seine weitere Regierung den Weg bereitet durch Fälle, wie man sie vornehmlich der königlichen Entscheidung vorzulegen pflegt: durch den Schutz der Kirchen, Witwen und Waisen.« (Wipo, *Gesta Chuonradi II. imperatoris* [um 1040], cap. 5, zit. nach: Wipo, *Taten Kaiser Konrads II.*, neu übertragen von Werner Trillmich, in: *Quellen des 9. und 11. Jahrhunderts zur Geschichte der Hamburgischen Kirche und des Reiches,* Darmstadt 1961, S. 555)

Vier exemplarische Personen, die der königlichen Fürsorge besonders bedürfen, stellen den Kandidaten vor der Krönung auf die Probe; er besteht die Prüfung und erweist sich damit als rechter Herrscher. Gerd Althoff, der den Ritualbegriff in der deutschen Mediävistik populär gemacht hat, deutet diese Szene als rituellen Akt, obwohl sie nur in diesem einen Fall so beschrieben wird, das für Rituale elementare Merkmal der Repetitivität also nicht gegeben zu sein scheint und »die fraglichen Spielregeln nirgendwo in normativen Texten schriftlich fixiert« sind (Althoff 1997: 233 ff.). Was macht es dann für einen Sinn, diese Szene als Ritual zu deuten? Althoff geht es darum, die mittelalterliche Gesellschaft als Kultur der »Demonstration und Inszenierung« zu beschreiben, die weniger von Schriftlichkeit als vielmehr von symbolisch-rituellen Aufführungen geprägt war und die dabei bestimmten ungeschriebenen »Spielregeln« gehorchte (Althoff 1997; 2003). Danach erfolgte ein Akt wie dieser erstens nicht spontan, sondern war zuvor abgesprochen und bewusst inszeniert, wobei der Inszenierungscharakter aber zugleich verschleiert wurde. Zweitens vermittelte der Akt eine symbolische Botschaft und stiftete eine Verpflichtung für die Zukunft. Und drittens handelte es sich um einen formalisierten rituellen »Baustein«, ein Muster, das aus anderen Zusammenhängen bekannt war und daher von den Zeitgenossen hinreichend genau verstanden wurde.

Da es im frühen Mittelalter nur sehr spärliche Schriftquellen gibt, lässt sich all das nicht im Einzelfall präzise nachweisen, sondern nur auf Plausibilitätsargumente stützen. Fügt man aber die Fülle vieler kleiner verstreuter Quellendetails zusammen, so ergeben sie in der Gesamtschau eine starke Evidenz für die von Althoff rekonstruierte Kultur ritueller Herrschaftsinszenierungen. Vor allem für die Formen der Konfliktbeilegung ist das vielfältig gezeigt worden und hat die Sicht der mittelalterlichen Herrschaft insgesamt wesentlich verändert.

Einwände gegen die Ritualforschung

Die Fruchtbarkeit dieses Ansatzes für die Mediävistik, aber auch weit darüber hinaus ist in den letzten dreißig Jahren vielfältig unter Beweis gestellt worden. Gleichwohl ist gegen diese Interpretation eine ganze Reihe von kritischen Einwänden vorgebracht worden. Der profilierteste und schärfste Kritiker Althoffs, Philippe Buc, plädiert dafür, auf den Ritualbegriff zumindest für das europäische Mittelalter ganz zu verzichten (Buc 2001; 2008; Dinzelbacher 2009). Die grundsätzliche Kritik von Buc und einigen anderen lässt sich im Wesentlichen in folgenden Punkten zusammenfassen: Erstens sei jeweils fraglich, ob eine solche Szene sich wirklich so wie in den Quellen beschrieben abgespielt hat. Wenn man das dahingestellt sein lässt, so sei zweitens fraglich, ob es sich um eine bewusste Inszenierung handelte. Und wenn man auch das zugesteht, so frage sich drittens, ob diese Inszenierung bestimmten impliziten Spielregeln folgte, und schließlich viertens, ob und in welchem Maße solche Spielregeln tatsächlich Verbindlichkeit beanspruchen konnten. Da die Auseinandersetzung zwischen Buc und Althoff für die historische Ritualforschung insgesamt, keineswegs nur für die Mediävistik, erhellend ist, verdienen die einzelnen Punkte etwas ausführlicher erörtert zu werden.

Bloße Erzählmuster?

Das erste Argument lautet, es könne sich bei den historiographischen Darstellungen dessen, was moderne Historiker als Ritual identifizieren, auch um bloß narrative Muster handeln, um Topoi, die die mittelalterlichen Autoren in parteilicher Absicht eingesetzt hätten und von denen man nicht auf die politische Realität schließen könne. So liegt auch bei dem angeführten Beispiel auf der Hand, das hier ein klassischer Topos des Herrscherlobs evoziert wird. Das Zusammentreffen des Protagonisten mit vier Figuren – der Arme, die Waise, die Witwe, der schuldlos ins Unglück Geratene –, die seine Tugend auf die Probe stellen, ist in der Tat ein verbreitetes Erzählschema, das hier zum Lobpreis des Königs dient, der die göttliche Prüfung vor seiner Krönung bestanden hat. Es könnte ebenso einem Fürstenspiegel entnommen sein (so auch Althoff 1997: 235). Der Schutz der Priester, Witwen und Waisen war die Herrscheraufgabe schlechthin und begegnet als solche schon im Alten Testament, auf das hier angespielt wird. Doch schließt das aus, dass es sich auch um einen rituell aufgeführten Akt handeln könnte? Für die rituelle Inszenierung spricht, dass demonstrative Spenden an Arme und Kranke und rituelle Begnadigungen im Spätmittelalter nachweislich zum festen Repertoire von Herrschereinzügen gehörten (Schenk 2003: 350 f., 398 f.). Man kann gegen die Kritik außerdem auch argumentieren, dass Kulturmuster und Erzählmuster einer Gesellschaft wechselseitig voneinander abhängig sind, dass also von solchen Erzählmustern auf entsprechende rituelle Handlungsmuster geschlossen werden kann. Wenn es ein solches literarisches Motiv gab, liegt es nahe anzunehmen, dass es auch ein entsprechendes rituelles Motiv gab, die beide dem gleichen Zweck dienten, nämlich die Herrschertugenden des Königs zu inszenieren, sowohl praktisch im Ritual als auch schriftlich in der Erzählung. Ähnlich verhält es sich beispielsweise auch mit dem Erzählmuster der *humiliatio/exaltatio,* bei dem der Held zuerst erniedrigt und dann erhöht wird, das als Formschema ebenso zahllosen Ritualen und nicht zuletzt der Herrscherweihe zugrundeliegt.

Entscheidend für den Wert einer Quelle wie der oben angeführten ist, mit welchem Erkenntnisinteresse man sich ihr zuwendet. Will man wissen, ob ein bestimmtes Ritual in einem konkreten Fall tatsächlich so und nicht anders stattgefunden hat, ist Skepsis grundsätzlich angebracht, und es gilt hier wie für jede Rekonstruktion historischer Fakten, dass die Glaubwürdigkeit des betreffenden Quellentextes nach allen Regeln der Quellenkritik geprüft werden muss: Man hat zu fragen nach der Erzählabsicht, der Nähe zu den Ereignissen, den möglichen Ursachen für verformende Erinnerung und parteiliche Darstellung, der Übereinstimmung mit anderen Quellen usw. Dem »eigentlichen« Geschehen kann man sich aber trotz aller Quellenkritik immer nur mit mehr oder weniger Plausibilität nähern, und in Einzelfällen wie unserem Beispiel muss es am Ende offen bleiben, ob er sich tatsächlich so abgespielt hat oder nicht. Anders stellt sich hingegen der Quellenwert solcher Erzählungen dar, wenn man etwas über die Logik und die impliziten Regeln einer Gesellschaft im Allgemeinen herausfinden will. Dann ist es relativ unerheblich, ob es sich um einen fiktionalen oder um einen historiographischen Text handelt – die Grenzen zwischen den Gattungen waren im Mittelalter ohnehin noch viel fließender als heute. Man liest diese Texte dann nicht auf ihre explizite Mitteilungsabsicht hin, sondern sucht nach impliziten Botschaften, also danach, was sie zwischen den Zeilen für ihre Leser als selbstverständlich voraussetzen. Auch aus Heiligenlegenden oder Heldenepen lässt sich auf diese Weise etwas über die unausgesprochenen sozialen Regeln lernen, die dem Handeln der Gesellschaft, aus der der betreffende Text stammt, zugrundelagen. Der interdisziplinäre Austausch zwischen Literaturwissenschaftlern und Historikern hat sich in dieser Hinsicht als außerordentlich hilfreich und weiterführend erwiesen (Ragotzky/Wenzel 1990; Müller 1996; White 1998; Wenzel u. a. 2001; Witthöft 2004).

Keine Inszenierung?

Der zweite Kritikpunkt richtet sich gegen die These, es handele sich bei einer Szene wie der oben geschilderten um eine Inszenierung in dem Sinne, dass sie eine Botschaft vermitteln sollte und vor allem dass sie zuvor geplant und abgesprochen worden war. Das wesentliche Argument der Kritiker lautet, dass sich solche Absprachen in den Quellen nicht nachweisen lassen – jedenfalls im frühen und hohen Mittelalter so gut wie nie. Dagegen wird geltend gemacht, dass das an der selektiven Überlieferung liegt: Es kennzeichnet ja gerade eine gelungene Inszenierung, dass sie den eigenen Inszenierungscharakter vergessen macht. Allen Beteiligten war daran gelegen, die zuvor auf der Hinterbühne getroffenen Absprachen in der Inszenierung selbst verschwinden zu lassen – es ging ja darum, im Ritual ein Bild der Harmonie, der Einmütigkeit und allseitigen Freiwilligkeit zu erzeugen. Denn gerade das war der Sinn des Rituals – Konsens zu inszenieren, wo tatsächlich zähe Auseinandersetzungen stattgefunden hatten. Die Argumentation lautet: Eine adelige Kriegergesellschaft ohne Staatsgewalt wie die des Mittelalters war äußerst konfliktanfällig; Ehre und Rang waren hohe Güter, die in der Öffentlichkeit stets sinnfällig demonstriert werden und gegen Angriffe mit allen Mitteln verteidigt werden mussten.

Nichts war so gefürchtet wie öffentlicher »Gesichtsverlust«. Eine Ehrkränkung unter Zeugen nötigte zu einer entsprechenden Reaktion. Selbst scheinbar geringfügige Rang- und Ehrverletzungen konnten daher rasch eskalieren und zu gewaltsamen Auseinandersetzungen führen. Damit das nicht jedes Zusammenleben unmöglich machte, war es nötig, Konflikte hinter verschlossenen Türen auszutragen und öffentliche Auftritte sorgfältig abzusprechen, damit sich niemand brüskiert fühlte. Im Hinblick auf den Inszenierungscharakter der oben beschriebenen Szene heißt das: Von einem Herrscher wurde die Tugend der Großzügigkeit und Milde erwartet. Wer sich vor aller Augen vor dem König zu Boden warf und ihn um Gnade bat, nötigte ihn dazu, diesen Tugenden auch zu entsprechen. Doch niemand hätte es wagen dürfen, einen König mit einem unabgesprochenen Ritual zu überrumpeln und unter Druck zu setzen. Deshalb, so das Argument, muss man unterstellen, dass solche öffentlichen Auftritte zuvor geplant, also inszeniert wurden. Nur so war es möglich, die Fiktion einer harmonischen Ordnung in der Praxis aufrecht zu erhalten.

Die Forschungen zum Spätmittelalter und zur frühen Neuzeit, wo die Quellen sehr viel üppiger fließen, bestätigen das: Hier lassen sich aus den Archivalien genau die Verhandlungen und Vorabsprachen rekonstruieren, die man für das frühere Mittelalter nur unterstellen kann, während sie in den offiziellen Festbeschreibungen ebenfalls nicht auftauchen. Für das frühere Mittelalter bleibt es hingegen letztlich bei Plausibilitätsargumenten. Als Kriterium für die Stimmigkeit der Interpretation kann gelten, ob die Darstellung in den Quellen sich durch die theoretischen Annahmen der Kulturanthropologie besser verstehen lässt als ohne sie.

Keine Spielregeln und keine Verbindlichkeit?

Mittelalterliche Herrschaftsrituale, so Althoffs Argumentation weiter, folgten bestimmten »Spielregeln«, auf die sich alle Beteiligten unausgesprochen verließen. Dazu gehörte, dass man wusste, welche Gesten welche Bedeutung hatten, vor allem aber, dass man durch den Vollzug bestimmter symbolischer Handlungen eine Verpflichtung einging, mit anderen Worten: dass es sich um Rituale mit performativer Wirkung handelte, die eine sozial stabilisierende Funktion hatten. Der grundsätzliche Einwand dagegen lautet, die öffentlichen Auftritte hätten tatsächlich keineswegs die ordnungsstiftenden und -stabilisierenden Funktionen erfüllt, die die Historiker ihnen zuschreiben, ganz im Gegenteil. Vielmehr sei in den Quellen wesentlich öfter von Konflikten, Tricks und Täuschungen die Rede als von der Unterordnung unter ein gemeinsames ungeschriebenes Normensystem. Die Regelverstöße seien so zahlreich, dass man überhaupt keine Regeln unterstellen dürfe. Öffentliche Akte seien vielmehr entweder Konfliktanlässe gewesen, oder die Akteure hätten sich ihrer zu machtpolitischen Zwecken strategisch bedient und die eingegangenen Verpflichtungen bei nächster Gelegenheit wieder gebrochen. Der kulturanthropologische Ritualbegriff suggeriere fälschlich, dass öffentliche Akte aus sich heraus, gleichsam hinter dem Rücken der Handelnden, Ordnung gestiftet hätten. Die Kritik zielt vor allem darauf, dass der Ritualbegriff den mittelalterlichen Akteuren ihre Handlungsfreiheit zu sehr beschneide und ein allzu harmonisches Bild von der mittelalterlichen Gesellschaft entwerfe (Buc 2001; 2007; 2008; Pohl 2006; Vollrath 2007).

Dagegen lässt sich einwenden, dass diese Kritik auf einem Missverständnis beruht und von einem überzogenen Verständnis dessen ausgeht, was performative rituelle Wirkmacht eigentlich heißt. Der Vollzug eines performativen Rituals – beispielsweise eines Lehnseides – schließt nicht aus, dass man gegen die dadurch eingegangene Verpflichtung und die damit erzeugten Erwartungen später verstößt, wenn es opportun scheint, dass man täuscht, betrügt, Meineide schwört und Versprechen bricht. Das ändert aber nichts daran, dass man durch den Akt selbst eine Verpflichtung auf sich genommen hat. Regelverstöße sind grundsätzlich kein Argument gegen die Existenz von Regeln – im Gegenteil, sie setzen die Regeln voraus, ja machen sie überhaupt erst sichtbar. Dass die Quellen von Regelverstößen berichten, liegt auf der Hand, gerade weil es sich um Verstöße handelt – das Normale wäre nicht erwähnenswert gewesen. Lehnt man den Ritualbegriff generell ab, so muss man sich die Frage stellen, wie denn sonst die politisch-soziale Ordnung vorstaatlicher Gesellschaften normativ stabilisiert worden sei, wenn nicht auf rituelle Weise – es sei denn, man will die Existenz von Ordnung (also von stabilen Erwartungen, an denen die Beteiligten ihr Handeln orientierten) schlechthin in Frage stellen und behaupten, es hätten Anarchie und schiere Gewalt geherrscht.

Öffentliche Herrschaftshandlungen des Mittelalters als Rituale zu deuten hat verschiedene Vorteile. Zum einen werden Phänomene verständlich, die sonst gar keinen rechten Sinn ergäben und die daher von den Historikern früher entweder als naiv, lächerlich und irrational betrachtet oder ganz ignoriert worden sind: der Streit um den rechten Sitz, das öffentliche Vergießen von Tränen, das Tragen von Hunden und so fort. Zum anderen trägt man damit den besonderen Handlungsbedingungen einer *nicht* durch und durch auf Schriftlichkeit basierenden Kultur Rechnung und vermeidet ein anachronistisches Verständnis mittelalterlicher Gesellschaften. Dadurch kann man drittens besser verstehen, was eine schwach institutionalisierte Kriegergesellschaft, in deren Führungsgruppen es nur geringe Machtunterschiede, dafür aber ein hohes Rangbewusstsein und kein Gewaltmonopol gab, trotz zahlreicher Konflikte relativ stabil hielt (Rexroth 2003; Pohl 2006).

Funktionalismus versus Intentionalismus

Die grundsätzliche Kritik, die sich hinter den oben angeführten Argumenten gegen die historische Ritualforschung verbirgt, besteht in der Ablehnung von deren *funktionalistischer* Perspektive. Es handelt sich dabei um den Ausläufer einer Grundsatzdebatte, die in der Kulturanthropologie seit langem geführt wird (Merton 1957; Leach 1968). Grob vereinfachend kann man zwei Positionen einander gegenüberstellen: Strukturfunktionalismus und Intentionalismus. Aus intentionalistischer Perspektive dient beispielsweise eine städtische Bittprozession dazu, Pest, Krieg oder Hungersnot abzuwenden. Aus funktionalistischer Sicht dient sie hingegen dazu, den sozialen Zusammenhalt zu stärken, die städtische Rangordnung abzubilden und so fort. Beides schließt sich selbstverständlich nicht aus. Aber die Bedeutungen, die Beteiligten selbst einem Ritual zuschreiben, sind nicht oder nur teilweise identisch mit den latenten Funktionen, die die Kulturwissenschaftler ihm zuweisen – nämlich eine Gemeinschaft zu konstituieren, zu erhalten und zu stabilisieren, Identität, Rang und Status ihrer Mitglieder zu definieren, kollektive Erinnerung zu gewährleisten, zeitliche Kontinuität zu sichern, Verpflichtungen zu stiften, Krisen und Brüche zu überbrücken und zu bewältigen, Spannungen abzuleiten, Grenzen zu markieren, zu überschreiten oder aufzuheben, kollektive Ideen und Werte zu vermitteln usw. (so etwa Wulf/Zirfas 2004: 18–24). Den strukturellen

Funktionen nähert man sich mit Hilfe abstrakter Theorien, den Intentionen und Sinnzuschreibungen der Akteure hingegen mit den Mitteln der Hermeneutik, d. h. der Schrift- oder Bildauslegung. Ein Vorwurf gegen den Strukturfunktionalismus lautet nun, er ignoriere die individuellen Absichten und Strategien der Beteiligten und den von ihnen gemeinten Sinn. Beispielswiese reduzierten die Funktionalisten religiöse Glaubensvorstellungen zu einer sekundären, nur abgeleiteten Größe und ließen sie hinter sozialen Mechanismen oder abstrakten Strukturmustern verschwinden. Dem kann man entgegnen, dass sich die verschiedenen Herangehensweisen – die hermeneutische Rekonstruktion des gemeinten Sinns beziehungsweise des individuellen strategischen Umgangs mit Ritualen einerseits und die analytische Rekonstruktion ihrer strukturellen Funktionen andererseits – einander keineswegs ausschließen. Es kommt vielmehr darauf an, sie miteinander zu kombinieren.

Emische versus etische Sicht

In den Sprach- und Sozialwissenschaften spricht man in diesem Zusammenhang auch von *emischer,* das heißt innerer Perspektive der beobachteten Akteure und *etischer,* das heißt äußerer Perspektive der wissenschaftlichen Beobachter und führt eine grundsätzliche Methodendiskussion über die Frage, wie beides durch »teilnehmende Beobachtung« der Forscher miteinander vermittelt werden kann. Für Historiker gibt es die Möglichkeit der teilnehmenden Beobachtung nicht; sie können auch die emische Perspektive der historischen Akteure – wenn überhaupt – nur mittelbar aus den Quellen rekonstruieren. Aber das methodische Grundproblem des Verstehens ist in allen Kulturwissenschaften ähnlich und grundsätzlich nicht hintergehbar. Wesentlich ist, dass man beide Perspektiven zunächst einmal analytisch auseinanderhält, bevor man sie wieder zueinander in Beziehung zu setzen versucht.

Einzelne Skeptiker unter den Historikern (etwa Fugger 2007; 2011; vgl. Kranemann u.a. 2015) fordern, dass man nur Aussagen über die Funktionen von Ritualen machen dürfe, die sich aus den Quellen direkt belegen lassen, das heißt die sich auf das stützen, was die Zeitgenossen selbst explizit als Absicht, Sinn und Bedeutung ihres Rituals thematisiert haben. Damit wird in radikaler Weise die Möglichkeit bestritten, aus der zeitlichen Distanz mit Hilfe einer kulturanthropologischen Theorie mehr und anderes erkennen zu können als die Akteure selbst, das heißt eine soziale Logik aufzudecken, die die Akteure befolgt haben, ohne es zu beabsichtigen und womöglich auch ohne es zu wissen. Dagegen kann man einwenden, dass es durchaus komplexe Regelsysteme gibt, die die Akteure perfekt beherrschen, ohne sich ihrer im Mindesten bewusst sein zu müssen. Das zeigt das Beispiel der menschlichen Sprache. Die Grammatikregeln einer Sprache lassen sich aus der Distanz womöglich sogar besser rekonstruieren als von den muttersprachlichen Sprechern selbst, die sie implizit befolgen. Analoges kann man auch für andere soziale Codes annehmen, so auch für die, die Ritualen zugrunde liegen (vgl. dazu unten Kap. 3.2).

Mitunter wird auch eine Position vertreten, die der intentionalistischen Sicht genau entgegengesetzt ist. So wird gefordert, dass die Historiker sich allein auf das in den Quellen greifbare äußere Verhalten der Akteure konzentrieren und die zeitgenössischen Deutungen und Reflexionen darüber beiseitelassen sollen, weil sie in die Irre führten. Die Quellen gäben die Intentionen der Akteure nicht zuverlässig wieder; Glauben und faktisches Verhalten seien zweierlei, weshalb man sich auf die Fakten beschränken solle (so Trexler 1980/1991; dagegen Schwerhoff 1994). Auch diese methodische Extremposition ist kaum haltbar. Denn auch die schieren äußerlichen Fakten sind für die Historiker nicht unmittelbar zugänglich. Die Quellen, die das rituelle Geschehen beschreiben, nehmen ihrerseits immer schon eine bestimmte Perspektive ein, sie modellieren das Beschriebene in einer bestimmten Weise und enthalten – offene oder verborgene – Deutungen. Die Aufgabe der Historiker ist vielmehr, diese Deutungen sichtbar zu machen und sie als solche in die historische Rekonstruktion einzubeziehen.

Eine oder mehrere Perspektiven?

Ein weiterer Vorwurf gegenüber der Forschung vor allem zu den Herrschaftsritualen der frühen Neuzeit und der Moderne lautet, die Historiker gingen ihren wichtigsten Quellen auf den Leim und nähmen die komplexen symbolischen Programme dieser Rituale nur aus der Perspektive der Regisseure wahr, die sie entworfen, inszeniert und beschrieben haben, nicht aber aus der Sicht der Adressaten, des »einfachen Volkes«, um dessentwillen sie doch aufgeführt worden seien. Dieser Vorwurf ist ebenso gegen die neueren kulturwissenschaftlichen Arbeiten über die Herrschaftsinszenierungen des Elisabethanischen Zeitalters (Leahy 2005) wie gegen die Forschungen über staatssozialistische Massenrituale (Gries 2005) erhoben worden. Die Kritik lautet, die Forscher setzten immer schon stillschweigend voraus, dass die gezielte manipulative Dramaturgie dieser Inszenierungen ihren Zweck auch erfüllt hätte, nämlich die Untertanen zu beeindrucken und sie zur Akzeptanz der Herrschaft zu bewegen. Genau das aber sei die Frage (die übrigens auch die Zeitgenossen seit der frühen Neuzeit schon beschäftigt hat). Die Rekonstruktion des symbolischen Sinns und der strategischen Absichten, die die Veranstalter dabei vor Augen hatten, sollte daher nur der erste Schritt der historischen Analyse einer solchen Herrschaftsinszenierung sein. Der zweite Schritt besteht darin, die komplexen Bedeutungszuschreibungen, die verschiedene Beteiligte vornahmen, und Konflikte, die sich daran möglicherweise entzündeten, in die Untersuchung einzubeziehen – soweit die Quellen das erlauben. Die offiziellen Ritualbeschreibungen dürfen nicht einfach wörtlich genommen werden, sondern müssen gegen den Strich gelesen und auf mögliche Bruchstellen, Widersprüche und konkurrierende Deutungen hin befragt werden. Lassen sich Deutungskonflikte rekonstruieren, so verrät das beispielsweise etwas darüber, wie in einem solchen Ritual politische Machtverhältnisse neu austariert wurden. Interessant sind also gerade nicht die harmonischen, sondern vielmehr die konfliktträchtigen Ereignisse; sie geben meist Aufschluss über das Funktionieren der Rituale ganz allgemein. Nur in Konfliktfällen wird ja die fundamentale, normalerweise aber unausgesprochene Wirkmächtigkeit symbolischer Geltungsansprüche sichtbar, eben dadurch, dass jemand widerspricht; nur in Konfliktfällen werden Dinge thematisiert, die sonst als selbstverständlich gelten.

Die historische Ritualforschung versucht also Fragen zu beantworten wie: Von wem wurde das betreffende Ritual geplant, ausgehandelt und inszeniert; wer bestimmte und dirigierte den Ablauf? Welcher Absicht dienten schriftliche oder bildliche Aufzeichnungen? Wie verhielt sich das einzelne Ereignis zur Ritualtradition? Welche Symboltraditionen wurden fortgesetzt, welche neuen eingeführt und warum? Lässt sich etwas über Spannungen zwischen der Tradition oder dem Ritualskript und dem tatsächlichem Verlauf herausfinden? Welche Akteure erhoben vor oder während des Rituals welche (womöglich konkurrierenden) Ansprüche? Wie reagierten verschiedene Teilnehmer und Beobachter; welche Bedeutungen schrieben sie dem Ganzen zu? Welche Machtkonstellationen und Konflikte verbergen sich hinter Brüchen und Deutungsvarianten? Erforderlich ist also eine sorgfältige Kontextualisierung des jeweiligen konkreten Ritualgeschehens und möglichst auch der entsprechenden Ritualtradition. Nur so lässt sich herausfinden, welche Rolle das symbolisch-rituelle Handeln tatsächlich spielte, welche Funktionen es erfüllte und wie es die jeweilige historische Konstellation beeinflusste. Denn es gibt nicht *das* Ritual, etwa *die* Kaiserkrönung, es gibt immer nur verschiedene individuelle Akte, die allerdings, und das ist der springende Punkt, ihren Sinn daraus gewinnen, dass jeder einzelne sich auf frühere Akte bezieht und auf zukünftige vorausweist. Es geht darum, nicht bei der selbstgenügsamen Beschreibung eines Ritualschemas stehen zu bleiben, sondern mit der Analyse von Ritualen in ihrem Zusammenhang dazu beizutragen, die Logik vergangenen Handelns und dessen strukturellen Wandel insgesamt besser zu verstehen.

3.2 Wie funktionieren Rituale?

Zentrale ritual-theoretische Fragen

Um historische Rituale angemessen zu verstehen, reicht es nicht aus, einfach die Quellen zu studieren – man braucht auch ein theoretisches Grundgerüst, ein Modell oder einen Begriff, mit dessen Hilfe man zuallererst bestimmt, welche Quellen überhaupt relevant sind, welche Fragen man an sie herantragen will und wie man aus den Quellenaussagen ein Verständnis des Gesamtgeschehens gewinnen kann. Ritualtheorien stellen ein solches Grundgerüst zur Verfügung, indem sie definieren, was ein Ritual ist, und Prämissen darüber aufstellen, wie es funktioniert. Aufgabe der historischen Ritualforschung ist es dann wiederum, diese theoretischen Vorannahmen mit den Quellen zu konfrontieren, die Angemessenheit der Theorie zu prüfen und sie möglicherweise zu korrigieren, wenn sie sich als ungeeignet erweist, die Quellenbefunde zu verstehen. Methodisch befindet man sich dabei in einem stetigen Kreislauf, einem hermeneutischen Zirkel, zwischen allgemeinen theoretischen Vorannahmen und konkreten empirischen Befunden; das eine muss laufend durch das andere modifiziert werden.

Die wichtigsten ritualtheoretischen Ansätze sind bereits eingangs vorgestellt worden. Viele Aspekte werden allerdings von den Ritualtheoretikern kontrovers diskutiert (dazu umfassend Kreinath/Snoek/Stausberg 2006). Gegenstand ausführlicher kulturwissenschaftlicher Debatten, die auch für die historische Ritualforschung Bedeutung haben, sind vor allem folgende Fragen:

- Folgen Rituale Regeln, und, wenn ja, welcher Art sind diese Regeln?
- Sind Rituale eindeutig, mehrdeutig oder gänzlich ohne Bedeutung?
- Worin besteht und wie weit reicht die performative Wirkmacht von Ritualen?
- Wie verhalten sich äußerer Vollzug und innere Einstellung zueinander?
- Wann und warum scheitern Rituale?
- Wie verändern sich Rituale?
- In welchem Maße sind Rituale für die Akteure verfügbar?
- Was unterscheidet Ritual und Theater?
- Welche Rolle spielen Emotionen im Ritual?
- Welche Rolle spielen verschiedene Medien für Rituale?

Schließlich stellen sich spezifische Fragen, die nur die *historische* Ritualforschung beantworten kann, nämlich:

- Inwiefern unterliegen Rituale strukturellem historischem Wandel?
- Verblassen Rituale in der Moderne?
- Inwiefern hat man all das schon in früheren Epochen theoretisch reflektiert?

Ritualsystem als »Sprache«

Wenn man fragt, ob rituelles Handeln Regeln folgt und welcher Art diese Regeln sind, so stößt man auf den Vergleich mit den Regeln einer Sprache (siehe oben). Die verbale Sprache dient meist als Modellfall menschlicher Kommunikation ganz allgemein. Die

Annahme, rituelle Kommunikation funktioniere ähnlich wie eine Sprache, ist für viele Ritualtheorien wesentlich (Leach 1968), was sich nicht zuletzt daraus erklärt, dass die moderne Sprachwissenschaft und Sprachphilosophie (Ferdinand de Saussure, Ludwig Wittgenstein) zu Beginn des 20. Jahrhunderts großen Einfluss auf die entstehenden Kulturwissenschaften ausgeübt haben.

Was bedeutet es, wenn man rituelle Kommunikation in Analogie zu verbaler Sprache versteht? Erstens sagt man damit, dass sie auf einem kollektiv geteilten symbolischen Code, einem Regelsystem aus Grammatik und Vokabular beruht und dass dieses Regelsystem den Individuen nicht bewusst sein muss, sondern von ihnen implizit befolgt wird. Das heißt wohlgemerkt nicht, dass es nicht unter Umständen durchaus explizit und bewusst gemacht werden könnte. Wie rituelles Wissen und rituelle Handlungskompetenz erworben und weitergegeben werden, ist durchaus verschieden. Man kann es sowohl durch Imitation im Laufe der Sozialisation erwerben wie eine Muttersprache; man kann es aber auch sekundär durch ausdrückliche (mündliche oder schriftliche) Unterweisung erlernen.

Die Analogie zur Sprache legt zweitens die Annahme nahe, dass zwar die Fähigkeit zu rituellem Handeln allen Menschen gemeinsam und angeboren ist (Wittgenstein nennt das einen »rituellen Instinkt«), dass es aber *verschiedene* »Ritualsprachen« gibt und dass sich verschiedene Gemeinschaften oder »Kulturen« durch diese spezifischen Ritualsprachen voneinander unterscheiden lassen. Was etwa in der einen Gemeinschaft von strengstem Ernst ist und heilige Verpflichtungen mit sich bringt, kann in einer anderen als lächerlich empfunden werden. Jede subkulturelle Gruppe grenzt sich von anderen durch ihre eigene Symbolsprache ab, die von anderen nicht ohne Weiteres beherrscht wird. In einer Kultur aufzuwachsen bedeutet, eine spezifische symbolisch-rituelle Sprache zu erlernen, einen spezifischen »ritual sense« zu erwerben (Bell 1992). Damit verinnerlichen – so die These von Catherine Bell – die Individuen zugleich die spezifischen Machtstrukturen der betreffenden Gesellschaft. Die Untersuchung, wie weit symbolisch-rituelle Verständigung zwischen Angehörigen verschiedener Kulturen reicht oder nicht, dient dann zur Rekonstruktion von kulturellen Grenzen (vgl. Kap. 2.6). Andererseits stellt sich die Frage, inwiefern es nicht rituelle »Grundvokabeln« gibt, die kulturübergreifend verständlich, ja womöglich anthropologische Universalien sind, etwa der Kniefall als Geste der Selbsterniedrigung oder das Mahl als Akt der Gemeinschaft. Aber interessanter als die Gemeinsamkeiten sind für die Ritualhistoriker die Unterschiede in der Verwendung dieser Grundvokabeln.

Auch die sprachtheoretische Unterscheidung zwischen *langue* und *parole*, abstraktem, kollektiv geteiltem Regelsystem einerseits und konkreter individueller Äußerung andererseits, lässt sich auf Rituale übertragen (vgl. Kap. 1.2.1). Das heißt: Eine individuelle rituelle Handlung (*parole*) ist insofern verständlich, als sie auf einen schon vorher vorhandenen, den Mitgliedern einer Gruppe gemeinsamen Code (*langue*) Bezug nimmt; umgekehrt hängt aber dieser Code seinerseits von den individuellen Ritualhandlungen ab und kann durch sie verändert werden.

Doch andererseits sind auch die Unterschiede zwischen verbaler Sprache im strengen Sinne des Wortes und symbolisch-ritueller Kommunikation nicht zu übersehen. Verbale Sprachen erlauben im Vergleich zu allen anderen Kommunikationsformen wesentlich komplexere und abstraktere, das heißt von der konkreten Situation vollständig abgelöste Mitteilungen. Die Grammatik verbaler Sprachen besteht aus abstrakten Kombinationsregeln, die es ermöglichen, aus einer begrenzten Zahl von Bausteinen unendlich viele Sätze zu generieren und zu verstehen. Inwiefern das bei symbolisch-rituellen Zeichensystemen ähnlich ist, darüber wird gestritten. Zwar kann man auch bei Ritualen einzelne Bausteine, gleichsam Vokabeln, unterscheiden, die sich unterschiedlich kombinieren lassen (Gladigow 1998: 458 f.; Bell 1992: 37 ff.; dagegen Fugger 2011). Der Spielraum dafür ist aber jedenfalls wesentlich enger, die Zahl der Bausteine kleiner, die Kombinationsmöglichkeiten begrenzter. Rituelle Kommunikation ist daher erheblich weniger präzise und komplex. Vor allem sind rituelle Botschaften wesentlich stärker an die konkrete Situation gebunden, in der sie vollzogen werden. Doch in begrenztem Maße lassen sich auch rituelle »Vokabeln« in andere Zusammenhänge übertragen und bleiben trotzdem verständlich. Das gilt etwa für den Transfer von sakral-liturgischen Elementen in weltliche Kontexte und umgekehrt (vgl. Kap. 3.4). Im Unterschied zu verbalen Äußerungen geht es allerdings bei Ritualen »nicht in erster Linie um das *Mitteilen*, sondern um das *Teilen* von Sinn« (Fugger 2011: 411).

Eindeutigkeit oder Mehrdeutigkeit

Versteht man rituelle Kommunikation in Analogie zu verbaler Sprache, so meint man damit vor allem, dass sie *symbolischen* Charakter hat, das heißt etwas *mitteilt.* Über den symbolischen Charakter von Ritualen sind sich allerdings sowohl Ritualtheoretiker als auch Historiker nicht einig. Es ist umstritten, ob Rituale eindeutig, mehrdeutig oder gänzlich ohne Bedeutung sind und was das eigentlich für ihre Leistungskraft besagt. Auch hier sind kommunikations- und sprachtheoretische Ansätze von Nutzen, um Missverständnisse zu vermeiden. Zunächst gilt es zwei unterschiedliche Ebenen auseinanderzuhalten, nämlich die performative und die symbolische Ebene. Ein Rechtshistoriker hat schon 1956 formuliert: »Die Zeitgenossen [...] brauchen nicht zu wissen, was ihre Riten im einzelnen bedeuten. Sie brauchen nur zu wissen, was sie mit ihnen *ausrichten* wollen« (Rehfeldt 1956: 53). Man könnte auch sagen: Die Symbolbedeutung eines rituellen Aktes mag im Einzelnen vieldeutig, umstritten und schwankend sein, wesentlich ist, dass die performative Wirkung eindeutig ist.

Ein Beispiel: Wenn in der vormodernen Universität ein Doktor »kreiert« wurde (was einer Standeserhöhung ähnlich der in den Adel gleichkam), erhielt der Kandidat verschiedene Insignien überreicht: Buch, Ring, Birett, Kette und Degen. Das alles waren keine bloßen Ornamente, sondern Standesinsignien von rechtlicher Qualität, deren unbefugtes Tragen bestraft werden konnte. Im Laufe der Zeit rankten sich um diese Insignien zunehmend phantasievolle Deutungen, die den einzelnen Gesten, den Gegenständen, ihren Formen und Farben ganz unterschiedliche moraldidaktische Bedeutungen zuschrieben. So hieß es beispielsweise, das Birett lehre seinen Träger aufgrund seiner runden Form, »daß alle eure Gedancken, Empfind- und Verrichtungen also mit der gesunden Vernunfft, wie die Circumferenz mit dem Centro, übereinstimmen sollen« (Lünig 1719/20: II, 1365). Andere leiteten *Birett* von *bis rectum* (»zweimal recht«) ab: Es bedeute, dass der Träger in zweierlei Hinsicht, nämlich in der Lehre und im Leben richtig handeln solle (Bartholomaeus Chassanaeus, *Catalogus Gloriae Mundi,* 1529: 242). Andere Gelehrte ließen sich wiederum andere Deutungen einfallen, die alle auf die ständischen

Tugenden und Pflichten des Doktors, die allgemeinen Erwartungen seiner Umwelt an ihn Bezug nahmen. Diese Vieldeutigkeit spielte indessen keine Rolle – *eindeutig* galt, dass der mit diesen symbolischen Gegenständen Ausgezeichnete anschließend Doktor *war* und als solcher handeln und behandelt werden musste. Diese performative Bedeutung war allerdings höchst vage und allgemein. Was *genau* die Rechte und Pflichten des Eingesetzten waren, sagte das Ritual nicht, das musste auf andere Weise – nämlich verbal, mündlich oder schriftlich – zum Ausdruck gebracht werden.

Was die symbolische Ebene angeht, so sind Rituale niemals vollkommen eindeutig. Das gilt für jede Art der menschlichen Kommunikation in mehr oder weniger hohem Maße. Bedeutung ist immer relativ, ergibt sich aus dem jeweiligen Kontext und wird von den Beteiligten situativ erzeugt. Welche Bedeutung einer Mitteilung zugeschrieben wird, ist allerdings nicht beliebig, sondern erfolgt im Rahmen eines gemeinsamen Codes. Denn Kommunikation ist stets ein kollektives Phänomen; sie funktioniert nicht voraussetzungslos, sondern ist immer schon in einen sozialen Zusammenhang (eine *communio*) eingebettet, innerhalb dessen gewisse konstitutive Regeln, Konventionen, Standardisierungen gelten, die von den Mitgliedern der Gemeinschaft geteilt werden.

Wie Kommunikation funktioniert

Kommunikation funktioniert nicht wie das Senden einer fertigen Botschaft von A nach B, wie es das ältere, am Telegraphenmodell orientierte Kommunikationsverständnis suggeriert. Kommunikation ist vielmehr eine *wechselseitige Relation* zwischen mindestens zwei Beteiligten. Ein Kommunikationsakt kommt zustande, wenn dreierlei zugleich der Fall ist: wenn erstens eine *Information* geäußert wird, die zweitens von dem einen *als Mitteilung gemeint* und drittens von dem anderen *als Mitteilung verstanden* wird. Verstehen heißt hier allerdings durchaus nicht, dass der eine der Mitteilung genau dieselbe Bedeutung zuschreibt, die der andere meint. Ob das der Fall ist, entzieht sich ja wechselseitig der Wahrnehmung. Verstehen heißt hier zunächst einmal nur, dass der eine die Äußerung des anderen überhaupt als Mitteilung auffasst, was sich darin zeigt, dass er seinerseits mit weiterer Kommunikation reagiert.

Mitunter berücksichtigen Historiker diese kommunikationstheoretischen Einsichten nicht hinreichend und führen daher fruchtlose Debatten über die Frage, was ein bestimmtes rituelles Element *wirklich* bedeutet habe. Die Frage ist aber falsch gestellt; vielmehr ist es nur sinnvoll zu fragen, welche Bedeutung die Beteiligten beziehungsweise die Quellenautoren diesem rituellen Element *zugeschrieben* haben. Bei vielen Ritualen entzündeten sich schon unter den zeitgenössischen Akteuren und Beobachtern Konflikte darüber, was ein symbolischer Akt bedeutet habe. Für die Historiker kann es nicht darum gehen, solche Konflikte gleichsam rückwirkend zu entscheiden, sondern vielmehr darum, eben diese Deutungskonflikte als solche zu rekonstruieren. Es ist einer der spannendsten Aufgaben der Ritualforschung zu fragen, welche Beteiligten in einer bestimmten Situation aus welchem Grunde welche Deutung eines Ritualgeschehens favorisierten, wer von ihnen seine Deutung öffentlich artikulieren und andere Deutungen unterdrücken oder verdrängen konnte und auf welche Weise das geschah. Das wiederum verrät einiges über die strukturellen Machtverhältnisse in der betreffenden Gesellschaft, denn eine bestimmte Situationsdeutung autoritativ durchsetzen zu können und andere zum Schweigen zu bringen, ist ein wesentliches Element politischer oder sozialer Macht (vgl. hierzu auch den Exkurs Nr. 18 unter *www.campus.de*).

Mehrdeutigkeit als Vorteil

Dass Rituale wesentlich mehrdeutiger sind als sprachliche Äußerungen, wird kaum bestritten. Umstritten ist hingegen, was das für ihr Funktionieren und für ihre Leistungskraft besagt. Misst man rituelle Botschaften am Maßstab sprachlicher Aussagen, so erscheint Mehrdeutigkeit auf den ersten Blick als Nachteil (Fugger 2011: 411; Vollrath 2007). Doch bei näherem Hinsehen ist klar, dass Mehrdeutigkeit in vielen Kommunikationssituationen von Vorteil ist und eine Funktion erfüllt. Möglicherweise bringen vormoderne Gesellschaften generell eine höhere Toleranz oder sogar Wertschätzung für Mehrdeutigkeit auf als moderne. Es kennzeichnet gerade unsere an einem mathematisch-naturwissenschaftlichen Wissensideal orientierte Kultur, dass sie Präzision im Allgemeinen höher schätzt als Ambiguität. Tatsächlich kommt es aber auf die Kommunikationssituation und -absicht an, ob Eindeutigkeit oder Mehrdeutigkeit von Vorteil sind. An zahllosen historischen Beispielen lässt sich zeigen, dass die spezifische Leistungskraft von Ritualen gerade darin besteht, dass sie die Beteiligten nicht auf bestimmte, präzise ausbuchstabierte Aussagen festlegen. Ihre größere Unschärfe ermöglicht es vielmehr gerade, dass Deutungsunterschiede der Beteiligten unsichtbar bleiben können. Auf diese Weise können sie sich eines gemeinsamen Ordnungs- und Wertefundamentes versichern, das einer präzisen argumentativen Darlegung nicht standhalten würde. Für die Aufrechterhaltung stabiler institutioneller Strukturen ist das unerlässlich, denn je komplexer eine Gesellschaft ist, desto unwahrscheinlicher ist ein faktischer Konsens ihrer Mitglieder. Der Politikwissenschaftler David Kertzer vertritt die These, dass Rituale »solidarity without consensus« herstellten, und spricht von der »Tugend der Mehrdeutigkeit« (»virtue of ambiguity«) (Kertzer 1988: 67 ff.). Rituelle »Konsensfassaden« oder »Einmütigkeitsfiktionen« ermöglichen es, auch in Situationen von faktischem Dissens oder sogar Konflikt dennoch weiterhin gemeinsam zu handeln, ohne dass eine Seite der Konfliktbeteiligten ihr »Gesicht verliert« (Rexroth 2003: 405 f.; Althoff 2004; Stollberg-Rilinger 2004: 518 ff.).

Bedeutungslosigkeit von Ritualen?

Eine besonders provokative und umstrittene Position vertritt der niederländische Religionswissenschaftler und Indologe Frits Staal, der Rituale »rules without meaning« nennt (Staal 1989; weniger radikal Humphrey/Laidlaw 1994; vgl. dazu Michaels 1999; Michaels 2006; Fugger 2011). Für ihn ist ein Ritual ohne Bedeutung, Ziel und Zweck, ja überhaupt ohne Funktion. Man vollzieht es so und nicht anders, weil man es immer so und nicht anders vollzogen hat; sein Sinn erfüllt sich im regelmäßigen gleichförmigen Vollzug selbst. Nach Staal verweist das Ritual auf nichts außerhalb seiner selbst. Es ist ontogenetisch uralt und den Ritualisierungen im tierischen Verhalten eng verwandt – wie ein Mantra, das selbstgenügsame Wiederholen bedeutungsloser Formeln. Daraus folgert Staal, angelehnt an den Strukturalismus des Ethnologen Claude Lévi-Strauss, dass man allein die strukturelle Grammatik äußeren rituellen Verhaltens rekonstruieren könne und nicht nach dahinter liegenden Bedeutungen suchen dürfe. Damit leugnet Staal sowohl den symbolischen als auch den performativen Charakter von Ritualen: Sie sagen nichts und sie bewirken nichts. Von der hier eingangs zugrunde gelegten

Definition bleibt nur das Merkmal der standardisierten äußeren Form übrig. Allerdings räumt Staal ein, dass der Vollzug von Ritualen gleichsam zufällig nützliche soziale Nebeneffekte haben und dass man ihnen nachträglich (vor allem religiöse) Bedeutungen zuschreiben könne.

Die Kulturanthropologen haben diese Auffassung massiv kritisiert (Michaels 2006). Auch für Historiker, die sich ja gerade für soziale Effekte und Bedeutungszuschreibungen interessieren, ist ein solches extrem einseitiges, soziobiologisches Ritualverständnis unfruchtbar. Zwar trifft es zweifellos zu, dass Rituale einen Sinn schon im Vollzug selbst erfüllen, auch wenn die Beteiligten sich über Gründe, Zwecke und Bedeutungen keine Gedanken machen (so Humphrey/Laidlaw 1994). Die Akteure tun das aber in aller Regel eben doch, und das (wenn auch nicht das allein) macht Rituale für Historiker interessant. Mit anderen Worten: Staals Ritualverständnis sieht von fast allem ab, was Gegenstand der *historischen* Ritualforschung ist. Die Phänomene, auf die sich seine Theorie stützt, stammen nicht zufällig aus der alten indischen Ritualkultur der Veden. Hier haben sich rituelle Traditionen über Jahrhunderte unverändert erhalten, mit der Folge, dass die heutigen Ritualakteure mit ihren rituellen Handlungen keinerlei Bedeutung mehr verbinden, nicht nach Bedeutungen suchen noch ihnen neue Bedeutungen zuschreiben. Es ist allerdings wenig sinnvoll, diesen historischen Sonderfall zur Grundlage für eine allgemeine Ritualtheorie zu machen.

Performative Wirkmacht

Worin besteht die Wirkmacht von Ritualen, wie kommt sie zustande und wie weit reicht sie? *Sagen* Rituale nur etwas aus, oder *tun* sie auch etwas? Das ist eine schlechthin zentrale Frage der Ritualtheorie (Tambiah 1981; Humphrey/Laidlaw 1994; Rappaport 1999; Michaels 1999; Kreinath/Snoek/Stausberg 2006; Martschukat/Patzold 2003 u.v.a.), und darüber streiten sich auch Historiker. Wohnt Ritualen eine eigene Macht inne (Althoff 2003: 199) oder haben Rituale schlicht »keine Macht« (Vollrath 2007: 400)? Die Kontroverse ist zu einem guten Teil darauf zurückzuführen, dass entweder unzulässig verallgemeinert oder dass unter »Wirkmacht« Unterschiedliches verstanden wird. Auch bei der Wirksamkeit von Ritualen sind die emische und die etische Perspektive zu unterscheiden (vgl. Kap. 3.1). Auf der emischen Ebene liegt die »postulierte

Wirkung«, die die Akteure selbst dem Ritual zuschreiben; auf der etischen Ebene die von externen Beobachtern empirisch wahrnehmbare, »operationale« Wirkung (Hüsken 2009). In der performativen Wirkung fällt beides oftmals zusammen.

Die performative Wirkmacht ist »eine Funktion der korrekten Ausführung der Rituale« (Dücker 2007: 64 f.): Wird eine Heirat in »rechtmäßiger« und »richtiger« Form vollzogen, so *sind* die Brautleute anschließend Eheleute, auch wenn sie tatsächlich anschließend die Ehe brechen mögen. Wird zwischen den Repräsentanten zweier Kriegsparteien ein formaler Akt des Friedensschlusses vollzogen, so *gilt* das Verhältnis fortan als Frieden, auch wenn tatsächlich die Gewalt nicht überall beendet sein mag. Wird ein Lehnseid geleistet, so *ist* der eine der Vasall des anderen und zu dem entsprechenden Verhalten verpflichtet. Die Beispiele lassen sich beliebig vermehren. Die performative Macht vieler Rituale liegt also in der Fähigkeit, eine soziale Situation zu *definieren*. Das setzt allerdings voraus, dass die korrekten formalen Rahmenbedingungen gegeben sind, dass das Ritual selbst richtig durchgeführt wird und dass den Ritualakteuren die Autorität und Handlungsmacht (*agency*) zukommt, das Ritual zu vollziehen. Aber nicht alle Rituale verändern die Definition einer Situation, so wie es Einsetzungs- und andere Passageriten tun; man denke etwa an jahreszyklische Rituale. Von der situationsverändernden Wirkung kann man daher eine Wirkung des Rituals unterscheiden, die in der »langfristigen Anerkennung der Geltung und Gültigkeit seines Wertfundaments« besteht und die »immer wieder in entsprechenden Handlungen und der Teilnahme an weiteren Ritualen sichtbar gemacht werden muss« (Dücker 2007: 64 f.). In beiden Fällen gibt der Vollzug des Rituals zwar keine Garantie dafür, dass sich alle Beteiligten dauerhaft an die damit verbundenen Verpflichtungen, Normen und Werte tatsächlich halten; er sorgt aber in der Regel dafür, dass die Beteiligten voneinander wechselseitig *erwarten,* das zu tun. Von den Ausnahmen, dem Scheitern von Ritualen, wird noch die Rede sein.

Es hängt immer vom historischen Kontext ab, welche Wirkung ein Ritual tatsächlich entfaltet. Auch ein *nicht* korrekt vollzogenes Ritual kann wirkmächtig sein, wenn alle Umstände unproblematisch sind und niemand daran denkt, es anzufechten. Und umgekehrt: Auch ein korrekt vollzogenes Ritual kann unter Umständen wirkungslos bleiben, wenn etwa die Autorität der Akteure in Zweifel gezogen wird. Es kommt stets auf die jeweiligen Rahmenbedingungen, die soziale Konstellation, die politischen Machtverhältnisse, aber auch auf den faktischen Verlauf an, ob ein Ritual seine Wirkung entfaltet, ob die Wirkung eingeschränkt ist oder ob es gänzlich scheitert (siehe unten Kap. 3.3). Rituale sind kommunikative Vorgänge, die zwar das Handeln und die Erwartungen der Beteiligten in bestimmte Bahnen lenken, aber nie restlos determinieren: keine Norm ohne Abweichung. Das Ritual als wiederholbare kollektive Struktur und das Ritual als konkreter individueller Akt stehen vielmehr immer in einer Wechselbeziehung. Die Struktur ist dem Einzelnen einerseits schon als etwas Objektives vorgegeben, der Einzelne eignet sie sich aber jedes Mal von Neuem subjektiv an und reproduziert sie – oder eben auch nicht. Gerade das macht Rituale für Historiker interessant, die ja nicht die Wiederholung des Immergleichen, sondern den historischen Wandel im Auge haben.

Äußerer Vollzug versus innere Einstellung

Die Frage nach der Wirkmacht der Rituale lässt sich zuspitzen auf die Frage, inwiefern die performative Wirkung des Rituals allein an dessen korrektem äußeren Vollzug hängt und unabhängig ist von der inneren Einstellung, Intention, Aufrichtigkeit und Überzeugung der Akteure (Tambiah 1981; Humphrey/Laidlaw 1994; Rappaport 1999; Michaels 1999; Angenendt 2001; u. v. a.). Dabei handelt es sich um eine klassische Frage der Ritualtheorie, die sich historisch im Grunde bis auf die antiken und mittelalterlichen Debatten über die Wirksamkeit der christlichen Sakramente zurückverfolgen lässt (siehe unten Kap. 3.6). Im Hochmittelalter etablierte sich die theologische Position, wonach die Sakramente *ex opere operato* (»durch das vollbrachte Werk«) wirksam seien, das heißt dass die göttliche Heilswirkung durch das Handeln des geweihten Priesters vermittelt werde, unabhängig davon, wie sündhaft der Priester selbst ist und ob Empfänger und Spender des Sakraments den Akt mit gläubiger innerer Teilnahme zelebrieren oder nicht. Im Extrem führt diese Auffassung zu einem archaisch-magischen Formalismus, wonach alles auf die äußere Form, nichts auf die Intention ankommt, sodass die Handelnden selbst gleichsam Sklaven der rituellen Korrektheit werden, weil selbst die zufällige Erfüllung der Form eine rituelle Wirkung herbeiführt, während der kleinste Formfehler sie vernichtet.

Pointiert lautet die Frage: Hat das Ritual Macht über die Handelnden oder haben die Handelnden Macht über das Ritual? Wie so oft lässt sich das nicht einfach alternativ beantworten; wie viel Macht ein Ritual über die Handelnden ausübt, hängt von vielen Umständen ab und ist kultur-, epochen- und situationssspezifisch durchaus verschieden. Gerald Schwedler und Eleni Tounta haben vorgeschlagen, die Frage nach der Wirkmacht der äußeren Form an signifikanten Fällen von Usurpation abzulesen (Schwedler/Tounta 2010). Zum Beispiel: Wenn sich der Narr im richtigen Moment zufällig auf den Herrscherthron setzt, wird er dadurch zum König? Vermutlich nicht. Das zeigt: Es müssen in der Regel eine Reihe anderer Umstände zusammenkommen, damit ein Ritual seine Macht entfaltet. Aufschlussreich sind Fälle, in denen ein Usurpator ein traditionelles Einsetzungsritual imitiert und sich der geheiligten Herrschaftszeichen oder eines geheiligten Ortes bemächtigt. Es kann sein, dass in solchen unsicheren Grenzfällen die »richtigen« Herrschaftszeichen, der »richtige« Raum oder die »richtigen« Formeln aus dem Mund der »richtigen« Priester eine eigene Wirkmacht entfalteten. So musste beispielsweise ein Herrschaftsprätendent im byzantinischen Reich den Kaiserpalast in Konstantinopel erobern, sich in den Besitz der kaiserlichen Insignien bringen und in der Hagia Sophia krönen lassen, damit sich seine faktische militärische Macht in formale Legitimität verwandelte (Schwedler/Tounta 2010). War die dynastische Tradition abgerissen, die Machtkonstellation unklar und die Situationsdeutung umstritten, dann konnte rituelle Richtigkeit den Ausschlag dafür geben, dass ein Usurpator sich durchsetzen konnte. Jedenfalls lässt sich in unzähligen Fällen zeigen, dass gerade Herrschaftsträger von zweifelhafter Herkunft besonders großen Wert auf aufwendige rituelle Inszenierungen legten, um sich in eine Ritualtradition einzureihen, den Bruch in der Herrschaftsordnung unsichtbar zu machen und von der legitimitätserzeugenden Wirkung des Rituals zu profitieren. Auch die Krönung Napoleons ist ein prominentes Beispiel dafür. Umgekehrt zeigt sich der gleiche Bedarf an ritueller Legitimation bei den hoch umstrittenen Königsabsetzungen des Mittelalters (Rexroth 2004).

Man kann auch an das Beispiel aus der Einleitung erinnern: Wenn die amerikanische Administration nicht um die Akzeptanz des ersten farbigen Präsidenten in manchen Bevölkerungskreisen gebangt hätte, wäre der minimale Formfehler des Amtseides wohl kaum so ernst genommen worden.

Ein Missverständnis wäre es, der Ritualforschung zu unterstellen, sie ginge von einem archaisch-irrationalen Glauben der Handelnden an rituelle Wirkmacht aus und schlösse damit aus, dass die Akteure sich im Umgang mit rituellen Situationen auch zweckgerichtet und strategisch verhalten könnten. Ehrfurcht gegenüber der Sakralität und Verbindlichkeit eines Rituals waren durchaus vereinbar mit dessen Instrumentalisierung zu politischen Zwecken; die Handelnden waren den Ritualen keineswegs machtlos ausgeliefert. So konnte man bei einer Papst- oder Königswahl selbstverständlich intrigieren, bestechen und übervorteilen, um den gewünschten Kandidaten durchzusetzen – am Ende musste das dem Glauben an die Wirkung des Heiligen Geistes im Wahlritual aber keinen Abbruch tun (Buc 2007). Es entspricht einem modernen rationalistischen Missverständnis, wie es seit der europäischen Aufklärung verbreitet ist, anzunehmen, aufrichtiger Glaube und zweckrationales Handeln stünden notwendig im Widerspruch zueinander und Religion diene nur einer zynischen Bemäntelung strategischer Interessen. Catherine Bell hat in ihrer einflussreichen Ritualtheorie Ritualisierung geradezu als strategisches Handeln definiert, das dazu dient, Handlungsalternativen auszuschließen und auf diese Weise eine bestimmte Machtkonstellation zu festigen (Bell 1992; 1997).

Rituale erzeugen Erwartungen

Auch wenn die Einzelnen Handlungsmacht im und über das Ritual haben, es planen, inszenieren, strategisch nutzen, gegen die Regeln verstoßen und diese in Teilen verändern können, so ist das eben nur die eine Seite der Medaille. Die andere Seite ist, dass Rituale ihre Wirkmacht grundsätzlich und im Normalfall doch in gewissem Sinne unabhängig von den Intentionen der einzelnen Akteure entfalten. Auf die zentrale Frage, woran das liegt und wie diese Wirkung zustande kommt, antwortet die Ritualtheorie: durch den kollektiven und intersubjektiv wahrnehmbaren Charakter von Ritualen. Wenn jemand etwa vor den Augen vieler Teilnehmer sichtbar in feierlich-ritueller Form eine bestimmte Rolle übernimmt, dann geht er damit, ob er will oder nicht, eine Verpflichtung ein, ein rituelles *commitment* (Humphrey/Laidlaw 1994), das heißt, er begründet bei anderen die normative Erwartung, sich in Zukunft dieser Rolle, dem Amt, dem Status, der Situationsdefinition usw. entsprechend zu verhalten. Alle, die bei diesem rituellen Akt anwesend sind und sich nicht deutlich wahrnehmbar davon distanzieren, tragen stillschweigend und unwillkürlich zu dieser Erwartungsbildung bei. Die wechselseitige Augenzeugenschaft entfaltet eine normative Kraft. Jeder einzelne kann sich zwar verstellen und Zustimmung nur heucheln. Doch ob dem äußerlich Gezeigten tatsächlich eine innere Einstellung entspricht oder nicht, ist für die Wirkung des Rituals solange nicht relevant, wie es für die anderen schlicht nicht beobachtbar ist. Es gilt vielmehr, was gezeigt wird und von allen Zeugen des Rituals wechselseitig beobachtet werden kann. Ein Problem ergibt sich erst dann, wenn die Teilnehmer im Vollzug des Rituals *sichtbare* Distanzierungsgesten vollziehen, das heißt, wenn eine Differenz zwischen Aufgeführtem und Gemeintem erkennbar ist und die Konsensunterstellung, die Rituale sonst erzeugen, durchbrochen wird (siehe unten Kap. 3.3). Solange aber die Teilnehmer wechselseitig voneinander glauben und erwarten, dass sie meinen, was sie tun, entfaltet das Ritual seine kollektive Wirkmächtigkeit. Diese Wirkmächtigkeit besteht darin, dass die Beteiligten sich zukünftig an den vom Ritual erzeugten kollektiven Erwartungen orientieren und sie zur Prämisse ihres Handelns machen. Die vom Ritual erzeugten Erwartungen haben *normativen* Charakter, das heißt, es kennzeichnet sie, dass sie eine ganze Weile aufrecht erhalten werden, auch wenn im Einzelfall dagegen verstoßen werden mag. Diese weitgehende Unabhängigkeit der rituellen Wirkmacht von den schwankenden inneren Einstellungen der Beteiligten ist essentiell für die institutionelle Funktion von Ritualen. Sie erklärt, warum Institutionen stabil sein können, ohne dass die Beteiligten laufend mit Gewalt zum Gehorsam gezwungen werden müssen. Eine zentrale Rolle spielt bei dieser erwartungsstabilisierenden Wirkung auch, dass ein Ritual *per definitionem* nicht für sich allein steht, sondern stets über sich hinaus auf andere, gleichförmige Akte – in der Vergangenheit und in der Zukunft – verweist, die sich gegenseitig verstärken. Und mehr noch – normalerweise hat man es in einer Gesellschaft mit einem ganzen Geflecht verschiedener, einander wechselseitig stützender und begründender Rituale zu tun.

Konstitutiv oder deklaratorisch?

Es ist eine sehr alte Streitfrage, inwiefern Rituale in der Vormoderne »rechtskonstitutive« oder bloß »deklaratorische« Wirkung gehabt hätten, welcher Teil einer Ritualsequenz der eigentlich »rechtskonstitutive« Teil gewesen sei und welche anderen Teile nicht. Das gilt insbesondere für zentrale Rituale, die die gesamte Herrschaftsordnung betrafen, wie etwa Salbung und Krönung (vgl. oben Kap. 2.5.1). Eine klassische Frage, mit der sich die Rechts- und Verfassungshistoriker beschäftigen, ist, wann und inwiefern Herrschaftsrituale gegenüber schriftlichen Verträgen in den Hintergrund traten und nur mehr entbehrliche symbolische Zeremonien waren, die keine eigene »Rechtskraft« mehr besaßen. Die Schwierigkeit besteht indessen darin, dass es keinen Maßstab gibt, an dem man das messen kann. Die Frage beschäftigte schon die Zeitgenossen selbst. Historiker können solche Fälle nicht nachträglich entscheiden, sondern nur die unterschiedlichen Deutungen rekonstruieren und nach ihren Gründen fragen.

Ein Beispiel für eine solche Deutungskontroverse ist die Beurteilung des Belehnungsrituals der Fürsten im frühneuzeitlichen Römisch-deutschen Reich durch den Kaiser persönlich (vgl. zur Geschichte der Investitur Le Goff 1977; Keller 1993; Stollberg-Rilinger 2008). Die Belehnung war der Akt, in dem *jeder* neue Kaiser *jedem* fürstlichen Reichsvasallen die Herrschaft über seine Territorien aufs Neue in ritueller Form übertrug und dafür dessen Treueid empfing. Dieses Ritual diente dazu, die kaiserliche Stellung als Reichsoberhaupt zu bekräftigen und den Reichsverband – entgegen allen Unabhängigkeitstendenzen der Fürsten – immer aufs Neue als Geflecht persönlicher Bindungen zu konstituieren, aber auch die Statusgrenzen zwischen den Reichsfürsten und den anderen Reichsgliedern sichtbar zu machen. Die Frage, welche rechtliche Substanz dieses Investiturritual eigentlich besaß, wenn doch die Fürsten ihre Landesherrschaft schon unmittelbar mit ihrer Thronbesteigung übernahmen, wurde unter den Zeitgenossen kontrovers beantwortet (vgl. hierzu auch die Quellen Nr. 19 unter *www.campus.de*). Die zeitgenössische Kontroverse über den Rechtscharakter dieses Rituals, das heißt seine performative Wirkung, spiegelt ihre Uneinigkeit über den Verfassungscharakter des Reiches ganz allgemein. Wer die Lehnsbindung der Fürsten an den Kaiser betonen wollte, deutete die Investitur als performativen Akt, der die Verpflichtung *bewirkte*, die er bezeichnete. Wer hingegen die Lehnsbindung herunterspielen wollte, erklärte die Investitur zum bloß deklaratorischen äußerlichen Zeichen, das für die Inhaber des Lehens nicht essentiell sei, aber doch zur korrekten Form dazugehöre. Der Streit wurde nie entschieden, denn er war schlechthin unentscheidbar. Eine klare und verbindliche Antwort auf die Frage, ob das Ritual rechtskonstitutiv oder nur deklaratorisch sei, hätte vorausgesetzt, dass es eine schriftliche Verfassung und formale Entscheidungsverfahren gegeben hätte, an denen sich das hätte messen und entscheiden lassen, so wie etwa heute das Bundesverfassungsgericht Auslegungskonflikte des Grundgesetzes entscheiden kann. Eben dies aber gab es nicht; der grundlegende Verfassungscharakter des Reiches war vielmehr dauerhaft umstritten. Die Frage »rechtskonstitutiv« versus »deklaratorisch« war mithin eine Frage des Standpunktes. Für die Historiker aber heißt das: Die ganze Kontroverse lässt sich auch aus historisch-rückblickender Sicht nicht *entscheiden*, sondern nur als solche *rekonstruieren*. Sie zeigt dann, dass sich das Ritual der Thronbelehnung – und ähnliches lässt sich auch für Salbung, Krönung usw. sagen – der eindeutigen juristischen Einordnung entzog, und zwar deshalb, weil es älter war als die Kategorien des gelehrten Staatsrechts. Solange das Ritual tatsächlich vollzogen wurde, blieb die Frage in der Schwebe, ob es rechtlich notwendig war, es zu vollziehen, oder ob es dies nicht war. Erst wenn man es gar nicht mehr durchführte und das keinerlei faktische Konsequenzen hatte, kann man nachträglich feststellen, dass es seine Verbindlichkeit eingebüßt hatte.

Ritual und Theater

Die performative Wirkung von Ritualen im hier erläuterten Sinne ist zu unterscheiden von ihrem Charakter als *Performances*. Die Kategorie der sozialen Performanz umfasst Ritual und Theater – ebenso wie Wettkampf, Turnier, Spiel, künstlerische Performance, kurz Aufführungen aller Art (siehe oben Kap. 1.2.2). Ritual und Theater haben den Handlungs-, Aufführungs- und Kommunikationscharakter gemein: Beide sind durch körperlichen Vollzug und gleichzeitige Anwesenheit von Akteuren und Zuschauern gekennzeichnet; beide stellen etwas symbolisch dar; beide »sind das Resultat einer sorgfältigen Inszenierung, beide arbeiten mit Skriptvorlagen und Proben ebenso wie mit Improvisationen« (Fischer-Lichte 2004: 279). Für die Ritualtheorie war die Verwandtschaft von Ritual und Theater von Anfang an wesentlich. Jane Harrison, Erving Goffman, Victor Turner und andere haben den Begriff des »sozialen Dramas« geprägt und Rituale als dramatische Aufführungen beschrieben, die die sozialen Kategorien, Normen, Werte, aber auch Spannungen und Widersprüche der Alltagswelt gleichsam wie auf einer Bühne symbolisch sichtbar machen (Harrison 1912; Goffman 1959/1983; Schechner 2005; Turner 1982/1995; Gebauer/Wulf 1998; Köpping/Rao 2000; Fischer-Lichte/Wulf 2001; Fischer-Lichte/Wulf 2004; Alexander/Giesen/Mast 2006 u. v. a.).

Beim (klassischen) Theater sind allerdings im Gegensatz zum Ritual die Wirklichkeitsebenen klar unterschieden. Für das Theater ist kennzeichnend, dass es eine Trennung zwischen Schauspieler und Rolle gibt, dass die Haltung des Zuschauens von dem Agieren der Schauspieler unterschieden ist und dass auf eine Realität jenseits des Theaters nachahmend Bezug genommen wird (»mimetische Referentialität«). Eine Handlung wird szenisch vor Zuschauern aufgeführt, bei der Personen andere Personen verkörpern. Im Ritual hingegen »*ist* man, was man spielt. Die rituelle Rolle, die man übernimmt, ist die eigene« (Fugger 2011: 416). Daraus folgt: Das Theater verändert die soziale Wirklichkeit jenseits des Theaters nicht (oder nur sehr indirekt), während das Ritual direkte Konsequenzen für die soziale Wirklichkeit jenseits des Rituals hat. Nach der Theateraufführung steht der ermordete König wieder auf, nach dem Hinrichtungsritual aber nicht (Petersen 2004: 12 f.).

Eine so klare Unterscheidung zwischen Ritual und Theater lässt sich allerdings nicht für alle historischen Epochen gleichermaßen treffen. Denn die Form des Theaters, die eine abgegrenzte Realitätsebene eigener Art schafft, gab es nicht immer. Es gab sie in der Antike und erneut seit dem 16. Jahrhundert, nicht aber im europäischen Mittelalter. Und auch das heutige Theater, das mitunter die Realitätsebenen vermischt und die Grenze zwischen Schauspielern und Publikum überschreitet, hat sich von dem klassischen

Theater wieder entfernt. Die Tradition des antiken Theaters war im Mittelalter abgerissen. Allerdings wurde im Rahmen des religiösen Kultes vor allem des Oster- und Weihnachtsfestes das Geschehen der Geburt, des Leidens und der Auferstehung Jesu in szenischer Form aufgeführt. Die Übergänge zwischen Liturgie und kultisch-religiösem Spiel waren dabei fließend. Schon die Eucharistiefeier war ja eine performative Vergegenwärtigung des letzten Abendmahls. Die Liturgie wurde nun durch vielfältige Formen der Veranschaulichung unterstützt, sei es verbal durch Rezitation der Evangelientexte, durch Bilder im Kirchenraum, aber auch durch szenische Aufführung des Geschehens jenseits des Gottesdienstes. Ursprünglich diente das geistliche Spiel ebenso wie die kirchliche Liturgie dem Seelenheil; es war die »kollektive Vergegenwärtigung von Heilsgeschehen mittels mimetischer Verkörperung« (Petersen 2004: 8). Das mittelalterliche Repräsentationsverständnis, wonach das Abbild an dem Urbild, das es verkörpert, selbst Anteil hat und nicht bloß zeichenhaft darauf verweist, umfasste sowohl den sakramentalen Kult als auch das geistliche Spiel. (Analoges gilt auch für das Verhältnis zwischen Bild und religiösem Kult; vgl. Belting 1990.) Erst allmählich begann sich im Spätmittelalter der Modus des Theaterspiels von dem eines heilswirksamen kultischen Rituals zu unterscheiden. Die Realitätsebenen traten zunehmend auseinander; ein anderes Zeichenverständnis bildete sich aus. Mit anderen Worten: Das Theater entwickelte sich aus der Liturgie heraus und verselbstständigte sich (Lang 1998; Müller 2001; Meier-Staubach/Meyer/Spanily 2004; Ziegeler 2004; Petersen 2004). Das Drama als autonome Kunstform begegnet zuerst im Elisabethanischen England, nicht zufällig in einem gesellschaftlichen Kontext, in dem auch die szenische Ausschmückung öffentlicher Herrschaftsrituale eine Blüte erlebte (vgl. Kap. 2.5.1).

Der Unterschied zwischen Ritual und Theater ist also fließend und muss historisch relativiert werden. Ritualhistorisch erscheint es sinnvoll, zwischen theatralem und rituellem Modus zu unterscheiden (Bernhard Giesen). Rituale vollziehen sich zwar als Aufführung vor Zuschauern (also in einem theatralen Modus), aber was darin aufgeführt wird, hat Geltung auch jenseits des Rituals, stiftet Verbindlichkeit gerade in der Alltagswelt (es gilt nach rituellem Modus). Verschiedene Personen können an ein und demselben rituellen Ereignis in verschiedenen Modi teilnehmen. Wohnen etwa europäische Touristen in Japan zufällig einem traditionellen shintoistischen Hochzeitsritual bei, so vollzieht sich das Geschehen für sie allein im *theatralen* Modus: Sie nehmen es als ästhetische Aufführung wahr, die aber keinen Bezug zu ihrer eigenen Alltagsrealität hat. Die Hochzeitsgesellschaft selbst hingegen vollzieht das Geschehen in einem *rituellen* Modus; für sie handelt es sich um ein Ritual, das performative, also verpflichtungsstiftende Wirkung für den Alltag hat.

3.3 Wann misslingen Rituale?

Der Verlauf von Ritualen ist nie vollständig kontrollierbar, im Gegenteil: Gerade aufgrund ihrer äußeren Formung sind sie für Fehltritte, Missgeschicke, Verletzungen, Sakrilegien, Gefährdungen aller Art besonders anfällig. Doch wie bei allen Normen sind es »auch hier die Verletzungen, die Nichtbefolgung, durch welche ihre normative Struktur sichtbar wird« (Rehberg 2004: 254). Erst die Ausnahme macht die Regel überhaupt erkennbar. Oft veranlassen erst Regelverstöße die Akteure dazu, die zugrundeliegende Regel zu thematisieren, die sonst unausgesprochen und selbstverständlich gilt. Erst ein Fehler bringt die Akteure dazu zu reflektieren, inwiefern dadurch die Wirkung des Rituals gefährdet oder zunichte gemacht worden sein könnte. Deshalb trägt gerade die Analyse von Ritualfehlern und -brüchen dazu bei zu verstehen, welche Wirkung Ritualen normalerweise zugetraut wurde. Das wiederum ist oftmals eine Frage des Blickwinkels. Ob ein Ritual »gescheitert« ist oder nicht, hängt oft von der Perspektive ab; es kann aus der Sicht des Ritualregisseurs ganz anders beurteilt werden als aus der der Ritualadressaten (von Moos 2001; Ambos/Hotz/Schwedler 2005; Dücker 2007: 199ff.; Hüsken 2007; Hüsken 2009; Van Nuffelen 2010; Büttner/Schmidt/Többelmann 2013). Ebenso wie die Wirkung von Ritualen vielfältig und ihre Symbolik vieldeutig ist, so können auch die Ritualfehler, -brüche und -störungen ganz unterschiedlicher

Art sein. Es ist sinnvoll, verschiedene Kategorien von Abweichungen auseinanderzuhalten.

Missgeschick

Da ist zunächst einmal das bloße Missgeschick, der unbeabsichtigte Fehler im Ritualverlauf. Je strenger formalisiert, je starrer, feierlicher und komplizierter ein Ritual ist, desto größer ist das Risiko, dass etwas schief geht, und desto schlimmer ist das auch für die Wirkung des Rituals. Vom Extremfall, dem archaisch-magischen Ritualismus, war schon mehrfach die Rede (siehe Kap. 2.7): Verscheucht der Priester bei der Opferhandlung eine Fliege, dann ist die Heilswirkung des Altarsakraments gefährdet (Angenendt 2001: 107 ff.); hält der Richter die Beine nicht korrekt gekreuzt, dann ist sein Urteilsspruch anfechtbar, und so fort. Dass solche unabsichtlichen äußerlichen Formfehler allein in archaischen Gesellschaften eine Rolle spielten, ist allerdings ein Trugschluss – erinnert sei an das Beispiel aus der Einleitung, den Fehler in Obamas Amtseid. Es gibt ganz verschiedene Arten, mit einem Ritualfehler umzugehen: Man kann ihn taktvoll übersehen und fortfahren, als wäre nichts geschehen; man kann ihn durch eine eigens dafür vorgesehene rituelle Gegenmaßnahme korrigieren; man kann ihn als übernatürlichen Eingriff auslegen; und man kann ihn zum Anlass nehmen, die Regel selbst zu ändern (von Moos 2001; Hüsken 2009). Wie mit unbeabsichtigten Fehlern umgegangen wird, verrät sehr viel über den gesamten Kontext, in dem sich ein Ritual abspielt: über die Unangefochtenheit der institutionellen Akteure etwa, die es sich leisten können, über den Fehler einfach hinwegzugehen, oder über die Handlungsmacht der Ritualregisseure, die ihn korrigieren und »ungeschehen machen« können.

Konflikt im Ritual

Eine ganz andere Art von Störung des Rituals liegt vor, wenn während seines Verlaufs ein offener Konflikt über den richtigen Ablauf auftritt. In der europäischen Vormoderne war das ein überaus häufiges Phänomen, das vor allem die rituellen Rollen der einzelnen Teilnehmer betraf. Denn jede räumlich-zeitliche Anordnung der Personen im Rahmen eines Rituals wurde gleichsam automatisch als Rangfolge gedeutet und konnte Konsequenzen für die Hierarchie der Beteiligten auch außerhalb des rituellen Kontexts nach sich ziehen. Da ein Ritual gewöhnlich die Institution, in der es stattfindet, in ihrer inneren Gliederung nicht nur darstellt, sondern auch reproduziert, muss jedes Mitglied seinen Rang gerade hier in der zeremoniellen Ordnung behaupten und gegen Angriffe verteidigen. Das gilt ganz besonders für vormoderne Gesellschaften, in denen sozialer Rang als höchstes Gut galt und bei denen sich institutionelle Rollen und Ranghierarchien oft *allein* in Ritualen, nicht in schriftlichen Statuten manifestierten (Stollberg-Rilinger 1997; 2008; Spieß 1997; Cosandey 2005; Füssel/Weller 2005; Weller 2006). Rituale waren das *theatrum praecedentiae*, der Schauplatz des Vorrangs schlechthin und damit auch die zentrale Bühne für Rangkonflikte. Kein noch so heiliges Ritual war dagegen gefeit, dass man sich dort um den Rang stritt; im Gegenteil: je feierlicher das Ritual, desto wichtiger die Rangbehauptung. Deshalb stritt man sich besonders oft in der Kirche. Auch massive Handgreiflichkeiten waren keine Seltenheit. Berüchtigte historische Beispiele dafür sind der Sitzstreit zwischen dem Abt von Fulda und dem Bischof von Hildesheim auf einem Hoftag in Goslar im Vespergottesdienst zu Pfingsten 1063 oder der Streit um die Vorfahrt der Kutschen zwischen den Gesandten des französischen und des spanischen Königs beim feierlichen Botschaftereinzug in London 1661; in beiden Fällen gab es Tote. Im Römisch-deutschen Reich kam es vor, dass sich die Kurfürsten mit physischer Gewaltandrohung um ihre Rollen bei der Krönung stritten (vgl. hierzu auch die Quelle Nr. 20 unter *www.campus.de*). Nicht immer eskalierten solche Konflikte; es gab verschiedene Mittel, im Ritual damit umzugehen, um es nicht zum Scheitern zu bringen: Man konnte den Schauplatz verlassen, nur unter förmlichem Protest weiter teilnehmen oder sich ausdrücklich bestätigen lassen, dass es sich um eine Ausnahme handele. Solche Konflikte bezeugen *ex negativo* die Wirkmacht, die die Beteiligten dem Ritual beimessen, was nicht nur die Darstellung, sondern die Herstellung der sozialen Rangordnung angeht.

Abwesenheit

Eine wesentliche Bedingung für das Gelingen eines Rituals war in der Vormoderne persönliche Anwesenheit; Stellvertretung war nur unter bestimmten Umständen akzeptabel (siehe unten Kap. 3.5). Korporative Statuten schrieben etwa die Anwesenheit aller Mitglieder der betreffenden Korporation bei ihren zentralen Ritualen ausdrücklich, manchmal bei Strafe, vor. Denn nur wer anwesend war, bezeugte durch seine Teilnahme stillschweigend seine

Akzeptanz dessen, was im Ritual aufgeführt wurde, und willigte in die damit erzeugte Verpflichtung ein. Wollte man diese Wirkung vermeiden, so musste man den Schauplatz entweder verlassen oder durfte gar nicht erst dort erscheinen. Das war in Mittelalter und früher Neuzeit eine sehr übliche Praxis. Auch darin bestätigt sich im Umkehrschluss, welche Verbindlichkeit Rituale normalerweise erzeugten (Althoff 2003; Stollberg-Rilinger 2008; Hüsken 2009). Das galt nicht nur für die prominenten und hochrangigen Akteure von Herrschaftsritualen, sondern auch für die scheinbar nur passiv beteiligten Zuschauer. Denn ohne Anwesenheit der Adressaten lief die rituelle Botschaft ins Leere. Auf diese Weise hatten alle – auch die »einfachen Leute« – in gewissem Maß das Gelingen solcher performativer Akte in der Hand. Die Präsenz und freudige Akklamation der Untertanen war für die rituelle Richtigkeit vieler Herrschaftsrituale erforderlich, sodass ihre Abwesenheit als demonstrativer symbolischer Akt des Protests verstanden werden konnte und unbedingt vermieden werden musste, vor allem in Fällen von prekärer Legitimität. Für die englischen Krönungszüge der frühen Neuzeit ist beispielsweise gezeigt worden, dass man das Risiko mangelnder öffentlicher Teilnahme durch die radikale Verkürzung des Krönungsweges zu verringern suchte (Smuts 1989; Duchhardt 1997; vgl. für Byzanz: van Nuffelen 2010).

Ironische Distanz

Eine andere Gefahr für das Gelingen des Rituals besteht darin, dass die Teilnehmer zwar anwesend sind und auch die vorschriftsmäßigen Handlungen vollziehen, aber dabei offensichtliche Zeichen innerer Distanz und mangelnder Akzeptanz zur Schau stellen. Ein solcher ironisch-distanzierter Umgang mit Ritualen ist nicht erst ein Phänomen der Postmoderne, sondern kam auch in vormodernen Gesellschaften immer wieder vor, etwa dann, wenn etwa die Akteure es einerseits nicht wagten, offenen Widerstand zu leisten oder fernzubleiben, sich andererseits aber dennoch nicht auf die im Ritual inszenierte Botschaft festlegen lassen wollten. So ist es beispielsweise kennzeichnend für die Konstellation der Reformation im Römisch-deutschen Reich, dass lutherfreundliche Fürsten sich auf Reichstagen zwar an der »papistischen« Liturgie beteiligten, aber zugleich bemüht waren, ihre Geringschätzung zum Ausdruck zu bringen, indem sie spotteten, laut lachten, zu spät kamen oder während der besonders inkriminierten liturgischen Akte ihren Platz verließen (Stollberg-Rilinger 2005). Offene Ironie, Spott und Gelächter unterminierten die Wirksamkeit des Rituals, denn damit stellte man dessen unausgesprochene Grundlage in Frage: dass nämlich der äußerliche Vollzug ein Zeichen für die innere Akzeptanz sei. Wird ein Ritual von der Mehrheit der Akteure und dauerhaft mit offensichtlichen Distanzierungsgesten vollzogen, dann kann es keine soziale Wirkmacht mehr entfalten, weil niemand mehr erwartet, dass es wirkt (Brandt 1990; Röcke 2005).

Verweigerung

Einzelne Akteure können ein Ritual auch dadurch zum Scheitern bringen, dass sie die von ihnen erwartete angemessene Reaktion verweigern. Das ist vor allem dann der Fall, wenn ein Ritual – wie so oft – eine dialogische oder reziproke Struktur hat, wenn also auf eine bestimmte rituelle Handlung eine bestimmte Gegenhandlung zu folgen hat. So kann es etwa geschehen, dass in einem religiösen Ritual die Götter das ihnen dargebrachte Opfer verschmähen, was die Opferpriester an bestimmten Zeichen ablesen können. Ähnliches geschieht bei ganz säkularen Preisverleihungen, mit denen sich nicht zuletzt die verleihende Institution selbst darstellt: Verweigert ein prominenter Kandidat demonstrativ die Annahme des Preises wie Jean-Paul Sartre 1964 den Literaturnobelpreis oder Marcel Reich-Ranicki 2008 den Deutschen Fernsehpreis, so düpiert und kritisiert er die Institution, die diesen verleiht, und die Werte, die sie für sich in Anspruch nimmt (Dücker 2007: 200). Oder: Eine rituelle Selbsterniedrigung läuft ins Leere, wenn derjenige, der dadurch zum gnädigen Verzeihen genötigt werden soll, sich dieser Nötigung entzieht und den Bittenden einfach auf den Knien liegen lässt. So wird es beispielsweise von Friedrich Barbarossa bei seiner Krönung im Aachener Dom 1152 bezeugt – was man auch als absichtliche Inszenierung eines Bruchs mit der Ritualtradition auslegen könnte und was dann kein Beispiel für ein gescheitertes Ritual wäre (Althoff 2003: 153 f.). In solchen meist Aufsehen erregenden Fällen misslingen Rituale, weil das ihnen zugrunde liegende Prinzip der Reziprozität, des *do ut des*, von einer der beteiligten Seiten ignoriert wird.

Entgleisung

Rituale können auch während des Vollzugs entgleisen. Es gibt eine Fülle von historischen Beispielen, dass Rituale emotionale Reaktionen auslösen, die den vorgesehenen Rahmen sprengen, und der Kontrolle ihrer Regisseure völlig entgleiten (Köpping/Rao 2000; Hüsken 2007; Hüsken 2009). Vom Ausarten eines Rangkonflikts in ein Blutbad war schon die Rede. Die symbolisch-ritualisierte Gewalt sportlicher Wettkämpfe konnte (und kann bekanntlich) in reale Gewalt umschlagen (Davis 1994); öffentliche Hinrichtungen konnten den Zorn der Zuschauer provozieren und zu Ausschreitungen gegen den unfähigen Henker führen (van Dülmen 1988); die rituell geforderte Herrscherakklamation des Volkes konnte in offenen Widerstand und Aufruhr umkippen (van Nuffelen 2010); geistliche Spiele von der Passion Christi konnten die Zuschauer zu Ausschreitungen gegen die ortsansässigen Juden veranlassen (Müller 2001) – die Beispiele ließen sich weiter vermehren. Den Obrigkeiten war das in der Regel sehr bewusst; die Quellen sind voll von Vorschriften, die das Risiko gering halten sollten, etwa indem man anlässlich eines Herrschaftsrituals Fremde, Bettler und Vaganten aus der Stadt auswies, das Waffentragen verbot und dergleichen. Ritualhistorisch interessant ist vor allem, inwiefern sich diese Entgleisungen aus der Dynamik des Rituals selbst ergaben beziehungsweise inwiefern sie auf einer schon vorher bestehenden Konfliktlage beruhten.

Usurpation und Missbrauch

Von all diesen Fällen des rituellen Scheiterns grundsätzlich zu unterscheiden ist die schon angesprochene Usurpation des Rituals durch dazu eigentlich nicht befugte Akteure. Es ist in solchen Fällen eine Frage der Umstände, ob der Vollzug des Rituals die mangelnde Legitimität der Ritualakteure ersetzen kann, das heißt, ob das Ritual selbst – die »richtigen«, heiligen Orte, Dinge, Formeln – genug eigene Wirkmächtigkeit entfaltet, um auf die »falschen« Handelnden gleichsam abzufärben, oder ob das Ritual scheitert, weil die Adressaten es nicht akzeptieren. Solche Fälle von Usurpation durch illegitime Akteure sind daher erstklassige Prüfsteine für die Wirkmacht von Ritualen (Schwedler/Tounta 2010, vgl. Kap. 3.2).

Um den umgekehrten Fall handelt es sich, wenn die »richtigen« Akteure ein Ritual oder Ritualelement zum »falschen« Zweck missbrauchen. Die klassischen Beispiele sind Judaskuss oder Meineid: Das Ritual wird unaufrichtig vollzogen; die Ritualteilnehmer werden bewusst getäuscht; es wird gleichsam rituell gelogen (Buc

2001; Althoff 2008). Der Missbrauch des Rituals stellt seine allgemeine Wirkmächtigkeit nicht in Frage, sondern setzt sie vielmehr voraus. Nur weil der Kuss eine Geste des Friedens und der Liebe ist, kann der Verräter ihn für seinen Zweck missbrauchen.

Demonstrativer Ritualverstoß

Schließlich gibt es den bewussten, demonstrativen und offenen Ritualbruch, der – ganz im Unterschied zum rituellen Verrat – darauf zielt, die Institution, die das Ritual repräsentiert, grundsätzlich anzugreifen (Hüsken 2009: 68). Ein Beispiel ist etwa die Heirat von Priestern und Nonnen während der Reformation – eine ungeheure Provokation, mit der das Kirchenrecht offensiv gebrochen und das Priestertum als ein über die Laien hinausgehobener, geweihter Stand radikal in Frage gestellt wurde (Karant-Nunn 1997; Roper 1989/1995). Meist geht solchen Handlungen ein tiefgreifender Akzeptanzverlust der betreffenden Institution voraus; sie sind Symptom und zugleich selbst Faktor eines Umbruchsprozesses. Gesellschaftliche Krisensituationen sind sowohl durch demonstrative Ritualbrüche gekennzeichnet als auch – das ist die andere Seite derselben Medaille – dadurch, dass die traditionellen Rituale ihre Wirkmacht einbüßen. So war es beispielsweise in Wittenberg am Vorabend der Reformation, als das bischöfliche Interdikt gegen die Stadtbürger – ein geistliches Strafritual, das ihnen den Vollzug der Sakramente bestritt und diese für ungültig erklärte – einfach nicht beachtet wurde (Krentz 2013). Und so war es auch bei den Studentenunruhen von 1968, als die Autorität akademischer Rituale durch demonstrative und gezielte Respektlosigkeit zerstört wurde (Scharloth 2007). Wird ein traditionelles Ritual ungestraft entweder ignoriert oder demonstrativ verletzt, dann wird vor aller Augen sichtbar, dass seine performative Kraft ein »bloßes Gedankending« (Kant) ist, dass sie allein von der Anerkennung der Beteiligten abhängt und dass diese ihm auch entzogen werden kann. Das heißt: Die »soziale Magie« des Rituals, die es mit einer »Aura der Faktizität« umgibt, wird mit einem Schlag entzaubert.

Die unterschiedlichen Arten des Misslingens, der Umfunktionierung oder des Entgleisens von Ritualen zeigen, dass die rituelle Norm, auf der ihre performative Wirkmacht beruht, und die faktische Wirkung im Einzelfall auseinandergehalten werden müssen. Einzelne Regelbrüche beseitigen nicht die Norm, sondern machen sie vielmehr sichtbar; aber durch wiederholte Regelbrüche kann am Ende die Norm selbst erodieren. Es zeigt sich auch, dass Rituale als Herrschaftsinstrumente stets zwiespältig und riskant sind. Man muss sich hüten, ihnen die Stabilität zu unterstellen, die in den offiziellen Quellen der Ritualregisseure meist suggeriert wird. Der Ausgang eines Rituals liegt im einzelnen Fall nicht von vornherein fest, sondern ergibt sich erst im rituellen Vollzug. Für die historische Ritualforschung heißt das, wie schon gesagt, dass die einzelnen Ritualakte in ihrem Verlauf als kommunikatives Geschehen rekonstruiert, in ihren historischen Kontext eingebettet und auf ihre jeweiligen Bedingungen und Folgen hin untersucht werden müssen. Das entspricht der allgemeinen Tendenz der neueren historischen Forschung, die sich dabei auf die Organisationssoziologie berufen kann, nämlich dass man die Effizienz von Organisationen aller Art nicht überschätzen sollte, wenn man ihr tatsächliches Funktionieren verstehen will. Was für Bürokratien und Betriebe gilt, dass sie nämlich niemals so funktionieren (können), wie es ihre offiziellen Statuten vorschreiben, lässt sich zweifellos auch über Rituale sagen.

3.4 Wie verändern sich Rituale?

Auf den ersten Blick mag es widersinnig erscheinen, dass sich Rituale überhaupt verändern – schließlich sind sie geradezu dadurch definiert, dass sie sich in standardisierter äußerer Form wiederholen. Tatsächlich gibt es – gerade in mündlichen oder halb-schriftlichen Kulturen – Rituale, die über Jahrhunderte in erstaunlichem Maße gleich geblieben sind, so etwa die vedischen Rituale in Indien. Das aber setzt hochentwickelte kulturelle Techniken der schriftlichen oder nicht-schriftlichen Textspeicherung voraus, die es ermöglichen, dass die Ritualverläufe und -formeln von Generation zu Generation unverändert weitergegeben werden. Mit anderen Worten: Es kostet Mühe und ist aufwendig zu verhindern, dass Rituale sich verändern; formale Konstanz ist keineswegs selbstverständlich. Normalerweise passen sich Rituale laufend an veränderte Umstände an und können dabei wiederum ihrerseits verändernd auf ihre Umwelt einwirken.

Das macht sie für Historiker aufschlussreich: »Denn die Zeremonien sind Zeichen der Dinge, und der Wandel der Zeremonien ist ein Indiz für den Wandel der Dinge«, das wusste man schon im 17. Jahrhundert (Ludolf Hugo, *De statu regionum Germaniae,* Helmstedt 1661, c. IV, § XVI, Übersetzung: Barbara Stollberg-Rilinger).

Die Veränderlichkeit der Rituale, ihre tatsächliche Dynamik liegt allerdings meist nicht offen zutage. Der Wandel geschieht vielmehr oft unmerklich oder wird gezielt verschleiert; Neues wird als Altes, Innovation als Tradition ausgegeben. Da Rituale repetitiv und standardisiert sind, erscheinen sie den Beteiligten oftmals als nicht verfügbar (Humphrey/Laidlaw 1994). Rituale erfüllen ihre Funktion, die herrschende Ordnung zu stabilisieren, ja gerade deshalb, weil sie Handlungsalternativen abschneiden und es erübrigen, jedes Mal die Frage nach Sinn und Zweck zu stellen. Nur so schaffen sie Erwartungssicherheit. »Im Ritual prallt von innen oder von außen produzierte und sich aufdrängende Veränderung ab, eben weil das Ritual die Sinnprüfung nicht vornimmt« (Fögen 1999: 156). Die rituelle Wiederholung des (scheinbar) Immergleichen symbolisiert Dauer und Stabilität und erzeugt eine Aura von Zeitlosigkeit, Unverfügbarkeit und ewiger Wiederkehr (Michaels 2006: 261). Auch hier zeigt sich wieder die charakteristische Ambivalenz von Ritualen: Sie suggerieren unvordenkliche Tradition, werden aber tatsächlich oft erfunden, um Brüche zu überbrücken; sie suggerieren Unverfügbarkeit, sind aber tatsächlich für Gestaltung durch einzelne Beteiligte offen. Manche Forschungskontroversen über die Frage der Dynamik und Wandelbarkeit von Ritualen erklären sich damit, dass hier die eine, dort die andere Seite dieser Ambivalenz in den Vordergrund gestellt wird. Stabilität und Wandel sind aber zwei Seiten ein und derselben Medaille.

Rituale können sich auf ganz unterschiedliche Weise verändern: langsam oder abrupt, unmerklich oder gezielt, aufgrund interner oder externer Faktoren, von oben gesteuert, von unten erzwungen oder zwischen den Beteiligten ausgehandelt. Schaut man genau hin, dann sind ständig historische Prozesse der Ritualisierung und Ent-Ritualisierung im Gange (Bell 1992). Rituale sind »kommunikative Trampelpfade« (Hans-Georg Soeffner), sie entstehen, verfestigen und verfeinern sich, sie erstarren, ihre Wirkmächtigkeit verblasst oder wird demonstrativ unterminiert, sie werden mit neuen Bedeutungen versehen oder geraten in Vergessenheit und werden durch andere Rituale verdrängt (Soeffner 1992; Althoff 2003; Harth/Michaels 2003; Gladigow 2004; Harth/Schenk 2004; Stavrianopoulou 2006; Dücker/Schwedler 2008; Quack/Töbelmann 2010; Michaels 2010; Chaniotis 2011; Fugger 2011; Hölkeskamp 2013; Büttner/Schmidt/Töbelmann 2013 u. v. a.).

Die Art und Weise, wie Rituale sich verändern, hängt nicht nur von äußeren Einflussfaktoren ab, sondern auch von der Beschaffenheit der Rituale selbst. Dabei spielen etwa ihre Sakralität, ihre zeitliche Frequenz, die Handlungsmacht ihrer Regisseure und vor allem die Art und Weise der Weitergabe eine zentrale Rolle. Wesentlich ist die Art ihrer Speicherung: Ist diese an die individuelle Erinnerung der Teilnehmer geknüpft und wird die Kenntnis durch praktische Einübung und Nachahmung weitergegeben, dann können Rituale sich unbemerkt und schleichend verändern, vor allem dann, wenn sie nur in großen zeitlichen Abständen vollzogen werden. Ist der Ritualverlauf hingegen in schriftlichen Ordines, Protokollen oder Statuten niedergelegt, wird er von Spezialisten sorgfältig archiviert und gehütet, dann fallen Abweichungen leichter auf. Was allein informellen und impliziten, gelebten Regeln folgt, verändert sich allmählich – wie eine Sprache, die sich ebenfalls im stetigen Gebrauch über die Zeit von den einzelnen Sprechern unbemerkt verändert. Was hingegen in expliziten Regeln schriftlich fixiert ist, kann gewöhnlich auch nur durch neue explizite Satzung verändert oder abgeschafft werden.

Der Wandel von Ritualen muss stets im Verhältnis zum Wandel des gesamten sozialen Kontexts betrachtet werden. Theoretisch lassen sich verschiedene Varianten unterscheiden, die in der Praxis allerdings meist nicht so scharf zu trennen sind: Wenn sich die gesellschaftlichen Umstände ändern, dann können die Rituale entweder in ihrer Form an diese Veränderungen angepasst werden. Oder: Die rituellen Formen bleiben in ihrer äußeren Form relativ konstant, werden aber ganz neu gedeutet. Oder: Rituelle Formen werden in andere, neue Kontexte übertragen. Oder schließlich: Die Rituale bleiben äußerlich unverändert, geraten in ein Spannungsverhältnis zu ihrer Umwelt und erstarren zum »leeren Ritualismus«.

Veränderung der Form und *agency*

Die Anpassung von Ritualen an neue Umstände kann, wie erwähnt, entweder unmerklich und fließend oder gezielt und bewusst geschehen. Für Historiker ist es oft nicht ganz einfach zu rekonstruieren, ob das eine oder andere der Fall ist, weil in den Quellen meist Kontinuitätsfiktionen aufgebaut werden. In der Vormoderne war – ganz im Gegensatz zur Moderne – jede Innovation tendenziell anrüchig, altes Herkommen hingegen spendete Legitimität. Im langfristigen Vergleich werden aber die Veränderungen sichtbar, die die Zeitgenossen selbst nicht wahrnehmen konnten oder wollten. Verfolgt man beispielsweise die Entwicklung der Römisch-deutschen Königs- bzw. Kaiserkrönung, so findet sich bis ins 18. Jahrhundert die leitende Fiktion, dass dieses Ritual auf die Urszene der Kaiserkrönung Karls des Großen in Rom im Jahr 800 oder spätestens die Ottos I. im Jahr 962 zurückgehe. Diese Fiktion überbrückte den Wechsel der Dynastien und der Herrschaftsräume, ja sie erzeugte überhaupt erst die Vorstellung einer zusammenhängenden Geschichte des westlichen Kaisertums. Infolge langfristiger Machtverschiebungen und verstärkt durch die Reformation verwandelte sich das Ritual insgesamt tiefgreifend. Die Kurfürsten verdrängten den Papst aus seiner Rolle als Coronator, der Krönungsort wechselte, die rituellen Details wurden immer neu ausgeschmückt. Auch das ist ein typischer Faktor rituellen Formwandels: die zunehmende Wucherung und zugleich Verfeinerung des ganzen Geschehens, die Vervielfältigung der rituellen Rollen und einzelnen Handlungselemente. Meist folgte das einer sozialen Überbietungsdynamik: Immer mehr Personen mussten durch immer neue Ehrendienste eingebunden werden, immer genauere zeremonielle Abstufungen wurden notwendig, immer größerer materieller und zeitlicher Aufwand wurde getrieben. Je ausgeprägtere Formen die Ritualisierung annahm, desto größer wurde der Bedarf an professionellen Ritualspezialisten, die als »Regisseure« hinter den Kulissen die Inszenierungen arrangierten und für die Wahrung der Form über die Zeit hinweg Sorge trugen, wie Herolde oder Zeremonienmeister (Gengnagel/Schwedler 2013; Stavrianopoulou/Krüger/Nijhawan 2005).

Historisch aufschlussreich ist bei all dem zu untersuchen, wie und in welchem Maße die Elemente des Rituals für welche Beteiligten verfügbar waren und auf welche ritualinternen und -externen

Machtkonstellationen das verweist. Die Ritualtheorie hat für diese rituelle Handlungsmacht den Begriff der *agency* geprägt. Keineswegs jeder kann ein Ritual »richtig« vollziehen; dazu bedarf es vielmehr der Autorisierung (die meist wiederum durch ein Einsetzungsritual erworben wurde). Es ist dann aufschlussreich für das Verständnis der betreffenden Gesellschaft oder Institution zu fragen: Wer konnte unter welchen Bedingungen ein Ritual verändern oder gar ein neues kreieren? Woraus leitete sich dessen Handlungsmacht ab? Aus einer göttlichen Quelle, aus institutioneller Autorität, aus gemeinsamer Übereinkunft aufgrund von Aushandlung, aus einer Kombination von all dem? Und welches Wechselverhältnis bestand zwischen der Handlungsmacht innerhalb des Rituals und der Machtkonstellation außerhalb des Rituals?

Ritualtransfer und Interritualität

Viele Phänomene des Ritualwandels lassen sich als Transfer von rituellen Elementen in einen anderen Kontext beschreiben (Gladigow 2004; Langer u. a. 2006). Das heißt allerdings nicht, dass das transferierte Ritual nicht seinerseits seine Form, Funktion und Bedeutung im Laufe des Transferprozesses veränderte. Wenn etwa Angehörige einer Ritualgemeinschaft auswandern und ihre Rituale mitnehmen, dann verändern sich diese in der neuen sozialen Umwelt und wirken womöglich wiederum auf das Ritual am Herkunftsort zurück. Für solche Austauschprozesse gibt es zahllose Beispiele, sie sind ein bevorzugtes Thema der Migrations- und Transkulturalitätsforschung. Eine zentrale Rolle spielen dabei die kulturellen Vermittler – Reisende, Missionare, Dolmetscher, Diplomaten usw. –, die mit beiden Kulturen vertraut sind und meist ein neues, drittes Ritual aus Elementen beider Traditionen entstehen lassen. Ein Beispiel ist etwa der Export christlicher Trauerriten durch Missionare nach China, wo sie mit den Trauerriten der chinesischen Kultur zu einem neuen, hybriden Ritual verschmolzen wurden (Standaert 2008).

Auch in ein und derselben Kultur lässt sich gewöhnlich ein unaufhörlicher Austausch zwischen verschiedenen Ritualen und Ritualbausteinen beobachten. Das führt zu dem, was der Religionswissenschaftler Burkhard Gladigow »Interritualität« genannt hat (Gladigow 2004): Akteure übernehmen Ritualelemente aus dem einen Kontext und transferieren sie in einen anderen. Der springende Punkt dabei ist, dass diese Elemente als »Zitate« erkennbar sind und auf ihren Herkunftskontext verweisen; dadurch werden die verschiedenen Rituale untereinander symbolisch verknüpft. Besonders offensichtlich ist das bei den zahlreichen Wechselwirkungen zwischen religiösen und politischen Ritualen. So sind Ritualbausteine aus dem spätantiken römischen Kaiserzeremoniell in die christliche Liturgie übernommen worden, von wo aus sie dann wiederum in die mittelalterlichen Herrschaftsrituale des lateinischen Europa eingegangen sind. Daraus entstand eine relativ homogene religiös-politische Ritualsprache: Die Majestät des himmlischen und die des weltlichen Herrschers wurden miteinander parallelisiert und beide wurden in den gleichen rituellen Formen verehrt (vgl. Kap. 2.5.1). Seit der Französischen Revolution wurden immer wieder religiöse Ritualelemente, etwa des Opfer- oder Reliquienkults, in politische Kontexte übertragen. Dieser »Transfer des Sakralen« (Ozouf 1976) hatte ebenfalls einen ambivalenten Effekt. Durch das Zitieren liturgischer Elemente im politischen Kontext wurden diese Elemente zwar säkularisiert, aber zugleich blieb ihre religiöse Herkunft präsent, sodass die politische Ordnung dadurch ihrerseits sakralisiert wurde (siehe Kap. 2.2 und 2.5.3; vgl. hierzu auch die Quellen Nr. 21 unter *www.campus.de*).

Ritualtransfer, Spontaneität und Innovation

Spontaneität und Innovation scheinen das Gegenteil von Ritualität. Ritualtransfer erlaubt es, beides miteinander zu vereinbaren. Das lässt sich am Beispiel des berühmten Kniefalls von Willy Brandt vor dem Ehrenmal zum Gedenken an die Toten des Warschauer Aufstands veranschaulichen, der heute als symbolische Chiffre für die Wende in der bundesrepublikanischen Ostpolitik steht. Einerseits griff Brandt mit dieser Geste auf ein traditionelles religiöses Ritualelement zurück. Der Kniefall als Geste der Demut und Bitte um Verzeihung war weitgehend kulturübergreifend verständlich. Andererseits war diese Geste im Kontext eines Staatsbesuchs vollkommen unerwartet. Brandt *zitierte* also ein altes Ritualelement, aber er vollzog in diesem Moment gerade kein (repetitives und vorhersagbares) Ritual, sondern im Gegenteil einen spontanen, beispiellosen und für alle überraschenden Akt. Eben diese Spontaneität zogen deshalb die politischen Gegner in Zweifel; sie sprachen von einer bloßen Inszenierung, um den gesamten Vorgang zu diskreditieren

(Schneider 2006). Das ist aufschlussreich: Ein symbolischer Akt wirkt offenbar heutzutage desto mehr, je weniger ritualisiert er erscheint. Mit dem rituellen Zitat gelang Brandt beides zugleich; er stellte sich in eine religiöse Ritualtradition und vermittelte zugleich den Eindruck von Spontaneität und Authentizität. Das Beispiel zeigt auch, dass eine rituelle Innovation nicht aus dem Nichts heraus funktioniert, sondern stets auf ein vertrautes Formenrepertoire zurückgreifen muss, um verstanden zu werden. Nur so erfüllt sie die Funktion, in Umbruchssituationen, etwa bei der Etablierung eines neuen Regimes, eines neuen Amtes, eines neuen Kultes, eines neuen politischen Programms usw., von der Legitimität der Tradition zu profitieren und das Neue als weniger neu, gefährlich, beunruhigend und irritierend erscheinen zu lassen. Beispiele dafür finden sich in der *bricolage*, dem »Basteln« neuer Rituale, quer durch alle Epochen, von der Antike bis zur Gegenwart.

»Ritualismus«

Rituale können auch ihre Form beibehalten, obwohl sich die Umstände vollkommen verändert haben. Dann wird diesen Ritualen entweder eine neue Bedeutung zugeschrieben, oder aus Ritualen wird Ritualismus: eine »erstarrte Form ritueller Korrektheit [...], am Ende nur noch die pedantische Sicherung eines fixierten Handlungsablaufs garantierend. Der Ritus ist festgelegt und evoziert die magische Präsenz des in ihm Gemeinten; der erstarrte Ritualismus ist hingegen dann *nur* noch auf die Fixierung des Verhaltens zentriert« (Rehberg 2004: 253). Phänomene wie dieses tragen dazu bei, dass der Begriff »Ritual« für viele so negativ konnotiert ist und als »bloßer Schein« betrachtet wird, der mit dem »wahren Sein« nichts zu tun hat. Doch so einfach ist es nicht: Auch der aufgeführte »Schein« ist ja eine soziale Realität. Und gerade diese »doppelte Realität« kann aus historischer Perspektive besonders aufschlussreich sein. Denn es stellt sich die Frage, wie es zu der Sinnentleerung der Rituale kam, wozu und wem die Aufrechterhaltung solcher Ritualismen diente, was sich hinter der rituellen Fassade abspielte und welche Effekte eine solche »doppelte Realität« hatte. Es lassen sich historisch eine ganze Reihe von Fällen beobachten, in denen sich hinter einer hoch formalisierten rituellen Fassade ein stabiles System informeller Institutionen entwickelte, das weitgehend unabhängig davon funktionierte. Solche Fälle finden sich etwa in Japan im

Phänomen des Shogunats, im mittelalterlichen byzantinischen Kaisertum, in der Spätphase des Römisch-deutschen Reiches oder in späten staatssozialistischen Regimes. Es existieren dann gleichsam zwei parallele Welten, deren Aufrechterhaltung die Zeitgenossen zu fortgesetzter »organisierter Heuchelei« nötigt (Stollberg-Rilinger 2008). Dass ein Ritual die Gefühle der Beteiligten nicht erreicht und ohne innere Anteilnahme, womöglich sogar widerwillig und mit stiller Ablehnung vollzogen wird, kommt nicht selten vor; es zeigt sich gewöhnlich aber erst im Nachhinein. Denn ihre innere Opposition können die Teilnehmer wechselseitig nicht beobachten, solange sie – aus Furcht oder Opportunismus – alle das äußerlich korrekte rituelle Verhalten zeigen. Wenn aber der Dissens jedes Einzelnen für die anderen unsichtbar bleibt, kann er keine kommunikative Wirkung entfalten; er verschwindet hinter der vom Ritual erzeugten Konsens- und Harmoniefassade. Jeder Einzelne erlebt sich in seinem Dissens als vereinzelt. Erst wenn jemand den Anfang macht und aus der rituellen Einmütigkeit offen ausschert, kann das unter Umständen eine ansteckende Wirkung entfalten und dazu führen, dass die Fassade des Rituals zusammenbricht. Das Märchen von »Des Kaisers neuen Kleidern« bringt genau diesen Effekt zum Ausdruck. Solche Phänomene lassen sich charakteristischerweise kurz vor dem Zusammenbruch eines politischen Regimes feststellen. Wesentlich für den Erfolg einer Umsturzbewegung ist es dann, dass die Oppositionellen eine ebenfalls symbolisch-rituelle Form finden, um sich gegenseitig als solche zu erkennen und sich ihrer Gemeinsamkeit bewusst werden (vgl. Kap. 2.8).

3.5 Rituale und Medien: Körper und Schrift

Körperliche Anwesenheit

Das primäre Medium des Rituals ist der menschliche Körper. Das heißt zunächst einmal, dass Rituale die physische Präsenz der Beteiligten erfordern (»demand for bodily involvement«, so Muir 1997: 31; Rehberg 2004: 257; u. v. a.). Das liegt nach dem, was oben über die performative Wirkmacht von Ritualen gesagten worden ist, auf der Hand. Das Ritual entfaltet seine gemeinschaftsbildende und verpflichtungsstiftende Wirkung im und durch den Vollzug selbst; deshalb müssen die beteiligten Menschen dabei physisch präsent sein. Bei einem Eid, einer Initiation, einer Hochzeit, einer Krönung, einer Amtseinsetzung kann man sich nicht vertreten lassen – es sei denn, es gibt besondere Formen der Repräsentation, bei denen ein Stellvertreter, ein Porträt oder eine Effigie genauso behandelt und angesehen werden, als wäre der Repräsentierte wirklich selbst anwesend. Demonstrative Abwesenheit einzelner Akteure kann ein Ritual scheitern lassen (vgl. Kap. 3.3).

Rituale, so lautet seit Durkheim die herrschende Lehre, wecken Gefühle. Sie wirken auf den Körper und sprechen alle Sinne an, etwa durch rhythmische Bewegung, Musik, physischen Schmerz, bewusstseinsverändernde Substanzen und so fort, und beeinflussen damit das innere Empfinden. Kollektive Rituale können und sollen bei den Teilnehmern auch kollektive Gefühlswirkungen erzeugen; die körperliche Handlung ist nicht ohne Wirkung auf das innere Erleben. Dass Rituale kollektiven Charakter haben, spielt dabei eine zentrale Rolle. Indem die Ritualteilnehmer individuelle Gefühle wie Freude oder Trauer äußerlich darstellen und in bestimmten kulturell variablen symbolischen Formen ausdrücken, beeinflussen und steigern sie sich gegenseitig in ihrem inneren Empfinden und erzeugen dadurch einen Zustand kollektiver »*effervescence*«, das heißt der Erregung, des Außer-sich-Seins. Es lässt sich geradezu als elementare Funktion von Ritualen ansehen, »bestimmte, auf den rituellen Anlass [...] bezogene Emotionen hervorzurufen« (Fugger 2011: 414), nicht zuletzt um sie dadurch zu steuern und zu bewältigen (Ambos 2005: 9–40; Rehberg 2004: 248 ff.): Man denke etwa an die Kanalisierung individueller Trauer durch kollektive Trauerrituale, an die Erzeugung von Scham durch Buß- und Schandrituale, von freundschaftlicher Nähe durch gemeinsames Essen und Trinken usw. Dabei geht man davon aus, dass Gefühle ein zugleich psychisches *und* physisches Geschehen sind und dass die kollektive äußerliche Darstellung bestimmter Gefühle auf das innere Empfinden der Beteiligten zurückwirkt. Das heißt: Gefühle haben eine kommunikative Dimension. Gemeinsames Lachen, gemeinsame Furcht, Trauer, Scham oder Wut schließen Menschen zu »*emotional communities*« zusammen und grenzen sie zugleich von anderen ab (Rosenwein 2006; vgl. hierzu auch den Exkurs Nr. 22 »Rituale und Emotionen« unter *www.campus.de*).

Einfache soziale Gemeinschaften werden durch das Ritual und im Ritual performativ auf Dauer gestellt; sie existieren als Gemeinschaft gewissermaßen nur durch die kollektive Teilnahme am Ritual. So konstituiert sich beispielsweise eine Christengemeinde primär durch die Teilnahme an Taufe und Eucharistie, eine vormoderne Bürgergemeinde durch Teilnahme an Ratswechsel und Bürgereid, eine frühneuzeitliche Standeskorporation durch Teilnahme an Aufschwörungen und Ständeversammlungen, eine Geheimgesellschaft durch ihre Geheimrituale und so fort. Mit der Zunahme an formaler Organisation, das heißt durch schriftliche Statuten und formalisierte Mitgliedschaftsregeln, wird die persönliche Anwesenheit bei Gemeinschaftsritualen hingegen tendenziell entbehrlich. Rituale sind dann zwar immer noch wesentlich für die Erfahrung von kollektiver Identität, die Erzeugung von Akzeptanz usw., aber sie sind nicht mehr konstitutiv für die formale Existenz der Gemeinschaft selbst. Eine formale Organisation kann fortbestehen, auch wenn die Mitglieder sich nicht von Zeit zu Zeit persönlich im Ritual zusammenfinden und sich ihrer Zusammengehörigkeit versichern. Je komplexer eine Gesellschaft wird, desto unabhängiger wird sie von persönlicher Anwesenheit. Bürger eines modernen Staates ist man auch dann, wenn man niemals irgendein staatsbürgerliches Gemeinschaftsritual vollzieht. Gesellschaften, die ein relativ geringes Maß an Organisationsförmigkeit aufweisen, kann man als »Anwesenheitsgesellschaften« beschreiben. Wenn die Struktur einer Gesellschaft vorwiegend auf persönlicher *face-to-face*-Kommunikation (»Interaktion«) und Mündlichkeit beruht statt auf unpersönlicher Organisation, dann hat das eine Reihe von Konsequenzen, von denen zum Teil schon die Rede war. Vor allem ist es für Anwesenheitsgesellschaften kennzeichnend, dass sie auf Rituale *angewiesen* sind, das heißt dass sie ihre Struktur primär und vorwiegend durch wiederholte rituelle Aufführungen reproduzieren und nicht durch abstrakte und formale schriftliche Normen. Einen theoretischen Zugang zu den Besonderheiten persönlicher Interaktion und ihrer Bedeutung für die Struktur vormoderner Gesellschaften eröffnet die Systemtheorie Niklas Luhmanns, die

Rudolf Schlögl und andere für die Hof-, Stadt- und Justizgeschichte fruchtbar gemacht haben (Luhmann 1980; Schlögl 2004; Arlinghaus 2005; Goppold 2007; Schlögl 2008; Krischer 2010).

Raum

Dass der menschliche Körper das primäre Kommunikationsmedium des Rituals ist, heißt auch, dass er Bedeutung trägt und Sinn erzeugt. Körperliche Äußerungen – Gesten, Haltung, Gesichtsausdruck, Tränen usw. – werden als symbolische Mitteilungen verstanden, ob man will oder nicht. Im Ritual geschieht das mit noch größerer Aufmerksamkeit als in der Alltagskommunikation und erfordert von den Akteuren gemeinhin eine besonders ausgeprägte Körperkontrolle (vgl. Kap. 2.1). In hohem Maße zeichenhaft sind im Ritual darüber hinaus Anordnung und Bewegung der Körper im Raum. Dass dies ein elementarer Ausdruck sozialer Beziehungen ist, wird schon daran deutlich, dass zahlreiche Bezeichnungen für politische und soziale Beziehungen metaphorisch aus räumlichen Relationen abgeleitet sind, etwa Obrigkeit, Oberhaupt, Untertan, Hintersasse, obere versus untere Stände usw. Anordnung und Bewegung im Raum sind immer symbolisch besetzt, sie werden gleichsam automatisch von den Beteiligten als Zeichen für soziale Relationen gelesen. Wie Rituale funktionieren, lässt sich ohne Rücksicht auf ihre Choreographie gar nicht angemessen erfassen. Die Historiker hatten lange Zeit wenig Sinn für die Relevanz der konkreten körperlichen, räumlichen Realität von Ritualen. Erst der sogenannte *spatial turn* hat ihr Augenmerk auf die »soziale Logik des Raumes« gelenkt (Paravicini 1997; Löw 2001; Dartmann/Füssel/Rüther 2004 u. v. a.; vgl. auch den Band von Susanne Rau ^{2}2017 in dieser Reihe).

Mündlichkeit – Schriftlichkeit

Auch Sprache spielt in Ritualen eine wesentliche Rolle, davon war schon mehrfach die Rede: Man denke an Eidesformel, Jawort, Zauberspruch, Gebet, Lobgesang, Rede, Akklamation, Kompliment usw. Sprachliche Äußerungen sind im Ritual ebenso wie die körperlichen Gesten meist standardisiert und formelhaft. Sie sagen nicht nur etwas aus, sie tun und bewirken etwas. Oft sind die »richtigen« sprachlichen Formeln das Älteste, was von Ritualen überhaupt schriftlich überliefert ist.

Im Unterschied zu mündlicher Kommunikation ermöglicht die Schrift, sprachliche Informationen zu speichern und nahezu unbegrenzt über zeitliche und räumliche Distanzen hinweg zu vermitteln. Die Kommunikation wird dadurch von der gleichzeitigen körperlichen Anwesenheit der Kommunizierenden entkoppelt. Die Frage ist, was das für Rituale bedeutet. Erübrigt sich beispielsweise ein Verpflichtung stiftendes Ritual, weil ein schriftlicher Vertrag wesentlich eindeutiger, präziser im Detail und von der individuellen Erinnerung der Anwesenden unabhängig ist? So wird es gemeinhin unterstellt, da es der herkömmlichen Vorstellung von fortschreitender Modernisierung durch zunehmenden Schriftgebrauch entspricht. Diese Annahme ist nicht ganz falsch, aber auch nicht ganz richtig. Zweifellos ist zunehmende Schriftlichkeit eine Bedingung dafür, dass sich komplexere gesellschaftliche Strukturen entwickeln können. Andererseits erfüllt das Ritual Funktionen, die sich durch Schriftkommunikation nicht ersetzen lassen. Keineswegs erübrigte und verdrängte daher zunehmende Schriftlichkeit die rituelle Performanz, aber es veränderte sie.

Die ältere Geschichtsschreibung hat diesen Zusammenhang kaum sehen können, weil sie immer schon unreflektiert von dem Maßstab einer voll ausgebildeten Schriftkultur als dem Normalfall ausging. Erst die Rezeption kulturanthropologischer Theorien, die es mit schriftarmen oder schriftlosen Kulturen zu tun haben, hat den Historikern der Vormoderne ein Gespür für die Relevanz und die Besonderheit ritueller Kommunikation vermittelt. Einen Friedensschluss beispielsweise nahm man lange Zeit ausschließlich als schriftlichen Vertrag wahr; dass damit ein rituelles Geschehen verbunden war, wusste man zwar, hielt es aber für irrelevant: »Der Friede war geschlossen. Bei den Feierlichkeiten, die ihn umgaben, dem Marschalldienst, den der Kaiser dem Papst leistete, der begeisterten Teilnahme der Volksmenge, den Schwüren der Vertreter, die die Ausführung der Ausbedingungen verbürgten, brauchen wir uns nicht aufzuhalten. Prüfen wir vielmehr, was der Friede enthält«, schrieb der Historiker Johannes Haller über den Frieden von Venedig von 1177. Er setzte also den Frieden mit dem schriftlichen Dokument gleich und tat genau das als nebensächliches Beiwerk ab, was aus ritualtheoretischer Perspektive den Friedensschluss eigentlich konstituierte (*Das Papsttum,* 1934–1945, Bd. III: 239; vgl. Althoff 2003: 9).

Allerdings war die europäische Vormoderne bekanntlich keineswegs eine schriftlose Kultur. Schließlich war das göttliche Wort selbst als Schrift offenbart und stand im Zentrum der christlichen wie auch der jüdischen und muslimischen Kultur (Schmitt 1990/1992; Pohl 2006: 23 f.; Rexroth 2003).

Rituelle versus textuelle Kohärenz

Um den Zusammenhang zwischen Religionswandel und Medienwandel deutlich zu machen, hat Jan Assmann die Unterscheidung zwischen *ritueller* und *textueller Kohärenz* geprägt (Assmann 1997; knapp: Assmann 2001). Dabei handelt es sich um zwei idealtypisch entgegengesetzte Prinzipien, auf denen die Reproduktion von (religiösen) Kulturen über die Generationen hinweg beruht. Rituelle Kohärenz kennzeichnet (primäre) *Kultreligionen* wie die altägyptische, sie beruht auf dem Prinzip ritueller Wiederholung. Textuelle Kohärenz hingegen kennzeichnet (sekundäre) *Buchreligionen* wie die jüdische; sie beruht auf dem Prinzip der Auslegung kanonischer Offenbarungstexte. Hier wird das Verhältnis von Kult und Schrift umgekehrt. »Die durch die Schrift eröffnete Möglichkeit, die sprachliche Äußerung in ihrem Wortlaut zu speichern, sodaß sie auch ohne Auswendiglernen zu einem späteren Zeitpunkt wiederaufgenommen werden kann, befreit vom Wiederholungszwang der rituellen Kohärenz. Dafür kommt es jetzt auf das Verstehen an« (Assmann 2001: 104). In Kultreligionen halten die Menschen die Weltordnung durch zyklisch wiederholte Rituale in Gang; in Buchreligionen beruht die Weltordnung auf dem Wirken und Willen eines transzendenten Gottes. In Kultreligionen ist das Heilige geheim und wird exklusiv von Priestern gehütet; Medien des Heiligen sind konkrete materielle Orte, Gegenstände, Quellen, Tempel usw. In Buchreligionen ist das Heilige allen geoffenbart und wird von Schriftgelehrten und Predigern ausgelegt; sein Medium ist allein die heilige Schrift.

Assmann entwickelt diese sehr pointierte Gegenüberstellung von ritueller und textueller Kohärenz vor allem anhand von Ägypten und Israel in vorchristlicher Zeit, doch sie lässt sich verallgemeinern und als theoretisches Instrument auch auf andere Gesellschaften übertragen. Das Christentum ist zwar eine Buchreligion, doch lassen sich in seiner Geschichte Phasen bzw. Richtungen von stärker ritueller und stärker textueller Kohärenz unterscheiden. So hat der Protestantismus mit dem *sola-scriptura*-Prinzip, dem Wandel des Sakramentsverständnisses und der Abschaffung des geweihten Priesterstandes eine massive Verstärkung der textuellen Kohärenz bewirkt.

In der religiösen Kultur des christlichen Europa waren rituelle und textliche Elemente von jeher gemischt. Schriftgebrauch spielte im Hinblick auf Rituale in ganz unterschiedlicher Weise eine Rolle. Schrift konnte als Speicher-, Verbreitungs- und Reflexionsmedium dienen: zur Speicherung, wenn etwa die rituelle Formel aufgezeichnet oder der Ritualverlauf für den zukünftigen Gebrauch protokolliert wurde; zur Verbreitung, wenn etwa Berichte von Herrschaftsritualen an andere Höfe verschickt wurden; zur Reflexion, wenn etwa in historiographischen Berichten oder gelehrten Traktaten über Sinn und Bedeutung eines Rituals spekuliert wurde. Dass diese verschiedenen Funktionen in der Praxis nicht scharf zu trennen sind, liegt auf der Hand (vgl. Kap. 3.1). Die Schrift hatte aber nicht nur *instrumentelle* und *referentielle* Funktionen *für* das Ritualgeschehen, sie hatte oft auch *symbolische* Funktionen *im* Ritualgeschehen selbst, das heißt Schriftdokumente konnten ihrerseits als materielle Objekte in das Ritual einbezogen werden.

Ritueller Umgang mit Schriften

Vor allem die Heilige Schrift, das Evangelienbuch, fand auf vielfältige Weise als sakrales Objekt im Ritual Verwendung oder, besser gesagt, sie wurde selbst geradezu wie ein ritueller Akteur behandelt; sie stand als Präsenzsymbol für das göttliche Wort, das darin aufgezeichnet war. Man schwor auf die Bibel seinen Eid, legte sie bei der Bischofseinsetzung auf den Nacken des Kandidaten, setzte sie auf den Thron oder verwendete sie zu magischen Zwecken (Gussone 1995; Schreiner 2002; Lentes 2005; Schreiner 2011). Ähnlich verfuhr man später, in der Epoche des Konstitutionalismus, mit schriftlichen Verfassungsdokumenten. So führte man während der Französischen Revolution die *Déclaration des droits de l'homme* und später die Verfassungstexte im Zentrum von Prozessionen mit und ließ ihnen quasi-sakrale Verehrung zuteilen werden, sodass die Verfassung als materielles Dokument nun die Stelle einnahm, die ehemals der Herrscher im Adventus eingenommen hatte (Ozouf 1976: 323 f.; Hettling/Nolte 1993: 71; Stollberg-Rilinger 2003). Auch andere Schriftdokumente, die Verbindlichkeit stiften sollten, bedurften der rituellen Inszenierung vor göttlichen und menschlichen Zeugen. So wurden Urkunden ins Zentrum eines rituellen Privilegierungsaktes gestellt, wobei man sie etwa während der Messe auf den Altar legte (Angenendt 2013). Die Statutenbücher, in denen seit dem Hochmittelalter die Kommunen ihr selbstgesetztes Recht niederlegten, wurden durch öffentliche Approbation und feierliche Beeidigung in Kraft gesetzt, ihre Geltung wurde regelmäßig durch feierliches Verlesen erneuert. Umgekehrt wurden im Konfliktfall Schriftstücke demonstrativ zerstört, um die darin fixierten Rechte und Privilegien ungültig zu machen. Noch heute ist der rituelle Akt der Urkundenunterzeichnung ein wichtiger, medial inszenierter Bestandteil beim Abschluss eines völkerrechtlichen Vertrages. Darin zeigt sich, dass man auf die verbindlichkeitsstiftende Wirkung des öffentlichen Rituals offenbar bis heute nicht verzichten will oder kann. Erst recht galt in der Vormoderne, dass ein geschriebenes Dokument durch ein vor aller Augen vollzogenes Ritual autorisiert werden musste, und zwar regelmäßig aufs Neue. Die Schrift war der rituellen Kommunikation *face to face* nicht automatisch überlegen; Schrift und Performanz wurden vielmehr auf unterschiedliche Weise kombiniert, sie ergänzten und beeinflussten einander (Müller 1996; Wenzel/Seipel/Wunberg 2001; Keller 2003; *Öffentlichkeit und Schriftdenkmal* 2004; Rauschert 2007; Hüsken/Postlewate 2007; Weber/Dartmann 2008; Lentes 2009; Dartmann/Scharff/Weber 2011).

Ritualwandel durch Buchdruck

Nachdem die Schriftkultur schon um 1200 einen Entwicklungsschub durchgemacht hatte, wurde sie durch die Erfindung des Buchdrucks in den Jahrzehnten um 1500 nochmals in unerhörtem Ausmaß intensiviert. Die Technik der Typographie potenzierte die Wirkungen von Schriftlichkeit; sie löste eine Medienrevolution aus, deren komplexe strukturelle Folgen nach und nach alle Lebensbereiche erfassten. Eine schwierige Frage ist, inwiefern das die Bedeutung und Wirkmacht von Ritualen auf die Dauer veränderte. Zunächst einmal führte die neue Technik zu einer quantitativen Zunahme der schriftlichen Dokumentation von Ritualen und ermöglichte in einem ganz neuen Ausmaß deren überregionale Verbreitung. Davon machten zum einen die Fürstenhöfe Gebrauch, um den flüchtigen höfischen Festereignissen Dauer zu verleihen und ein größeres Publikum daran teilhaben zu lassen. Die Heroldsberichte und Festbeschreibungen, die von Fürstenhochzeiten, Beisetzungen, Einzügen und Turnieren Zeugnis ablegten, wurden nun ebenso prunkvoll und aufwendig gestaltet wie die Ereignisse selbst, sie sollten als »Repräsentation der Repräsentation« den höfischen Prunk medial verdoppeln (Rahn 2006; Bauer 2011). Zum anderen wurden preiswerte illustrierte Flugschriften für einen breiten Markt gedruckt, die von spektakulären rituellen Ereignissen berichteten oder gegen die Ritualpraxis des konfessionellen Gegners polemisierten. Seit dem 17. Jahrhundert kamen Zeitungen und Zeitschriften hinzu, die sich im Laufe des 18. Jahrhunderts immer offensiver ein öffentliches Richteramt gegenüber weltlichen und geistlichen Obrigkeiten beilegten. Aber nicht nur Druckschriften wurden immer zahlreicher, auch die handschriftliche Aktenproduktion im Umfeld ritueller Ereignisse wuchs in exponentiellem Maße an. Die Beschreibungen der Zeremonienmeister wurden dann wiederum sekundär in großen Kompendien im Druck herausgegeben (siehe oben Kap. 1.2.1). Diese und eine Fülle weiterer, hier nicht aufzuzählender Gattungen von Schrift- und Bildmedien dienten dazu, rituelle Ereignisse zu speichern, zu kommentieren und sie über zeitliche, räumliche und soziale Grenzen hinweg beobachtbar und vergleichbar zu machen. Das alles hatte langfristige strukturelle Auswirkungen auf Ritualpraxis und Ritualreflexion. Es ist gewiss kein Zufall, dass Schübe verstärkten Schriftgebrauchs (um 1200, um 1500, um 1800) historisch immer wieder mit Schüben verstärkten Antiritualismus einhergegangen sind (vgl. Kap. 3.6). Denn eine primär durch Rituale vergegenwärtigte Ordnung erscheint als ewig-gleiche; eine primär durch Schrift vergegenwärtigte Ordnung hingegen wird in ihrer Veränderlichkeit sichtbar. Wenn schriftliche Dokumente allgemein verfügbar sind, lassen sich Phänomene aus verschiedenen Zeiten und Räumen leicht miteinander vergleichen. Die Wirkung ist ambivalent: Werden beispielsweise Herrschaftsrituale in gedruckten Schrift- und Bildmedien überregional verbreitet, so kann das einerseits dem höheren Ruhm der Beteiligten dienen, es kann sich auf die Wirkung der Rituale langfristig aber auch nachteilig auswirken, weil es sie zum Gegenstand der Reflexion macht, konkurrierende Deutungen offenlegt und so kritische Distanz dazu ermöglicht. Mit Jan Assmann könnte man sagen: Textuelle Kohärenz der Gesellschaft setzte sich gegen rituelle Kohärenz langfristig durch (Assmann 2001; Müller 2004; Schlögl 2008; Bauer 2011; vgl. hierzu auch den Exkurs Nr. 23 »Rituale, Bildmedien und elektronische Medien« unter *www.campus.de*).

3.6 Antiritualismus und Moderne

Nach allgemein verbreitetem Empfinden zeichnet sich die Moderne dadurch aus, dass Rituale keine wesentliche Rolle mehr spielen – oder jedenfalls nicht mehr spielen sollten. Der Begriff Ritual ist im Alltagsverständnis meist negativ konnotiert; er steht gemeinhin für die erstarrte, gedankenlose Wiederholung äußerer Formen. Wer zum Beispiel eine Parlamentsdebatte als Ritual bezeichnet oder wer von Weihnachten als einem ritualisierten Fest spricht, meint damit nichts Gutes. Rituale erscheinen als irreführende Fassaden oder sinnleere Routinen, als Relikte früherer Zeiten oder fremder Kulturen, bestenfalls als Folklore.

Dass die Moderne sich durch zunehmende Rationalität und Reflexivität und damit durch einen Bedeutungsverlust rituellen Handelns auszeichne, liegt ihrem Selbstverständnis von jeher zugrunde. Max Weber, einer der Gründungsväter der modernen Soziologie, hat das als »Entzauberung der Welt« auf den Begriff gebracht. Alle Kulturstadienmodelle seit dem 18. Jahrhundert sehen einen weltgeschichtlichen Prozess »vom Mythos zum Logos«, von der Religion zur Wissenschaft, vom Ritual zur Schrift im Gange. Ritualität erscheint in diesem Zusammenhang als das Gegenteil von vernünftigem, reflektiertem, zweckorientiertem, autonomem individuellem Handeln (Habermas 2001). Doch die teleologische Großerzählung von der aufgeklärten Moderne ist mittlerweile selbst gründlich entzaubert und mit ihr auch die Erwartung oder Hoffnung, dass Rituale immer mehr zurückgehen und ihre Bedeutung verblassen werde. Gerade das 20. Jahrhundert hat bekanntlich eine Hochkonjunktur totalitärer Massenrituale aufzuweisen, von denen man sich nicht einfach distanzieren kann, indem man sie als »archaisch«

oder gar »mittelalterlich« bezeichnet. Das antiritualistische Selbstverständnis der Moderne hindert vielmehr daran, die tatsächliche Relevanz von Ritualen zu erkennen und zu verstehen. Max Weber selbst hat vor dem Missverständnis gewarnt, das Handeln der Einzelnen sei in der Moderne immer rationaler geworden in dem Sinne, dass traditionales, gewohnheitsmäßiges, unreflektiertes, eben rituelles Handeln zunehmend durch vernünftiges Handeln aufgrund rationaler Einsicht ersetzt worden sei. Vielmehr beruhten gerade moderne Ordnungen auf der Fügsamkeit der Einzelnen in das immer sich Wiederholende; die rationale Basis moderner Ordnungen sei den Betroffenen »im ganzen verborgener [als] dem ›Wilden‹ der Sinn der magischen Prozeduren seines Zauberers« (Max Weber, *Soziologie, universalgeschichtliche Analysen, Politik,* hrsg. von J. Winckelmann, Stuttgart [5]1973, 149 f.; vgl. Wiedenmann 1991: 165 ff.; Soeffner 1992: 102 ff.).

Wir leben offenkundig nicht in einem »postrituellen Zeitalter«, darin sind sich Kultursoziologen und Ritualtheoretiker heute einig (Soeffner 1992; Willems 2003; Rehberg 2004; Alexander/Giesen/Mast 2006; Dücker 2007; Soeffner 2010; u. v. a.). Es ist klar geworden, dass rituelles Handeln eine kulturelle Universalie ist und dass es keine Gesellschaften ohne Rituale gibt. Das löst aber nicht die Frage, die Historiker vor allem interessiert, nämlich: Haben sich Funktion, Stellenwert und Wirkmächtigkeit von Ritualen über die Epochen hinweg nicht doch verändert und, wenn ja, inwiefern und warum? Wie hängt der Wandel der Rituale mit anderen historischen Prozessen zusammen? Denn dass die Ritualkultur strukturelle Wandlungen durchgemacht hat, dass etwa Rituale im frühen Mittelalter anderen Funktionsbedingungen unterlagen als in der Gegenwart, lässt sich kaum leugnen. Auch wenn die klassische Fortschrittserzählung sich nicht halten lässt und ihrerseits längst historisch relativiert worden ist, so entlastet das die Kulturwissenschaften nicht von der Aufgabe, langfristigen strukturellen Wandel zu beschreiben und historische Erklärungsmodelle dafür zu suchen. Wenn etwa heute gelegentlich behauptet wird, Rituale seien in der Moderne nicht nur nicht bedeutungslos geworden, sondern der Bedarf an Ritualen zur kollektiven Identitätsbildung habe sogar zugenommen (Dücker 2007), so muss das erst einmal im historischen

Vergleich gezeigt werden. Sonst bleibt im Dunkeln, was das überhaupt genau heißen könnte: ein größerer oder geringerer Bedarf an Ritualen. Wenn die Ritualforschung keine Kenntnis von der Geschichte hat, bleibt ihre reflexive Distanz gegenüber gegenwärtigen Phänomenen gering.

Wiederkehrender Antiritualismus seit der Antike

Der Wandel der Ritualkultur ist nicht linear verlaufen. Die antiritualistische Haltung der Moderne ist keineswegs ein neues Phänomen. Es gab vielmehr in der europäischen Geschichte immer wieder ähnliche Debatten über Funktion und Wirkmacht von Ritualen, die mit historischen Umbruchsphasen einhergingen. Statt einer linearen Entwicklung zu immer größerer Ritualskepsis lassen sich wiederkehrende Schübe von Antiritualismus beobachten (Douglas 1970/1986; Soeffner 1992; vgl. hierzu auch den Exkurs Nr. 4 zu wiederkehrendem Antiritualismus unter *www.campus.de*).

Rituale führen durch den korrekten Vollzug bestimmter körperlicher Handlungen geistige, transzendente Wirkungen herbei. Wie das sein kann, ist eine Grundfrage nicht erst der modernen Ritualtheorie, sondern schon der religiösen und philosophischen Reflexion seit der Antike, von Paulus und Augustinus über Luther und Calvin bis zu Rousseau und Kant. Es geht um das Verhältnis zwischen äußerem Kult und innerem Glauben, sichtbarer und unsichtbarer Kirche, Körper und Geist schlechthin. Die Bestimmung dieses Verhältnisses spielte eine zentrale Rolle schon für die Abgrenzung der jüdischen Propheten von ihrer babylonischen Umgebung in der Zeit des Exils, später für die Abgrenzung des frühen Christentums gegenüber dem heidnischen Polytheismus und dem Judentum, noch später für die Abgrenzung der Protestanten von der römischen Kirche. Dabei ging es im Kern um die Frage, welchen Einfluss menschliche rituelle Handlungen auf die Erlangung göttlichen Heils haben. Der Apostel Paulus lehrte, dass es auf die äußerlichen Formen nicht ankomme: »Der Buchstabe tötet, der Geist aber macht lebendig« (2 Kor 3,6). Weder materielle Opfergaben noch die buchstabengetreue Einhaltung religiöser Reinheitsgesetze erlösten den Menschen, sondern allein der Glaube, die Teilhabe am spirituellen Opfer Christi. Das korrekte Befolgen religiöser Ritualvorschriften bezeichnete man in Mittelalter und Früher Neuzeit als »jüdische Zeichenknechtschaft« (Angenendt 2001; Krochmalnik

2001; Staubach 2002; Staubach 2011; Twellmann 2009). Die Reformatoren knüpften wieder an die Lehren von Paulus und Augustinus an, spitzten sie zu einem scharfen Antiritualismus zu und richteten sie gegen die spätmittelalterliche Kirche mit ihren magisch-ritualistischen Frömmigkeitsformen. Äußerliche Handlungen, körperliche Praktiken, alles »Ceremonienwesen« konnte keinen Einfluss auf den inneren, geistigen Menschen und sein Heil haben (Muir 1997; Lentes 1999; Buc 2001; Quast 2002; Stollberg-Rilinger 2005; Staubach 2011). Doch was die Rituale durch die Reformation an jenseitiger Heilswirkung verloren, das gewannen sie andererseits an sozialer Unterscheidungswirkung hinzu. An der unterschiedlichen Sakramentspraxis ließen sich die entstehenden Konfessionsgemeinschaften rein äußerlich am besten erkennen. Je klarer diese sich voneinander abgrenzten, desto wichtiger wurde die strikte Konformität in den Ritualen. Das allerdings zwang Andersgläubige, sich in ihrem äußeren Verhalten zu verstellen, zu »dissimulieren«. Nicht nur in der religiösen Praxis, auch im sozialen Umgang an den Fürstenhöfen galt es zunehmend als wichtigste Klugheitsregel, sein Inneres zu verbergen und ein äußerlich konformes Verhalten an den Tag zu legen. Das Bewusstsein, dass überall *dissimulatio* lauerte, führte in einen Kreislauf des wechselseitigen Misstrauens. Der Lieblingstopos des 17. Jahrhunderts war die Warnung vor dem »eitlen äußeren Schein«, der das »Welttheater« beherrsche.

Die Aufklärung hatte ebenfalls einen starken ritualkritischen Grundton. Sie richtete sich sowohl gegen die »abergläubischen« katholischen Frömmigkeitsformen als auch gegen das hochformalisierte barocke Zeremoniell. Zugleich mit der rationalistischen Ritualkritik trat aber auch eine neuartige Ritual*romantik* in Erscheinung, die langfristig sehr wirkmächtig werden sollte. Viele Gebildete schwärmten seit Ende des 18. Jahrhunderts zunehmend von der Rückkehr zu »natürlichen«, ursprünglichen, authentischen und einfachen Zeremonien: einem Gottesdienst etwa, dessen Tempel der Himmel, dessen Altar ein Stück Wiese und dessen Priester *alle* Menschen seien, oder von einem Nationalfest unter freiem Himmel, bei dem »ein jeder sich im andern erkennt und liebt, sodass alle miteinander verbunden sind« (Jean-Jacques Rousseau, *Considérations sur le gouvernement de Pologne*, 1771; vgl. Kap. 2.5.3).

Ritualrevolutionen und Ritualtheorie

Sowohl Paulus als auch Augustinus, sowohl die Reformatoren als auch die Aufklärer schrieben in Zeiten tiefgreifender sozialer, politischer und religiöser Umbrüche. Gesellschaftliche Brüche vollziehen sich immer auch durch Entzauberung der Rituale und Symbole, die die alte Ordnung verkörpern (vgl. Kap. 2.8). Im Falle des frühen Christentums, der Reformation und der Revolutionen um 1800 kam aber noch mehr hinzu. Diese Bewegungen gingen nicht nur gegen die Rituale der jeweils alten Ordnung vor – des Judentums, der Römischen Kirche, des Ancien Régime –, sie traten vielmehr mit einem grundsätzlich antiritualistischen Anspruch an und setzten den »lebendigen Geist« gegen die starre, tote, leere und falsche Form. Nach Mary Douglas ist »Antiritualismus immer Ausdruck einer radikalen Revolte – er muß sich als solcher nicht nur gegen sinnlos gewordene, sondern gegen *alle* Rituale wenden« (Douglas 1986: 206). Das gilt auch für den Antiritualismus der 1968er und anderer Jugendbewegungen (Soeffner 1992; Hartwig/Spengler 2005; Scharloth 2007; Soeffner 2010).

Doch die verschiedenen »Ritualrevolutionen« bewirkten aufs Ganze gesehen keineswegs, dass Rituale immer weniger geworden wären, ganz im Gegenteil: Wo die alten Rituale abgeschafft wurden, da stellten sich früher oder später neue Ritualisierungen ein. Viele der Rituale, die man heute für unvordenklich alt hält, sind im 19. Jahrhundert erfunden worden. Gerade die institutionelle Verfestigung einer neuen Ordnung bedarf wiederum eigener, neuer symbolischer Integrationsformen und Rituale. Das führt insgesamt zu einer fortschreitenden Pluralisierung und Differenzierung der Ritualkultur. Zugleich stimuliert jeder antiritualistische Schub die Theoriebildung und steigert damit die reflexive Distanz gegenüber Ritualen (Bell 1992).

Es lassen sich also ritualtheoretische Traditionslinien verfolgen, die von der Antike über Mittelalter, Reformation und Aufklärung bis hin zur modernen Kulturanthropologie reichen. Spätestens seit dem 18. Jahrhundert ist eine Spaltung zwischen einer »kritischen« und einer »romantischen« Richtung zu beobachten. Auf der einen Seite steht die individualistisch-rationalistische Sicht des Rituals als archaisch, irrational und irreflexiv; eine gewisse Gemeinsamkeit besteht hier zwischen den französischen Enzyklopädisten über James George Frazer bis zu Jürgen Habermas. Auf der anderen Seite steht die romantisierende Sicht des Rituals als gemeinschaftsstiftend, integrativ und kreativ; hier reicht die Traditionslinie von Jean-Jacques Rousseau über Émile Durkheim bis zu Mary Douglas und Victor Turner. Bei der Faszination durch das »Primitive« haben verschiedene Theoretiker allerdings durchaus unterschiedliche Aspekte des Rituellen vor Augen; die einen betonen seine ordnungsstiftende Kraft, die anderen sein grenzüberschreitendes Potenzial.

Ritualwandel und Moderne

Die wiederkehrenden Schübe von Antiritualismus zeigen, dass Geschichte nicht linear und zielgerichtet verläuft. Dennoch lässt sich rückblickend ein historischer Strukturwandel beschreiben, der sich in der Zeit um 1800 rasant beschleunigte und Funktionsbedingungen, Geltungsreichweite und Wirkmacht von Ritualen grundlegend veränderte. Die Bedeutung des Medienwandels für diesen Prozess ist schon zur Sprache gekommen (vgl. Kap. 3.5), ebenso der damit einhergehende Wandel der Rechts- und Verfassungskultur (vgl. Kap. 2.7). Man kann diesen Prozess als zunehmende Steigerung gesellschaftlicher Komplexität beschreiben, die dazu führte, dass persönliche Präsenz für die Ordnung der Gesamtgesellschaft immer weniger hinreichend, aber auch immer weniger notwendig war. Rituelle Wirkmacht beruht, wie gesagt, wesentlich auf der persönlichen Anwesenheit der Beteiligten, die sich wechselseitig durch ihre Teilhabe an dem Ritual auf das festlegen, was sie dort aufführen. Auf diese rituelle Kohärenz waren vormoderne Gesellschaften in hohem Maße angewiesen. Doch je komplexer die Gesellschaft wurde, das heißt je mehr sie auf abstrakt-genereller Organisation statt auf persönlichen Bindungen beruhte, desto unabhängiger wurde sie von persönlicher Anwesenheit und von kollektiven rituellen Akten. Die Rituale mochten zwar weiterhin fortbestehen, aber sie büßten in vieler Hinsicht ihre für die gesamtgesellschaftliche Ordnung konstitutive Funktion ein. Der moderne Staat ist keine Gemeinschaft mehr, die sich über Interaktion von Angesicht zu Angesicht integrieren ließe. Moderne Staatsbürger sind auch dann der Verfassungsordnung unterworfen, wenn sie nie persönlich einen Eid darauf geleistet haben. Verfassungsrechtlich ist es irrelevant, ob sie die Einberufung eines neuen Parlaments oder die Vereidigung eines neuen Staatsoberhaupts persönlich miterleben, sie sich im Fernsehen anschauen oder gänzlich ignorieren.

Gesellschaftliche Differenzierung und Individualisierung

Die hohe Komplexität moderner Gesellschaften wurde dadurch ermöglicht, dass sich verschiedene autonome soziale Funktionsbereiche herausbildeten, die nach ihrer je eigenen Logik funktionieren: Politik, Religion, Recht, Wissenschaft, Kunst und so weiter. Jeder Einzelne hat an allen diesen Funktionssystemen Anteil und übernimmt überall eine andere Rolle. Der funktionalen Differenzierung der Gesellschaft entspricht eine ebensolche Differenzierung der Rituale, mit dem Effekt, dass »rituelles Verhalten in den verschiedenen funktionalen Subsystemen der Gesellschaft (Politik, Recht, Wirtschaft usw.) eine spezifische, nämlich von diesen Subsystemen geprägte, Rolle spielt« (Willems 2003: 400). Das gesellschaftliche Ganze ist in zahllose fragmentierte Ritualgemeinschaften aufgesplittert, die untereinander keine Verbindung haben. Ein und dasselbe Individuum kann als Mitglied eines Betriebs, eines Sportvereins und eines digitalen Netzwerks, als Bürger eines Staates und Angehöriger einer Kirche an lauter verschiedenen rituellen Akten teilnehmen, ohne dass diese irgendetwas miteinander zu tun haben. Es gibt kein einheitsstiftendes rituelles Zentrum mehr, das *pars pro toto* die ganze Gesellschaft über die verschiedenen Funktionssysteme hinweg umschließt; kein einzelnes Ritual vereint mehr alle Menschen jenseits ihrer verschiedenen Rollen. Das vervielfältigt einerseits die Zahl der Rituale und relativiert andererseits ihre Geltungskraft. In dem Maße, wie jeder Einzelne sich in vielen verschiedenen Ritualwelten zurechtfinden muss, wächst auch das Bewusstsein ihrer Gemachtheit, Beliebigkeit und Verfügbarkeit. Andererseits, auch dafür gibt es Indizien, wächst bei manchen auch das Bedürfnis nach mächtigen gemeinschaftsstiftenden Ritualerfahrungen, von denen sie sich die Überwindung dieser Beliebigkeit erhoffen (Thamer 2004; Willems 2003; Schlögl 2008).

Dem Geltungsverlust von Ritualen für die verbindliche kollektive Orientierung entspricht die allgemeine Tendenz zur Individualisierung. Es liegt auf der Hand, dass »ein Gesellschaftssystem, das die Autonomie des Individuums zum Ziel hat, rituelles Verhalten geringer schätzen muss als ein System, das die Stärke sozialer Bindungen und die Bedeutung der Gruppe in den Vordergrund stellt. Je höher der Bestand und die Kontinuität der Gruppe eingeschätzt wird, weil der einzelne auf den Bestand der Gruppe angewiesen ist, desto höherer Wertschätzung erfreuen sich formalisierte Verhaltensweisen und eindeutig definierte Rollenstrukturen« (Behrenbeck 1996). Angehörige offener, liberaler Gesellschaften neigen daher notwendig zu einem gewissen Antiritualismus, was zur Folge hat, dass sie ihre eigenen Ritualisierungen desto weniger als solche wahrnehmen (Soeffner 2010).

Die Frage, was die heutige Ritualkultur im Vergleich zur Vormoderne kennzeichnet, lässt keine einfache Antwort zu. Die Lage erscheint vielmehr ambivalent: Einerseits ist eine noch immer zunehmende Individualisierung zu beobachten. Herkömmliche Institutionen mit ihren traditionellen Ritualen verlieren massiv an Integrationskraft, während jeder Einzelne sich nach Bedarf seine eigenen Rituale basteln und dafür professionelle »Ritualdesigner« konsultieren kann. Andererseits scheint das Bedürfnis nach Überwindung der individualistischen Zersplitterung und nach Transzendierung des Alltags durch Gemeinschaftsrituale keineswegs geringer geworden zu sein. Dem tragen medial vermittelte rituelle Großereignisse Rechnung, die das anonyme Massenpublikum an den Bildschirmen für kurze Zeit zu einer virtuellen Ritualgemeinschaft vereinen. Zu denken ist beispielsweise an die überwältigende Anteilnahme an den Trauerritualen beim Tod von Lady Diana oder Papst Johannes Paul II., während andererseits der Tod aus dem Alltagsleben der Einzelnen weitgehend verbannt ist. Oder zu denken ist an den kollektiven Medienhype um königliche Eheschließungen, während andererseits die Hochzeit ihre Bedeutung als Ritual des Statuswechsels immer mehr verliert. Es scheint, dass Rituale an Verbindlichkeit stiftender Wirkung einbüßen, während ihre emotionale Attraktivität ungebrochen ist.

3.7 Ausblick: Perspektiven der historischen Ritualforschung

Die moderne Ritualforschung ist entstanden aus der Begegnung mit dem Fremden, aus der Erfahrung der kulturellen Differenz. Rituale erschienen als das »Andere« der Zivilisation, das Wilde, Primitive, Archaische, Magische. Doch nach und nach wurden immer mehr Phänomene der eigenen, europäischen Geschichte als Rituale thematisiert: die klassische griechische Religion, die christlichen Sakramente, die Herrschaftsakte des Mittelalters und der Frühneuzeit, die totalitären Massenveranstaltungen des 20. Jahrhunderts, schließlich die Freizeitbeschäftigungen der postmodernen Gegenwart. Das heißt: Die Distanz zwischen Ritualforschern und Ritualen ist seit dem 19. Jahrhundert immer geringer geworden; Rituale sind uns im Laufe der Ritualforschung gleichsam immer näher gekommen. Heute gelten sie geradezu als kulturelle Universalie.

In diesem Kontext ist auch die Rezeption der Ritualtheorie in der Geschichtswissenschaft zu sehen. Der Ritualbegriff ist für Historiker interessant geworden, seit sie die Geschichte nicht mehr in erster Linie als Entwicklungsgeschichte des modernen Staates, der modernen Wissenschaft, des modernen Denkens betrachten, wie es in der klassischen Historiographie des 19. und 20. Jahrhunderts weitgehend der Fall war, das heißt, seit sie sich eine verfremdende, quasi-ethnologische Sichtweise auf die eigene Vergangenheit zu eigen gemacht haben. Diese verfremdende Sicht erfasste zuerst das Mittelalter, dann die frühe Neuzeit, dann auch die uns vermeintlich so nahe klassische Antike, schließlich auch die Moderne und – sehr allmählich – die Zeitgeschichte. Mittlerweile wird nahezu alles als Ritual thematisiert, besonders gern auch das, was die Ritualforscher selbst tun, die Rituale des akademischen Alltagsbetriebs: Seminare, Konferenzen, Drittmittelanträge (Waquet 2010). Die kulturanthropologische Brille schärft umgekehrt wiederum die reflexive Distanz zur eigenen Gegenwart. Sie trägt nicht nur wesentlich dazu bei, dass man historische Phänomene anders sieht, sondern auch dazu, dass man die heutige Gesellschaft mit anderen Augen wahrnimmt.

Was leistet die Ritualtheorie für die Historie?

Wo befindet sich die historische Ritualforschung heute? Ist sie an ihre Grenze gekommen, erübrigt sie sich gar mittlerweile? Sollten die Historiker allmählich vom Ritualbegriff wieder Abstand nehmen (Büttner/Schmidt/Többelmann 2013)? Um zu zeigen, dass das falsch wäre, soll am Schluss noch einmal gefragt werden, welche Perspektivveränderungen es für die Geschichtswissenschaft bedeutet, dass sie die Rituale für sich entdeckt hat, das heißt, warum es nicht trivial ist, ein historisches Phänomen als Ritual zu thematisieren.

Warum Ritualforschung betreiben?

Erstens: Die Ritualtheorie öffnet die Augen für diejenigen institutionellen Strukturen, die nicht rational geplant und als schriftlich-abstrakte Normen niedergelegt sind, also für das, was die Zeitgenossen erst *in* und *durch* ihr Handeln stets aufs Neue hervorbrachten. Die Ritualforschung macht deutlich, dass die *geschriebene* Ordnung nur einen kleinen Teil des Ganzen ausmacht und dass man das Ganze nur angemessen verstehen kann, wenn man auch die *gelebte* Ordnung in Betracht zieht. Sie gibt Antworten auf die Frage, wie soziale Institutionen entstehen, stabilisiert und verändert werden, auch ohne dass das einem bewussten Plan der Beteiligten folgt.

Zweitens: Die Ritualtheorie ermöglicht es, den (vermeintlichen) Gegensatz zwischen individuellen Akteuren und kollektiven Strukturen zu überwinden. Denn Rituale sind stets beides zugleich, Struktur und Ereignis. Der scheinbare Gegensatz löst sich bei genauerem Hinsehen in ein dialektisches Wechselverhältnis auf: Das Ritual erscheint den Einzelnen einerseits als eine objektiv vorfindliche Struktur; andererseits existiert diese Struktur aber nur fort, wenn sie von den Einzelnen immer aufs Neue zur Geltung gebracht und mit Leben erfüllt wird.

Drittens: Die Ritualforschung lenkt die Aufmerksamkeit von den Inhalten auf die *Formen* des Handelns und schärft den Blick dafür, dass die Formen ein Teil der Sache selbst sind – in den Worten der Medientheorie: dass das Medium selbst eine Botschaft ist.

Viertens: Die Ritualforschung schärft den Blick auf die allgegenwärtige Bedeutung des *Symbolischen* und bewahrt davor, menschliches Handeln allein als instrumentelles Handeln zu verstehen. Denn beim Vollzug eines Rituals geht es nie allein um das Erreichen eines *Zwecks*, sondern immer zugleich um das Stiften von *Sinn*.

Das Potenzial der historischen Ritualforschung ist also keineswegs ausgeschöpft. Was immer noch weitgehend fehlt, ist eine vergleichende Ritualgeschichte über die Epochen und Kulturen hinweg. Nur wenige Einzelstudien überschreiten die Umbruchsphasen um 500, 1500 oder 1800, obwohl erst das die Wahrnehmung der Wandlungsprozesse ermöglicht. Die hochgradige Differenzierung des Faches in Teildisziplinen zementiert immer noch das alte Epochenschema Antike/Mittelalter/Neuzeit und erschwert nach wie vor zeit- und kulturübergreifende Vergleichsstudien. Zwar gibt es mittlerweile viele Tagungen und Sammelbände, die die Vertreter verschiedener Epochen und Fächer miteinander ins Gespräch bringen; systematische Vergleiche sind aber trotzdem selten. Was zukünftig ebenfalls stärker in den Blick genommen werden sollte, sind, wie mehrfach erwähnt, die Grenz-, Übergangs- und Konfliktfälle – also Fälle, an denen Rituale an die Grenzen ihrer Wirkmacht stießen, in Frage gestellt und zum Gegenstand von Macht- und Deutungskämpfen wurden. Dazu gehört auch der Zusammenhang zwischen der Ritualpraxis und den historischen Ritualdiskursen, die ebenfalls bisher meist in verschiedenen Forschungsdisziplinen behandelt werden. Schließlich gilt es stärker auch solche historischen Phänomene mit den Mitteln der Ritualtheorie zu durchleuchten, bei denen von Ritualen im strengen Sinne gerade nicht gesprochen werden sollte, wenn der Begriff nicht seine analytische Trennschärfe verlieren soll, die aber dennoch symbolisch-rituelle Dimensionen aufweisen: Wahlen, Parlamentssitzungen oder Friedensverhandlungen, akademische Prüfungen oder Verwaltungsverfahren zum Beispiel. Auch diese Phänomene lassen sich besser verstehen, wenn man sie im Licht der oben genannten ritual- und performanztheoretischen Einsichten betrachtet.

In den Kulturwissenschaften eröffnet jeder neue *turn* neue Perspektiven auf die historischen Gegenstände. Das gilt auch für den *performative turn* und die damit einhergehende Konjunktur der historischen Ritualforschung. Man erblickt dadurch nicht nur Phänomene, die man vorher ignoriert hat, sondern man sieht auch viele andere Phänomene mit neuen Augen. Für die Zukunft ist daher zu wünschen, dass es mit der Ritualforschung ebenso geht wie mit anderen wichtigen Errungenschaften der jüngeren Geschichtswissenschaft, etwa der Geschlechtergeschichte. Sie sollte nicht als separates, mehr oder weniger exotisches Teilgebiet innerhalb der Geschichtswissenschaft ihr Eigenleben führen, sondern sich als integraler Bestandteil der historischen Forschung etablieren, sozusagen »veralltäglichen«. Denn wenn es stimmt, dass Rituale allgegenwärtig sind, dann ist Geschichte immer *auch* Ritualgeschichte.

Auswahlbibliographie

Eine ausführlichere Bibliographie findet sich unter *www.campus.de*

Quellen

Andrieu, Michel/Guillaume Durand (1938–1940), *Le pontifical romain au moyen âge*, 3 Bände, Vatikanstadt.

Dykmans, Marc (1980–1982), *L'Œuvre de Patrizi Piccolomini ou le cérémonial papal de la première Renaissance*, 2 Bände, Vatikanstadt.

Elze, Reinhard (Hrsg.) (1960), *Die Ordines für die Weihe und Krönung des Kaisers und der Kaiserin* (Monumenta Germaniae Historica. Fontes iuris Germanici antiqui in usum scholarum, 9), Hannover.

Filarete, Francesco (1978), *The Libro ceremoniale of the Florentine Republic*, hrsg. von Richard C. Trexler, Genf.

Finet, John (1987/1728), *Ceremonies of Charles I. The Note Books of John Finet 1628–1641*, hrsg. von Albert J. Loomie, New York; zeitgenössische deutsche Übersetzung: *Auserlesene Anmerkungen, betreffend die Reception, Praecedentz, Tractierung, Audientzen, wie auch vorgefallene Kleinigkeiten und Streitigkeiten zur [...] auswärtigen Gesandten in Engelland*, hrsg. von Johann Treuer, Braunschweig.

Friese, Friedrich (1703), *Historische Nachricht von den merkwürdigen Ceremonien der Altenburgischen Bauern [...]*, Leipzig.

Friese, Friedrich (1708–1716), *Der vornehmsten Künstler und Handwercker Ceremonial-Politica*, Leipzig.

Fritz, Wolfgang (Hrsg.) (1972), *Die Goldene Bulle Kaiser Karls IV. vom Jahre 1356* (Monumenta Germaniae Historica. Fontes iuris Germani antiqui in usum scholarum, 11), Weimar.

Grassi, Paride (1587), De ceremoniis Cardinalium et Episcoporum, Rom.

Godefroy, Théodore/Denys Godefroy (Hrsg.) (1649), *Le cérémonial français ou description des cérémonies, rangs et séances, observées en France en divers actes et assemblées solennelles*, mis en lumières par Denys Godefroy, 2 Bände, Paris.

Guénée, Bernard/Lehoux, Françoise (Hrsg.) (1968), *Les entrées royales françaises de 1329 à 1515*, Paris.

Jackson, Richard A. (Hrsg.) (1995–2000), *Ordines Coronationis Franciae. Texts and Ordines for the Coronation of Frankish and French Kings and Queens in the Middle Ages*, 2 Bände, Philadelphia.

Kirchner, Paul Christian (1724), *Jüdisches Ceremonial*, Nürnberg.

Leti, Gregorio (1685), *Il Ceremoniale historico e politico*, Amsterdam.

Lünig, Johann Christian (1719–1720), *Theatrum Ceremoniale Historico-Politicum oder Historisch- und Politischer Schau-Platz Aller Ceremonien [...]*, 3 Teile in 2 Bänden, Leipzig.

Marcellus, Christianus (1516), *Rituum ecclesiasticorum sive sacrarum ceremoniarum libri tres*, Venedig.

Meiners, Christoph (1806/1807), *Allgemeine kritische Geschichte der Religionen*, Hannover.

Modius, Franciscus (1586), *Pandectae Triumphales, sive pomparum, festorum, solennium, spectaculorum [...] tomi duo*, 2 Bände, Frankfurt a.M.

Molin, Jean-Baptiste/Annik Aussedot-Minvielle (Hrsg.) (1984), *Répertoire des rituels et processionnaux imprimés conservés en France*, Paris.

Mulryne, J. R./Helen Watanabe-O'Kelly/Shewring (Hrsg.) (2004), *Europa Triumphans. Court and Civic Festivals in Early Modern Europe*, 2 Bände, Aldershot.

Nichols, John (1788–1823), *The Progresses and Public Processions of Queen Elizabeth I.*, London.

Picart, Bernard (1723–1727), *Cérémonies et coutumes religieuses de tous les peuples du monde, représentées par des figures dessinées de la main de Bernard Picart. Avec une Explication Historique, & quelques Dissertations curieuses*, 13 Bände, Amsterdam.

Rippel, Gregorius (1722/²1784), *Alterthum, Ursprung und Bedeutung aller Ceremonien, Gebräuche und Gewohnheiten in der hl. katholischen Kirche*, Augsburg.

Rohr, Julius Bernhard von (1729/1990), *Einleitung zur Ceremoniel-Wissenschaft der großen Herren*, ND Leipzig.

Rohr, Julius Bernhard von (1730/1990), *Einleitung zur Ceremoniel-Wissenschaft der Privat-Personen*, ND Leipzig.

Rousset, Jean/Jean DuMont (1746), *Le Cérémonial Diplomatique des Cours de l'Europe*, 2 Bde., Amsterdam.

Santantoni, Antonio (1976), *L'Ordinazione episcopale. Storia e teleologia dei riti dell'ordinazione nelle antiche liturgie dell'occidente*, Rom.

Stieve, Gottfried (1715), *Europäisches Hof-Ceremoniel*, Leipzig.

Vogel, Cyrille/Reinhard Elze (Hrsg.) (1963–1972), *Le Pontifical Romano-Germanique du Dixième Siècle*, 3 Bände, Vatikanstadt.

Watanabe-O'Kelly, Helen (1992), *Triumphal Shews. Tournaments at German-Speaking Courts in Their European Context 1560–1730*, Berlin.

Wissell, Rudolf (1971–1988), *Des alten Handwerks Recht und Gewohnheit*, 2., erw. und bearb. Aufl., hrsg. von Ernst Schraepler, Bd. III, Berlin.

Forschungsliteratur

Abbot, Mary (1996), *Life Cycles in England 1560–1720*, New York.

Ackermann, Volker (1990), *Nationale Totenfeiern in Deutschland von Wilhelm I. bis Franz Josef Strauss. Eine Studie zur politischen Semiotik*, Stuttgart.

Agamben, Giorgio (1995/2002), Homo sacer. *Il potere sovrano e la nuda vita*, Turin (dt. Ausgabe: *Homo sacer. Die souveräne Macht und das nackte Leben*, Frankfurt a.M.).

Alewyn, Richard/Karl Sälzle (Hrsg.) (1959), *Das große Welttheater*, Hamburg.

Alexander, Andrew (2007), »Negotiation, Trade and the Rituals of Encounter. An Examination of the Slave-Trading Voyage of Den Zon, 1775–1776«, in: *Itinerario* 3, S. 39–58.

Alexander, Jeffrey C./Bernhard Giesen/Jason Mast (Hrsg.) (2006), *Social Performance. Symbolic Action, Cultural Pragmatics, and Ritual*, Cambridge.

Althoff, Gerd (1994), »Genugtuung (satisfactio). Zur Eigenart gütlicher Konfliktbeilegung im Mittelalter«, in: Joachim Heinzle (Hrsg.), *Modernes Mittelalter. Neue Bilder einer populären Epoche*, Frankfurt a.M., S. 247–265.

Althoff, Gerd (1996), »Der König weint. Rituelle Tränen in öffentlicher Kommunikation«, in: Jan-Dirk Müller (Hrsg.), *Aufführung und Schrift in Mittelalter und früher Neuzeit*, Stuttgart, S. 239–252.

Althoff, Gerd (1997), *Spielregeln der Politik im Mittelalter. Kommunikation in Frieden und Fehde*, Darmstadt.

Althoff, Gerd (2003), *Die Macht der Rituale. Symbolik und Herrschaft im Mittelalter*, Darmstadt.

Althoff, Gerd (2004), »Freiwilligkeit und Konsensfassaden. Emotionale Ausdrucksformen in der Politik des Mittelalters«, in: Klaus Herding/Bernhard Stumpfhaus (Hrsg.), *Pathos, Affekt, Gefühl. Die Emotionen in den Künsten*, Berlin/New York, S. 145–161.

Althoff, Gerd (2008), »Hinterlist, Täuschung und Betrug bei der friedlichen Beilegung von Konflikten«, in: Oliver Auge u. a. (Hrsg.), *Bereit zum Konflikt. Strategien und Medien der Konflikterzeugung und Konfliktbewältigung im europäischen Mittelalter*, Ostfildern, S. 19–29.

Ambos, Claus/Stephan Hotz/Gerald Schwedler (Hrsg.) (2005), *Die Welt der Rituale. Von der Antike bis heute*, Darmstadt.

Ambos, Claus/Petra Rösch/Stefan Weinfurter (Hrsg.) (2009), *Bild und Ritual. Visuelle Kulturen in historischer Perspektive*, Darmstadt.

Amira, Karl von/Claudius von Schwerin (1943), *Rechtsarchäologie*, Berlin.

Andres, Jan/Alexa Geisthövel/Matthias Schwengelbeck (Hrsg.) (2005), *Die Sinnlichkeit der Macht. Herrschaft und Repräsentation seit der frühen Neuzeit*, Frankfurt a.M.

Angenendt, Arnold (1987), »Der Taufritus im frühen Mittelalter«, in: *Segni e riti nella chiesa altomedievale occidentale*, Spoleto, S. 275–321.

Angenendt, Arnold (1994), *Heilige und Reliquien. Die Geschichte ihres Kultes vom frühen Christentum bis zur Gegenwart*, München.

Angenendt, Arnold (1997), *Geschichte der Religiosität im Mittelalter*, Darmstadt.

Angenendt, Arnold (2001), *Liturgik und Historik. Gab es eine organische Liturgie-Entwicklung?*, Freiburg i. Br.

Angenendt, Arnold (2011), *Die Revolution des geistigen Opfers. Blut – Sündenbock – Eucharistie*, Freiburg i. Br./Basel/Wien.

Angenendt, Arnold (2013), Offertorium. Das mittelalterliche Messopfer, Münster.

Arasse, Daniel (2013), *Die Guillotine. Die Macht der Maschine und das Schauspiel der Gerechtigkeit*, Reinbek.

Archer, Jayne Elizabeth/Elizabeth Goldring/Sarah Knight (Hrsg.) (2007), *The Progresses, Pageants, and Entertainments of Queen Elizabeth I*, Oxford.

Ariès, Philippe (1975/1995), *Essais sur l'histoire de la mort en Occident du Moyen Âge à nos jours*, Paris (deutsche Ausgabe: *Geschichte des Todes*, München).

Ariès, Philippe/Georges Duby/Paul Veyne (1984/1989), *Histoire de la vie privée*, 5 Bände, Paris (deutsche Ausgabe: *Geschichte des privaten* Lebens, 5 Bände, Frankfurt a.M.).

Arlinghaus, Franz Josef (2005), »Gesten, Kleidung und die Etablierung von Diskursräumen im städtischen Gerichtswesen (1350 bis 1650)«, in: Johannes Burkhardt/Christina Werkstetter (Hrsg.), *Kommunikation und Medien in der Frühen Neuzeit*, München, S. 461–498.

Arlinghaus, Franz-Josef (2009), »Rituale in der historischen Forschung der Vormoderne«, in: *Zeitschrift für Neuere Rechtsgeschichte* 31, S. 274–291.

Arnade, Peter J. (1996), *Realms of Ritual. Burgundean Ceremony and Civic life in Late Medieval Ghent*, Ithaca.

Arnade, Peter/Michael Rocke (Hrsg.) (2008), *Power, Gender, and Ritual in Europe and the Americas. Essays in Memory of Richard C. Trexler*, Toronto.

Arnold, Sabine R./Christian Fuhrmeister/Dietmar Schiller (Hrsg.) (1998), *Politische Inszenierung im 20. Jahrhundert. Zur Sinnlichkeit der Macht*, Wien.

Ashley, Kathleen/Wim Hüsken (Hrsg.) (2001), *Moving Subjects. Processional Performance in the Middle Ages and the Renaissance*, Amsterdam u. a.

Assmann, Jan (1997), *Das kulturelle Gedächtnis. Schrift, Erinnerung und politische Identität in frühen Hochkulturen*, München.

Assmann, Jan (2001), »Text und Ritus. Die Bedeutung der Medien für die Religionsgeschichte«, in: Horst Wenzel/Wilfried Seipel/Gotthart Wunberg (Hrsg.), *Audiovisualität vor und nach Gutenberg. Zur Kulturgeschichte der medialen Umbrüche*, Wien, S. 97–106.

Austin, John L. (1962/1975), *How to Do Things with Words*, Oxford (deutsche Ausgabe: *Zur Theorie der Sprechakte*, Stuttgart).

Babcock, Barbara (Hrsg.) (1978), *The Reversible World. Symbolic Inversion in Art and Society*, Ithaca/London.

Bachmann-Medick, Doris (2006), *Cultural Turns. Neuorientierungen in den Kulturwissenschaften*, Reinbek.

Bachtin, Michail (1965/1987), *Tvorčestvo Fransua Rable*, Moskau, deutsche Ausgabe: *Rabelais und seine Welt. Volkskultur als Gegenkultur*, hrsg. von Renate Lachmann, Frankfurt a.M.

Bak, János M. (Hrsg.) (1990), *Coronations, Medieval and Early Modern Monarchic Ritual*, Berkeley – Los Angeles – Oxford.

Baller, Susann/Michael Pesek/Ruth Schilling/Ines Stolpe (Hrsg.) (2008), *Die Ankunft des Anderen. Repräsentationen sozialer und politischer Ordnungen in Empfangszeremonien*, Frankfurt a.M.

Bartlett, Robert (1986), *Trial by Fire and Water. The Medieval Judicial Ordeal*, Oxford.

Basu, Helene/Gerd Althoff (Hrsg.) (2013), *Rituale der Amtseinsetzung. Inszenierungen von Otto dem Großen bis Barack Obama*, Darmstadt.

Baudy, Dorothea (1998), *Römische Umgangsriten. Eine ethnologische Untersuchung der Funktion von Wiederholung für religiöses Verhalten*, Berlin/New York.

Bauer, Volker (2011), »Strukturwandel der höfischen Öffentlichkeit. Zur Medialisierung des Hoflebens vom 16. bis zum 18. Jahrhundert«, in: *Zeitschrift für Historische Forschung* 38, S. 585–620.

Beard, Mary (2007), *The Roman Triumph*, Cambridge/London.

Beck, Hans/Hans-Ulrich Wiemer (Hrsg.) (2009), *Feiern und Erinnern. Geschichtsbilder im Spiegel antiker Feste*, Berlin.

Becker, Hans-Jürgen (1990), »Rechtsritual«, in: *Handwörterbuch der deutschen Rechtsgeschichte* Bd. 4, S. 337–339.

Beetz, Manfred (1990), *Frühmoderne Höflichkeit. Komplimentierkunst und Gesellschaftsrituale im altdeutschen Sprachraum*, Stuttgart.

Behrenbeck, Sabine (1996), *Der Kult um die toten Helden. Nationalsozialistische Mythen, Riten und Symbole*, Vierow.

Behrenbeck, Sabine/Alexander Nützenadel (Hrsg.) (2000), *Inszenierungen des Nationalstaats. Politische Feiern in Italien und Deutschland seit 1860/71*, Köln.

Bell, Catherine (1992), *Ritual Theory, Ritual Practice*, New York/Oxford.

Bell, Catherine (1997), *Ritual. Perspectives and Dimensions*, New York u. a.

Bellah, Robert N. (1967), »Civil Religion in America«, in: *Daedalus. Journal of the American Academy of Arts and Sciences* 96, S. 1–21.

Belliger, Andréa/David Krieger (Hrsg.) (1998), *Ritualtheorien. Ein einführendes Handbuch*, Opladen.

Belting, Hans (1990), *Bild und Kult. Eine Geschichte des Bildes vor dem Zeitalter der Kunst*, München.

Benz, Wolfgang (1990), »The Ritual and Stage Management of National Socialism. Techniques of Domination in the Public Sphere«, in: John Milfull (Hrsg.), *The Attractions of Fascism. Social Psychology and Aesthetics of the »Triumph of the Right«*, New York, S. 286–287.

Bepler, Jill (1995), *German Funeral Books and the Genre of the Festival description. A Parallel Development*, London.

Berbig, Hans Joachim (1981), »Zur rechtlichen Relevanz von Ritus und Zeremoniell im römisch-deutschen Imperium«, in: *Zeitschrift für Kirchengeschichte* 92, S. 204–249.

Berbig, Hans Joachim (1975), »Der Krönungsritus im Alten Reiche (1648–1806)«, in: *Zeitschrift für bayerische Landesgeschichte* 38, S. 639–700.

Bercé, Yves-Marie (1979), *Fête et révolte. Des mentalités populaires du XVIeme au XVIIeme siècle*, Paris.

Berghaus, Günter (Hrsg.) (1996), *Facism and Theatre. Comparative Studies on the Aesthetics and Politics of Performance in Europe, 1925–1945*, Providence (RI)/Oxford.

Berning, Benita (2008), *»Nach altem löblichen Gebrauch«. Die böhmischen Königskrönungen der Frühen Neuzeit (1526–1743)*, Köln/Weimar/Wien.

Berns, Jörg Jochen/Thomas Rahn (Hrsg.) (1995), *Zeremoniell als höfische Ästhetik in Spätmittelalter und früher Neuzeit*, Tübingen.

Bertelli, Sergio (1990/2001), *Il corpo del re. Sacralità del potere nell'Europa medievale e moderna*, Florenz (englische Ausgabe: *The King's Body. Sacred Rituals of Power in Medieval and Early Modern Europe*, Pennsylvania).

Biefang, Andreas/Michael Epkenhans/Klaus Tenfelde (Hrsg.) (2008), *Das politische Zeremoniell im Deutschen Kaiserreich 1871–1918*, Düsseldorf.

Bierende, Edgar/Sven Bretfeld/Klaus Oschema (Hrsg.) (2008), *Riten, Gesten, Zeremonien. Gesellschaftliche Symbolik in Mittelalter und Früher Neuzeit*, Berlin.

Billington, Sandra (1991), *Mock Kings in Medieval Society and Renaissance Drama*, Oxford.

Binns, Christopher A. P. (1979), »Sowjetische Feste und Rituale«, in: *Osteuropa* 29, 1, S. 12–21, und 29, 2, S. 110–122.

Binski, Paul (1996), *Medieval Death. Ritual and Representation*, London.

Bisson, Thomas (1982), »Celebration and Persuasion. Reflections on the Cultural Evolution of Medieval Consultation«, in: *Legislative Studies Quarterly* VII, 2, S. 181–209.

Blickle, Peter/André Holenstein (Hrsg.) (1993), *Der Fluch und der Eid. Die metaphysische Begründung gesellschaftlichen Zusammenlebens und politischer Ordnung in der ständischen Gesellschaft*, Berlin.

Blickle, Peter u. a. (Hrsg.) (2002), *Macht und Ohnmacht der Bilder. Reformatorischer Bildersturm im Kontext der europäischen Geschichte*, München.

Bloch, Marc (1924/1998), *Les rois thaumaturges*, Paris (deutsche Ausgabe: *Die wundertätigen Könige*, München).

Bloch, Maurice (1986), *From Blessing to Violence. History and Ideology in the Circumcision Ritual of the Merina of Madagscar*, Cambridge.

Blois, Lukas de/Peter Funke/Johannes Hahn (Hrsg.) (2006), *The Impact of Imperial Rome on Religions, Ritual and Religious Life in the Roman Empire*, Leiden.

Bocock, Robert (1974), *Ritual in Industrial Society. A Sociological Analysis of Ritualism in Modern England*, London.

Bogdan, Henrik (2003), *From Darkness to Light. Western Esoteric Rituals of Initiation*, Göteborg.

Bölling, Jörg (2006), *Das Papstzeremoniell der Renaissance. Texte – Musik – Performanz*, Frankfurt a.M.

Bossy, John (1983), »The Mass as a Social Institution. 1200–1700«, in: *Past & Present* 100, S. 29–61.

Bossy, John (1985), *Christianity in the West 1400–1700*, Oxford.

Bourdieu, Pierre (1982/1990), *Les rites d'institution*, Paris (deutsche Ausgabe: *Einsetzungsriten*, in: Ders., *Was heißt sprechen? Die Ökonomie des sprachlichen Tausches*, Wien, S. 84–93).

Bourdieu, Pierre (1980/1993), Le sens pratique, Paris (deutsche Ausgabe: *Sozialer Sinn. Kritik der theoretischen Vernunft*, Frankfurt a.M.).

Brademann, Jan (2010), »Konfessionalisierung als Institutionalisierung. Theoretisch-empirische Überlegungen zur kulturgeschichtlichen Erweiterung eines Forschungsparadigmas«, in: *Archiv für Kulturgeschichte* 92, S. 425–459.

Brademann, Jan N./Werner Freitag/Kristina Thies (Hrsg.) (2013), *Liturgisches Handeln und soziale Praxis. Symbolische Kommunikation im Zeitalter der Konfessionalisierung*, Köln/Weimar/Wien.

Braddick, Michael (Hrsg.) (2009), *The Politics of Gesture. Historical Perspectives*, Oxford.

Brandt, Rüdiger (1990), » ›das ain groß gelächter ward‹. Wenn Repräsentation scheitert. Mit einem Exkurs zum Stellenwert literarischer Repräsentation«, in: Hedda Ragotzky/Horst Wenzel (Hrsg.), *Höfische Repräsentation. Das Zeremoniell und die Zeichen*, Tübingen, S. 303–331.

Braun, Guido (2006), »Neuere Publikationen zu Napoleon I. und zum Sacre von 1804«, in: *Francia* 33, S. 97–122.

Brauner, Christina/Tim Neu/Barbara Stollberg-Rilinger (Hrsg.) (2013), *Alles nur symbolisch? Erträge und Grenzen der Erforschung symbolischer Kommunikation*, Köln/Weimar/Wien.

Brauner, Christina (2015), Kompanien, Könige und caboceers. Interkulturelle Diplomatie an Gold- und Sklavenküste, 17.-18. Jahrhundert, Köln/Weimar/Wien.

Bremmer, Jan N./Hermann Roodenburg (Hrsg.) (1993), *A Cultural History of Gesture. From Antiquity to the Present Day*, Cambridge/Ithaca.

Bremmer, Jan N. (2005), »Myth and Ritual in Ancient Greece. Observations on a Difficult Relationship«, in: Raban von Haehling (Hrsg.), *Griechische Mythologie und frühes Christentum*, Darmstadt, S. 21–43.

Brero, Thalia (2005), *Les baptêmes princiers. Le cérémonial dans les cours de Savoie et de Bourgogne*, Lausanne.

Brice, Catherine/Maria Antonietta Visceglia (1997), *Cérémonial et rituel à Rome (XVI–XIXe siècles)*, Rom.

Brodocz, André (2003), *Die symbolische Dimension der Verfassung. Ein Beitrag zur Institutionentheorie*, Wiesbaden.

Broekmann, Theo (2004), »›more Sacracenorum et Normannorum‹. Über die Aneignung fremder und die Ausprägung eigener Rituale durch die normannischen Eroberer im Süden Italiens (1050–1150)«, in: *Frühmittelalterliche Studien* 38, S. 101–131.

Brown, Andrew D. (2011), *Civic Ceremony and Religion in Medieval Bruges c. 1300–1520*, Cambridge.

Brown, Peter (1981/1991), *The Cult of the Saints. Its Rise and Function in Latin Christianity*, Chicago (deutsche Ausgabe: *Die Heiligenverehrung. Ihre Entstehung und Funktion in der lateinischen Christenheit*, Leipzig).

Brunotte, Ulrike (2004), *Zwischen Eros und Krieg. Männerbund und Ritual in der Moderne*, Berlin.

Bryan, Dominic (2000), *Orange Parades. The Politics of Ritual, Tradition and Control*, London.

Bryant, Lawrence M. (2009), *Ritual, Ceremony and the Changing Monarchy in France, 1350–1789*, Farnham u. a.

Bryson, Anna (1998), *From Courtesy to Civility. Changing Codes of Conduct in Early Modern England*, Oxford.

Buc, Philippe (2001), *The Danger of Ritual. Between Early Medieval Texts and Social Scientific Theory*, Princeton.

Buc, Philippe (2008), »Politisches Ritual und politisch Imaginäres im Früh- und Hochmittelalter«, in: *Trivium* 2 (URL: *http://trivium.revues.org/index1652.html*).

Burguière, André (1980), »The Charivari and Religious Repression in France during the Ancien Régime«, in: Robert Wheaton/Tamara K. Hareven (Hrsg.), *Family and Sexuality in French History*, Philadelphia, S. 84–110.

Burke, Peter (1986), »Die Ablehnung des Rituals in Europa am Beginn der Neuzeit«, in: Ders., *Städtische Kultur in Italien zwischen Hochrenaissance und Barock*, Frankfurt a.M., S. 236–254.

Burke, Peter (1995/1996), *The Fortunes of the Courtier. The European Reception of Castiglione's Cortegiano*, Cambridge (deutsche Ausgabe: *Die Geschicke des »Hofmann«. Zur Wirkung eines Renaissance-Breviers über angemessenes Verhalten*, Berlin).

Burkert, Walter (1983), *Anthropologie des religiösen Opfers. Die Sakralisierung der Gewalt*, München.

Burkert, Walter (1990), *Wilder Ursprung. Opferritual und Mythos bei den Griechen*, Berlin.

Burschel, Peter (2007), »Der Sultan und das Hündchen. Zur politischen Ökonomie des Schenkens in interkultureller Perspektive«, in: *Historische Anthropologie* 15, S. 408–421.

Burschel, Peter/Christine Vogel (Hrsg.) (2014), Die Audienz. Ritualisierter Kulturkontakt in der Frühen Neuzeit, Köln/Weimar/Wien.

Büschel, Hubertus (2006), *Untertanenliebe. Der Kult um deutsche Monarchen 1770–1830*, Göttingen.

Bushaway, Robert (1982), *By Rite. Custom, Ceremony, and Community in England, 1700–1880*, London.

Büttner, Andreas (2012), *Der Weg zur Krone. Rituale der Herrschererhebung im römisch-deutschen Reich des Spätmittelalters*, 2 Bände, Ostfildern.

Büttner, Andreas/Andreas Schmidt/Paul Töbelmann (Hrsg.) (2013), *Grenzen des Rituals. Wirkreichweiten – Geltungsbereiche – Forschungsperspektiven*, Köln/Weimar/Wien.

Caduff, Corina/Joanna Pfaff-Czarnecka (Hrsg.) (1999), *Rituale heute. Theorien – Kontroversen – Entwürfe*, Berlin.

Cancik, Hubert/Konrad Hitzl (Hrsg.) (2003), Die Praxis der Herrscherverehrung in Rom und seinen Provinzen, Tübingen.

Cannadine, David (1983), »The Context, Performance and Meaning of Ritual. The British Monarchy and the ›Invention of Tradition‹«, in: Eric Hobsbawm/Terence Ranger (Hrsg.), *The Invention of Tradition*, Cambridge, S. 101–164.

Cannadine, David (Hrsg.) (1987), *Rituals of Royalty. Power and Ceremonial in Traditional Societies*, Cambridge.

Canova-Green, Marie-Claude (1995), »The Iconography of French Royal Entries in the Aftermath of La Rochelle (1628–32)«, in: *Majestas* 3, S. 117–130.

Carré, Yannick (1992), *Le baiser sur la bouche au Moyen Âge. Rites, symboles, mentalities, a travers les textes et les images, XI–XVe siècles*, Paris.

Cashmere, John (1991), »The Social Uses of Violence in Ritual«, in: *European History Quarterly* 21, S. 291–319.

Chaniotis, Angelos (Hrsg.) (2011), *Ritual Dynamics in the Ancient Mediterranean. Agency, Emotion, Gender, Representation*, Stuttgart.

Chanteranne, David (2004), *Le Sacre de Napoléon*, Paris.

Chartier, Roger (1984), »Phantasie und Disziplin. Das Fest in Frankreich vom 15. bis 18. Jahrhundert«, in: Richard van Dülmen/Norbert Schindler (Hrsg.), *Volkskultur. Zur Wiederentdeckung des vergessenen Alltags (16.–20. Jahrhundert)*, Frankfurt a.M., S. 153–176.

Chrościcki, Juliusz/Mark Hengerer/Gérard Sabatier (Hrsg.) (2012–2015), Les funérailles princières en Europe, 3 Bde., Paris.

Commensalité et convivialité à travers les âges. Actes du Colloque de Rouen 14–17 novembre 1990, (1992), Rouen.

Cosandey, Fanny (Hrsg.) (2005), *Dire et vivre l'ordre social en France sous l'Ancien régime*, Paris.

Cramer, Peter (1993), *Baptism and Change in the Early Middle Ages c. 200 – c. 1150*, Cambridge.

Cressy, David (1997), *Birth, Marriage and Death. Ritual, Religion and the Life-Cycle in Tudor and Stuart England*, Oxford.

Crewe, Emma (2005), *Lords of Parliament. Manners, Rituals, and Politics*, Manchester/New York.

Crewe, Emma/Marion G. Müller (Hrsg.) (2006), *Rituals in Parliament*, Frankfurt a.M.

Daniel, Ute (2000), »Überlegungen zum höfischen Fest in der Barockzeit«, in: *Niedersächsisches Jahrbuch für Landesgeschichte* 72, S. 45–66.

Daniel, Ute (2001), *Kompendium Kulturgeschichte. Theorien, Praxis, Schlüsselwörter*, Frankfurt a.M.

Darnton, Robert (1989), »Ein Bourgeois bringt seine Welt in Ordnung. Die Stadt als Text«, in: Ders., *Das große Katzenmassaker. Streifzüge durch die französische Kultur vor der Revolution*, München, S. 125–166.

Dartmann, Christoph/Marian Füssel/Stefanie Rüther (Hrsg.) (2004), *Raum und Konflikt. Zur symbolischen Konstituierung gesellschaftlicher Ordnung in Mittelalter und Früher Neuzeit*, Münster.

Dartmann, Christoph/Günther Wassilowsky/Thomas Weller (Hrsg.) (2010), *Technik und Symbolik vormoderner Wahlverfahren*, München.

Dartmann, Christoph/Thomas Scharff/Christoph Friedrich Weber (Hrsg.) (2011), *Zwischen Pragmatik und Performanz. Dimensionen mittelalterlicher Schriftkultur*, Turnhout.

Davis, Natalie Zemon (1965/1987), *Society and Culture in Early Modern France*, London (deutsche Ausgabe: *Humanismus, Narrenherrschaft und die Riten der Gewalt. Gesellschaft und Kultur im frühneuzeitlichen Frankreich*, Frankfurt a.M.).

Davis, Natalie Zemon (1971), »The Reasons of Misrule. Youth Groups and Charivaris in Sixteenth-Century France«, in: *Past & Present* 50, S. 41–75.

Davis, Natalie Zemon (2000/2002), *The Gift in Sixteenth-Century France,* Oxford (deutsche Ausgabe: *Die schenkende Gesellschaft. Eine Studie über die französische Renaissance*, München).

Davis, Robert C. (1994), *The War of the Fists. Popular Culture and Public Violence in late Renaissance Venice*, Oxford.

D'Avray, David (2005), *Medieval Marriage. Symbolism and Society*, Oxford.

Dereymez, Jean-William/Olivier Ihl/Gérard Sabatier (Hrsg.) (1998), *Un cérémonial politique. Les voyages officiels des chefs d'État*, Paris/Montréal.

Derix, Simone (2009), *Bebilderte Politik. Staatsbesuche in der Bundesrepublik 1949–1990*, Göttingen.

Desplat, Christian/Paul Mironneau (Hrsg.) (1997), *Les entrées. Gloire et decline d'un cérémonial*, Biarritz.

Diefenbach, Stefan (2002), »Zwischen Liturgie und Civilitas. Konstantinopel im 5. Jahrhundert und die Etablierung eines städtischen Kaisertums«, in: Rainer Warland (Hrsg.), *Bildlichkeit und Bildorte von Liturgie. Schauplätze in Spätantike, Byzanz und Mittelalter*, Wiesbaden, S. 21–49.

Diener-Staeckling, Antje (2007), *Der Himmel über dem Rat. Zur Symbolik der Ratswahl in mitteldeutschen Städten*, Halle a. d. S.

Dilcher, Gerhard (2007), »Mittelalterliches Recht und Ritual in ihrer wechselseitigen Beziehung«, in: *Frühmittelalterliche Studien* 41, S. 297–316.

Dinges, Martin (1993), »Ehrenhändel als kommunikative Gattungen. Kultureller Wandel in der frühen Neuzeit«, in: *Archiv für Kulturgeschichte* 75, S. 359–393.

Dinges, Martin (1998), Formenwandel der Gewalt in der Neuzeit. Zur Kritik der Zivilisationstheorie von Norbert Elias, in: Rolf Peter Sieferle/Helga Breuninger (Hrsg.) (1998), *Kulturen der Gewalt. Ritualisierung und Symbolisierung von Gewalt in der Geschichte*, Frankfurt a.M./New York, S. 171–194.

Dinzelbacher, Peter (2009), *»Warum weint der König?« Eine Kritik des mediävistischen Panritualismus*, Badenweiler.

Dörner, Andreas/Ludgera Vogt (Hrsg.) (2002), *Wahl-Kämpfe. Betrachtungen über ein demokratisches Ritual*, Frankfurt a.M.

Dotzauer, Wilfried (1973), »Die Ankunft des Herrschers. Der fürstliche ›Einzug‹ in die Stadt (bis zum Ende des Alten Reiches)«, in: *Archiv für Kulturgeschichte* 55, S. 245–288.

Douglas, Mary (1966/1985), *Purity and Danger. An Analysis of the Concepts of Pollution and Taboo*, London (deutsche Ausgabe: *Reinheit und Gefährdung. Eine Studie zu Vorstellungen von Verunreinigung und Tabu*, Berlin.

Douglas, Mary (1970/1986), *Natural Symbols. Explorations in Cosmology*, London (deutsche Ausgabe: *Ritual, Tabu und Körpersymbolik. Sozialanthropologische Studien zur Industriegesellschaft und Stammeskultur*, Frankfurt a.M.).

Duchhardt, Heinz (Hrsg.) (1983), *Herrscherweihe und Königskrönung im frühneuzeitlichen Europa*, Wiesbaden.

Duchhardt, Heinz (1997), »Krönungszüge. Ein Versuch zur ›negativen Kommunikation‹«, in: Ders./Gert Melville (Hrsg.), *Im Spannungsfeld von Recht und Ritual. Soziale Kommunikation in Mittelalter und Früher Neuzeit*, Köln/Weimar/Wien, S. 291–301.

Dücker, Burckhard (2007), *Rituale. Formen – Funktionen – Geschichte. Eine Einführung in die Ritualwissenschaft*, Stuttgart/Weimar.

Dücker, Burkhard/Gerald Schwedler (Hrsg.) (2008), *Das Ursprüngliche und das Neue. Zur Dynamik ritueller Prozesse in Geschichte und Gegenwart*, Berlin.

Düding, Dieter/Peter Friedemann/Paul Münch (Hrsg.) (1988), *Öffentliche Festkultur. Politische Feste in Deutschland von der Aufklärung bis zum Ersten Weltkrieg*, Reinbek.

Dülmen, Richard van/Nobert Schindler (Hrsg.) (1984), *Volkskultur. Die Wiederentdeckung des verlorenen Alltags*, Frankfurt a.M.

Dülmen, Richard van (1988), *Theater des Schreckens. Gerichtspraxis und Strafrituale in der Frühen Neuzeit*, München.

Durkheim, Emile (1912/1981), *Les formes élementaires de la vie religieuse, Le système totémique en Australie*, Paris (deutsche Ausgabe: *Die elementaren Formen des religiösen Lebens*, Frankfurt a.M.).

Ebel, Wilhelm (1958), *Der Bürgereid als Geltungsgrund und Gestaltungsprinzip des deutschen Stadtrechts*, Göttingen.

Ebel, Wilhelm (1975), *Recht und Form. Vom Stilwandel im deutschen Recht*, Tübingen.

Edelman, Murray J. (1964/^{2}1984/^{2}2005), *The Symbolic Uses of Politics*, Urbana/Chicago, deutsche Ausgabe: *Politik als Ritual. Die symbolische Funktion staatlicher Institutionen und politischen Handelns*, Neuauflage mit einem Vorwort von Claus Offe und einem Nachwort von Frank Nullmeier, Frankfurt a.M./New York.

Ehalt, Hubert Christian (1981), »Die Funktion des Zeremoniells im Absolutismus«, in: August Buck (Hrsg.), *Europäische Hofkultur*, Bd. 2, Hamburg, S. 411–420.

Ehrich, Susanne/Jörg Oberste (Hrsg.) (2011), *Städtische Kulte im Mittelalter*, Regensburg.

Eichmann, Eduard (1942), *Die Kaiserkrönung im Abendland*, 2 Bände, Würzburg.

Eichmann, Eduard (1951), *Weihe und Krönung des Papstes im Mittelalter*, München.

Eickels, Klaus van (1997), »Homagium and Amicitia. Rituals of Peace and their Significance in the Anglo-French Negotiations of the 12th Century«, in: *Francia* 24, S. 133–140.

Eliade, Mircea (1958/1961), *Rites and Symbols of Initiation. The Mysteries of Birth and Rebirth* (deutsche Ausgabe: *Das Mysterium der Wiedergeburt. Initiationsriten, ihre kulturelle und religiöse Bedeutung*, Zürich).

Eliade, Mircea (1963/1988), *Myth and Reality*, New York (deutsche Ausgabe: *Mythos und Wirklichkeit*, Frankfurt a.M.)

Elias, Norbert (1969/2002), *Die höfische Gesellschaft. Untersuchungen zur Soziologie des Königtums und der höfischen Aristokratie*, Frankfurt a.M.

Elias, Norbert (1939/1969/1976), *Über den Prozess der Zivilisation. Soziogenetische und psychogenetische Untersuchungen*, Basel (Neuausgaben Bern/München und Frankfurt a.M.).

Epstein, James (1994), *Radical Expression. Political Language, Ritual, and Symbol in England, 1790–1850*, New York.

Esders, Stefan (2007), »Der Reinigungseid mit Helfern. Individuelle und kollektive Rechtsvorstellungen in der Wahrnehmung und Darstellung frühmittelalterlicher Konflikte«, in: Ders. (Hrsg.), *Rechtsverständnis und Konfliktbewältigung. Gerichtliche und außergerichtliche Strategien im Mittelalter*, Köln/Weimar/Wien, S. 55–77.

Evans, Nancy (2010), *Civic Rites. Democracy and Religion in Ancient Athens*, Berkeley/Los Angeles.

Evans, Richard J. (1996/2001), *Rituals of Retribution. Capital Punishment in Germany 1600–1987*, Oxford (deutsche Ausgabe: *Rituale der Vergeltung. Die Todesstrafe in der deutschen Geschichte 1532–1987*, Berlin).

Fabre, Geneviève/Jürgen Heideking/Kai Dreisbach (Hrsg.) (2001), *Celebrating Ethnicity and Nation. American Festive Culture from the Revolution to the Early Twentieth Century*, New York.

Farge, Arlette/André Zysberg (1979), »Les théatres de la violence à Paris au XVIIIe siècle«, in: *Annales* 34, S. 984–1017.

Felbecker, Sabine (1995), *Die Prozession. Historische und systematische Untersuchungen zu einer liturgischen Ausdruckshandlung*, Altenberge.

Fischer-Lichte, Erika (2004), »Theater und Ritual«, in: Christoph Wulf/Jörg Zirfas (Hrsg.), *Die Kultur des Rituals*, München, S. 279–292.

Fischer-Lichte, Erika/Christoph Wulf (Hrsg.) (2001), *Theorien des Performativen*, Berlin.

Fischer-Lichte, Erika/Christoph Wulf (Hrsg.) (2004), *Praktiken des Performativen*, Berlin.

Fix, Ulla (1998), *Ritualität in der Kommunikation der DDR*, Frankfurt a.M. u. a.

Flaig, Egon (2003), *Ritualisierte Politik. Zeichen, Gesten und Herrschaft im Alten Rom*, Göttingen.

Fleckenstein, Josef (Hrsg.) (1985), *Das ritterliche Turnier im Mittelalter. Beiträge zu einer vergleichenden Formen- und Verhaltensgeschichte des Rittertums*, Göttingen.

Flüchter, Antje (2008), »Sir Thomas Roe vor dem indischen Mogul. Transkulturelle Kommunikationsprobleme zwischen Repräsentation und Administration«, in: Stefan Haas/Mark Hengerer (Hrsg.), *Im Schatten der Macht. Kommunikationskulturen in Politik und Verwaltung 1600–1950*, Frankfurt a.M., S. 119–143.

Fogel, Michèle (1989), *Les cérémonies de l'information dans la France du XVIe au milieu du XVIII*[e] *siècle*, Paris.

Fögen, Marie-Theres (1999), »Ritual und Rechtsfindung«, in: Corinna Caduff/Joanna Pfaff-Czarnecka (Hrsg.), *Rituale heute*, Berlin, S. 149–163.

Fortes, Meyer/Michael F. C. Bourdillon (Hrsg.) (1980), *Sacrifice*, London.

Foucault, Michel (1975/1994), *Surveiller et punir. La naissance de la prison*, Paris (deutsche Ausgabe: *Überwachen und Strafen. Die Geburt des Gefängnisses*, Frankfurt a.M.).

Frazer, James George (1890/1907–1915/1928), *The Golden Bough*, London (1. Ausg. in 2 Bänden, 3. Ausg. in 12 Bänden) (deutsche Ausgabe: *Der goldene Zweig. Das Geheimnis von Glauben und Sitten der Völker*, Leipzig [ND Reinbek u. a.]).

Freitag, Werner/Christian Helbich (Hrsg.) (2010), *Bekenntnis, soziale Ordnung und rituelle Praxis. Neue Forschungen zu Reformation und Konfessionalisierung in Westfalen*, Münster.

Frevert, Ute (1991), *Ehrenmänner. Das Duell in der bürgerlichen Gesellschaft*, München.

Frie, Ewald (2007), »Militärische Massenrituale«, in: *Sportwissenschaft* 37, S. 381–393.

Fried, Johannes (1999), »Ritual und Vernunft – Traum und Pendel des Thietmar von Merseburg«, in: Lothar Gall (Hrsg.), *Das Jahrtausend im Spiegel der Jahrhundertwenden*, Berlin, S. 15–63.

Friedland, Paul (2002), *Political Actors. Representative Bodies and Theatricality in the Age of the French Revolution*, Ithaca/London.

Frühsorge, Gotthardt (1984), »Vom Hof des Kaisers zum ›Kaiserhof‹. Über das Ende des Ceremonielles als gesellschaftliches Ordnungsmuster«, in: *Euphorion* 78, S. 237–265.

Frühsorge, Gotthardt (1988), »Der Hof, der Raum, die Bewegung. Gedanken zur Neubewertung des europäischen Hofzeremoniells«, in: *Euphorion* 82, S. 424–429.

Fugger, Dominik (2007), *Das Königreich am Dreikönigstag. Eine historisch-empirische Ritualstudie*, Paderborn.

Fugger, Dominik (2011), »Symbol, Handlung, Erfahrung. Perspektiven auf das Ritual als Gegenstand soziologischer Theoriebildung«, in: *European Journal of Sociology* 52, S. 393–421.

Fugger, Dominik (Hrsg.) (2013), *Verkehrte Welten? Forschungen zum Motiv der »rituellen Inversion« zwischen Antike und Früher Neuzeit*, München.

Füssel, Marian (2005), »Riten der Gewalt. Zur Geschichte der akademischen Deposition und des Pennalismus in der Frühen Neuzeit«, in: *Zeitschrift für Historische Forschung* 32, S. 548–605.

Füssel, Marian (2006), *Gelehrtenkultur als symbolische Praxis. Rang, Ritual und Konflikt an der Universität der Frühen Neuzeit*, Wiesbaden.

Füssel, Marian (2009), »Fest – Symbol – Zeremoniell. Grundbegriffe zur Analyse höfischer Kultur in der frühen Neuzeit«, in: Kirsten Dickhaut/Jörg Steigerwald/Birgit Wagner (Hrsg.), *Sakrale und ästhetische Praxis der höfischen Fest-Kultur im 16. und 17. Jahrhundert*, Wiesbaden, S. 31–53.

Füssel, Marian (2013), »Geltungsgrenzen. Frühneuzeitliche Rituale zwischen Antiritualismus, Medienwandel und Sachzwang«, in: Andreas Büttner/

Andreas Schmidt/Paul Többelmann (Hrsg.), *Grenzen des Rituals. Wirkreichweiten – Geltungsbereiche – Forschungsperspektiven*, Köln, S. 221–235.

Füssel, Marian/Thomas Weller (Hrsg.) (2005), *Ordnung und Distinktion. Praktiken sozialer Repräsentation in der städtischen Gesellschaft*, Münster.

Garnier, Claudia (1998), »Zeichen und Schrift. Symbolische Handlungen und literale Fixierung am Beispiel von Friedensschlüssen des 13. Jahrhunderts«, in: *Frühmittelalterliche Studien* 32, S. 263–287.

Garnier, Claudia (2006), »Die Zeichen der Fremden. Zur Bedeutung symbolischer Kommunikationsformen im interkulturellen Gesandtenaustausch des 13. Jahrhunderts«, in: *Frühmittelalterliche Studien* 40, S. 199–221.

Gauvard, Claude/Robert Jacob (Hrsg.) (2000), *Les rites de la justice. Gestes et rituels judiciaries au Moyen Âge occidental*, Paris.

Geary, Patrick (1994), *Living with the Dead in the Middle Ages*, Cornell.

Gebauer, Gunter/Christoph Wulf (Hrsg.) (1998), *Spiel, Ritual, Geste. Mimetisches Handeln in der sozialen Welt*, Reinbek.

Gebhardt, Jürgen (2001), »Verfassung und Symbolizität«, in: Gert Melville (Hrsg.), *Institutionalität und Symbolisierung*, Köln/Weimar/Wien, 585–601.

Geertz, Clifford (1973/1987), *The Interpretation of Cultures. Selected Essays*, New York 1973 (deutsche Ausgabe: *Dichte Beschreibung. Beiträge zum Verstehen kultureller Systeme*, Frankfurt a.M.).

Gengnagel, Jörg/Monika Horstmann/Gerald Schwedler (Hrsg.) (2008), *Prozessionen, Wallfahrten, Aufmärsche. Bewegung zwischen Religion und Politik in Europa und Asien seit dem Mittelalter*, Köln/Weimar/Wien.

Gengnagel, Jörg/Gerald Schwedler (Hrsg.) (2013), *Ritualmacher hinter den Kulissen. Expertise, Partizipation, Professionalisierung in historischer Ritualpraxis*, Heidelberg.

Gennep, Arnold van (1909/1986), *Les rites de passage. Étude systématique des rites de la porte et du seuil, de l'hospitalité, de l'adoption, de la grossesse et de l'accouchement, de la naissance, de l'enfance, de la puberté, de l'initiation, de l'ordination, du couronnement, des fiançailles et du mariage*, Paris (deutsche Ausgabe: *Übergangsriten*, Frankfurt a.M./New York).

Gersmann, Gudrun/Edgar Wolfrum (Hrsg.) (2004), *Totenkult und Erinnerungskultur in der west- und osteuropäischen Geschichte des 19. und 20. Jahrhunderts*, Köln.

Giesey, Ralph E. (1960), *The Royal Funeral Ceremony in Renaissance France*, Genf.

Giesey, Ralph E. (2004), *Rulership in France, 15th–17th Centuries*, Aldershot.

Ginzburg, Carlo (1990), *Hexensabbat. Entzifferung einer nächtlichen Geschichte*, Berlin.

Girard, René (1972/1994), *La Violence et le Sacré*, Paris (deutsche Ausgabe: *Das Heilige und die Gewalt*, Frankfurt a.M.).

Gladigow, Burkhard (1984), »Die Teilung des Opfers. Zur Interpretation von

Opfern in vor- und frühgeschichtlichen Epochen«, in: *Frühmittelalterliche Studien* 18, S. 19–43.

Gladigow, Burkhard (1998), »Ritual, komplexes«, in: *Handbuch religionswissenschaftlicher Grundbegriffe*, Bd. 4, S. 458–460.

Gladigow, Burkhard (2004), »Sequenzierung von Riten und die Ordnung der Rituale«, in: Michael Stausberg (Hrsg.), *Zoroastrian Rituals in Context*, Leiden/Boston, S. 57–76.

Glick, Leonard B. (2005), *Marked in Your Flesh. Circumcision from Ancient Judea to Modern America*, Oxford/New York.

Gluckman, Max (1965), *Politics, Law and Ritual in Tribal Society*, Chicago.

Godelier, Maurice (1996/1999), *L'énigme du don*, Paris (deutsche Ausgabe: *Das Rätsel der Gabe*, München).

Goffman, Erving (1959/1983), *The Presentation of Self in Everyday Life*, Edinburgh (deutsche Ausgabe: *Wir alle spielen Theater. Die Selbstdarstellung im Alltag*, München).

Goffman, Erving (1967/1971), *Interaction Ritual. Essays on Face-to-Face Behavior*, New York (deutsche Ausgabe: *Interaktionsrituale. Über Verhalten in direkter Kommunikation*, Frankfurt a.M.).

Goody, Jack (1977), »Against Ritual. Loosely Structured Thoughts on a Loosely Defined Topic«, in: Sally Falk Moore/Barbara G. Myerhoff (Hrsg.), *Secular Ritual*, Assen, S. 25–35.

Goppold, Uwe (2007), *Politische Kommunikation in den Städten der Vormoderne. Zürich und Münster im Vergleich*, Münster.

Göttert, Karl-Heinz (1988), *Kommunikationsideale. Untersuchungen zur europäischen Konversationstheorie*, München.

Goetz, Hans-Werner (1992), »Der ›rechte‹ Sitz. Die Symbolik von Rang und Herrschaft im Hohen Mittelalter im Spiegel der Sitzordnung«, in: *Symbole des Alltags – Alltag der Symbole. Festschrift Harry Kühnel*, Graz, S. 11–47.

Greyerz, Kaspar von (2010), *Passagen und Stationen. Lebensstufen zwischen Mittelalter und Moderne*, Göttingen.

Gries, Rainer (2005), »Dramaturgie der Utopie. Kulturgeschichte der Rituale der Arbeiter- und Bauern-Macht«, in: Peter Hübner/Christoph Kleßmann/Klaus Tenfelde (Hrsg.), *Arbeiter im Staatssozialismus*, Köln, S. 191–214.

Grimes, Ronald L./Ute Hüsken/Uwe Simon/Eric Venbrux (Hrsg.) (2011), *Ritual, Media, and Conflict*, New York.

Grimm, Jacob (1828/1965), *Deutsche Rechtsalterthümer*, Leipzig (ND der 4. Auflage Darmstadt).

Groebner, Valentin (2000), *Gefährliche Geschenke. Ritual, Politik und die Sprache der Korruption in der Eidgenossenschaft im späten Mittelalter und am Beginn der Neuzeit*, Konstanz.

Gussone, Nikolaus (1995), »Der Codex auf dem Thron. Zur Ehrung des Evangelienbuches in Liturgie und Zeremoniell«, in: Hanns Peter Neuheuser

(Hrsg.), *Wort und Buch in der Liturgie. Interdisziplinäre Beiträge zur Wirkmächtigkeit des Wortes und Zeichenhaftigkeit des Buches*, St. Ottilien, S. 191–231.

Habermas, Jürgen (2001), »Symbolischer Ausdruck und rituelles Verhalten«, in: Gert Melville (Hrsg.), *Institutionalität und Symbolisierung. Verstetigungen kultureller Ordnungsmuster in Vergangenheit und Gegenwart*, Köln/Weimar/Wien, S. 53–68.

Hack, Achim Thomas (1999), *Das Empfangszeremoniell bei mittelalterlichen Papst-Kaiser-Treffen*, Köln.

Hahn, Alois (1977), »Kultische und säkulare Riten und Zeremonien in soziologischer Sicht«, in: Ders. u. a. (Hrsg.), *Anthropologie des Kults*, Freiburg i. Br., S. 51–81.

Hahn, Peter-Michael/Ulrich Schütte (Hrsg.) (2006), *Zeichen und Raum. Ausstattung und höfisches Zeremoniell in den deutschen Schlössern der Frühen Neuzeit*, München.

Hanley, Sarah (1983), *The Lit de Justice of the Kings of France*, Princeton.

Hanning, Jürgen (1986), »Ars donandi. Zur Ökonomie des Schenkens im frühen Mittelalter«, in: *Geschichte in Wissenschaft und Unterricht* 47, S. 149–162.

Harding, Elizabeth/Michael Hecht (Hrsg.) (2011), *Die Ahnenprobe in der Vormoderne. Selektion – Initiation – Repräsentation*, Münster.

Harris, Max (2011), Sacred Folly. A new History of the Feast of Fools, Ithaca NY.

Harrison, Jane Ellen (1912), *Ancient Art and Ritual*, London.

Harth, Dietrich/Axel Michaels (Hrsg.) (2003), *Ritualdynamik. Soziokulturelle Prozesse in historischer und kulturvergleichender Perspektive*, Heidelberg.

Harth, Dietrich/Gerrit J. Schenk (Hrsg.) (2004), *Ritualdynamik. Kulturübergreifende Studien zur Theorie und Geschichte rituellen Handelns*, Heidelberg.

Hartwig, Ina/Tilman Spengler (Hrsg.) (2005), *Die neuen Rituale* (Kursbuch 160), Berlin.

Hatje, Frank (1997), *Repräsentationen der Staatsgewalt. Herrschaftsstrukturen und Selbstdarstellung in Hamburg 1700–1900*, Basel.

Hauck, Karl (1950), »Rituelle Speisegemeinschaft im 10. und 11. Jahrhundert«, in: *Studium Generale* 3, S. 611–621.

Hauschild, Thomas (2008), *Ritual und Gewalt. Ethnologische Studien an europäischen und mediterranen Gesellschaften*, Frankfurt a.M.

Hawlik-van de Water, Magdalena (1989), *Der schöne Tod. Zeremonialstrukturen des Wiener Hofes bei Tod und Begräbnis zwischen 1640 und 1740*, Wien.

Heers, Jacques (1983/1986), *Fêtes des fous et carnavals*, Paris (deutsche Ausgabe: *Vom Mummenschanz zum Machttheater. Europäische Festkultur im Mittelalter*, Frankfurt a.M.).

Heideking, Jürgen (1995), *Die Verfassungsfeiern von 1788*, in: *Der Staat* 34, S. 391–413

Heimann, Heinz-Dieter (1990), »Städtische Feste und Feiern. Manifestationen der Sakralgemeinschaft im gesellschaftlichen Wandel«, in: Ferdinand Seibt u. a. (Hrsg.), *Vergessene Zeiten. Mittelalter im Ruhrgebiet. Katalog zur Ausstellung im Ruhrlandmuseum Essen. 26. September 1990 bis 6. Januar 1991*, Bd. 1, Essen, S. 171–176.

Hennings, Jan (im Druck), *Russia and Courtly Europe. Ritual and the Culture of Diplomacy, 1648–1725*, Cambridge.

Hensel, Silke (2009), »Zur Bedeutung von Ritualen für die politische Ordnung. Die Proklamation der Verfassung von Cádiz in Oaxaca, Mexiko, 1814 und 1820«, in: *Zeitschrift für Historische Forschung* 36, S. 597–627.

Hergemöller, Bernd-Ulrich (1996), *Krötenkuss und Schwarzer Kater. Ketzerei, Götzendienst und Unzucht in der inquisitorischen Phantasie des 13. Jahrhunderts*, Warendorf.

Hettling, Manfred/Paul Nolte (Hrsg.) (1993), *Bürgerliche Feste. Symbolische Formen politischen Handelns im 19. Jahrhundert. Sieben Beiträge*, Göttingen.

Hiltmann, Torsten (Hrsg.) (2010), *Les »autres« rois. Études sur la royauté comme notion hiérarchique dans la société au bas Moyen Âge au début de l'époque moderne*, München.

Hirschman, Albert O. (1997), *Tischgenossenschaft. Zwischen öffentlicher und privater Sphäre*, Wien.

Hobsbawm, Eric (1984), »The Transformation of Labor Rituals«, in: Ders., *Worlds of Labor. Further Studies in the History of Labour*, London.

Hobsbawm, Eric/Terence Ranger (Hrsg.) (1983), *The Invention of Tradition*, Cambridge.

Hofmann-Randall, Christina (1985), *Das spanische Hofzeremoniell von 1500–1700*, Frankfurt a.M.

Holenstein, André (1991), *Die Huldigung der Untertanen. Rechtskultur und Herrschaftsordnung (800–1800)*, Stuttgart u. a.

Holenstein, André (1992), »Huldigung und Herrschaftszeremoniell im Zeitalter des Absolutismus und der Aufklärung«, in: *Aufklärung* 6, 2, S. 21–46.

Hölkeskamp, Karl-Joachim (2008), »Hierarchie und Konsens. *Pompae* in der politischen Kultur der römischen Republik«, in: Alexander Arweiler/Bardo Gauly (Hrsg.), *Machtfragen. Zur kulturellen Konstruktion von Macht in Antike, Mittelalter und Neuzeit*, Stuttgart, S. 79–126.

Hölkeskamp, Karl-Joachim (im Druck), »Raum – Präsenz – Performanz. Prozessionen in politischen Kulturen der Vormoderne – Forschungen und Fortschritte«, in: Ortwin Dally u. a. (Hrsg.), *Medien der Geschichte in den griechisch-römischen Altertumswissenschaften*, Berlin.

Houlbrooke, Ralph Anthony (1989), *Death, Ritual and Bereavement*, London.

Hüsken, Ute (Hrsg.) (2007), *When Rituals Go Wrong. Mistakes, Failure, and the Dynamics of Ritual*, Leiden u. a.

Hüsken, Ute (2009), »Gefahr und Erneuerungspotential. Ritualfehler und

Scheitern von Ritualen«, in: Renate Schlesier/Ulrike Zellmann (Hrsg.), *Ritual als provoziertes Risiko*, Würzburg, S. 53–69.

Humphrey, Caroline/James Laidlaw (1994), *The Archetypical Actions of Ritual. A Theory of Ritual Illustrated by the Jain Rite of Worship*, Oxford.

Humphries, Sarah C./Helen King (Hrsg.) (1981), *Mortality and Immortality. The Anthropology and Archaeology of Death*, London.

Hunt, Alice (2008), *The Drama of the Coronation. Medieval Ceremony in Early Modern England*, Cambridge.

Hunt, Lynn (1984/1989), *Politics, Culture, and Class in the French Revolution*, Berkeley (deutsche Ausgabe: *Symbole der Macht – Macht der Symbole. Die Französische Revolution und der Entwurf einer politischen Kultur*, Frankfurt a.M.).

Hutton, Ronald (1997), *The Stations of the Sun. A History of the Ritual Year in Britain*, Oxford.

Itgenshorst, Tanja (2005), *Tota illa pompa. Der Triumph in der römischen Republik*, Göttingen.

Jacobs, Marc (2006), »King for A Day. Games of Inversion, Representation, and Appropriation in Ancient Regime Europe«, in: Gita Deneckere/Jeroen Deploige (Hrsg.), *Mystifying the Monarch. Studies on Discourse, Power, and History*, Amsterdam, S. 117–138.

Jacquot, Jean (Hrsg.) (1956–1975), *Les fêtes de la Renaissance*, Bd. 1: Les fêtes de la Renaissance, 1956, Bd. 2: *Fêtes et cérémonies au temps de Charles Quint*, 1960, Bd. 3: *Études réunies et présentées*, 1975, Paris.

Jahn, Bernhard/Thomas Rahn/Claudia Schnitzer (Hrsg.) (1998), *Zeremoniell in der Krise. Störung und Nostalgie*, Marburg.

Jehne, Martin (2003), »Integrationsrituale in der römischen Republik. Zur einbindenden Wirkung der Volksversammlungen«, in: Karl J. Hölkeskamp u. a. (Hrsg.), *Sinn (in) der Antike*, Mainz, S. 279–297.

Johanek, Peter/Angelika Lampen (Hrsg.) (2009), *Adventus. Studien zum herrscherlichen Einzug in die Stadt*, Köln/Weimar/Wien.

Johnston, Alexandra F./Wim Hüsken (Hrsg.) (1997), *Civic Ritual and Drama*, Amsterdam u. a.

Jooß, Rainer (1993), »Schwören und Schwörtage in süddeutschen Reichsstädten. Realien, Bilder, Rituale«, in: *Anzeiger des Germanischen Nationalmuseums* 1993, S. 153–168.

Jörgensen, Bent/Raphael Krug/Christine Lüdke (Hrsg.) (2008), Friedensschlüsse. Medien und Konfliktbewältigung vom 12. bis zum 19. Jahrhundert, Augsburg.

Kammen, Michael G. (2010), *Digging up the Dead. A History of Notable Amican Reburials*, Chicago.

Kantorowicz, Ernst H. (1957/1994), The King's Two Bodies, Princeton (deutsche Ausgabe: *Die zwei Körper des Königs. Eine Studie zur politischen Theologie des Mittelalters*, München 1994).

Karant-Nunn, Susan (1977), »A Woman's Rite. Churching and the Reformation of Ritual«, in: Ronnie Po-chia Hsia/Robert Scribner (Hrsg.), *Problems in the Historical Anthropology of Early Modern Europe*, Wiesbaden, S. 111–138.

Karant-Nunn, Susan (1997), *The Reformation of Ritual. An Interpretation of Early Modern Germany*, London/New York.

Karow, Yvonne (1997), *Deutsches Opfer. Kultische Selbstauslöschung auf den Reichsparteitagen der NSDAP*, Berlin.

Kaschuba, Wolfgang (1988), »Zur Symbolsprache im Unterschichten- und Arbeiterprotest«, in: Ders., *Volkskultur zwischen feudaler und bürgerlicher Gesellschaft*, Frankfurt a.M., S. 177–207.

Keay, Anna (2008), *The Magnificent Monarch. Charles II and the Ceremonies of Power*, London.

Keller, Hagen (1993), »Die Investitur. Ein Beitrag zum Problem der ›Staatssymbolik‹ im Hochmittelalter«, in: *Frühmittelalterliche Studien* 27, S. 51–86.

Keller, Hagen (2003), »Schriftgebrauch und Symbolhandeln in der öffentlichen Kommunikation«, in: *Frühmittelalterliche Studien* 37, S. 1–24.

Kertzer, David J. (1988), *Ritual, Politics and Power*, New Haven/London.

Kimpel, Harald/Johanna Werckmeister (Hrsg.) (2001), *Triumphzüge. Paraden durch Raum und Zeit*, Marburg.

Kipling, Gordon (1998), *Enter the King. Theatre, Liturgy and Ritual in the Medieval Civic Triumph*, Oxford.

Kippenberg, Hans G./Brigitte Luchesi (Hrsg.) (1995), *Magie. Die sozialwissenschaftliche Kontroverse über das Verstehen fremden Denkens*, Frankfurt a.M.

Klapisch-Zuber, Christiane (1985/1994), *Women, Ritual and Marriage in Renaissance Italy*, Chicago (deutsche Ausgabe: *Das Haus, der Name, der Brautschatz. Strategien und Rituale im gesellschaftlichen Leben der Renaissance*, Frankfurt a.M.).

Knauer, Martin/Verena Kümmel (Hrsg.) (2011), *Visualisierung konstitutioneller Ordnung 1815–1852*, Münster.

Knust, Jennifer Wright/Zsuzsanna Varhelyi (Hrsg.) (2011), *Ancient Mediterranean Sacrifice*, Oxford.

Kohl, Karl-Heinz (2003), *Die Macht der Dinge. Geschichte und Theorie sakraler Objekte*, München.

Kolb, Werner (1988), *Herrscherbegegnungen im Mittelalter*, Bern.

Kolmer, Lothar (1989), *Promissorische Eide im Mittelalter*, Kallmünz.

Kolmer, Lothar (Hrsg.) (1997), *Der Tod der Mächtigen. Kult und Kultur des Todes spätmittelalterlicher Herrscher*, Paderborn.

Köpping, Klaus-Peter/Ursula Rao (Hrsg.) (2000), *Im Rausch des Rituals. Gestaltung und Transformation der Wirklichkeit in körperlicher Performanz*, Berlin u. a.

Korff, Gottfried (1984), »Rote Fahnen und Tableaux Vivants. Zum Symbolverständnis der deutschen Arbeiterbewegung im 19. Jahrhundert«, in: Albrecht Lehmann (Hrsg.), *Studien zur Arbeiterkultur*, Münster, S. 103–140.

Koslofsky, Craig (2000), *The Reformation of the Dead. Death and Ritual in Early Modern Germany, 1450–1700*, Basingstoke u. a.

Kowalzig, Barbara (2007), *Singing for the Gods. Performances of Myth and Ritual in Archaic and Classical Greece*, Oxford.

Koziol, Geoffrey (1992), *Begging Pardon and Favor. Ritual and Political Order in Early Medieval France*, Ithaca/London.

Kramp, Mario (Hrsg.) (2000), *Krönungen. Könige in Aachen – Geschichte und Mythos (Ausstellungskatalog)*, 2 Bände, Mainz.

Kranemann, Benedikt/Paul Post (Hrsg.) (2009), *Die modernen »Ritual Studies« als Herausforderung für die Liturgiewissenschaft*, Leuven.

Kranemann, Benedikt/Dominik Fugger/Jenny Lagaude (Hrsg.) (2015), Ritual und Reflexion. Beiträge zur Vermessung eines Spannungsfeldes, Darmstadt.

Krasser, Helmut/Dennis Pausch/Ivana Petrovic (Hrsg.) (2008), *Triplici invectus triumpho. Der römische Triumph in augusteischer Zeit*, Stuttgart.

Kreinath, Jens/Jan Snoek/Michael Stausberg (Hrsg.) (2006), *Theorizing Rituals. Issues, Topics, Approaches, Concepts*, Boston/Leiden.

Krentz, Natalie (2013), *Ritualwandel und Deutungshoheit. Die frühe Reformation in der Residenzstadt Wittenberg (1500–1533)*, Tübingen.

Krischer, André (2006), *Reichsstädte in der Fürstengesellschaft. Politischer Zeichengebrauch in der Frühen Neuzeit*, Darmstadt.

Krischer, André (2010), »Das Verfahren als Rollenspiel? Englische Hochverratsprozesse im 17. und 18. Jahrhundert«, in: Ders./Barbara Stollberg-Rilinger (Hrsg.), *Herstellung und Darstellung verbindlicher Entscheidungen. Verhandeln, Verfahren und Verwalten in der Vormoderne*, Berlin, S. 211–251.

Krischer, André (2011), »Das Gesandtschaftswesen und das vormoderne Völkerrecht«, in: Martin Kintzinger u. a. (Hrsg.), *Rechtsformen internationaler Politik. Theorie, Norm und Praxis vom 12. bis 18. Jahrhundert*, Berlin, S. 197–140.

Krochmalnik, Daniel (2001), »Mendelssohns Begriff ›Zeremonialgesetz‹ und der europäische Antizeremonialismus. Eine begriffsgeschichtliche Untersuchung«, in: Ulrich Kronauer/Jörn Garber (Hrsg.), *Recht und Sprache in der deutschen Aufklärung*, Tübingen, S. 128–160.

Kühne, Hartmut (2000), *Ostensio Reliquiarum. Untersuchungen über Entstehung, Ausbreitung, Gestalt und Funktion der Heiltumsweisungen im römisch-deutschen Regnum*, Berlin.

Kunisch, Johannes (2001), »Formen symbolischen Handelns in der Goldenen Bulle von 1356«, in: Barbara Stollberg-Rilinger (Hrsg.), *Vormoderne politische Verfahren*, Berlin, S. 263–280.

Kunisch, Johannes (Hrsg.) (2003), *Dreihundert Jahre Preußische Königskrönung*, Berlin.

Labouvie, Eva (2000), *Andere Umstände. Eine Kulturgeschichte der Geburt*, Köln/Weimar/Wien.

Lane, Christel (1981), *The Rites of Rulers. Ritual in Industrial Society – the Soviet Case*, Cambridge.

Lang, Bernhard (1998), *Heiliges Spiel. Eine Geschichte des christlichen Gottesdienstes*, München.

Lange, Christian/Clemens Leonhard/Ralph Olbrich (Hrsg.) (2008), *Die Taufe. Einführung in Geschichte und Praxis*, Darmstadt.

Lange, Carsten Hjort/Frederik Juliaan Vervaet (Hrsg.) (2014), The Roman Republican Triumph, Rom.

Langer, Robert u. a. (2006), »Transfer of Ritual«, in: *Journal of Ritual Studies* 20, S. 1–10.

Latham, Jacob A. (2016), Performance, Memory and Processions in Ancient Rome. The Pompa Circensis from the Late Republic to Late Antiquity, Cambridge.

Laufs, Adolf (1973), »Über die Form im Rechtsgang«, in: Klaus Müller/Hermann Soell (Hrsg.), *Rechtswissenschaft und Gesetzgebung. Festschrift für Eduard Wahl zum siebzigsten Geburtstag am 29. März 1973*, Heidelberg, S. 3–45.

Leach, Edmund (1968), »Ritual«, in: David L. Shils (Hrsg.), *International Encyclopedia of the Social Sciences*, Bd. 13, New York, S. 520–526.

Leahy, William (2005), *Elizabethan Triumphal Processions*, Aldershot.

Leese, Daniel (2005), »Tod durch Missverständnis? James Cook und das Ritual der Wiederkehr«, in: Johannes Paulmann/Daniel Leese/Philippa Söldenwagner (Hrsg.), *Ritual – Macht – Natur. Europäisch-ozeanische Beziehungswelten in der Neuzeit*, Bremen, S. 13–34.

Leeuwen, Jacoba van (Hrsg.) (2006), *Symbolic Communication in Late Medieval Towns*, Leuven.

Le Goff, Jacques (1977), »Le rituel symbolique de la vassalité«, in: Ders., *Pour un autre Moyen Âge*, Paris, S. 349–420.

Le Goff, Jacques/Jean-Claude Schmitt (Hrsg.) (1981), *Le Charivari. Actes de la table ronde organisée à Paris 25–27 avril 1977*, Paris/Den Haag/New York.

Lehnert, Detlef/Klaus Megerle (Hrsg.) (1989), *Politische Identität und nationale Gedenktage. Zur politischen Kultur der Weimarer Republik*, Opladen.

Lenhardt, Heinz (1950), *Feste und Feiern des Frankfurter Handwerks. Ein Beitrag zur Brauchtums- und Zunftgeschichte*, Frankfurt a.M.

Lentes, Thomas (1999), »›Andacht‹ und ›Gebärde‹. Das religiöse Ausdrucksverhalten«, in: Bernhard Jussen/Craig Koslofsky (Hrsg.), *Kulturelle Reformation. Sinnformationen im Umbruch 1400–1600*, Göttingen, S. 29–67.

Lentes, Thomas (2005), »*Textus Evangelii. Materialität und Inszenierung des Textes in der Liturgie*«, in: Ludolf Kuchenbuch/Uta Kleine (Hrsg.), ›*Textus*‹

im Mittelalter. Komponenten und Situationen des Wortgebrauchs im schriftsemantischen Feld, Göttingen, S. 135–150.

Lentes, Thomas (2009), »*A maioribus tradita. Zur Kommunikation von Mythos und Ritus im mittelalterlichen Messkommentar*«, in: Peter Strohschneider (Hrsg.), *Literarische und religiöse Kommunikation in Mittelalter und Früher Neuzeit*, Tübingen, S. 324–370.

Lentz, Matthias (2004), *Konflikt, Ehre, Ordnung. Untersuchungen zu den Schmähbriefen und Schandbildern des späten Mittelalters und der frühen Neuzeit (ca. 1350–1600)*, Hannover.

Le Roy-Ladurie, Emmanuel (1979/1982), *Le Carneval de Romans, Paris (deutsche Ausgabe: Karneval in Romans. Von Lichtmess bis Aschermittwoch, 1579–1580*, Stuttgart).

Le sacre des rois. Actes du Colloque international d'histoire sur les sacres et couronnements royaux (1975), Paris.

Leyser, Karl J. (1993), »Ritual, Zeremonie und Gestik. Das ottonische Reich«, in: *Frühmittelalterliche Studien* 27, S. 1–26.

Lischka, Marion (2006), *Liebe als Ritual. Eheanbahnung und Brautwerbung in der frühneuzeitlichen Grafschaft Lippe*, Paderborn.

Löther, Andrea (1999a), *Prozessionen in spätmittelalterlichen Städten. Politische Partizipation, obrigkeitliche Inszenierung, städtische Einheit*, Köln/Weimar/Wien.

Löther, Andrea (1999b), »Rituale im Bild«, in: Dies./Ulrich Meier/Norbert Schnitzler (Hrsg.), *Mundus in Imagine. Bildersprache und Lebenswelten im Mittelalter*, München, S. 99–123.

Löw, Martina (2001), *Raumsoziologie*, Frankfurt a.M.

Lüdtke, Alf (1991), »Trauerrituale und politische Manifestation. Zu den Begräbnisumzügen der deutschen Sozialdemokratie im frühen Kaiserreich«, in: Bernd Jürgen Warneken (Hrsg.), *Massenmedium Straße*, Frankfurt a.M./New York, S. 120–148.

Lüpke, Beatrice von/Rebekka Nöcker/Klaus Ridder (2014), »From Festival to Revolt. Carnival Theatre during the late Middle Ages and early Reformation as a Threat to urban Order«, in: Power and Violence in Medieval and Early Modern Theatre, hrsg. von Cora Dietl u.a., Leiden, S. 153–167.

Ludwig, Ulrike/Barbara Krug-Richter/Gerd Schwerhoff (Hrsg.) (2012), *Das Duell. Ehrenkämpfe vom Mittelalter bis zur Moderne*, Konstanz.

Ludwig, Ulrike (2011), »Von Scherzen und Duellen. Wettkampfspiele als Typus von Ehrkonflikten im schwedisch-pommerschen Offizierskoprs«, in: *Zeitschrift für Historische Forschung* 38, S. 371–403.

Luhmann, Niklas (1980), »Interaktion in Oberschichten«, in: Ders., *Gesellschaftsstruktur und Semantik. Studien zur Wissenssoziologie der modernen Gesellschaft*, Bd. 1, Frankfurt a.M., S. 72–161.

Luhmann, Niklas (1982), *Liebe als Passion. Zur Kodierung von Intimität*, Frankfurt a.M.

Lüsebrink, Hans-Jürgen/Rolf Reichardt (1990), *Die Bastille. Zur Symbolgeschichte von Herrschaft und Freiheit*, Frankfurt a.M.

Maciejewski, Franz (2006), »Der Novemberpogrom in ritualgeschichtlicher Perspektive«, in: *Jahrbuch für Antisemitismusforschung* 15, S. 65–84.

Mansfield, Mary C. (1995), *The Humiliation of Sinners. Public Penance in Thirteenth-Century France*, Ithaca/London.

Martschukat, Jürgen (2000), *Inszeniertes Töten. Eine Geschichte der Todesstrafe vom 17. bis zum 19. Jahrhundert*, Köln.

Martschukat, Jürgen/Steffen Patzold (Hrsg.) (2003), *Geschichtswissenschaft und »perfomative turn«. Ritual, Inszenierung und Performanz vom Mittelalter bis zur Neuzeit*, Köln.

Maué, Hermann (Hrsg.) (1993), *Visualisierung städtischer Ordnung. Zeichen, Abzeichen, Hoheitszeichen*, Nürnberg.

Maurer, Michael (Hrsg.) (2004), *Das Fest. Beiträge zu seiner Theorie und Systematik*, Köln/Weimar/Wien.

Mauss, Marcel (1925/1968), *Essai sur le don. Forme et raison de l'échange dans les sociétés archaïques*, Paris (deutsche Ausgabe: *Die Gabe. Die Form und Funktion des Austauschs in archaischen Gesellschaften*, Frankfurt a.M.).

Mauss, Marcel (1950/1989), *Sociologie et anthropologie*, Paris (deutsche Ausgabe: *Soziologie und Anthropologie*, 2 Bände, Frankfurt a.M.).

McCormick, Michael (1986), *Eternal Victory. Triumphal Rulership in Late Antiquity, Byzantium, and the Early Medieval West*, Cambridge.

Meier-Staubach, Christel/Heinz Meyer/Claudia Spanily (Hrsg.) (2004), *Das Theater des Mittelalters und der frühen Neuzeit als Ort und Medium sozialer und symbolischer Kommunikation*, Münster.

Meier-Staubach, Christel (2008), »Verkehrte Rituale. Umkehrung, Parodie, Satire und Kritik«, in: Barbara Stollberg-Rilinger u. a. (Hrsg.), *Spektakel der Macht. Rituale im Alten Europa, 800–1800*, Darmstadt, S. 181–198.

Merton, Robert K. (1957), *Social Theory and Social Structure*, New York.

Metcalf, Peter/Richard Huntington (^{2}1991), *Celebrations of Death. The Anthropology of Mortuary Ritual*, Cambridge.

Meyer, Thomas (1998), *Politik als Theater. Die neue Macht der Darstellungskunst*, Berlin.

Michaels, Axel (1999), »Le rituel pour le rituel? oder Wie sinnlos sind Rituale?«, in: Corinna Caduff/Joanna Pfaff-Czarnecka (Hrsg.), *Rituale heute. Theorien – Kontroversen – Entwürfe*, Berlin, S. 23–48.

Michaels, Axel (2003), »Zur Dynamik von Ritualkomplexen«, in: *Forum Ritualdynamik* 3, S. 1–12 (URL: *http://www.ritualdynamik.uni-hd.de/e-journal/berichte/internetrecherche.pdf*).

Michaels, Axel (2006), »Ritual and Meaning«, in: Jens Kreinath/Jan Snoek/

Michael Stausberg (Hrsg.), *Theorizing Rituals. Issues, Topics, Approaches, Concepts*, Leiden, S. 247–261.

Michaels, Axel (Hrsg.) (2010), *Ritual Dynamics and the Science of Ritual*, 5 Bände, Wiesbaden.

Miller, Anthony (2001), *Roman Triumphs and Early Modern English Culture*, Basingstoke/New York.

Miller, William Ian (1993), *Humiliation and other Essays on Honor, Social Discomfort and Violence*, Ithaca.

Mitchell, Bonner (1986), *The Majesty of the State. Triumphal Progresses of Foreign Sovereigns in Renaissance Italy, 1494–1600*, Florenz.

Mitterauer, Michael (1997), »Anniversarium und Jubiläum. Zur Entstehung und Entwicklung öffentlicher Gedenktage«, in: Emil Brix/Hannes Stekl (Hrsg.), *Der Kampf um das Gedächtnis. Öffentliche Gedenktage in Mitteleuropa*, Wien/Köln/Weimar, S. 23–89.

Moeglin, Jean-Marie (1997), »Pénitence publique et amende honorable au Moyen Âge«, in: *Revue Historique* 298, S. 225–270.

Moore, Sally F./Barbara G. Myerhoff (Hrsg.) (1977), *Secular Ritual*, Assen/Amsterdam.

Moos, Peter von (Hrsg.) (2001), Der Fehltritt. Vergehen und Versehen in der Vormoderne, Köln/Weimar/Wien.

Möseneder, Karl (1983), *Zeremoniell und monumentale Poesie. Die »Entrée solenelle« Ludwigs XIV. 1660 in Paris*, Berlin.

Moser, Dietz-Rüdiger (1990), »Lachkultur des Mittelalters? Michail Bachtin und die Folgen der Theorie«, in: *Euphorion* 84, S. 79–89.

Mosse, George L. (1976), *Die Nationalisierung der Massen. Politische Symbolik und Massenbewegungen in Deutschland von dem Napoleonischen Krieg bis zum Dritten Reich*, Frankfurt a.M./Berlin.

Muir, Edward (1981), *Civic Ritual in Renaissance Venice*, Princeton.

Muir, Edward (1997), *Ritual in Early Modern Europe*, Cambridge.

Müller, Jan-Dirk (Hrsg.) (1996), *Aufführung und Schrift in Mittelalter und früher Neuzeit*, Stuttgart/Weimar.

Müller, Jan-Dirk (2001), »Ritual, pararituelle Handlungen, Geistliches Spiel. Zum Verhältnis von Schrift und Performanz«, in: Horst Wenzel/Wilfried Seipel/Gotthart Wunberg (Hrsg.), *Audiovisualität vor und nach Gutenberg. Zur Kulturgeschichte der medialen Umbrüche*, Wien, S. 63–71.

Müller, Jan-Dirk (2004), »Medialität. Frühe Neuzeit und Medienwandel«, in: Kathrin Stegbauer u. a. (Hrsg.), *Kulturwissenschaftliche Frühneuzeitforschung*, Berlin, S. 49–70.

Müller, Winfried (Hrsg.) (2004), *Das historische Jubiläum. Genese, Ordnungsleistung und Inszenierungsgeschichte eines institutionellen Mechanismus*, Münster.

Mungello, Daniel E. (Hrsg.) (1994), *The Chinese Rites Controversy. Its History and Meaning*, Nettetal.

Münkler, Herfried (1995), »Die Visibilität der Macht und die Strategien der Machtvisibilisierung«, in: Gerhard Göhler (Hrsg.), *Macht der Öffentlichkeit – Öffentlichkeit der Macht*, Baden-Baden, S. 213–230.

Musacchio, Jacqueline Marie (1999), *The Art and Ritual of Childbirth in Renaissance Italy*, New Haven.

Nelson, Janet (1986), *Politics and Ritual in Early Medieval Europe*, London/Ronceverte.

Nelson, Janet/Frans Theuws (Hrsg.) (2000), *Rituals of Power. From Late Antiquity to the Early Middle Ages*, Leiden.

Neu, Tim/Michael Sikora/Thomas Weller (2009), *Zelebrieren und Verhandeln. Zur Praxis ständischer Institutionen im frühneuzeitlichen Europa*, Münster.

Neuheuser, Hans Peter (2005), »Profane Rituale und Ritualität. Tendenzen der fächerübergreifenden Forschung und der kulturhistorischen Ansätze in den Einzeldisziplinen«, in: *Archiv für Kulturgeschichte* 87, S. 427–453.

Neumann, Friederike (2007), *Öffentliche Sünder in der Kirche des späten Mittelalters. Verfahren, Sanktionen, Rituale*, Köln/Weimar/Wien.

Neumann, Sarah (2010), *Der gerichtliche Zweikampf. Gottesurteil – Wettstreit – Ehrensache*, Ostfildern.

Nowosadtko, Jutta (2005), »Hinrichtungsrituale. Funktion und Logik öffentlicher Exekutionen in der Frühen Neuzeit«, in: Sigrid Schmitt/Michael Matheus (Hrsg.), *Kriminalität und Gesellschaft in Spätmittelalter und Neuzeit*, Stuttgart, S. 71–94.

Obeyesekere, Gananath (1992), *The Apotheosis of Captain Cook. European Mythmaking in the Pacific*, Princeton.

Oesterle, Jenny Rahel (2009), *Kalifat und Königtum. Herrschaftsrepräsentation der Fatimiden, Ottonen und frühen Salier an religiösen Hochfesten*, Darmstadt.

Oexle, Otto Gerhard (1996), »Gilde und Kommune. Über die Entstehung von ›Einung‹ und ›Gemeinde‹ als Grundformen des Zusammenlebens in Europa«, in: Peter Blickle (Hrsg.), *Theorien kommunaler Ordnung in Europa*, München, S. 75–97.

Offenstadt, Nicolas (2007), *Faire la paix au Moyen Âge. Discours et gestes de paix pendant la guerre de Cent Ans*, Paris.

»Öffentlichkeit und Schriftdenkmal in der mittelalterlichen Gesellschaft« (2004), in: *Frühmittelalterliche Studien* 38, S. 277–491.

Ogan, Bernd/Wolfgang W. Weiß (Hrsg.) (1992), *Faszination und Gewalt. Zur politischen Ästhetik des Nationalsozialismus*, Nürnberg.

O'Gorman, Frank (1992), »Campaign Rituals and Ceremonies. The Social Meaning of Elections in England, 1780–1860«, in: *Past & Present* 135, S. 79–115.

Oschema, Klaus (2006), *Freundschaft und Nähe im spätmittelalterlichen Burgund. Studien zum Spannungsfeld von Emotion und Institution*, Köln.

Östenberg, Ida (2009), *Staging the World. Spoils, Captives, and Representations in the Roman Triumphal Procession*, Oxford.

Östenberg, Ida/Simon Malmberg/Jonas Bjørnebye (Hrsg.) (2015), The Moving City. Processions, Passages and Promenades in Ancient Rome, London.

Osterhammel, Jürgen (2001), »Wissen als Macht. Deutungen interkulturellen Mißverstehens bei Tzvetan Todorov und Edward Said«, in: Ders., *Geschichtswissenschaft jenseits des Nationalstaats. Studien zu Beziehungsgeschichte und Zivilisationsvergleich*, Göttingen, S. 240–265.

Ostwaldt, Lars (2006), »Was ist ein Rechtsritual?«, in: Rainer Schulze (Hrsg.), *Symbolische Kommunikation vor Gericht in der Frühen Neuzeit*, Berlin, S. 125–152.

Ottomeyer, Hans/Michaela Völkel (Hrsg.) (2002), *Die öffentliche Tafel. Tafelzeremoniell in Europa 1300–1900. Ausstellungskatalog*, Wolfratshausen.

Ozouf, Mona (1976), *La fête révolutionnaire, 1789–1799*, Paris.

Paravicini, Werner (Hrsg.) (1997), *Zeremoniell und Raum*, Sigmaringen.

Paravicini Bagliani, Agostino (1994/1997), *Il corpo del papa*, *Turin* (deutsche Ausgabe: *Der Leib des Papstes. Eine Theologie der Hinfälligkeit*, München).

Paulmann, Johannes (2000), *Pomp und Politik. Monarchenbegegnungen in Europa zwischen Ancien Régime und Erstem Weltkrieg*, Paderborn.

Paxton, Frederick S. (1990), *Christianizing Death. The Creation of a Ritual Process in Early Medieval Europe*, Ithaca.

Peltzer, Jörg/Gerald Schwedler/Paul Töbelmann (Hrsg.) (2009), *Politische Versammlungen und ihre Rituale. Repräsentationsformen und Entscheidungsprozesse des Reichs und der Kirche im späten Mittelalter*, Ostfildern.

Petersen, Christoph (2004), *Ritual und Theater. Meßallegorese, Osterfeier und Osterspiel im Mittelalter*, Tübingen.

Petershagen, Wolfgang-Henning (1999), *Schwörpflicht und Volksvergnügen. Zur Verfassungswirklichkeit und städtischen Festkultur in Ulm*, Ulm.

Petersohn, Jürgen (1998), »Über monarchische Insignien und ihre Funktion im mittelalterlichen Reich«, in: *Historische Zeitschrift* 226, S. 47–96.

Petzina, Dietmar (Hrsg.) (1986), *Fahnen, Fäuste, Körper. Symbolik und Kultur der Arbeiterbewegung*, Essen.

Plamper, Jan (2012), *The Stalin Cult. A Study in the Alchemy of Power*, Yale.

Plodeck, Karin (1972), *Hofstruktur und Hofzeremoniell in Brandenburg-Ansbach vom 16. bis zum 18. Jahrhundert. Zur Rolle des Herrschaftskultes im absolutistischen Gesellschafts- und Herrschaftssystem*, Ansbach.

Poeck, Dietrich W. (2003), *Rituale der Ratswahl. Zeichen und Zeremoniell der Ratssetzung in Europa (12.–18. Jh.)*, Köln/Weimar/Wien.

Pohl, Walter (2006), »Staat und Herrschaft im frühen Mittelalter: Überlegungen zum Forschungsstand«, in: Stuart Airlie/Walter Pohl/Helmut Reimitz (Hrsg.), *Staat im frühen Mittelalter*, Wien, S. 9–38.

Pollmann, Judith (2009), »Burying the Dead, Reliving the Past. Ritual, Resentment and Sacred Space in the Dutch Republic«, in: Benjamin Kaplan u. a. (Hrsg.), *Catholic Communities in Protestant States. Britain and the Netherlands c. 1570–1720*, Manchester, S. 84–102.

Postlewate, Laurie/Wim Hüsken (Hrsg.) (2007), *Acts and Texts. Performance and Ritual in the Middle Ages and the Renaissance*, Amsterdam/New York.

Pribersky, Andreas/Berthold Unfried (Hrsg.) (1999), *Symbole und Rituale des Politischen. Ost- und Westeuropa im Vergleich*, Frankfurt a.M./Berlin.

Prodi, Paolo (1992/1997), *Il sacramento del potere. Il giuramento politico nella storia costituzionale dell'Occidente*, Bologna (deutsche Ausgabe: *Das Sakrament der Herrschaft. Der politische Eid in der Verfassungsgeschichte des Okzidents*, Berlin).

Prosperi, Adriano (2005/2007), *Dare l'anima. Storia di un infanticidio*, Turin (deutsche Ausgabe: *Die Gabe der Seele. Geschichte eines Kindsmords*, Frankfurt a.M.).

Pröve, Ralf/Carmen Winkel (Hrsg.) (2012), *Übergänge schaffen. Ritual und Performanz in der frühneuzeitlichen Militärgesellschaft*, Göttingen.

Pythian-Adams, Charles (1972), »Ceremony and the Citizen. The Communal Year at Coventry 1450–1550«, in: Peter Clark/Paul Slack (Hrsg.), *Crisis and Order in English Towns 1500–1700. Essays in Urban History*, London, S. 57–85.

Quack, Joachim Friedrich/Paul Többelmann (2010), »Questioning Ritual Efficacy«, in: *Journal of Ritual Studies* 24, S. 13–26.

Quast, Bruno (2002), »*wort* und *zeychen*. Ritualkritik in Spätmittelalter und Früher Neuzeit«, in: *Internationales Archiv für Sozialgeschichte der deutschen Literatur* 27, S. 1–19.

Ragotzky, Hedda/Horst Wenzel (Hrsg.) (1990), *Höfische Repräsentation. Das Zeremoniell und die Zeichen*, Tübingen.

Rahn, Thomas (2006), *Festbeschreibung. Funktion und Topik einer Textsorte am Beispiel der Beschreibung höfischer Hochzeiten (1568–1794)*, Tübingen.

Rai, Shirin M. (Hrsg.) (2011), *Ceremony and Ritual in Parliament*, London.

Rang, Brita/Susanne Scholz/Johannes Süßmann/Gisela Engel (Hrsg.) (2009), *Konjunkturen der Höflichkeit in der Frühen Neuzeit*, Frankfurt a.M.

Rappaport, Roy A. (1999), *Ritual and Religion in the Making of Humanity*, Cambridge.

Rau, Susanne (^{2}2017), Räume. Konzepte, Wahrnehmungen, Nutzungen, Frankfurt am Main/New York.

Rauschert, Jeannette (2007), *Herrschaft und Schrift. Strategien der Inszenierung und Funktionalisierung von Texten in Luzern und Bern am Ende des Mittelalters*, Berlin.

Redlin, Jane (2009), *Säkulare Totenrituale. Totenehrung, Staatsbegräbnis und private Bestattung in der DDR*, Münster/New York.

Rehberg, Karl-Siegbert (2001), »Weltrepräsentanz und Verkörperung. Institutionelle Analyse und Symboltheorien – eine Einführung in systematischer Absicht«, in: Gert Melville (Hrsg.), *Institutionalität und Symbolisierung. Verstetigungen kultureller Ordnungsmuster in Vergangenheit und Gegenwart*, Köln/Weimar/Wien, S. 3–49.

Rehberg, Karl-Siegbert (2004), »Institutionelle Ordnungen zwischen Ritual und Ritualisierung«, in: Christoph Wulf/Jörg Zirfas (Hrsg.), *Die Kultur des Rituals*, München, S. 247–265.

Rehfeldt, Bernhard (1956), »Recht und Ritus«, in: Hans Carl Nipperdey (Hrsg.), *Das deutsche Privatrecht in der Mitte des 20. Jahrhunderts. Festschrift für Heinrich Lehmann zum 80. Geburtstag*, Berlin, S. 45–61.

Reichardt, Rolf/Rüdiger Schmidt/Hans-Ulrich Thamer (Hrsg.) (2005), *Symbolische Politik und politische Zeichensysteme im Zeitalter der französischen Revolutionen (1789–1848)*, Münster.

Reichel, Peter (1991), *Der schöne Schein des Dritten Reiches. Ästhetik und Gewalt im Nationalsozialismus*, München.

Rexroth, Frank (2003), »Rituale und Ritualismus in der historischen Mittelalterforschung. Eine Skizze«, in: Hans-Werner Goetz (Hrsg.), *Mediävistik im 21. Jahrhundert*, Paderborn/München, S. 391–406.

Rexroth, Frank (2004), »Tyrannen und Taugenichtse. Beobachtungen zur Ritualität europäischer Königsabsetzungen im späten Mittelalter«, in: *Historische Zeitschrift* 278, S. 27–54.

Rexroth, Frank (2009), »Politische Rituale und die Sprache des Politischen in der historischen Mittelalterforschung«, in: Angela de Benedictis u.a. (Hrsg.), *Die Sprache des Politischen in actu*, Göttingen, S. 71–90.

Ridder, Klaus (Hrsg.) (2009), *Fastnachtsspiele. Weltliches Schauspiel in literarischen und kulturellen Kontexten*, Tübingen.

Robertson Smith, William (1889/1899), *Lectures on the Religion of the Semites*, Edinburgh (deutsche Ausgabe: *Die Religion der Semiten*, Leipzig).

Rogge, Jörg (2006), *Die deutschen Könige im Mittelalter. Wahl und Krönung*, Darmstadt.

Rohe, Karl (1990), »Politische Kultur und ihre Analyse. Probleme und Perspektiven der Politischen Kulturforschung«, in: *Historische Zeitschrift* 250, S. 321–346.

Rollo-Koster, Joëlle (Hrsg.) (2003), *Medieval and Early Modern Rituals. Formalized Behavior in Europe, China and Japan*, Leiden/Boston/Köln.

Roper, Lyndal (1989/1995), *The Holy Household. Women and Morals in Reformation Augsburg*, Oxford (deutsche Ausgabe: *Das fromme Haus. Frauen und Moral in der Reformation*, Frankfurt a.M.).

Rosenwein, Barbara H. (2006), *Emotional Communities in the Early Middle Ages*, Ithaca/London.

Rubin, Miri (1991), *Corpus Christi. The Eucharist in Late Medieval Culture*, Cambridge.

Rublack, Ulinka (2003), »Erträge der anglo-amerikanischen Ritualforschung«, in: Helmut Puff/Christopher Wild (Hrsg.), *Zwischen den Disziplinen? Perspektiven der Frühneuzeitforschung*, Göttingen, S. 149–164.

Rudolph, Harriet (2011), *Das Reich als Ereignis. Formen und Funktionen der Herrschaftsinszenierung bei Kaisereinzügen (1558–1618)*, Köln/Weimar/Wien.

Rüpke, Jörg (1995), *Kalender und Öffentlichkeit. Die Geschichte der Repräsentation und religiösen Qualifikation von Zeit in Rom*, Berlin u. a.

Rüpke, Jörg (2008), *Festrituale in der römischen Kaiserzeit*, Tübingen.

Rüpke, Jörg/John Scheid (2010), *Bestattungsrituale und Totenkult in der römischen Kaiserzeit*, Stuttgart.

Rüther, Stefanie (2008), »Herrschaft auf Zeit. Rituale der Ratswahl in der vormodernen Stadt«, in: Barbara Stollberg-Rilinger u. a. (Hrsg.), *Spektakel der Macht. Rituale im Alten Europa 800–1800*, Darmstadt, S. 33–37.

Rytlewski, Ralf/Detlef Kraa (1987), »Politische Rituale in der Sowjetunion und in der DDR«, in: *Aus Politik und Zeitgeschichte* 3, S. 33–48.

Rytlewski, Ralf/Birgit Sauer (1988), »Die Ritualisierung des Jahres. Zur Phänomenologie der Feste und Feiern in der DDR«, in: Wolfgang Luthardt/Arno Waschkuhn (Hrsg.), *Politik und Repräsentation*, Marburg, S. 265–285.

Sahlins, Marshall (1986), *Der Tod des Kapitän Cook. Geschichte als Metapher und Mythos als Wirklichkeit in der Frühgeschichte des Königreichs Hawaii*, Berlin.

Sarcinelli, Ulrich (1987), *Symbolische Politik. Zur Bedeutung symbolischen Handelns in der Wahlkampfkommunikation der Bundesrepublik*, Opladen.

Saxer, Victor (1988), *Les rites d'initiation chrétienne du 2e au 6e siècle*, Spoleto.

Schaich, Michael (Hrsg.) (2007), *Monarchy and Religion. The Transformation of Royal Culture in Eighteenth-Century Europe*, Oxford.

Schaich, Michael/Jörg Neuheiser (Hrsg.) (2006), *Political Rituals in Great Britain, 1700–2000*, Augsburg.

Scharloth, Joachim (2007), »Ritualkritik und Rituale des Protests. Die Entdeckung des Performativen in der Studentenbewegung der 1960er Jahre«, in: Martin Klinke/Joachim Scharloth (Hrsg.), *1968 – Handbuch zur Kultur- und Mediengeschichte der Studentenbewegung*, Stuttgart, S. 75–88.

Schechner, Richard (2005), *Performance Theory*, London/New York.

Scheid, John (2005), *Quand faire, c'est croire. Les rites sacrificiels des Romains*, Paris.

Schenk, Gerrit Jasper (2003), *Zeremoniell und Politik. Herrschereinzüge im spätmittelalterlichen Reich*, Köln/Weimar/Wien.

Schilling, Ruth (2011), *Stadtrepublik und Selbstbehauptung. Venedig, Bremen, Hamburg und Lübeck im 16.–17. Jahrhundert*, Köln/Weimar/Wien.

Schimmelpfennig, Bernhard (2005), *Papsttum und Heilige. Kirchenrecht und Zeremoniell*, Neuwied.

Schindler, Norbert (1984), »Karneval, Kirche und die verkehrte Welt. Zur Funktion der Lachkultur im 16. Jahrhundert«, in: *Jahrbuch für Volkskunde N. F.* 7, S. 9–59.

Schindler, Norbert (1992), *Widerspenstige Leute. Studien zur Volkskultur in der frühen Neuzeit*, Frankfurt a.M.

Schlögl, Rudolf (Hrsg.) (2004), *Interaktion und Herrschaft. Die Politik der frühneuzeitlichen Stadt*, Konstanz.

Schlögl, Rudolf (2008), »Kommunikation und Vergesellschaftung unter Anwesenden. Formen des Sozialen und ihre Transformation in der Frühen Neuzeit«, in: *Geschichte und Gesellschaft* 34, 2, S. 155–224.

Schlögl, Rudolf/Bernd Giesen/Jürgen Osterhammel (Hrsg.) (2004), *Die Wirklichkeit der Symbole. Grundlagen der Kommunikation in historischen und gegenwärtigen Gesellschaften*, Konstanz.

Schlumbohm, Jürgen/Barbara Duden/Jacques Gélis (Hrsg.) (1998), *Rituale der Geburt. Eine Kulturgeschichte*, München.

Schmidt, Christine D. (2009), *Sühne oder Sanktion? Die öffentliche Kirchenbuße in den Fürstbistümern Münster und Osnabrück während des 17. und 18. Jahrhunderts*, Münster.

Schmidt, Patrick/Horst Carl (Hrsg.) (2007), *Stadtgemeinde und Ständegesellschaft. Formen der Integration und Distinktion in der frühneuzeitlichen Stadt*, Münster.

Schmidt, Rüdiger/Hans-Ulrich Thamer (Hrsg.) (2010), *Die Konstruktion von Tradition. Inszenierung und Propaganda Napoleonischer Herrschaft (1799–1815)*, Münster.

Schmidt-Wiegand, Ruth (1991), »Mit Hand und Mund. Sprachgebärden aus dem frühmittelalterlichen Rechtsleben«, in: *Frühmittelalterliche Studien* 25, S. 283–299.

Schmitt, Jean-Claude (1990/1992), *La raison des gestes dans l'Occident médiéval*, Paris (deutsche Ausgabe: *Die Logik der Gesten im europäischen Mittelalter*, Stuttgart).

Schmitt Pantel, Pauline (1992), *La cité au banquet. Histoire des repas publics dans les cités grecques*, Paris/Rom.

Schneider, Christoph (2006), *Der Warschauer Kniefall. Ritual, Ereignis und Erzählung*, Konstanz.

Schneider, Reinhard (1972), *Königswahl und Königserhebung im Frühmittelalter. Untersuchung zur Herrschaftsnachfolge bei den Langobarden und Merowingern*, Stuttgart.

Schneidmüller, Bernd (2009), »Inszenierungen und Rituale des spätmittelalterlichen Reichs. Die Goldene Bulle von 1356 in westeuropäischen Vergleichen«, in: Ulrike Hohensee (Hrsg.), *Die Goldene Bulle. Politik – Wahrnehmung – Rezeption*, Bd. 1, Berlin, S. 261–297.

Schnell, Rüdiger (2004), »Historische Emotionsforschung. Eine mediävistische Standortbestimmung«, in: *Frühmittelalterliche Studien* 38, S. 173–276.

Schnitzer, Claudia (1999), *Höfische Maskeraden. Funktion und Ausstattung von Verkleidungsdivertissements an deutschen Höfen der Frühen Neuzeit*, Tübingen.

Schnitzler, Norbert (1996), *Ikonoklasmus – Bildersturm. Theologischer Bilderstreit und ikonoklastisches Handeln während des 15. und 16. Jahrhunderts*, München.

Schnurbusch, Dirk (2011), *Convivium. Form und Bedeutung aristokratischer Geselligkeit in der römischen Antike*, Stuttgart.

Scholz, Natalie/Christina Schröer (Hrsg.) (2007), *Représentation et pouvoir. La politique symbolique en France (1789–1830)*, Rennes.

Scholz, Natalie (2006), *Die imaginierte Restauration. Repräsentationen der Monarchie im Frankreich Ludwigs XVIII.*, Darmstadt.

Schramm, Percy Ernst (1935), »Die Krönung in Deutschland bis zum Beginn des Salischen Hauses (1028)«, in: *Zeitschrift der Savigny-Stiftung für Rechtsgeschichte, Kanon. Abt.* 24, S. 184–332.

Schramm, Percy Ernst (1937), *Geschichte des englischen Königtums im Licht der Krönung*, Weimar.

Schramm, Percy Ernst (1954–1956), *Herrschaftszeichen und Staatssymbolik. Beiträge zu ihrer Geschichte vom dritten bis zum sechzehnten Jahrhundert*, 3 Bände, Stuttgart.

Schramm, Percy Ernst (1968–1971), *Kaiser, Könige und Päpste. Gesammelte Aufsätze zur Geschichte des Mittelalters*, 4 Bände, Stuttgart.

Schreiner, Klaus (1989), »Gregor VIII., nackt auf einem Esel. Entehrende Entblößung und schandbares Reiten im Spiegel einer Miniatur der ›Sächsischen Weltchronik‹«, in: Dieter Berg/Hans-Werner Goetz (Hrsg.), *Ecclesia et regnum*, Bochum, S. 155–202.

Schreiner, Klaus (2002), »›Brot der Tränen‹. Emotionale Ausdrucksformen monastischer Spiritualität«, in: Klaus Ridder/Otto Langer (Hrsg.), *Körperinszenierungen in der mittelalterlichen Literatur*, Berlin, S. 193–248.

Schreiner, Klaus (2002), »Heilige Buchstaben, Texte und Bücher, die schützen, heilen und helfen. Formen und Funktionen mittelalterlicher Schriftmagie«, in: Erika Greber/Konrad Ehlich/Jan-Dirk Müller (Hrsg.), *Materialität und Medialität von Schrift*, Bielefeld, S. 73–89.

Schreiner, Klaus (2011), *Rituale, Zeichen, Bilder. Formen und Funktionen symbolischer Kommunikation im Mittelalter*, Köln/Weimar/Wien.

Schreiner, Klaus/Gerd Schwerhoff (Hrsg.) (1995), *Verletzte Ehre. Ritualisierte Formen sozialer, politischer und rechtlicher Entehrung im späteren Mittelalter und in der beginnenden Neuzeit*, Köln.

Schreiner, Klaus/Gabriela Signori (Hrsg.) (2000), *Bilder, Texte, Rituale. Wirklichkeit und Wirklichkeitskonstruktion politisch-rechtlicher Kommunikationsmedien in Stadt- und Adelsgesellschaften des späten Mittelalters*, Berlin.

Schröer, Christina (2013), *Republik im Experiment. Symbolische Politik im revolutionären Frankreich (1792–1799)*, Köln/Weimar/Wien.

Schröter, Michael (1990), *»Wo zwei zusammenkommen in rechter Ehe …«. Sozio- und psychogenetische Studien über Eheschließungsvorgänge vom 12. bis 15. Jahrhundert*, Frankfurt a.M.

Schröter, Susanne (2004), »Rituals of Rebellion – Rebellion as Ritual«, in: Jens Kreinath/Constance Hartung/Annette Deschner (Hrsg.) (2004), *The Dynamics of Changing Rituals. The Transformation of Religious Rituals within Their Social and Cultural Context*, Berlin/New York, S. 41–57.

Schulz, Uwe (Hrsg.) (1988), *Das Fest. Eine Kulturgeschichte von der Antike bis zur Gegenwart*, München.

Schulze, Reiner (Hrsg.) (2006), *Symbolische Kommunikation vor Gericht in der Frühen Neuzeit*, Berlin.

Schwedler, Gerald (2008), *Herrschertreffen des Spätmittelalters. Formen, Rituale, Wirkungen*, Ostfildern.

Schwedler, Gerald/Eleni Tounta (2010), »Usurping Rituals. The Correlation between Formalised Behaviour and Legitimacy«, in: Axel Michaels (Hrsg.), *Ritual Dynamics and the Science of Ritual*, Bd. 3, Wiesbaden, S. 349–359.

Schwengelbeck, Matthias (2007), *Die Politik des Zeremoniells. Huldigungsfeiern im langen 19. Jahrhundert*, Frankfurt a.M.

Schwerhoff, Gerd (1993), »Verordnete Schande? Spätmittelalterliche und frühneuzeitliche Ehrenstrafen zwischen Rechtsakt und sozialer Sanktion«, in: Ders./Andreas Blauert (Hrsg.), *Mit den Waffen der Justiz. Zur Kriminalitätsgeschichte des Spätmittelalters und der Frühen Neuzeit*, Frankfurt a.M., S. 158–188.

Schwerhoff, Gerd (1994), »Das rituelle Leben der mittelalterlichen Stadt. Richard C. Trexlers Florenzstudien als Herausforderung für die deutsche Geschichtsschreibung«, in: *Geschichte in Köln* 35, S. 33–60.

Schwerhoff, Gerd (2004), »Social Control of Violence, Violence as Social Control. The Case of Early Modern Germany«, in: Hermann Roodenburg/Pieter Spierenburg (Hrsg.), *Social Control in Europe*, Bd. 1: *1500–1800*, Columbus (Ohio), S. 220–246.

Scribner, Robert W. (1984), »Reformation, Karneval und die ›verkehrte Welt‹«, in: Richard van Dülmen (Hrsg.), *Volkskultur. Zur Wiederentdeckung des vergessenen Alltags (16.–20. Jh.)*, Frankfurt a.M., S. 117–152.

Scribner, Robert W. (1987), »Ritual and Reformation«, in: Ders., *Popular Culture and Popular Movements in Reformation Germany*, London/Ronceverte, S. 103–122.

Scribner, Robert W. (Hrsg.) (1990), *Bilder und Bildersturm in Spätmittelalter und Früher Neuzeit*, Wiesbaden.

Searle, John R. (1969/1971), Speech Acts, Cambridge/MA (deutsche Ausgabe: *Sprechakte. Ein sprachphilosophischer Essay*, Frankfurt a.M.).

Seed, Patricia (1995), *Ceremonies of Possession in Europe's Conquest of the New World, 1492–1640*, Cambridge.

Segal, Robert A. (1998), *The Myth and Ritual Theory. An Anthology*, Malden (Mass.).

Seligman, Adam B./Robert P. Weller (2012), *Ritual, Experience, and Ambiguity. Rethinking Pluralism*, Oxford.

Sellert, Wolfgang (1997), »Gewohnheit, Formalismus und Rechtsritual im Verhältnis zur Steuerung sozialen Verhaltens durch gesatztes Recht«, in: Heinz Duchhardt/Gert Melville (Hrsg.), *Im Spannungsfeld von Recht und Ritual. Soziale Kommunikation in Mittelalter und Früher Neuzeit*, Köln/Weimar/Wien, S. 29–48.

Shils, Edward (1968), »Ritual and Crisis«, in: Donald Cutler (Hrsg.), *The Religious Situation: 1968*, Boston, S. 733–749.

Signori, Gabriela (1997), »Ritual und Ereignis. Die Straßburger Bittgänge zur Zeit der Burgunderkriege (1474–77)«, in: *Historische Zeitschrift* 264, S. 281–328.

Signori, Gabriela (2005), »›Sprachspiele‹. Anredekonflikte im Spannungsfeld von Rang und Wert«, in: *Zeitschrift für historische Forschung* 32, S. 1–15.

Skambraks, Tanja (2010), »Närrisches Treiben oder liturgisches Ritual? Zur Deutung und Interpretation des mittelalterlichen Kinderbischofsfestes«, in: Annette Kehnel/Christina Andenna (Hrsg.), *Paradoxien der Legitimation*, Florenz, S. 357–384.

Skambraks, Tanja (2014), Das Kinderbischofsfest im Mittelalter, Tavarnuzze.

Slenczka, Ruth (2010), »Die gestaltende Wirkung von Abendmahlslehre und Abendmahlspraxis im 16. Jahrhundert«, in: *Europäische Geschichte Online (EGO)*; URL: *http://www.ieg-ego.eu/de/threads/crossroads/religionsraeume-und-konfessionsraeume/ruth-slenczka-die-gestaltende-wirkung-von-abendmahlslehre-und-abendmahlspraxis-im–16-jahrhundert* (Zugriff: 23.3.2013).

Smuts, R. Malcolm (1989), »Public Ceremony and Royal Charisma. The English Royal Entry in London, 1485–1642«, in: Lee Beier/David Cannadine/James Rosenheim (Hrsg.), *The First Modern Society. Essays in English History in Honour of Lawrence Stone*, Cambridge, S. 65–93.

Snoek, Jan A. M. (1987), *Initiation. A Methodological Approach to the Application of Classification and Definition Theory in the Study of Rituals*, Pijnacker.

Soeffner, Hans-Georg (1992), *Die Ordnung der Rituale*, Frankfurt a.M.

Soeffner, Hans-Georg (2010), *Symbolische Formung. Eine Soziologie des Symbols und des Rituals*, Weilerswist.

Soeffner, Hans-Georg/Dirk Tänzler (Hrsg.) (2002), *Figurative Politik. Zur Performanz der Macht in der modernen Gesellschaft*, Baden-Baden.

Speitkamp, Winfried (2010), *Ohrfeige, Duell, Ehrenmord. Eine Geschichte der Ehre*, Stuttgart.

Spierenburg, Pieter (1984), *The Spectacle of Suffering. Executions and the Evolution of Repression from a Preindustrial Metropolis to the European Experience*, Cambridge.

Spieß, Karl-Heinz (1997), »Rangdenken und Rangstreit im Mittelalter«, in: Werner Paravicini (Hrsg.), *Zeremoniell und Raum*, Sigmaringen, S. 39–61.

Staal, Frits (1989), *Rules Without Meaning. Ritual, Mantras and the Human Sciences*, Frankfurt a.M./Bern/New York.

Stagl, Justin (1990), »Ritual, Zeremoniell, Etikette. Formen der Verhaltensnormierung«, in: *Jahrbuch für Volkskunde* 14, S. 7–21.

Standaert, Nicolas (2008), *The Interweaving of Rituals. Funerals in the Cultural Exchange between China and Europe*, Seattle/London.

Stangl, Waltraud (2001), *Tod und Trauer bei den österreichischen Habsburgern 1740–1780, dargestellt im Spiegel des Hofzeremoniells*, Wien.

Staubach, Nikolaus (2002), »Signa utilia – signa inutilia. Zur Theorie gesellschaftlicher und religiöser Symbolik bei Augustinus und im Mittelalter«, in: *Frühmittelalterliche Studien* 36, S. 19–49.

Staubach, Nikolaus (2011), »Kultsymbolik im Wandel. Die Eucharistie als Opfer und Zeichen«, in: Elizabeth Harding/Natalie Krentz (Hrsg.), *Symbolik in Zeiten von Krise und gesellschaftlichem Umbruch*, Münster, S. 19–30.

Stausberg, Michael (2004), »Ritualtheorien und Religionstheorien«, in: Dietrich Harth/Gerrit Jasper Schenk (Hrsg.), *Ritualdynamik. Kulturübergreifende Studien zur Theorie und Geschichte rituellen Handelns*, Heidelberg, S. 29–48.

Stavrianopoulou, Eftychia (Hrsg.) (2006), *Ritual and Communication in the Graeco-Roman World*, Lüttich.

Stavrianopoulou, Eftychia/Oliver Krüger/Michael Nijhawan (Hrsg.) (2005), *»Ritual« und »Agency«. Legitimation und Reflexivität ritueller Handlungsmacht*, Heidelberg.

Steinicke, Marion/Stefan Weinfurter (Hrsg.) (2004), *Investitur- und Krönungsrituale. Herrschaftseinsetzungen im kulturellen Vergleich*, Köln/Weimar/Wien.

Stewart, Pamela J./Andrew Strathern (Hrsg.) (2010), *Ritual*, London.

Stiglic, Anja (1998), *Ganz Münster ist ein Freundental. Öffentliche Feierlichkeiten als Machtdemonstration auf dem Münsterschen Friedenskongreß*, Münster.

Stöcker, Wolfgang (2006), *Die letzten Räume. Sterbe- und Bestattungskultur im Rheinland seit dem späten 18. Jahrhundert*, Köln/Weimar/Wien.

Stollberg-Rilinger, Barbara (1997), »Zeremoniell als politisches Verfahren. Rangordnung und Rangstreit als Strukturmerkmale des frühneuzeitlichen

Reichstags«, in: Johannes Kunisch (Hrsg.), *Neue Studien zur frühneuzeitlichen Reichsgeschichte*, Berlin, S. 91–132.

Stollberg-Rilinger, Barbara (2003), »Verfassung und Fest. Überlegungen zur festlichen Inszenierung vormoderner und moderner Verfassungen«, in: Hans-Jürgen Becker (Hrsg.), *Interdependenzen zwischen Verfassung und Kultur.* Berlin, S. 7–49.

Stollberg-Rilinger, Barbara (2004), »Symbolische Kommunikation in der Vormoderne. Begriffe – Forschungsperspektiven – Thesen«, in: *Zeitschrift für historische Forschung* 31, S. 489–527.

Stollberg-Rilinger, Barbara (2005), »Knien vor Gott – Knien vor dem Kaiser. Zum Ritualwandel im Konfessionskonflikt«, in: Gerd Althoff (Hrsg.), *Zeichen, Rituale, Werte. Symbolische Kommunikation vom Mittelalter bis zur Französischen Revolution*, Münster, S. 501–533.

Stollberg-Rilinger, Barbara (2008), *Des Kaisers alte Kleider. Verfassungsgeschichte und Symbolsprache des alten Reiches*, München.

Stollberg-Rilinger, Barbara/Gerd Althoff/Jutta Götzmann/Matthias Puhle (Hrsg.) (2008), *Spektakel der Macht. Rituale im Alten Europa 800–1800*, Darmstadt.

Stollberg-Rilinger, Barbara/Thomas Weißbrich (Hrsg.) (2009), *Die Bildlichkeit symbolischer Akte*, Münster.

Stone, Lawrence (1977), *The Family, Sex and Marriage in England 1500–1800*, London.

Strong, Roy (1984/1991), *Art and Power. Renaissance Festivals, 1450–1650*, Woodbridge (deutsche Ausgabe: *Feste der Renaissance 1450–1650. Kunst als Instrument der Macht*, Freiburg i. Br.).

Stroumsa, Guy (2011), *Das Ende des Opferkults. Die religiösen Mutationen der Spätantike*, Berlin.

Suntrup, Rudolf (1978), *Die Bedeutung der liturgischen Gebärden und Bewegungen in lateinischen und deutschen Auslegungen des 9. bis 13. Jahrhunderts*, München.

Sweet, James H. (2003), *Recreating Africa. Culture, Kinship and Religion in the Afro-Portuguese World*, Chapel Hill u. a.

Tacke, Andreas (Hrsg.) (2006), *»Ich armer sundiger mensch«. Heiligen- und Reliquienkult am Übergang zum konfessionellen Zeitalter*, Göttingen.

Tambiah, Stanley J. (1981), »A Performative Approach to Ritual«, in: *Proceedings of the British Academy* 65, S. 113–169.

Tambiah, Stanley J. (1990), *Magic, Science, Religion, and the Scope of Rationality*, Cambridge.

Tenfelde, Klaus (1982), »Adventus. Zur historischen Ikonologie des Festzugs«, in: *Historische Zeitschrift* 235, S. 45–84.

Terpstra, Nicholas (1999), *The Politics of Ritual Kinship. Confraternities and Social Order in Early Modern Italy*, Cambridge.

Terpstra, Nicholas (2008), *The Art of Executing Well. Rituals of Execution in Renaissance Italy*, Kirksville.

Thamer, Hans-Ulrich (2004), »Die Wiederkehr des Gleichen oder das Verblassen der Tradition? Funktionswandel politischer Rituale im Übergang zur Moderne«, in: Gerd Althoff (Hrsg.), *Zeichen – Rituale – Werte*, Bd. 3, Münster, S. 573–588.

Thamer, Hans-Ulrich (2000), »Politische Rituale und Politische Kultur im Europa des 20. Jahrhunderts«, in: *Jahrbuch für Europäische Geschichte* 1, S. 79–98.

Thomas, Keith (1971), *Religion and the Decline of Magic. Studies in Popular Beliefs in 16. and 17. Century England*, London.

Thompson, Edward P. (1972), »›Rough music‹. Le charivari anglais«, in: *Annales* 27, S. 285–312.

Thorndike, Lynn (1929–1958), *History of Magic*, London.

Többelmann, Paul (2011), *Stäbe der Macht. Stabsymbolik in Ritualen des Mittelalters*, Husum.

Todorov, Tzvetan (1982/1985), *La conquête de l'Amérique. La question de l'autre*, Paris 1982 (deutsche Ausgabe: *Die Eroberung Amerikas. Das Problem des Anderen*, Frankfurt a.M.).

Trampedach, Kai (2005), Kaiserwechsel und Krönungsritual im Konstantinopel des 5. bis 6. Jahrhunderts, in: Marion Steinicke/Stefan Weinfurter (Hrsg.), *Investitur- und Krönungsrituale. Herrschaftseinsetzungen im kulturellen Vergleich*, Köln/Weimar/Wien, S. 275–290.

Treitinger, Otto (1938/1956), *Die oströmische Kaiser- und Reichsidee nach ihrer Gestaltung im höfischen Zeremoniell*, Jena.

Trexler, Richard C. (1980/1991), *Public Life in Renaissance Florence. Studies in Social Discontinuity*, New York (ND Ithaca).

Trexler, Richard C. (1987), »Aztec Priests for Christian Altars. The Theory and Practice of Reverence in New Spain«, in: Ders., *Church and Community, 1200–1600. Studies in the History of Florence and New Spain*, Rom, S. 469–492.

Truant, Cynthia Maria (1994), *The Rites of Labor. Brotherhoods of Compagnonnage in Old and New Régime France*, Ithaca/London.

Tulard, Jean (2004), *Le sacre de l'empereur Napoléon. Histoire et légende*, Paris.

Turner, Victor (1969/1989), *The Ritual Process. Structure and Anti-Structure*, Chicago (deutsche Ausgabe: *Das Ritual. Struktur und Anti-Struktur*, Frankfurt a.M.).

Turner, Victor (1982/1995), *From Ritual to Theatre. The Human Seriousness of Play*, New York (deutsche Ausgabe: *Vom Ritual zum Theater. Der Ernst des menschlichen Spiels*, Frankfurt a.M.).

Twellmann, Marcus (2009), »Das andere Zeremoniell. Gottesdienst im Zeitalter der Aufklärung«, in: *Zeitschrift für Religions- und Geistesgeschichte* 61, S. 48–69.

Tylor, Edward Burnett (1871/2005), *Primitive Culture*, London (deutsche Ausgabe: *Die Anfänge der Cultur. Untersuchungen über die Entwicklung der Mythologie, Philosophie, Religion, Kunst und Sitte*, ND Hildesheim 2005).

Van Nuffelen, Peter (2010), »Beyond Bureaucracy. Ritual Mediation in Late Antiquity«, in: Axel Michaels (Hrsg.), *Ritual Dynamics and the Science of Ritual*, Bd. 3: *State, Power, and Violence*, Wiesbaden, S. 231–246.

Vec, Miloš (1997), *Zeremonialwissenschaft im Fürstenstaat*, Frankfurt a.M.

Verdery, Katherine (1999), *The Political Lives of Dead Bodies. Reburial and Postsocialist Change*, New York.

Versnel, Henk S. (1993), *Transition and Reversal in Myth and Ritual. Inconsistencies in Greek and Roman Religion*, Bd. 2, Leiden.

Visceglia, Maria Antonietta (2002), *La città rituale. Roma e le sue cerimonie in età moderna*, Rom.

Visceglia, Maria Antonietta (2009), *Riti di corte e simboli della regalità. I regni d'Europa e del Mediterraneo dal Medioevo all'età moderna*, Rom.

Vogel, Cyrille (1969), *Le pécheur et la pénitence au Moyen Âge*, Paris.

Völger, Gisela/Karin von Welck (Hrsg.) (1985), *Die Braut. Geliebt – verkauft – getauscht – geraubt. Zur Rolle der Frau im Kulturvergleich*, 2 Bände, Köln.

Völger, Gisela/Karin von Welck (Hrsg.) (1990), *Männerbande – Männerbünde. Zur Rolle des Mannes im Kulturvergleich*, 2 Bände, Köln.

Voigt, Rüdiger (Hrsg.) (1989), *Symbole der Politik – Politik der Symbole*, Opladen.

Vollrath, Hanna (2007), »Haben Rituale Macht? Anmerkungen zu dem Buch von Gerd Althoff: Die Macht der Rituale. Symbolik und Herrschaft im Mittelalter«, in: *Historische Zeitschrift* 284, S. 385–400.

Volp, Ulrich (2002), *Tod und Ritual in den christlichen Gemeinden der Antike*, Leiden.

Vorländer, Hans (2010), »Verfassungen und Rituale in Vormoderne und Moderne«, in: Axel Michaels (Hrsg.), *Ritual Dynamics and the Science of Ritual*, Bd. 3, Wiesbaden, S. 135–147.

Voss, Ingrid (1987), *Herrschertreffen im frühen und hohen Mittelalter*, Köln/Weimar/Wien.

Vovelle, Michel (1976), *Les métamorphoses de la fête en Provence de 1750 à 1820*, Paris.

Vovelle, Michel (1983), *La mort et l'Occident. De 1300 à nos jours*, Paris.

Waldner, Katharina (2000), *Geburt und Hochzeit des Kriegers. Geschlechterdifferenz und Initiation in Mythos und Ritual der griechischen Polis*, Bern/New York.

Walsham, Alexandra (2013), »Zu Tisch mit Satansjüngern. Geistliche und weltliche Soziabilität im nachreformatorischen England«, in: Barbara Stollberg-

Rilinger/Andreas Pietsch (Hrsg.), *Konfessionelle Ambiguität. Uneindeutigkeit und Verstellung als religiöse Praxis in der Frühen Neuzeit*, Gütersloh, S. 285–313.

Wanger, Bernd Herbert (1994), *Kaiserwahl und Krönung im Frankfurt des 17. Jahrhunderts. Darstellung anhand der zeitgenössischen Bild- und Schriftquellen und unter besonderer Berücksichtigung der Erhebung des Jahres 1612*, Frankfurt a.M.

Waquet, Françoise (2010), *Respublica academica. Rituels universitaires et genres du savoir XVIIe–XIXe siècle*, Paris.

Warneken, Bernd Jürgen (Hrsg.) (1991), *Massenmedium Straße. Zur Kulturgeschichte der Demonstration*, Frankfurt a.M./New York.

Warner, W. Lloyd (1952), *The Living and the Dead. A Study of the Symbolic Life in America*, New Haven.

Warnke, Martin (Hrsg.) (1977), *Bildersturm. Die Zerstörung des Kunstwerks*, Frankfurt a.M.

Warstat, Matthias (2004), *Theatrale Gemeinschaften. Zur Festkultur der Arbeiterbewegung 1918–1933*, Tübingen/Basel.

Wassilowsky, Günther (2010), *Die Konklavereform Gregors XV. (1621/22). Wertekonflikte, symbolische Inszenierung und Verfahrenswandel im posttridentinischen Papsttum*, Stuttgart.

Watanabe-O'Kelly, Helen (1997/98), *Bibliography of European Court Festivals, 1500–1800*, London.

Watanabe-O'Kelly, Helen/Anne Simon (2000), *Festivals and Ceremonies. A Bibliography of Works Relating to Court, Civic and Religious Festivals in Europe 1500–1800*, London u. a.

Weber, Christoph Friedrich/Christoph Dartmann (2008), Rituale und Schriftlichkeit, in: Barbara Stollberg-Rilinger u. a. (Hrsg.), Spektakel der Macht. Rituale im Alten Europa 800–1800, Darmstadt, S. 51–55.

Weber, Christoph Friedrich (2011), *Zeichen der Ordnung und des Aufruhrs. Heraldische Symbolik in italienischen Stadtkommunen des Mittelalters*, Köln/Weimar/Wien.

Weiler, Björn (2006), »Knighting, Homage and the Meaning of Ritual. The Kings of England and Their Neighbours in the Thirteenth Century«, in: *Viator* 37, S. 275–300.

Weiß, Dieter (2004), »Prozessionsforschung und Geschichtswissenschaft«, in: *Jahrbuch für Volkskunde* 27, S. 63–79.

Weller, Thomas (2006), *Theatrum Praecedentiae. Zeremonieller Rang und gesellschaftliche Ordnung in der frühneuzeitlichen Stadt, Leipzig 1500–1800*, Darmstadt.

Weller, Thomas (2007), »Andere Länder, andere Riten?«, in: Andreas Bähr/Peter Burschel/Gabriele Jancke (Hrsg.), *Räume des Selbst. Selbstzeugnisforschung transkulturell*, Köln/Weimar/Wien, S. 41–55.

Wendler, Joachim (2007), Rituale des Abschieds. Eine Studie über das staatliche Begräbniszeremoniell in Deutschland, Stuttgart.

Wenzel, Horst/Wilfried Seipel/Gotthart Wunberg (Hrsg.) (2001), *Audiovisualität vor und nach Gutenberg. Zur Kulturgeschichte medialer Umbrüche*, Wien.

Werner, Thomas (2007), *Den Irrtum liquidieren. Bücherverbrennungen im Mittelalter*, Göttingen.

White, Stephen D. (1998), »Imaginary Justice. The End of the Ordeal and the Survival of the Duel«, in: *Medieval Perspectives* 13, S. 32–55.

Wiedenmann, Rainer F. (1991), *Ritual und Sinntransformation. Ein Beitrag zur Semiotik soziokultureller Interpenetrationsprozesse*, Berlin.

Wilentz, Sean (1985), *Rites of Power. Symbolism, Ritual and Politics since the Middle Ages*, Philadelphia.

Willems, Herbert (2003), »Rituale und Zeremonien in der Gegenwartsgesellschaft«, in: Erika Fischer-Lichte/Christian Horn/Sandra Umathum/Matthias Warstat (Hrsg.), *Ritualität und Grenze*, Tübingen/Basel, S. 399–418.

Wilson, Stephen (2000), *The Magical Universe. Every Day Ritual and Magic in Pre-Modern Europe*, London/New York.

Windler, Christian (2001), »Diplomatic History as a Field for Cultural Analysis. Muslim-Christian Relations in Tunis, 1700–1800«, in: *Historical Journal* 44, S. 79–106.

Windler, Christian (2006), »Diplomatie als Erfahrung fremder politischer Kulturen. Gesandte von Monarchen in den eidgenössischen Orten (16.–17. Jahrhundert)«, in: *Geschichte und Gesellschaft* 32, S. 5–44.

Wish, Barbara (Hrsg.) (2000), *Confraternities and the Visual Arts in Renaissance Italy. Ritual, Spectacle, Image*, Cambridge.

Wish, Barbara/Susan Scott Munshower (1990), *All the World's a Stage. Art and Pageantry in the Renaissance and Baroque*, Pennsylvania.

Witthöft, Christiane (2004), *Ritual und Text. Formen symbolischer Kommunikation in der Historiographie und Literatur des Spätmittelalters*, Darmstadt.

Woodward, Jennifer (1997), *The Theatre of Death. The Ritual Management of Royal Funerals in Renaissance England, 1570–1625*, Woodbridge.

Worsley, Peter (1973), *Die Posaune wird erschallen. Cargo-Kulte in Melanesien*, Frankfurt a.M.

Wortman, Richard S. (1995), *Scenarios of Power. Myth and Ceremony in the Russian Monarchy*, Princeton.

Wulf, Christoph/Jörg Zirfas (Hrsg.) (2004), *Die Kultur des Rituals. Inszenierungen, Praktiken, Symbole*, München.

Wulf, Christoph/Jörg Zirfas (Hrsg.) (2003), *Rituelle Welten. Internationale Zeitschrift für Historische Anthropologie*, Berlin.

Zakharine, Dmitri (2005), *Von Angesicht zu Angesicht. Der Wandel direkter Kommunikation in der ost- und westeuropäischen Neuzeit*, Konstanz.

Zanger, Abby E. (1997), *Scenes from the Marriage of Louis XIV. Nuptial Fictions and the Making of Absolutist Power*, Stanford.

Zanker, Paul (2004), *Die Apotheose der römischen Kaiser. Ritual und städtische Bühne*, München.

Zerwas, Hans-Jörg (1992), »Altes Handwerk als ritualisierte Lebensform. Zeremonie und Ritual, Brauchtum und Welterfahrung in der handwerklichen Lebenswelt bis 1850«, in: *Euphorion* 86, S. 429–444.

Ziegeler, Hans-Joachim (Hrsg.) (2004), *Ritual und Inszenierung. Geistliches und weltliches Drama des Mittelalters*, Tübingen.

Zimmermann, Harald (1968), *Papstabsetzungen des Mittelalters*, Graz/Wien/Köln.

Zupanov, Ines G./Pierre-Antoine Fabre (Hrsg.) (2011), *The Rites Controversy in the Early Modern World*, Paris.

Personen- und Sachregister